CB129083

Mercado
de Trabalho
e Gênero

Universidade Federal da Paraíba
Ana Paula Furtado S. Pontes
Professora
Mat. SIAPE 1023921

Mercado de Trabalho e Gênero

COMPARAÇÕES INTERNACIONAIS

Universidade Federal da Paraíba
Ana Paula Furtado S. Pontes
Professora
Mat. SIAPE 1023321

organizadoras

Albertina de Oliveira Costa
Bila Sorj
Cristina Bruschini
Helena Hirata

FGV
EDITORA

ISBN — 978-85-225-0696-5

Copyright © Albertina de Oliveira Costa, Bila Sorj, Cristina Bruschini e Helena Hirata

Direitos desta edição reservados à
EDITORA FGV
Rua Jornalista Orlando Dantas, 37
22231-010 — Rio de Janeiro, RJ — Brasil
Tels.: 0800-21-7777 — 21-2559-4427
Fax: 21-2559-4430
e-mail: editora@fgv.br — pedidoseditora@fgv.br
web site: www.fgv.br/editora

Impresso no Brasil / *Printed in Brazil*

Todos os direitos reservados. A reprodução não autorizada desta publicação, no todo ou em parte, constitui violação do copyright (Lei nº 9.610/98).

Os conceitos emitidos neste livro são de inteira responsabilidade dos autores.

1ª edição — 2008

PREPARAÇÃO DE ORIGINAIS: Mariflor Rocha

EDITORAÇÃO ELETRÔNICA: FA Editoração Eletrônica

REVISÃO: Aleidis de Beltran e Fatima Caroni

CAPA: Aspecto Design

Ficha catalográfica elaborada pela
Biblioteca Mario Henrique Simonsen / FGV

Mercado de trabalho e gênero : comparações internacionais / Albertina de Oliveira Costa, Bila Sorj, Cristina Bruschini e Helena Hirata (orgs). — Rio de Janeiro : Editora FGV, 2008.
420 p.

Inclui bibliografia.

1. Mercado de trabalho. 2. Divisão de trabalho por sexo. 3. Mulheres — Condições sociais. I. Costa, Albertina. II. Sorj, Bila. III. Bruschini, Cristina. IV. Hirata, Helena. V. Fundação Getulio Vargas.

CDD – 331.4

Sumário

Universidade Federal da Paraíba
Ana Paula Furtado S. Pontes
Professora
Mat. SIAPE 1023321

Introdução

Universidade Federal da Paraíba
Ana Paula Furtado S. Pontes
Professora
Mat. SIAPE 1023321

Qual é o lugar de homens e mulheres no mundo do trabalho na América Latina e na Europa? É possível comparar em termos de emprego, desemprego e formação profissional regiões do mundo com histórias, culturas e níveis de desenvolvimento econômico tão contrastantes?

Esta coletânea se propõe a enfrentar esse desafio mediante contribuições de autores dos dois continentes que nos oferecem suas reflexões sobre três temas: mercado de trabalho e gênero, relação entre vida profissional e vida familiar, e conexões entre gênero, profissões e carreiras.

A primeira parte do livro alinha as grandes tendências da feminização do mercado de trabalho nos países estudados. Os artigos de Margaret Maruani e de Cristina Bruschini, Arlene Ricoldi e Cristiano Mercado fornecem um quadro geral do mercado de trabalho e da evolução do emprego feminino na França, Europa e Brasil. Márcia Leite e Carlos Salas abordam a segregação ocupacional em uma análise comparativa das situações de México e Brasil, e Nadya Guimarães e Murillo de Britto mostram as diferenças de padrões de trajetórias dos desempregados em Paris e em São Paulo. A questão do custo do trabalho de homens e mulheres em vários países latino-americanos é tratada por Laís Abramo e Rosalba Todaro, que questionam o argumento segundo o qual os salários inferiores das mulheres se justificam pela necessidade das empresas de compensar custos extra-salariais supostamente mais elevados.

Sayyid Rizavi e Catherine Sofer, recorrendo à modelização econômica, procuram entender melhor a maneira como cada cônjuge toma decisões sobre a divisão do trabalho doméstico e a articulação destas com o trabalho profissional que desempenham. Paola Cappellin discute as políticas de igualdade de oportunidades nas grandes empresas européias e brasileiras, e mostra que existem convergências entre elas, apesar das importantes diferenças societárias entre os países, o que poderia ser explicado pelo fato de se tratar de empresas multinacionais. A contribuição de Michel Lallement dedica-se ao exame do estatuto das comparações internacionais na sociologia do gênero e discute os desafios epistemológicos a ser enfrentados para que as abordagens comparativas incorporem o gênero como uma variável explicativa de primeira grandeza.

A segunda parte do livro é consagrada ao tema da relação entre vida profissional e vida familiar. Helena Hirata e Danièle Kergoat discutem o tema de uma perspectiva teórica e se perguntam sobre as permanências e variações da divisão sexual do trabalho profissional e doméstico. A questão do tempo é central para muitos autores. Assim, Jérôme De Henau e Isabelle Puech apresentam um amplo panorama do uso do tempo de trabalho de homens e mulheres na Europa, assinalando, particularmente, as diferenças decorrentes do trabalho em tempo parcial e de empregos atípicos. Carlos Prieto, ao tratar das desigualdades de gênero no trabalho profissional e doméstico, destaca as peculiaridades do caso espanhol no contexto europeu, e Claudio Dedecca traça um amplo quadro sobre a apropriação diferencial do tempo de homens e mulheres pelo trabalho produtivo e reprodutivo, em um cenário de precarização do emprego. Os resultados de um amplo *survey* comparativo internacional sobre percepções e práticas de conciliação entre trabalho e família, abrangendo Brasil, Chile, Estados Unidos, Espanha, Suécia e Japão, são apresentados por Clara Araújo, Celi Scalon e Felícia Picanço. Isabel Georges examina as relações entre vida doméstica e profissional de uma profissão de prestígio recentemente feminizada, a de engenheiros do setor de telecomunicações, no Brasil e na França. A partir de um estudo baseado em comparações regionais, Bila Sorj e Adriana Fontes questionam a relação entre chefias femininas e vulnerabilidade das crianças no Brasil, e Danièle Meulders, Jérôme De Henau, Leila Maron e Sile D'Orchay analisam as políticas públicas relativas à maternidade na Europa e seus efeitos sobre o acesso ao trabalho das mães. Nicky le Feuvre analisa o processo de feminização dos antigos "bastiões masculinos" e sua conseqüência para o sistema de sexo/gênero predominante nas sociedades européias contemporâneas.

Na terceira parte da coletânea, sobre profissões e carreiras profissionais, a maioria dos estudos é voltada a profissões de nível superior. Liliana Segnini compara as relações de gênero no trabalho de artistas da área da música e da dança no Brasil e na França. Aparecida Neri de Souza analisa as trajetórias profissionais de professores e professoras do ensino médio que trabalham em escolas técnicas em São Paulo e liceus polivalentes na região parisiense. Maria Rosa Lombardi trata dos desafios enfrentados por mulheres em posições de comando na área tecnológica. Catherine Marry explora o exemplo da carreira de bióloga para questionar as vantagens que, em geral, se atribuem ao mundo acadêmico na promoção de uma maior igualdade entre homens e mulheres. A partir de uma perspectiva histórica e comparativa, Sylvie Schweitzer mostra uma forte convergência cronológica do acesso de mulheres a profissões superiores em diferentes países da Europa, independentemente da cultura e da religião de cada um.

Mais do que um conjunto organizado de comparações internacionais, este livro é um mosaico de resultados de pesquisas que têm em comum a vontade de comparar para melhor compreender.

Os artigos aqui reunidos foram apresentados originalmente, em versão preliminar, no Seminário Internacional Mercado de Trabalho e Gênero: Comparações Brasil-França, ocorrido de 9 a 12 de abril de 2007, nas cidades de São Paulo e Rio de Janeiro. O evento foi organizado conjuntamente pela Fundação Carlos Chagas, no Brasil, e pelo Groupement de Recherches Européen/ Marché du Travail et Genre (GDRE/Mage), vinculado ao Centre National de la Recherche Scientifique (CNRS), na França. Sua realização só foi viabilizada graças ao apoio decidido da Secretaria Especial de Políticas para as Mulheres (SPM), da Coordenadoria de Aperfeiçoamento de Pessoal de Nível Superior (Capes) do Ministério da Educação, da Fundação de Amparo à Pesquisa do Estado de São Paulo (Fapesp), do Ministério do Trabalho e Emprego, do Service du Droit des Femmes et l'Égalité, do Ministère des Affaires Étrangères do governo francês, e da Organização Internacional do Trabalho (OIT). Contou também com o patrocínio da Petrobras.

Parte I

Mercado de trabalho e gênero: comparações internacionais

1

Trabalho e gênero no Brasil até 2005: uma comparação regional

CRISTINA BRUSCHINI*
ARLENE MARTINEZ RICOLDI**
CRISTIANO MIGLIORANZA MERCADO***

Este capítulo traça um panorama da situação das mulheres no mercado de trabalho brasileiro nas duas regiões mais populosas do país, o Sudeste e o Nordeste. O estudo abrange desde a última década do século XX até os primeiros anos do novo milênio, com base em estatísticas oficiais,[1] e destaca algumas das principais tendências da inserção laboral das brasileiras, marcada por progressos e atrasos: de um lado, a intensidade e a constância do aumento da participação feminina no mercado de trabalho, que vem ocorrendo desde a metade dos anos 1970, de outro, o elevado desemprego das mulheres e a má qualidade do emprego feminino; de um lado, a conquista de bons postos e o acesso a carreiras e profissões de prestígio por parte de mulheres escolarizadas, de outro, o predomínio do trabalho feminino em atividades precárias e informais.

O perfil das trabalhadoras mostra que hoje elas são mais velhas, casadas e mães — o que revela uma nova identidade feminina, voltada tanto para o trabalho quanto para a família —, mas, ao mesmo tempo, ainda permanecem responsáveis pelas atividades domésticas e pelos cuidados com os filhos — o que indica a

* Socióloga, Fundação Carlos Chagas.
** Doutoranda em sociologia, USP.
*** Sociólogo, mestrando em demografia, Unicamp.

[1] Pesquisas Nacionais por Amostra de Domicílios (Pnads), do IBGE; Anuário Rais — Relação Anual de Informações Sociais do Ministério do Trabalho e Emprego.

continuidade de modelos familiares tradicionais e uma sobrecarga para as novas trabalhadoras, sobretudo para mães de filhos pequenos (Bruschini, 2006).

Indicadores gerais

A primeira questão a destacar é a intensidade e constância do crescimento da atividade feminina, como se observa na tabela 1. Os indicadores mostram que a população economicamente ativa (PEA)[2] feminina aumentou consideravelmente no período 1995-2005, assim como as taxas de atividade e os percentuais femininos no conjunto dos trabalhadores. Em 2005, mais da metade da população feminina em idade ativa trabalhou ou procurou trabalho e mais de 40 em cada 100 trabalhadores eram do sexo feminino.

Apesar desse considerável avanço, as mulheres ainda estão longe de atingir as taxas masculinas de atividade, superiores a 70%, e o número da PEA masculina e de ocupados. Vale observar que o número de ocupadas é bem superior no Sudeste em comparação com o Nordeste, indicativo de uma economia mais dinâmica na primeira região, e que essa defasagem aumenta consideravelmente no período analisado. Diferenças marcantes não foram constatadas no que tange à percentagem de mulheres na PEA, porém, o mesmo não ocorre em relação às taxas de atividade, mais elevadas no Sudeste do que no Nordeste, em 2005.

Tabela 1

Mulheres e homens no mercado de trabalho. Indicadores de participação econômica (Brasil, Nordeste e Sudeste — 1995-2005)

Anos	Mulheres				Homens			
	PEA			Ocupadas	PEA			Ocupados
	Milhões	Taxa de atividade	% de mulheres na PEA	Milhões	Milhões	Taxa de atividade	% de homens na PEA	Milhões
				1995				
Brasil	29,9	48,1	40,4	27,8	44,2	75,3	59,6	41,9
Nordeste	8,5	48,0	40,5	8,0	12,5	75,4	59,5	12,0
Sudeste	12,8	45,9	40,0	11,8	19,3	73,4	60,0	18,2

Continua

[2] Segundo classificação do IBGE, a população economicamente ativa (PEA) inclui os ocupados e os desocupados. Os ocupados são aqueles que estão empregados, no trabalho formal ou informal, enquanto os desocupados são aqueles que estão à procura de emprego na ocasião da pesquisa.

Anos	Mulheres				Homens			
	PEA			Ocupadas	PEA			Ocupados
	Milhões	Taxa de atividade	% de mulheres na PEA	Milhões	Milhões	Taxa de atividade	% de homens na PEA	Milhões
2005								
Brasil	41,7	52,9	43,5	36,6	54,2	73,6	56,5	50,4
Nordeste	10,8	51,1	42,5	9,5	14,6	73,3	57,5	13,6
Sudeste	18,3	52,7	44,2	15,7	23,1	72,3	55,8	21,2

Fonte: IBGE/Pnads: microdados.

Nas últimas décadas do século XX, o país passou por importantes transformações demográficas, culturais e sociais que tiveram grande impacto sobre o aumento do trabalho feminino.

No primeiro caso, podem ser citadas:

- a queda da taxa de fecundidade, sobretudo nas cidades e nas regiões mais desenvolvidas, até atingir 2,1 filhos por mulher em 2005 no país; na mesma data, a fecundidade no Sudeste é de 1,9 filho por mulher, enquanto no Nordeste permanece em 2,3 (IBGE, 2006:36);
- a redução no tamanho dos arranjos familiares que, em 2005, passaram a ser compostos por apenas 3,2 pessoas, em média, no país, enquanto em 1992 eram de 3,7 pessoas (IBGE, 2004a:168); nas regiões, a redução foi de 3,9 para 3,4 membros no Nordeste, e de 3,4 para 3,1 no Sudeste;
- envelhecimento da população, com maior expectativa de vida ao nascer para as mulheres (75,8 anos) em relação aos homens (68,1 anos) em 2005 e, conseqüentemente, a sobrepresença feminina na população idosa;
- finalmente, a tendência demográfica mais significativa, verificada desde 1980, ou seja, o crescimento acentuado de arranjos familiares chefiados por mulheres que, em 2005, chegam a 30,6% do total das famílias brasileiras residentes em domicílios particulares; no Nordeste, o aumento foi de 17,4% para 20,1% e no Sudeste, de 15,9% para 18,3%, no período 1995-2005 (IBGE, 2006).

Além dessas transformações demográficas, mudanças nos padrões culturais e nos valores relativos ao papel social da mulher alteraram a identidade feminina, cada vez mais voltada para o trabalho remunerado. A expansão da escolaridade e o ingresso nas universidades viabilizaram o acesso das mulheres a novas oportunidades de trabalho.

Todos esses fatores explicam não apenas o crescimento da atividade feminina, mas também as transformações no perfil da força de trabalho desse sexo. As trabalhadoras que, até o final dos anos 1970, eram em sua maioria jovens, solteiras e sem filhos, passaram a ser mais velhas, casadas e mães. Em 2005, a maior taxa de atividade feminina, 74%, é encontrada entre mulheres de 30 a 39 anos, seguida de 69% de 40 a 49 anos e de 54% de 50 a 59 anos. Não por acaso, considerando-se a posição ocupada nas famílias, as casadas foram as que apresentaram maior aumento das taxas de atividade. Em 2005, mais de 58% delas trabalhavam (Bruschini, 2007).

Apesar das mudanças, muita coisa continua igual: as mulheres continuam sendo as principais responsáveis pelas atividades domésticas e pelos cuidados com os filhos e demais familiares, o que representa uma sobrecarga para aquelas que também realizam atividades econômicas.

Trabalho e família

A primeira geração de estudos sobre trabalho feminino, no Brasil, focalizou exclusivamente a ótica da produção, sem levar em conta o fato de que o lugar que a mulher ocupa na sociedade é determinado também por seu papel na família. O debate teórico e as pesquisas sobre o trabalho feminino tomaram novo rumo quando dirigiram o foco para a articulação entre o espaço produtivo e a família, ou espaço reprodutivo.

Ao longo dos anos 1970 e 1980, foi feito um trabalho de crítica às estatísticas oficiais, inadequadas para mostrar a real contribuição das mulheres à sociedade. Nos levantamentos censitários e domiciliares do IBGE, o trabalho realizado no próprio domicílio pelas donas-de-casa não era contabilizado como atividade econômica. As pessoas que declaravam ter como atividade principal os "afazeres domésticos", ao responder aos questionários, eram classificadas como economicamente inativas, ao lado de estudantes, aposentados, doentes, inválidos e os que vivem de renda (Bruschini, 1998).

As informações sobre essa categoria de trabalho não eram divulgadas, e o conhecimento sobre ela ficava restrito aos responsáveis por essas pesquisas oficiais, ou na dependência da elaboração de tabelas especiais ou de pesquisas pontuais. Mais recentemente, a partir da divulgação dos resultados em microdados, tornou-se possível mapear esse conjunto de atividades que consomem tempo e energia de quem as realiza e que, na verdade, deveria ser considerado como trabalho não-remunerado, e não como inatividade.

Sorj (2004) manifesta a mesma opinião, ao se referir ao trabalho não-remunerado realizado principalmente por mulheres na esfera privada como uma das dimensões do trabalho social, ao lado do trabalho remunerado.

Já um estudo recente da United Nations Development Fund for Women (Unifem) chama a atenção para a ambigüidade e a variedade de termos utilizados para tornar visíveis todos os serviços prestados e/ou trabalhos realizados pelas mulheres — trabalho doméstico, trabalho não-remunerado, trabalho reprodutivo, trabalho na unidade doméstica, trabalho de cuidado não-remunerado para os membros da família —, e retoma a proposta de computar o valor desses serviços ou trabalhos mediante a mensuração do tempo gasto para realizá-los (Unifem, 2000:23-24). Foi o que fizemos no artigo sobre o tempo no trabalho doméstico, recentemente publicado (Bruschini, 2006).

De todos os fatores relacionados à esfera reprodutiva, a presença de filhos pequenos é o que mais dificulta a atividade produtiva feminina, na medida em que o cuidado com os filhos é uma das atividades que mais consome o tempo de trabalho doméstico das mulheres. Ao considerar a idade do último filho vivo no domicílio, constata-se que, em 2005, as mães dedicam às atividades reprodutivas quase 35 horas semanais quando os filhos têm menos de dois anos, e pouco mais de 32 horas quando eles têm de dois a quatro anos, cifras muito superiores à encontrada para a população feminina em geral, que é de 27 horas.

Sobrecarregadas na esfera reprodutiva, as mães de filhos pequenos apresentam taxas mais baixas de atividade produtiva, como mostra a tabela 2. Em 2005, as taxas de atividade das mães são mais baixas quando os filhos têm menos de dois anos, em comparação com as que têm filhos maiores que oscilam entre 60% e 70%.

Porém, todas as mães, mesmo as de filhos muito pequenos, ampliaram sua presença no mercado de trabalho no período considerado. Ou seja, apesar do tempo consumido nos cuidados com os filhos pequenos na esfera doméstica, as mães estão entrando consistentemente no mercado de trabalho ao longo dos anos examinados.

As taxas de atividade das mães de filhos muito pequenos (até dois anos e de dois a quatro anos) são bem mais elevadas no Sudeste em comparação às do Nordeste, o que sugere a presença mais efetiva de instituições de apoio, como creches e escolas infantis, na primeira. Entretanto, em 2005, as mais altas taxas de atividade, superiores a 70%, no país e nas regiões analisadas, são as das mães de filhos com idade de sete a 14 anos, idade em que elas estariam sendo ajudadas no cuidado com os filhos pela escola fundamental obrigatória (tabela 2).

Vale observar que as taxas de atividade das mães voltam a cair quando os filhos têm mais de 14 anos, devido a preocupações de outra ordem, como a livre circulação dos filhos nas ruas, sujeitos a más influências, ao consumo de álcool e drogas, como nos foi relatado em depoimentos de mães trabalhadoras em pesquisa recente (Relatório CNPq, pesquisa Articulação Família e Trabalho, 2007).

Tabela 2
Taxas de atividade das mulheres de 15 anos ou mais que tiveram filhos, segundo a faixa etária do último filho vivo (Brasil, Nordeste e Sudeste — 1995-2005)

Idade do último filho vivo	1995			2005		
	Brasil	Nordeste	Sudeste	Brasil	Nordeste	Sudeste
Até 2 anos	49,7	52,4	46,2	54,9	51,2	57,7
De 2 a 4 anos	60,8	60,9	57,7	67,5	65,1	68,6
De 4 a 5 anos	62,0	63,8	58,1	70,4	68,4	70,9
De 5 a 6 anos	63,8	65,1	59,6	72,6	71,1	73,2
De 6 a 7 anos	64,5	64,7	60,6	72,4	72,1	72,1
De 7 a 14 anos	64,8	67,8	60,6	72,7	71,7	71,6
Mais de 14 anos	38,6	41,6	34,0	45,6	48,3	41,4
Total	51,9	54,7	47,3	57,1	57,5	54,4

Fonte: IBGE/Pnads: microdados.

O progresso das mulheres

Educação

A expansão da escolaridade, a que as brasileiras têm cada vez mais acesso, é um dos fatores de maior impacto sobre o ingresso das mulheres no mercado de trabalho. A escolaridade das trabalhadoras é muito superior à dos trabalhadores, diferencial de gênero que se verifica também na população em geral. Para dar um exemplo, em 2005, 32% das trabalhadoras tinham mais de 11 anos de estudo, contra 25% dos trabalhadores (tabela 3).

Tabela 3
Distribuição da PEA, segundo sexo e escolaridade (Brasil — 1995-2005)

Anos de estudo	1995		2005	
	Homens	Mulheres	Homens	Mulheres
Sem instrução e menos de 1 ano	16,3	13,2	10,1	7,6
1 a 3 anos	19,0	16,5	12,5	9,4
4 a 7 anos	34,1	31,9	28,6	24,3
8 a 10 anos	13,4	13,6	17,6	17,1
11 a 14 anos	12,2	18,1	24,6	31,7
15 anos ou mais	4,8	6,5	6,2	9,5
Total %	100,0	100,0	100,0	100,0
Milhões	44,2	30,0	54.290.827	41.741.144

Fonte: IBGE/Pnads: microdados.

Ao mesmo tempo, a escolaridade elevada tem impacto considerável sobre o trabalho feminino, pois as taxas de atividade das mais instruídas são muito mais elevadas do que as taxas gerais de atividade. Em 2005, enquanto mais da metade (53%) das brasileiras em geral eram ativas, entre aquelas com 15 anos ou mais de escolaridade a taxa de atividade atingia 83% no Brasil, 84% no Nordeste e 82% no Sudeste, como revelam os dados da tabela 4.

Tabela 4
Taxas de atividade, segundo sexo e escolaridade (Brasil, Nordeste e Sudeste — 2005)

Escolaridade	Brasil		Nordeste		Sudeste	
	Homens	Mulheres	Homens	Mulheres	Homens	Mulheres
Sem instrução e menos de 1 ano	68,6	37,2	74,6	43,7	57,3	29,0
1 a 3 anos	61,0	37,9	65,9	43,0	54,6	32,8
4 a 7 anos	66,0	42,1	68,0	41,9	62,1	39,9
8 a 10 anos	78,9	55,4	76,1	51,7	78,3	55,4
11 a 14 anos	89,2	73,3	88,1	73,3	89,1	72,8
15 anos ou mais	89,1	82,8	88,3	84,3	88,7	82,1
Total	73,6	52,9	73,3	51,0	72,3	52,7

Fonte: IBGE/Pnads: microdados.

Ocupações e profissões de prestígio

A inserção das mulheres no mercado de trabalho brasileiro tem se caracterizado, ao longo do tempo, pela precariedade, que atinge uma importante parcela de trabalhadoras. Entretanto, em contraste com as ocupações precárias, mulheres instruídas, além de continuar marcando presença em tradicionais "guetos" femininos, como o magistério e a enfermagem, vêm ocupando áreas profissionais de prestígio, como a medicina, a advocacia, a arquitetura e até mesmo a engenharia, tradicional reduto masculino. Essa poderia ser considerada uma das faces do progresso alcançado pelas mulheres no que tange à sua participação no mercado de trabalho.

As indicações sobre as carreiras universitárias nas quais a presença das mulheres vem se fazendo sentir de forma mais expressiva são fornecidas por um estudo anterior, que analisou informações dos censos de mão-de-obra de 1980 e 1991 e mostrou aumentos significativos dos percentuais de presença feminina em algumas delas (Bruschini, 1998). Para analisar essas carreiras com mais profundidade e atualidade, optamos por considerá-las no segmento formalizado, utilizando informações da Rais[3] do Ministério do Trabalho, para os anos de 1995 a 2005, a fim de apreender a evolução da participação da mulher ao longo do tempo.

A primeira observação que deve ser feita em relação a essas carreiras é a consolidação da presença feminina entre esses profissionais, ao longo da década de 1990, principalmente entre arquitetos, médicos, advogados e outros profissionais da área jurídica, mas também entre os engenheiros, como demonstram os dados da tabela 5. As diferenças regionais são de pequena monta, exceto pela presença mais marcante de arquitetas e médicas no Nordeste e de advogadas e procuradoras no Sudeste, em 2005. Na mesma data, as engenheiras e as arquitetas estão mais presentes no Nordeste do que no Sudeste.

O ingresso das mulheres nessas ocupações de qualidade teria ocorrido como resultado da convergência de vários fatores. Entre eles, uma intensa transformação cultural, a partir do final dos anos 1960 e, sobretudo, nos

[3] Essa fonte de dados cobre somente o mercado formal de trabalho, pois é composta por registros administrativos fornecidos pelas empresas. Sua unidade são vínculos de emprego ou postos de trabalho, e não empregados.

1970, na esteira dos movimentos sociais e políticos dessa década, impulsionou as mulheres a ingressar nas universidades, em busca de um projeto de vida profissional. A expansão das universidades públicas e, principalmente, privadas, na mesma época, foi ao encontro desse anseio feminino.

Tabela 5
Participação feminina em ocupações de nível superior (Brasil, Nordeste e Sudeste — 1995-2005)

Ocupações de nível superior	Brasil		Nordeste		Sudeste	
	Total	% de mulheres	Total	% de mulheres	Total	% de mulheres
			1995			
Médicos	146.141	37,7	26.249	45,1	89.760	37,0
Advogados	20.160	37,0	4.772	35,9	18.555	37,9
Procuradores e advogados públicos	7.994	43,0	1.364	34,4	4.840	46,5
Magistrados	10.991	24,2	2.261	27,1	5.164	22,0
Membros do Ministério Público	—	—	—	—	—	—
Engenheiros	130.225	11,6	18.214	13,6	78.820	9,8
Arquitetos	7.121	51,9	1.082	54,9	4.541	52,6
			2005			
Médicos	226.021	39,8	38.647	45,7	139.295	40,1
Advogados	42.724	45,6	4.745	41,3	23.573	46,8
Procuradores e advogados públicos	7.241	42,3	1.296	39,7	3.692	46,3
Magistrados	12.206	34,2	2.470	37,2	5.246	32,3
Membros do Ministério Público	6.581	41,1	1.520	47,4	1.843	43,7
Engenheiros	147.754	14,2	19.438	15,7	90.790	13,6
Arquitetos	9.210	54,2	1.130	57,3	5.800	54,2

Fonte: MTE/Rais.

Outro fator importante foi a racionalização e as transformações dessas profissões, que abriram novas possibilidades para as mulheres formadas nessas carreiras, ampliando o leque profissional feminino para além dos "guetos" tradicionais. Tanto a medicina quanto a arquitetura e a advocacia vêm passando por processos de especialização e assalariamento, em detrimento da antiga autonomia profissional. As representações sociais, construídas pela sociedade e pelas próprias categorias, também estão se modificando, particularmente no que diz respeito ao seu perfil liberal, o que repercute no nível de prestígio e *status* atribuído a esses profissionais (Bruschini e Lombardi, 1999, 2000).

As persistências no trabalho feminino

Setores de atividade e ocupações

No que se refere à ocupação[4] da mão-de-obra brasileira na década de 1990 e nos primeiros anos do novo milênio, os dados das Pnads sinalizam a persistência dos já conhecidos padrões diferenciados de inserção feminina e masculina segundo setores ou grupos de atividades econômicas. Os setores do mercado nos quais as trabalhadoras continuam encontrando maiores oportunidades de trabalho e emprego são, pela ordem, prestação de serviços, agropecuária, setor social,[5] comércio de mercadorias e indústria. A força de trabalho masculina, por outro lado, manteve presença significativa, também pela ordem, na indústria, nos trabalhos ligados à agropecuária, no comércio de mercadorias e na prestação de serviços.

Em 2005, em função de uma nova classificação adotada pelo IBGE, pode-se perceber melhor como se distribuem as mulheres ocupadas no setor de serviços. Nesse ano, o setor ocupava a maior parte das trabalhadoras, quase 40% delas concentradas em três subsetores: "educação, saúde e serviços sociais", "serviços domésticos" e "outros serviços coletivos, pessoais e sociais".

Esses padrões estruturais da ocupação feminina e masculina não se alteraram no período em análise, embora tenham ocorrido oscilações conjunturais devido a instabilidades econômicas e políticas na década de 1990. Nessa mesma data, no Nordeste, as mulheres predominam no setor agrícola, no comércio e nos serviços (domésticos, educação, saúde e serviços sociais). No Sudeste, embora esses setores também tenham peso considerável, é significa-

---

[4] No conceito de ocupação utilizado pelo IBGE incluem-se as pessoas que tinham trabalho na semana de referência da pesquisa e aquelas que não exerceram o trabalho remunerado por motivo de férias, licença, greve etc.

[5] São considerados integrantes do setor social, conforme definição do IBGE, os serviços comunitários e sociais, os serviços médicos, odontológicos e veterinários e o ensino.

tiva a presença de mulheres em atividades da indústria de transformação em comparação com o Nordeste, o que reflete o maior peso das atividades industriais na região (tabela 6).

Tabela 6
Distribuição dos ocupados, segundo sexo e setores de atividade (Brasil, Nordeste e Sudeste — 2005)

Setores de atividade	Brasil		Nordeste		Sudeste	
	Homens	Mulheres	Homens	Mulheres	Homens	Mulheres
Agrícola	23,68	16,02	41,11	28,82	12,15	7,04
Indústria de transformação	15,22	12,67	8,49	9,85	18,72	13,92
Construção	10,88	0,40	8,91	0,27	12,19	0,49
Outras atividades industriais	1,17	0,23	1,06	0,19	1,32	0,25
Comércio e reparação	18,94	16,18	16,11	15,46	20,56	16,34
Alojamento e alimentação	3,14	4,36	2,80	3,95	3,67	4,61
Serviços domésticos	0,90	16,93	0,82	14,45	0,97	19,07
Outros serviços coletivos, sociais e pessoais	2,71	5,26	2,36	4,18	3,19	6,34
Educação, saúde e serviços sociais	3,44	16,14	2,90	14,68	3,90	17,90
Transporte, armazenagem e comunicação	6,82	1,43	5,37	0,72	8,03	1,91
Administração pública	5,22	4,45	4,90	4,40	4,94	4,06
Outras atividades	7,51	5,88	4,74	2,98	10,08	8,01
Atividades mal definidas ou não declaradas	0,36	0,04	0,43	0,04	0,28	0,06
Total (%)	100,00	100,00	100,00	100,00	100,00	100,00
Milhões	50,4	36,6	13,6	9,5	21,2	15,7

Fonte: IBGE/Pnads: microdados.

Ocupações precárias

Em 2005, nada menos que 33% da força de trabalho feminina no Brasil, ou 12 milhões de trabalhadoras, encontravam-se em nichos precários, seja como trabalhadoras domésticas, seja realizando atividades não-remuneradas ou trabalhos na produção para o consumo próprio ou do grupo familiar. No Nordeste, essa proporção chegava a 42%, ou cerca de 4 milhões das trabalhadoras, e no Sudeste ficava em torno de 27% (tabela 7).

O emprego doméstico remunerado é o nicho ocupacional feminino por excelência, no qual mais de 90% dos trabalhadores são mulheres. Ele se manteve como importante fonte de ocupação, praticamente estável até 2005, absorvendo 17% da força de trabalho feminina no Brasil, 15% no Nordeste e 19% no Sudeste.

A ocupação de trabalhadora doméstica ainda representa, nos dias de hoje, oportunidade de colocação para mais de 6 milhões de mulheres no mercado de trabalho brasileiro, mais de 1,3 milhão no Nordeste e quase 3 milhões no Sudeste. É considerada precária em função das longas jornadas de trabalho realizadas pela maioria das trabalhadoras, pelo baixo índice de registro em carteira de trabalho (apenas 25% no Brasil, 23% no Nordeste e 32% no Sudeste) e pelos baixos rendimentos auferidos (em 2005, 96% ganham até dois salários mínimos no Brasil, 95% no Sudeste e quase 100% no Nordeste).

Outras formas de ocupação mais precárias, presentes sobretudo no Nordeste, como o trabalho não-remunerado e aquele exercido na produção para o consumo próprio ou da unidade familiar, são encontradas no setor agrícola, em fazendas, sítios e chácaras. Em 2005, estavam ocupadas nesse setor 7% das trabalhadoras no Brasil, 13% no Nordeste e 4% no Sudeste. Entre as não-remuneradas, apesar da predominância do setor agrícola, há uma parcela não-desprezível de trabalhadoras ocupadas no comércio, na prestação de serviços e mesmo na indústria de transformação, principalmente no Sudeste.

Vale considerar que, embora ainda seja muito elevado em 2005, o percentual de trabalhadoras em ocupações precárias ou de má qualidade, tanto no país quanto nas regiões examinadas, teve uma redução considerável ao longo do período analisado. Essa talvez possa ser tomada como uma outra dimensão do avanço das mulheres, que também estão ampliando sua participação no segmento formal do mercado de trabalho (Bruschini, 2007:565).

Tabela 7
Algumas características da ocupação feminina em ocupações precárias (Brasil, Nordeste e Sudeste — 1995-2005)

Posição na ocupação/ indicadores	1995			2005		
	Brasil	Nordeste	Sudeste	Brasil	Nordeste	Sudeste
Trabalhadoras domésticas*	**17,2**	**13,9**	**19,7**	**16,9**	**14,5**	**19,1**
	NA: 4.782.016	NA: 1.109.068	NA: 2.331.949	NA: 6.206.202	NA: 1.378.889	NA: 2.992.917
Não possuem carteira de trabalho	82,2	91,7	77,1	74,8	87,0	68,2
Setor de atividade						
Prestação de serviços**	100,0	100,0	100,0	100,0	100,0	100,0
Ganham até 2 SM***	90,5	96,1	84,5	96,4	98,8	94,4
Não-remuneradas*	**13,1**	**20,2**	**6,2**	**9,0**	**14,6**	**3,9**
	NA: 3.627.608	NA: 1.612.989	NA: 736.764	NA: 3.310.119	NA: 1.397.813	NA: 16.589
Setor de atividade						
Agrícola	70,0	77,5	48,2	64,0	72,9	39,9
Comércio	13,9	12,8	19,8	15,5	13,6	23,1
Prestação de serviços**	8,7	5,7	18,3	9,2	6,5	18,6
Indústria de transformação	4,1	3,1	7,9	8,4	5,8	10,6
Consumo próprio******	**9,3**	**12,8**	**6,2**	**7,3**	**12,5**	**3,7**
	NA: 2.578.780	NA: 1.023.005	NA: 735.228	NA: 2.676.778	NA: 1.194.061	NA: 577.262
Setor de atividade						
Agrícola	100,0	99,3	98,8	99,4	99,6	98,8
Total de trabalhadoras em ocupações precárias (em %)	**39,6**	**46,9**	**32,1**	**33,2**	**41,6**	**26,7**

Fonte: IBGE/Pnads: microdados.

NA: Números absolutos.

* Percentagem de participação no total da mão-de-obra feminina em cada ano.

** Em 2005, na categoria "prestação de serviços" foram incluídos: alojamento e alimentação; serviços domésticos; outros serviços coletivos, sociais e pessoais; outras atividades.

*** Salário mínimo.

**** Consumo e construção próprios ou para o grupo familiar.

Estrutura ocupacional

A estrutura ocupacional do mercado de trabalho brasileiro apresenta tendências recorrentes que pouco se alteraram nos últimos 30 anos. No emprego formal, representam continuidades no padrão de ocupação das mulheres a elevada presença feminina em setores tradicionais da indústria, como é o caso das costureiras no ramo da confecção, assim como nos serviços de cuidado pessoal, higiene e alimentação, como é o caso das cabeleireiras e especialistas em estética em geral, das faxineiras, arrumadeiras em domicílios e hotéis, lavadeiras, tintureiras e cozinheiras.

Persistem igualmente outros tradicionais guetos femininos, como enfermagem (89% de participação feminina), nutrição (93%), assistência social (91%), psicologia (89%) e magistério nos níveis pré-escolar (95%), fundamental (88%) e médio (74%). A presença feminina continua predominante ainda entre as secretárias (85%) e auxiliares de contabilidade e caixas (75%), segundo dados referentes a 2002 (Fundação Carlos Chagas, 2007).

Rendimentos do trabalho

O nível de ganhos dos brasileiros é reconhecidamente baixo, e as brasileiras — como as mulheres de todo o mundo — ganham menos ainda do que os homens.[6] A evolução da distribuição do rendimento do trabalho de todos os brasileiros no período analisado é indicada por um aumento das proporções de trabalhadores com menores rendimentos, o que reflete a queda dos ganhos advindos do trabalho. Note-se que, em 2005, 36% das trabalhadoras no Brasil, 49% no Nordeste e 32% no Sudeste ganhavam menos de um salário mínimo (tabela 8).

[6] No Japão, em 2000, por exemplo, elas recebiam 65,5% do salário dos homens; na França, em 1999, a percentagem era de 75,2%, segundo dados da ONU.

Tabela 8

Distribuição dos ocupados, segundo sexo e faixas de rendimento (Brasil, Nordeste e Sudeste — 2005)

Faixas de rendimento mensal	Brasil		Nordeste		Sudeste	
	Homens	Mulheres	Homens	Mulheres	Homens	Mulheres
Até 1 SM*	27,7	35,9	50,2	48,8	17,9	31,5
De mais de 1 a 2 SM	30,1	26,8	21,0	14,4	33,6	33,0
De mais de 2 a 5 SM	22,7	14,2	9,0	6,3	29,5	18,7
Mais de 5 SM	10,2	5,6	4,2	2,6	13,6	7,3
Sem rendimento	8,1	16,5	14,9	27,4	3,5	7,8
Total (%)	100,0	100,0	100,0	100,0	100,0	100,0
Milhões	50.436.228	36.653.748	13.639.721	9.542.436	21.173.020	15.690.594

Fonte: IBGE/Pnads: microdados.
* Salário mínimo.

As remunerações mais baixas das mulheres em comparação às dos homens são confirmadas quando se consideram os setores econômicos, os grupos de horas trabalhadas, a posição na ocupação e os anos de estudo. Por exemplo, na indústria de transformação, onde as relações de trabalho tendem a ser mais formalizadas, 73% das ocupadas situavam-se na faixa de até dois salários mínimos, em 2002, contra 46% dos ocupados; no setor de educação, saúde e serviços sociais, onde o trabalho é bastante feminizado, as proporções, para a mesma faixa de renda, eram de 49% e 35%, respectivamente; e na administração pública, outro tradicional nicho feminino, de 46% e 32%.

A situação subordinada da mulher no mercado de trabalho revela-se também pela expressiva proporção das trabalhadoras não-remuneradas no setor agrícola — 81% contra apenas 27% de homens, segundo dados de 2002 (Fundação Carlos Chagas, 2007).

Quando se examina a remuneração segundo os grupos de horas semanais trabalhadas, mais uma vez se constata que as mulheres ganham menos que os homens, mesmo quando trabalham o mesmo número de horas. Tomando-se como exemplo a jornada em período integral — de 40 a 44 horas semanais —, observa-se que, em 2005, no total do país, 64% das ocupadas recebem até dois salários mínimos contra 58% dos ocupados. Nas regiões recebem até dois salários mínimos contra 58% dos ocupados. Nas regiões analisadas, verifica-se diferencial igualmente relevante entre os sexos: entre os que trabalham jornada integral, recebem até dois salários mínimos 76% dos trabalhadores e 71% das trabalhadoras no Nordeste, enquanto no Sudeste, nessa mesma faixa de rendimento, encontram-se 50% dos trabalhadores e 63% das trabalhadoras.

Da mesma forma, o diferencial de rendimentos entre os sexos segundo anos de estudo revela com clareza a discriminação sofrida pelas mulheres, apesar de o nível de escolaridade feminino ser mais elevado que o masculino. Entre os mais escolarizados de ambos os sexos, a discriminação aparece ainda com mais evidência: na faixa de 15 anos e mais de estudo, que no Brasil corresponde ao ensino superior, recebem mais de cinco salários mínimos, em 2005, 62% dos homens e apenas 35% das mulheres. No Nordeste, as proporções são de 55% e 28%, respectivamente, e no Sudeste, de 62% e 37% (tabela 9).

Tabela 9

Rendimento dos ocupados, segundo sexo, jornada de trabalho e escolaridade (Brasil, Nordeste e Sudeste — 2005)

Rendimento mensal	Brasil		Nordeste		Sudeste	
	Jornada de trabalho integral (40 a 44h)	Escolaridade superior (15 anos ou mais)	Jornada de trabalho integral (40 a 44h)	Escolaridade superior (15 anos ou mais)	Jornada de trabalho integral (40 a 44h)	Escolaridade superior (15 anos ou mais)
			Homens			
Até 2 SM*	57,6	8,1	76,3	14,7	50,0	7,4
De 2 a 5 SM	25,5	26,1	10,1	27,3	31,3	25,5
Mais de 5 SM	12,4	61,6	5,6	55,2	15,8	62,1
Sem rendimento	3,3	1,1	7,3	1,0	1,2	0,9
Total (%)	100,0	100,0	100,0	100,0	100,0	100,0
			Mulheres			
Até 2 SM	64,4	19,1	71,4	29,7	62,6	16,1
De 2 a 5 SM	20,7	41,3	13,5	39,2	23,2	41,1
Mais de 5 SM	9,6	35,3	6,2	27,9	10,8	37,3
Sem rendimento	4,2	1,9	8,4	1,8	1,7	2,0
Total (%)	100,0	100,0	100,0	100,0	100,0	100,0

Fonte: IBGE/Pnads: microdados.

* Salário mínimo.

Considerações finais

Em um período de 10 anos (1995-2005), as trabalhadoras brasileiras obtiveram algum progresso no mercado de trabalho, embora tenham persistido inúmeras condições desfavoráveis. No primeiro caso, movidas pela escolaridade, seja de nível médio, no qual as jovens superam os jovens, seja de nível superior, no qual as mulheres consolidaram uma presença bem maior que a dos homens, as trabalhadoras mais instruídas passaram a ocupar postos em profissões de prestígio, como medicina, direito, magistratura, arquitetura e mesmo na engenharia, tradicional reduto masculino.

No segundo caso, o maior contingente de trabalhadoras, mais de 30% da força de trabalho feminina, no Brasil, ainda é composto de um grupo de ocupações precárias: empregadas domésticas, trabalhadoras não-remuneradas e aquelas que trabalham para o próprio consumo e o consumo familiar, principalmente no setor agrícola.

A persistência de traços de desigualdade revela-se igualmente em outras dimensões: na esfera ocupacional, em que as trabalhadoras são segregadas em setores, ocupações e áreas de trabalho tradicionalmente femininas, como serviços, área social, administração pública; em cursos e profissões em segmentos culturais, sociais e de humanidades; nas desigualdades salariais em relação aos colegas do sexo masculino, mesmo quando as condições são semelhantes entre os sexos, como na jornada de trabalho e no nível de escolaridade.

Além disso, na família, mantém-se a maior responsabilização das mulheres e das mães pelos afazeres domésticos e pelos cuidados com as crianças, como se constatou pelo tempo consumido por elas nessas atividades.

Este capítulo mostra a permanência de um perfil de força de trabalho feminina que vinha sendo forjado desde os anos 1980: mulheres mais velhas, casadas e mães trabalham, mesmo quando os filhos são pequenos, apesar das dificuldades para conciliar responsabilidades domésticas, familiares e profissionais. Prova disso é que as taxas de atividade das mães aumentaram na década analisada, mesmo quando os filhos têm idade inferior a dois anos.

Em relação às regiões focalizadas, reiteram-se, com alguns novos dados, padrões de desigualdade social e econômica já conhecidos. As trabalhadoras do Nordeste concentram-se, mais do que as do Sudeste, em nichos precários de atividade, como o trabalho não-remunerado e a produção para o autoconsumo, e ganham menos do que estas últimas.

Mas o capítulo mostra também que as mulheres do Nordeste, da mesma forma que as demais, estão entrando no mercado de trabalho, mesmo quando têm filhos pequenos, e se inserindo em profissões de prestígio, como a medicina e a arquitetura.

Referências bibliográficas

BRUSCHINI, C. Fazendo as perguntas certas: como tornar visível a contribuição econômica das mulheres para a sociedade? In: ABRAMO, L.; ABREU, A. R. de P. (Orgs.). *Gênero e trabalho na sociologia latino-americana*. São Paulo/Rio de Janeiro: Alast, 1998. p. 277-294. (Série II Congresso Latino-Americano de Sociologia do Trabalho).

______. Trabalho doméstico: inatividade econômica ou trabalho não remunerado? *Revista Brasileira de Estudos de População*, v. 24, 2006. Número especial.

______. Trabalho e gênero no Brasil nos últimos dez anos. *Cadernos de Pesquisa*, v. 37, n. 132, p. 537-572, set./dez. 2007.

______; LOMBARDI, M. R. Médicas, arquitetas, advogadas e engenheiras: mulheres em carreiras profissionais de prestígio. *Revista Estudos Feministas*, v. 7, n. 1-2, p. 9-24, 1999.

______; ______. A bipolaridade do trabalho feminino no Brasil contemporâneo. *Cadernos de Pesquisa*, n. 110, p. 67-104, jul. 2000.

FUNDAÇÃO CARLOS CHAGAS. *Banco de dados sobre o trabalho da mulher*. São Paulo. Disponível em: <www.fcc.org.br>. Acesso em: 6 fev. 2007.

IBGE (Instituto Brasileiro de Geografia e Estatística). *Pesquisa Nacional por Amostra de Domicílios — 1995:* Microdados. Rio de Janeiro, 2002. CD-ROM.

______. *Pesquisa Nacional por Amostra de Domicílios* — Síntese de Indicadores 2003. Rio de Janeiro, 2004a.

______. *Notas técnicas* (Síntese de Indicadores Sociais 2003). Rio de Janeiro, 2004b. CD-ROM.

______. *Pesquisa Nacional por Amostra de Domicílios — 2005:* Microdados. Rio de Janeiro, 2006a. CD-ROM.

______. *Pesquisa Nacional por Amostra de Domicílios* — Síntese de Indicadores 2006. Rio de Janeiro, 2006b. Disponível em: <www.ibge.gov.br>. Acesso em: 21 jan. 2008.

MTE (Ministério do Trabalho e Emprego). *Rais/Relação Anual de Informações Sociais 1995*. Brasília-DF, MTE/Departamento de Emprego e Salário/Coordenação Geral de Estatísticas do Trabalho/Datamec-Unisys, 2001. CD-ROM.

______. *Rais/Relação Anual de Informações Sociais 2005*. Brasília-DF, MTE/Departamento de Emprego e Salário/Coordenação Geral de Estatísticas do Trabalho/Datamec-Unisys, 2006. CD-ROM.

SORJ, B. Trabalho remunerado e trabalho não-remunerado. In: OLIVEIRA, S. de; RECAMÁN, M.; VENTURI, G. *A mulher brasileira nos espaços público e privado*. São Paulo: Fundação Perseu Abramo, 2004. p. 107-119.

UNIFEM (United Nations Development Fund for Women). *El progreso de las mujeres en el mundo*. Informe Bienal. New York: Unifem, 2000.

2

Emprego, desemprego e precariedade: uma comparação européia

Margaret Maruani*

Este capítulo traça um panorama do lugar das mulheres e dos homens no mercado de trabalho na Europa contemporânea a partir de duas idéias-força, duas linhas diretivas que guiarão minha proposição. A primeira refere-se às virtudes heurísticas de uma leitura sexuada do mundo do trabalho. A segunda está relacionada à centralidade do trabalho.

Por muitíssimo tempo, os meios da pesquisa operaram com base em uma distinção implícita e simplista de dois campos: o mercado de trabalho, de um lado, e bem distante dele, em outro lugar, as diferenças de sexo. É desse "outro lugar" esquemático que gostaria de escapar. Estudar as lógicas de gênero que percorrem o mundo do trabalho não é se dedicar à sociografia de uma categoria particular de mão-de-obra: as mulheres. É dotar-se dos meios de circunscrever as mudanças estruturais que produziram as transformações da população ativa. É analisar as lógicas sociais que subentendem as recomposições do mundo do trabalho.

Em matéria de atividade e de emprego, de desemprego e de precariedade, de subemprego e de sobrequalificação, de flexibilidade e de divisão do tra-

* Socióloga, Centro de Sociologia Urbana do Conselho Nacional de Pesquisa Científica (CSU-CNRS).

balho, as mulheres não são específicas. Elas são sintomáticas dos movimentos que agitam o mercado de trabalho. São reveladoras de fenômenos de conjunto. Sua situação não é particular, é significativa. Quando se aprofunda a análise das diferenças de sexo no mercado de trabalho, não apenas se contribui para a acumulação de saberes sobre a atividade feminina, como se participa da progressão geral dos conhecimentos sobre o mundo do trabalho.

O lugar das mulheres no mercado de trabalho não nos informa apenas de sua posição profissional: o trabalho feminino é um fio condutor para descobrir o lugar delas na sociedade, em todas as sociedades contemporâneas. Abordar o trabalho e o emprego das mulheres é se interessar por seu estatuto social, por sua posição na sociedade.

Nesse sentido, o direito ao emprego das mulheres é uma questão econômica e social, política e ideológica. Uma questão que diz respeito às representações e às práticas sociais, às políticas econômicas e às legislações, à evolução do mercado de trabalho e às relações sociais de sexo na esfera familiar. É uma das referências mais importantes para apreender a situação das mulheres: a história do lugar das mulheres na sociedade se revela, de certa maneira, em suas capacidades, reais e simbólicas, de ter acesso ao emprego e nas condições de exercício de sua atividade profissional.

Toda a história do trabalho feminino é uma história econômica e social, mas também cultural e ideológica. Cada sociedade, cada época, cada cultura produz suas formas de trabalho feminino e destila suas imagens e suas representações. A atividade feminina é, ao mesmo tempo, uma realidade econômica e uma construção social. Um "fato social total". As flutuações do emprego feminino e os movimentos da divisão sexual do trabalho nos informam sobre o estado de uma sociedade: o funcionamento do mercado do emprego, o lugar do trabalho no sistema de valores, o estatuto do segundo sexo e as relações entre homens e mulheres.

Nessa perspectiva, falar do trabalho das mulheres é tratar do trabalho, das mulheres, mas também dos homens e da sociedade. A feminização dos assalariados é uma mudança social muito importante do final do século XX, uma mudança que transformou a sociedade inteira. O crescimento espetacular da atividade feminina, que remonta ao início dos anos 1960, é uma onda súbita que ninguém tinha previsto na época e que nada deteve desde então — nem a falta de emprego, nem a queda do crescimento, nem a escalada de um desemprego em massa e estrutural. Uma onda súbita que, em graus diversos, atingiu toda a Europa.

Portanto, no âmbito econômico existe paridade, pelo menos quantitativamente. Mas ela não rima com igualdade, e esse é o problema. A feminização dos assalariados não levou a uma verdadeira regressão das disparidades entre empregos femininos e masculinos.

Tudo é complexo, paradoxal, contraditório: mais mulheres ativas, assalariadas, instruídas, mas também mais desempregadas, assalariadas precárias e subempregadas. Os comportamentos de atividade masculinos e femininos são parecidos, mas as desigualdades profissionais e familiares se enraízam.

Partindo dessas observações, duas leituras dos fatos são possíveis. Em negativo ou em positivo. Prefiro não escolher. O que gostaria de mostrar são os contrastes, delimitando, para cada um dos grandes temas abordados, as progressões, as estagnações e as regressões.

A feminização dos assalariados europeus

A presença de mulheres no mundo do trabalho, evidentemente, não é nova. As mulheres sempre trabalharam, sempre e em toda parte — e as historiadoras têm razão ao enfatizar isso (Schweitzer, 2002). Porém, no período recente, as formas e o volume dessa atividade se modificaram bastante.

Desde o início dos anos 1960, assiste-se a um crescimento contínuo e sustentado do número de mulheres ativas. Há quatro décadas, na Europa, a renovação da força de trabalho se deu, essencialmente, pelo crescimento da atividade feminina — nunca é demais dizer. Nos anos 1960, as mulheres representavam 30% da população ativa européia contra 45% em 2006.

Tabela 1

Evolução da participação das mulheres na população ativa da União Européia (1983-2006 — %)

	1983	1987	1991	1995	1999	2003	2006
União Européia (27 países)	—	—	—	—	—	44,3	44,8
União Européia (15 países)	—	—	—	42,2	43,2	43,9	44,6
Comunidade Européia (12 países, incluindo a ex-RDA)	—	39,3	41,0	41,9	43,0	43,7	44,5

Continua

	1983	1987	1991	1995	1999	2003	2006
Alemanha*	39,1	39,5	42,5	42,9	43,7	44,7	45,5
Áustria	—	—	—	43,5	43,9	44,8	45,6
Bélgica	36,9	38,5	40,0	41,4	42,9	43,1	44,4
Dinamarca	45,5	46,0	46,6	45,5	46,4	46,4	47,0
Espanha	—	32,9	35,3	38,0	39,1	40,4	41,9
Finlândia	—	—	—	47,9	48,0	48,0	48,4
França	41,9	43,3	44,3	45,6	45,9	46,3	46,7
Grécia	34,1	35,9	35,8	37,9	39,6	40,0	40,9
Irlanda	31,1	32,8	34,1	37,6	40,3	41,7	42,4
Itália	34,1	35,6	37,1	37,0	38,4	39,4	40,2
Luxemburgo	33,4	35,2	35,6	36,0	39,4	41,0	43,9
Países Baixos	33,8	37,6	39,5	41,3	43,0	44,2	45,0
Portugal	—	41,8	43,8	45,0	45,2	46,2	46,6
Grã-Bretanha	40,3	42,2	43,2	43,8	45,4	45,8	46,3
Suécia	—	—	—	47,7	47,2	47,8	47,5

Fonte: Eurostat, Enquêtes sur les forces de travail.
* A partir de 1992, e em todos os quadros, os dados se referem à Alemanha reunificada.

Na França, no espaço de quatro décadas, as mulheres chegaram a quase metade da população ativa (47%), enquanto em 1962 constituíam um terço (34%). No início dos anos 1960, 12,6 milhões de homens e 6,7 milhões de mulheres eram ativos. Uma diferença de um para dois os separava. Em 2006, a diferença ainda existe, mas diminuiu consideravelmente: 14,6 milhões de homens e 12,9 milhões de mulheres estão no mercado de trabalho. Entre 1962 e 2006, o número de homens no trabalho teve um aumento de 2 milhões, e o das mulheres de mais de 6 milhões.[1]

Além do salto quantitativo, as cifras mostram o reequilíbrio entre os sexos no mercado de trabalho.

Esse crescimento pressupõe duas evoluções importantes: o assalariamento da mão-de-obra e a continuidade das trajetórias profissionais das mulheres.

O movimento de assalariamento, que afeta o conjunto dos ativos, foi mais rápido e mais importante para as mulheres que para os homens. A acele-

[1] No conjunto do texto, e salvo indicação contrária, para os dados referentes à União Européia, trata-se de pesquisas sobre a força de trabalho da Eurostat; e para a França, de recenseamentos e de pesquisas de emprego do Insee.

ração, também nesse caso, data do início dos anos 1960. Na quase totalidade dos países europeus, as mulheres são agora, e pela primeira vez na história, mais assalariadas proporcionalmente que os homens.

Tabela 2
A população ativa da França (1962-2006 — efetivos em milhões)

	Homens	Mulheres	Total
1962	12,6	6,7	19,3
1968	13,3	7,1	20,4
1975	13,6	8,1	21,7
1982	13,9	9,6	23,5
1990	14,0	11,1	25,1
1999	14,3	12,2	26,5
2002	14,7	12,4	27,1
2003	14,8	12,6	27,4
2004	14,8	12,7	27,5
2005	14,8	12,8	27,6
2006	14,6	12,9	27,5

Fontes: Institut National de la Statistique et des Études Économiques (Insee), Recensements de la population 1962-99; Enquêtes emploi 2002-06.

A segunda evolução diz respeito aos comportamentos de atividades femininos. Desse ponto de vista, as coisas mudaram fundamentalmente, mas a evolução é muito variável segundo o país. Na França, como em alguns outros países europeus, a maioria das mulheres acumula atividade profissional e vida familiar. No início dos anos 1960, as taxas de atividade das mulheres de 25 a 49 anos eram de 40%, e hoje estão em torno de 80%. Trata-se de uma transformação radical da relação com o emprego e, mais do que isso, da relação das mulheres com o arranjo dos projetos familiares e profissionais.

Atualmente, a maioria das mulheres não pára de trabalhar quando tem filhos. O fim da descontinuidade das trajetórias profissionais das mulheres marca assim uma verdadeira ruptura com as normas sociais anteriores. Testemunha igualmente uma homogeneização dos comportamentos de atividade masculinos e femininos que apenas se acentuou nos últimos anos. Entre 15 e 49 anos, as taxas de atividade dos homens e das mulheres se aproximam e chegam quase a se igualar.

Não é o caso para toda a Europa. Do ponto de vista dos comportamentos de atividade, existem várias configurações. De forma muito esquemática, podem-se distinguir os países em que a descontinuidade das trajetórias profissionais das mulheres permanece, ainda que se atenue (Grécia, Espanha, Irlanda, Itália, Luxemburgo), e aqueles em que elas se tornaram contínuas como as dos homens (é o caso particularmente nos países escandinavos, em Portugal, na França, na Bélgica, na Alemanha, na Áustria e nos Países Baixos).

Tabela 3

Taxas de atividade das mulheres de 25 a 49 anos na União Européia (1983-2006 — %)

	1983	1987	1991	1994	1996	2000*	2006*
Europa dos 15	—	—	—	—	71,3	74,0	77,5
Alemanha	58,2	61,5	67,8	74,5	74,8	75,1	81,9
Áustria	—	—	—	—	76,2	78,7	82,0
Bélgica	58,8	63,8	68,1	71,6	73,1	77,5	80,6
Dinamarca	86,4	87,7	88,8	84,1	83,9	85,2	85,2
Espanha	—	42,6	51,4	57,8	60,4	66,2	73,5
Finlândia	—	—	—	—	83,4	85,1	85,0
França	68,4	71,9	75,1	78,0	79,2	79,7	81,1
Grécia	45,1	50,6	51,9	56,5	59,8	65,4	72,2
Irlanda	38,1	43,3	49,2	56,2	60,4	68,0	71,8
Itália	48,3	52,7	57,1	56,2	57,8	61,1	66,4
Luxemburgo	44,7	50,9	55,0	58,8	58,8	67,6	76,7
Países Baixos	45,4	56,1	62,3	67,7	70,1	76,0	81,5
Portugal	—	66,3	74,2	75,9	78,0	79,6	84,4
Grã-Bretanha	63,1	69,3	73,7	74,5	75,1	76,8	78,0
Suécia	—	—	—	—	86,5	84,6	86,5

Fonte: Eurostat, Enquêtes sur les forces de travail.

* Interrupção de série em 2000. Em 2006, as cifras referem-se ao segundo trimestre para todos os países.

Para além das estatísticas, trata-se de uma mudança das normas sociais: em alguns países, agora é "normal" para uma mulher, mãe de um ou de vários filhos, trabalhar, enquanto há algumas décadas a regra era parar no nascimento do primeiro filho.

O avanço da escolaridade feminina

A tudo isso, e para que o quadro esteja completo, é preciso acrescentar as evoluções referentes ao lugar comparado dos homens e das mulheres no sistema de formação. Também nesse caso pode-se falar de ruptura: o nível escolar e universitário das mulheres na maior parte dos países europeus, atualmente, é superior ao dos homens. A progressão da escolaridade feminina constitui um acontecimento marcante do fim do século XX.

A inscrição das meninas nos diferentes escalões do sistema escolar não é recente. Ela ocorreu ao longo do século. Mas, a partir dos anos 1970, surgiu um fato novo: o êxito escolar e universitário das meninas. Desde essa época, de fato, as meninas conseguiram alcançar e depois, em certos países, ultrapassar os meninos em termos de êxito escolar e universitário (Baudelot e Establet, 1992; Duru-Bellat, 1990). Em 2002, a participação das mulheres no ensino superior europeu é de 54%.

Os anos que assistiram ao impulso da feminização da população ativa foram os mesmos que conheceram o avanço da escolaridade feminina. Nem é preciso dizer que não se trata de uma coincidência temporal, mas de acontecimentos sociais fortemente correlacionados. Quanto mais as mulheres são instruídas, mais elas são ativas. O fato se verifica por toda parte.

Assim, os argumentos que até há poucos anos ainda podiam "legitimar" as desigualdades profissionais entre homens e mulheres perderam todo sentido: na maioria dos países europeus, as mulheres são mais instruídas que os homens. Uma grande parte delas tem trajetórias profissionais contínuas, como os homens. Porém, elas permanecem sensivelmente menos bem pagas que eles, têm carreiras profissionais mais estagnadas, experimentam um sobredesemprego e um subemprego patentes. Além disso, a segregação dos empregos continua forte.

Segregação e discriminações de todo gênero

O mundo do trabalho nem sempre é misto. Ele é permeado de segregações e de discriminações de todo gênero. A feminização da população ativa não se traduz em uma real mistura de sexos profissional. Os empregos femininos continuam concentrados em um pequeno número de ofícios e de setores tradicionalmente femininos. Identificado de longa data (Huet, 1983), esse fenômeno de concentração parece inclusive se agravar no período recente em certos países.

Assim, na França, as seis categorias socioprofissionais mais feminizadas reuniam 52% das mulheres em 1983 e 61% em 2002. O fenômeno não é especificamente francês. Ele é observado, em graus diversos, em toda a Europa, mesmo nos países escandinavos, onde as taxas de atividade das mulheres são muito elevadas, próximas às dos homens.

A progressão da atividade e da escolaridade feminina traduziu-se, no mercado de trabalho, pelo acesso de algumas mulheres a profissões qualificadas e pela feminização em massa dos ofícios femininos pouco valorizados socialmente. Portanto, o movimento é duplo.

Vimos profissões tradicionalmente masculinas se feminizarem sem perder seu valor social. Feminização já não rima sistematicamente com desvalorização. O aumento do número de mulheres em profissões que permanecem prestigiadas — magistrados, advogados, jornalistas, médicos etc. — está aí para provar que a desvalorização não é o destino de todo ofício que se feminiza (Cacouault-Bitaud, 2001). Do mesmo todo, assiste-se a uma progressão sustentada do número de mulheres executivas, apesar de o acesso a essas funções ainda ser mais difícil para elas do que para os homens. Na outra extremidade da pirâmide social, o afluxo de mulheres ativas se concentrou nos empregos não qualificados do terciário.

A coexistência desses dois movimentos — concentração de uma grande parte das mulheres ativas nos empregos pouco qualificados do terciário e crescimento dos empregos femininos qualificados — leva à constatação de uma bipolarização, muito mais que à observação de uma segregação imóvel. Uma parte das mulheres recupera, no mercado de trabalho, o investimento bem-sucedido no sistema de formação, enquanto a maioria delas se concentra nos assalariados que cumprem ordens. Entre mulheres, o fosso se aprofunda e as desigualdades se reforçam. Com todo motivo, acredito, pode-se falar de bipolarização.

Desigualdades dos assalariados

Tudo isso se encontra, evidentemente, no nível das diferenças de salário entre homens e mulheres. Quando as diretrizes européias dizem "para trabalho igual, salário igual", as estatísticas mostram defasagens que permanecem consideráveis (Silvera, 1996).

Os últimos dados de que dispomos no âmbito europeu revelam que as diferenças de salário, em 2001, oscilam entre 6% e 21%, com base nas cifras do European Community Household Panel, e entre 11% e 30%, segundo dados do European Structure of Earning Survey (Meulders, Plasman e Rycx, 2005).

Na França, três cifras medem as desigualdades de salário: 11%, 24% e 29% (Meurs e Ponthieux, 2006). Essas diferenças estão ligadas à base de cálculo: pretende-se tomar como base os salários por hora, mensais ou anuais? Inclui-se o trabalho em tempo parcial? Leva-se em conta o setor público? Tudo depende — dizem os economistas, que se recusam a apresentar apenas uma cifra — do que se procura avaliar: o preço do trabalho ou os ganhos dos assalariados?

O resultado estatístico, como se vê, é cada vez mais depurado, mas também cada vez mais complexo, pois a análise dos mecanismos sociológicos e econômicos está sempre em curso.

Essa diferença se explica, em parte, pela segregação e pela concentração dos empregos femininos. Apenas em parte, pois quando se pensa "tudo igual em todo lugar" (Silvera, 1996), isto é, em nível de formação, categoria socioprofissional, idade e experiência iguais, em estabelecimentos do mesmo porte e no mesmo setor, resta uma diferença importante, que deixo aos especialistas o cuidado de cifrar. Esse "saldo", que os economistas chamam de "resíduo", indica a existência de mecanismos de discriminação que não se reduzem à concentração de empregos (Meurs e Ponthieux, 2005).

Além disso, constata-se em todos os países que o desenvolvimento do trabalho em tempo parcial pesa bastante na manutenção das diferenças de salários.

Trabalho em tempo parcial e subemprego

Como se sabe, o trabalho em tempo parcial, em toda Europa, é o apanágio das mulheres. É evidente que o trabalho em tempo parcial recobre realidades sociais extremamente diversificadas. Para algumas mulheres, trata-se de uma decisão individual de redução do tempo de trabalho. Para outras, cada vez mais numerosas hoje, trata-se de uma lógica bem diferente: em setores inteiros da economia constatou-se a multiplicação das ofertas de empregos em tempo parcial.

Tabela 4
O emprego em tempo parcial na União Européia (2006 — %)

	Emprego total	Emprego feminino	Emprego masculino
União Européia (27 países)*	18,1	31,2	7,7
União Européia (15 países)*	20,8	36,7	8,1
Alemanha*	25,8	45,6	9,3
Áustria	21,8	40,2	6,5
Bélgica	22,2	41,1	7,4
Dinamarca	23,6	35,4	13,3
Espanha	12	23,2	4,3
Finlândia	14	19,2	9,3
França*	17,2	30,6	5,7
Grécia	5,7	10,2	2,9
Irlanda**	16,8	31,5	6,1
Itália	13,3	26,5	4,7
Luxemburgo	17,1	36,2	2,6
Países Baixos	46,2	74,7	23
Portugal	11,3	15,8	7,4
Grã-Bretanha	25,5	42,6	10,6
Suécia	25,1	40,2	11,8

Fonte: Eurostat. Enquêtes sur les forces de travail.
* Valores provisórios.
** Cifras de 2004.

A despeito dessa diversidade, uma constatação se impõe: a forma mais patente do subemprego feminino na Europa é o trabalho em tempo parcial (Maruani e Meulders, 2005). Cerca de 80% das pessoas que trabalham em tempo parcial são mulheres — e todo tipo de mulheres. Antes de tudo, ao contrário das idéias recebidas, ele não afeta prioritariamente mulheres em idade de ter e de criar filhos: na Europa dos 15, é entre as mulheres com mais de 50 anos que as percentagens de trabalho em tempo parcial são mais elevadas.

Além disso, trata-se, no essencial, de empregos pouco qualificados, concentrados em algumas atividades e profissões (comércio, limpeza, hotelaria) e de empregos cujos horários e as condições de trabalho são particularmente difíceis: baixos salários, trabalho em fim de semana ou à noite, instabilidade de horários e fracionamento das jornadas de trabalho são o atributo comum da maior parte dos assalariados em tempo parcial na Europa (Meulders, Plasman e Plasman, 1994).

Por trás dessas características gerais, perfilam-se diferentes formas do trabalho em tempo parcial. Em alguns países, o trabalho em tempo parcial é o que permite às mulheres entrar no mercado de trabalho, em outros é o que as afasta dele. Uma mesma estatística, uma mesma taxa de trabalho em tempo parcial pode ocultar realidades sociais muito diferentes.

Na Europa dos 15, podem-se identificar três configurações, que correspondem a três significados diferentes do trabalho em tempo parcial:

1. Os países em que o trabalho em tempo parcial intervém apenas marginalmente, sejam as taxas de atividade femininas muito elevadas (em Portugal) ou relativamente baixas (na Espanha, na Itália, na Grécia). É o modelo "Europa do Sul", onde o acesso das mulheres ao emprego ocorreu e ainda ocorre em tempo integral.

2. Os países em que o trabalho em tempo parcial acompanhou, ou mesmo permitiu, o crescimento da atividade feminina. O trabalho em tempo parcial existe ali de longa data, e chegou bem antes da crise do emprego. Neles, convivem lado a lado duas formas diferentes:

- o modelo "Europa do Norte" (Alemanha, Países Baixos, Grã-Bretanha), onde o trabalho em tempo parcial constitui uma das modalidades da entrada das mulheres no mercado de trabalho. Assim, taxas muito elevadas de trabalho em tempo parcial conjugam-se com uma descontinuidade persistente de trajetórias profissionais. A maior parte das mulheres com filhos pequenos tem comportamentos de atividade que permanecem "especificamente femininos", caracterizados pela alternativa de trabalho em tempo parcial/cessação provisória da atividade. A forma arquetípica desse modelo encontra-se nos Países Baixos, onde a atividade feminina se caracteriza ao mesmo tempo pela descontinuidade e pelas altas taxas de trabalho em tempo parcial (75% das mulheres estão em tempo parcial);

- o modelo "escandinavo" (Dinamarca, Suécia, Finlândia), onde o trabalho em tempo parcial é muito difundido há bastante tempo. Mas, diferentemente do grupo anterior, o trabalho em tempo parcial coexiste com taxas de atividade femininas muito elevadas — as mais elevadas da Europa ocidental —, muito próximas das taxas de atividade masculinas, e trajetórias profissionais contínuas. Portanto, o trabalho em tempo parcial aqui é o que permite a todas as mulheres trabalhar. Ele se caracteriza por uma forte proteção social e um tempo de trabalho mais longo que a média européia do trabalho em tempo parcial — o que não impede a persistência de uma forte segregação dos empregos.

3. Os países em que o trabalho em tempo parcial despontou depois da crise do emprego. É o caso da França e, em menor medida, da Bélgica. O trabalho em tempo parcial surgiu ali com o desemprego, e supostamente como solução para ele. Na França, conjuga-se com taxas de atividade femininas muito elevadas e trajetórias profissionais contínuas. O trabalho em tempo parcial constitui, portanto, uma ruptura com o modelo de acesso ao emprego em tempo integral que prevaleceu até o início dos anos 1980. Aqui, o trabalho em tempo parcial é o que afasta parcialmente as mulheres do emprego.

A forma que assume o trabalho em tempo parcial, sua maior ou menor regulação, o que ele representa como via de acesso ou de retirada do mercado de trabalho, contribui assim para especificar o lugar e o peso do trabalho feminino na sociedade. O trabalho feminino não tem o mesmo sentido, não tem a mesma imagem, não tem a mesma importância social segundo 70% ou 10% das mulheres sejam ativas em tempo parcial. Mas o próprio trabalho em tempo parcial não tem o mesmo sentido segundo seja provido, ou não, de proteção social, esteja inserido em trajetórias profissionais contínuas ou descontínuas, ou possibilite o acesso das mulheres ao emprego ou o impeça.

Seja como for, ao longo dos anos, o trabalho em tempo parcial tornou-se a figura emblemática da divisão sexual do mercado de trabalho. Tornou-se igualmente, em alguns países — entre os quais a França —, o motor do subemprego e da precariedade do trabalho.

O sobredesemprego

O desenvolvimento da feminização da população ativa é acompanhado de um novo impulso do sobredesemprego feminino, solidamente incrustado na paisagem social (Maruani, 2002).

Na União Européia, encontra-se esse sobredesemprego feminino com uma grande constância na maior parte dos países desde o início dos anos 1980. Em 2006, as taxas de desemprego das mulheres são superiores às dos homens em vários países, sendo particularmente elevadas na Espanha (12%), na Grécia (14%), na França e na Alemanha (10%).

Na Europa dos 12, em 1983, 8,7% dos homens e 11,8% das mulheres estavam desempregados. Vinte e três anos mais tarde, na Europa dos 15, as proporções eram de 7,1% e 8,6%, respectivamente: a diferença diminui, mas permanece. A evolução é variável segundo o país: na França, em Luxemburgo, na Bélgica, em Portugal e nos Países Baixos, as taxas de desemprego masculino e feminino se aproximam, enquanto na Espanha, na Grécia e na Itália não se observa uma redução das diferenças.

Tabela 5

Taxas de desemprego masculino e feminino na União Européia (1983-2006* — %)

	1983	1987	1992	1995	2000	2003	2005	2006
				Homens				
União Européia (27 países)	—	—	—	—	8,2	8,4	8,3	7,6
União Européia (15 países)	—	—	—	9,5	7,2	7,4	7,5	7,1
Alemanha	5,8	6,1	4,9	7,1	7,6	10,2	11,4	10,3
Áustria	—	—	—	3,9	4,8	5,1	4,9	4,3
Bélgica	8,1	7,3	4,8	7,3	5,3	7,4	7,6	7,4
Dinamarca	9,2	5,2	8,3	5,6	4,0	5,1	4,4	3,3

Continua

	1983	1987	1992	1995	2000	2003	2005	2006
Espanha	—	17	13,5	17,9	9,5	8,2	7,0	6,3
Finlândia	—	—	—	17,8	10,3	11	8,2	7,4
França	6,1	8,6	8,1	10	8,5	8,1	8,3	8,4
Grécia	5,8	5,1	4,9	6,2	7,4	6,0	6,1	5,6
Irlanda	14,3	17,6	14,9	11,9	4,4	4,8	4,6	4,6
Itália	5,6	7,5	6,7	9,1	8,3	6,9	6,2	5,4
Luxemburgo	2,3	1,8	1,6	2,1	1,8	3	3,5	3,5
Países Baixos	10,9	7,4	4	6,1	2,2	3,4	4,4	4,1
Portugal	—	5,8	3,4	6,5	3,1	5,2	6,7	6,5
Grã-Bretanha	12	11,5	11,6	10,1	6,1	5,4	5,1	5,7
Suécia	—	—	—	9,8	5,9	6,1	7,9	6,9
				Mulheres				
União Européia (27 países)	—	—	—	—	10,6	9,8	9,7	9
União Européia (15 países)	—	—	—	12,5	9,9	8,9	9,0	8,6
Alemanha	7,5	7,9	8,2	9,6	8,3	9,3	10,7	10,1
Áustria	—	—	—	4,9	4,6	4,3	5,5	5,2
Bélgica	17,8	17,6	9,5	12,2	8,3	8	9,5	9,3
Dinamarca	10,4	7,1	9,9	8,6	5,0	5,7	5,3	4,5
Espanha	—	27,9	25,2	30,5	20,3	15,9	12,2	11,6
Finlândia	—	—	—	16,2	12	9,9	8,6	8,1
França	10,5	13,5	12,8	14,1	12,2	10,1	10,1	9,9
Grécia	11,7	11,4	12,9	13,8	17	14,3	15,3	13,6
Irlanda	15,9	19	15,3	12,1	4,3	4	4	4,1
Itália	14,3	16,6	13,9	16,1	14,9	11,9	10,1	8,8
Luxemburgo	5	3,8	2,8	4,4	3,1	4,7	5,8	6,2
Países Baixos	13,7	14	7,8	8,7	3,5	3,8	5,1	5
Portugal	—	9,6	4,8	7,8	4,7	7,2	8,7	9
Grã-Bretanha	9,8	10,4	7,4	6,9	4,8	4,1	4,3	4,9
Suécia	—	—	—	7,9	5	5	7,7	7,3

Fonte: Eurostat. Enquêtes sur les forces de travail.
* Desemprego de acordo com o Bureau International du Travail (BIT).
Nota: Séries disponíveis a partir de 1983 (da primavera até 2004, médias anuais de dados trimestrais a partir de 2005). Agregados europeus baseados na pesquisa primavera até 2004 (como antes), para uma média anual de dados trimestrais a partir de 2005.

O sobredesemprego feminino é mais importante, e mais surpreendente, para aquelas com menos de 25 anos, ou seja, nas gerações em que as mulheres são mais diplomadas que os homens, em idades em que o efeito família não intervém, o que é difícil de compreender. Trata-se aqui, certamente, do livre jogo da discriminação: não haveria outra explicação para esse sobredesemprego das mulheres jovens.

A perplexidade é a mesma quando se observa a ligação entre desemprego e qualificação (Maruani e Meulders, 2005). Os países europeus conheceram uma alta sensível do nível de educação das mulheres. De modo geral, quando o nível de instrução aumenta, a taxa de desemprego diminui. Na prática, o que se verifica? Essa tendência é encontrada em certos países, como a Finlândia e a França, onde o nível de educação pesa bastante sobre o risco de desemprego. Mas não existe uma relação uniforme aplicável a todos os países europeus.

Em alguns, essa relação não funciona para as mulheres: na Irlanda, a taxa de desemprego das mulheres de nível de educação elevado é superior à dos homens de nível de educação médio, enquanto na Grécia e na Espanha é superior à dos homens de todos os níveis. Neste último país, o paradoxo chega ao extremo: a taxa de desemprego das mulheres com diploma do ensino superior era idêntica à dos homens analfabetos no final dos anos 1990 (Torns, 1998).

Como se vê, a idéia de que o nível de instrução protege do desemprego sofre exceções que causam espanto — e que questionam seriamente a teoria do capital humano: será que ainda se pode defender o argumento de que o acesso desigual de homens e mulheres ao mercado de trabalho está ligado a um menor investimento das últimas em capital humano?

Já a análise do desemprego por categoria socioprofissional não reserva muitas surpresas: em toda a Europa, os mais atingidos pelo desemprego são os operários, e, entre eles, as mulheres geralmente aparecem em primeiro lugar. As desigualdades, como se constata aqui, não se somam, mas se multiplicam, se acumulam.

Conclusão

Durante várias décadas, em toda a Europa, as mulheres representaram o elemento motriz das recomposições da população ativa: foi o crescimento da atividade feminina que assegurou a renovação da força de trabalho européia.

Mas, evidentemente, as transformações que afetam o trabalho e o emprego das mulheres não atingem apenas suas posições profissionais.

Com a feminização do mundo do trabalho, o que está em jogo é o estatuto do "segundo sexo" na sociedade. O fato de as mulheres constituírem agora quase metade da força de trabalho é uma mudança social muito importante. Ainda assim, a questão das desigualdades de sexo, de suas novas roupagens e de seus velhos resquícios permanece.

No âmbito profissional, vivemos um período feito de contrastes e de contradições, de progressões evidentes e de regressões espantosas, de avanços duradouros e de estagnações persistentes. Na verdade, nenhuma conclusão simples pode ser séria. Para que o conhecimento avance, é preciso tempo para ordenar os fatos e as cifras, como também os conceitos e as ferramentas utilizadas.

Pode-se dizer, com razão, que tudo mudou. Pode-se afirmar, não sem razão, que nada se moveu. Melhor seria, sem dúvida, não ser categórico e assinalar a conjunção de uma mudança social essencial e da permanência de desigualdades tenazes, a coexistência de uma quase paridade com uma ausência de igualdade. Mas talvez se deva justamente pensar também que não se avalia uma progressão apenas em termos de paridade, de igualdade ou de mistura. Para ser mais preciso, é "entre liberdade e igualdade" (Fraisse, 1995) que se articula o lugar das mulheres na sociedade.

No mundo do trabalho, a igualdade de sexos patina sobre uma base de paridade aritmeticamente atestada. As mulheres, quase tão numerosas quanto os homens na esfera do trabalho produtivo, estão sempre atoladas em um pântano de desigualdades estagnantes e rebeldes. Em termos de liberdade, ao contrário, o caminho percorrido é imenso: o acesso da maioria das mulheres à autonomia econômica é uma conquista rumo à liberdade. Uma conquista inacabada, mas tangível, evidente, atestada. O desfecho atual — e provisório — da feminização dos assalariados não é a igualdade dos sexos, mas a liberdade das mulheres. A paridade não desencadeou a igualdade.

Referências bibliográficas

BAUDELOT, C.; ESTABLET, R. *Allez les filles!* Paris: Seuil, 1992.

CACOUAULT-BITAUD, M. La féminisation d'une profession est-elle le signe d'une baisse de prestige? *Travail, genre et sociétés*, p. 93-116, 2001.

DURU-BELLAT, M. *L'école des filles*. Paris: L'Harmattan, 1990.

FRAISSE, G. Entre liberté et égalité. In: EPHESIA (Dir.). *La place des femmes*. Les enjeux de l'identité et de l'égalité au regard des sciences sociales. Paris: La Découverte, 1995. (Coll. Recherches).

HUET, M. La concentration des emplois féminins. *Économie et Statistiques*, n. 154, p. 33-46, 1983.

MARUANI, M. *Les mécomptes du chômage*. Paris: Bayard, 2002.

______; MEULDERS, D. Chômage, sous-emploi et précarité. In: MARUANI, M. *Femmes, genre et sociétés*. L' état des savoirs. Paris: La Découverte, 2005. p. 227-236.

MEULDERS, D.; PLASMAN, O.; PLASMAN, R. *Atipical employment in the European Community*. Dartmouth: Aldershot, 1994.

______; PLASMAN; R.; RYCX, F. Les inégalités salariales de genre: expliquer l'injustifiable ou justifier l'inexplicable. *Reflets et perspectives de la vie économique*, v. 44, n. 2, p. 95-107, 2005.

MEURS, D.; PONTHIEUX, S. Quand la variable "femmes" ne sera plus significative dans les équations de gain... *Travail, Genre et Sociétés*, n. 15, p. 51-68, 2006.

SCHWEITZER, S. *Les femmes ont toujours travaillé*. Paris: Odile Jacob, 2002.

SILVERA, R. *Le salaire des femmes, toutes choses inégales*. Paris: La Documentation Française, 1996. (Coll. Droits des femmes).

TORNS, T. Chômage et tolérance sociale à l'exclusion: le cas de l'Espagne. In: MARUANI, M. (Dir.). *Les nouvelles frontières de l'inégalité*. Hommes et femmes sur le marché du travail. Paris: La Découverte-Mage, 1998.

3

Os usos da comparação internacional na sociologia do gênero

Michel Lallement*

Depois de a sociologia nascente ter recorrido abundantemente às comparações internacionais, foi preciso esperar até as décadas seguintes à II Guerra Mundial para que o veio voltasse a ser explorado com intensidade. Em plena Guerra Fria, a sociologia histórica, grande consumidora de comparações, atingiu seu apogeu. Desde então, essa especialidade perdeu sua soberba. No início dos anos 1990, um número especial da *Revue Internationale des Sciences Sociales* lança a dúvida sobre a confiabilidade dos métodos. Os defensores da sociologia histórica devem "abandonar uma boa parte do terreno que acreditavam ter conquistado: apesar da contra-ofensiva de Theda Skocpol, é mais ou menos claro agora que a sociologia histórica não pode mais se pretender causal e que deve fundamentar de outra maneira e mais modestamente sua pretensão explicativa" (Badie, 1992:371).

Desse balanço resulta a primeira opção que pretendo defender nesta contribuição. Em matéria de comparação, estamos condenados não a optar por um método que poderíamos considerar ótimo, mas antes a recorrer a diferentes estratégias cuja pertinência varia segundo o tipo de questão colocada, o número de países estudados, o estatuto das variáveis utilizadas etc.[1]

---

* Sociólogo, Lise/Cnam/CNRS.

[1] Essa é a tese defendida na obra coletiva que edito com Spurk (Lallement e Spurk, 2003).

O segundo ponto que me interessa assinalar tem a ver com o lugar do gênero nas comparações internacionais. Nessa matéria, impõe-se uma constatação acachapante: a de uma mútua ignorância entre sociologia das comparações e sociologia dos gêneros. Com a exceção importante de alguns trabalhos realizados a partir dos anos 1970, os especialistas da comparação internacional mobilizam pouco o gênero. E, quando o fazem, é apenas como uma variável explicativa de segunda categoria. O exame dos trabalhos centrados no gênero revela, inversamente, um recurso escasso ao método comparativo. O esquadrinhamento sistemático de *Gender and Society*, desde a fundação da revista em 1987 até 2006, leva a um resultado inapelável: nada mais que dois artigos recorrem verdadeiramente à comparação internacional!

A política social, no entanto, é um âmbito que foge à regra no balanço que acabo de esboçar. Ali, ao contrário, os trabalhos que combinam comparação e gênero são numerosos desde a década de 1990. Dois elementos explicam essa singularidade. O primeiro é a herança de uma sociologia histórica comparativa que, com um verniz de ciência política, sempre se interessou pelas transformações do Estado e de sua ação. O segundo fator explicativo é o peso crescente das questões ligadas à atividade feminina e às recomposições familiares assim como às suas conseqüências na recomposição de Estados sociais que, progressivamente, se afastaram do modelo maternalista (Orloff, 2006).[2] O trabalho, o emprego e a proteção social constituem, portanto, objetos particularmente propícios para testar a fertilidade das relações entre procedimento comparativo e sociologia do gênero.

Para tentar compreender o que as comparações internacionais oferecem à sociologia do gênero, não vou me arriscar a uma improvável síntese. Preferiria aplicar uma grade de leitura que construí em um texto anterior (Lallement, 2005). De forma resumida, ela cruza dois critérios: de um lado, o tipo de conceito a comparar e, de outro, a conotação dominante que serve à análise.

[2] Orloff propõe falar de maternalismo em correspondência direta com o qualificativo "paternalista" que Skocpol (1992) utiliza para nomear os programas de proteção social destinados a assistir aos pais e a reafirmar as relações paternalistas entre as elites e os beneficiários da assistência social. O maternalismo designa, por analogia, as configurações políticas nas quais o Estado atribui essencialmente às mulheres as funções de cuidado, de proteção e de moralidade e, ao fazê-lo, consolida as mulheres em seu papel de mãe, acentuando, com o apoio, por exemplo, de medidas pró-natalistas, a divisão entre as mães-esposas-trabalhadoras domésticas, de um lado, e os maridos-trabalhadores, de outro.

Seguindo Passeron (1991), oponho inicialmente duas séries de conceitos: de um lado, conceitos polimorfos (classe, estrutura, sistema) com múltiplas significações, pretextos para infinitos debates, mas cujo valor heurístico só se revela em última análise pelo confronto com um material empírico específico; de outro lado, conceitos estenográficos de alcance mais limitado (crimes do colarinho-branco, *parenté à plaisanterie*) úteis para fazer comparações entre numerosos países e para produzir com isso saberes sobre objetos ou situações muito estritamente limitadas.

Na esteira dos lingüistas, distingo ainda duas famílias de conotação das quais o comparatista, assim como o tradutor, necessita em seu trabalho. A primeira delas, a conotação semântica, está associada "aos aspectos subjetivos do significado" (Ladmiral, 1994:199). Essa subjetividade é na verdade muito relativa, pois as conotações podem ser de ordem afetiva, ideológica, situacionais etc. O tradutor, assim como aquele que opera comparações, deve levar isso em conta e adotar todas as estratégias que julgar adequadas para adaptar e conseqüentemente garantir o sentido de suas palavras.

A conotação semiótica, por sua vez, tem estatuto de metaconotação. Através dela, é o processo global de funcionamento semiótico de um texto que está em jogo. Em outros termos, é para a relação entre os elementos que estruturam o objeto analisado (e não para aquilo que liga o sociólogo ao seu campo) que essa conotação chama a atenção. Assim como a anterior, tal oposição, e esse é justamente seu maior interesse, institui pólos com a ajuda dos quais se pode trabalhar por gradação, em vez de homologar uma clara ruptura entre duas formas de conotações.

Quatro estratégias de comparação internacional

	Conceito	
	Polimorfo	Estenográfico
Conotação — Semântica	Culturalismo	Indicadores
Conotação — Semiótica	Institucionalismo	Formalização de médio alcance

Culturalismo e gênero

Vamos então percorrer o quadro, começando pela casa noroeste, aquela onde reside particularmente a abordagem culturalista. Para ser pertinente, ela exige que o observador saiba medir o caráter relativo e localizado das culturas comparadas. Visto que as sociedades industriais se erigiram no espaço circunscrito pelo Estado-nação, o ponto de vista culturalista tomou freqüentemente o espaço nacional para operar comparações significativas do trabalho e do emprego. Com a condição de evitar os clichês, a grade culturalista parece bem interessante para explicar modos de gestão do trabalho cujas razões de ser se explicam antes de tudo por uma história de longo prazo.

Como testemunham os trabalhos de Hirata (1992, 1998), a sociologia do gênero só tem a ganhar com a comparação internacional desde que a noção de cultura seja desreificada e utilizada em associação com outras variáveis explicativas (o desenvolvimento econômico, as instituições etc.). Procedendo dessa maneira, Hirata mostra que, para explicar os tipos e os graus variados de discriminações que sofrem as mulheres brasileiras, japonesas e francesas, é interessante pensar objeto por objeto (salário, teto de vidro, acesso à formação profissional, peso da segmentação mulheres casadas/solteiras etc.), pois, embora não sejam estranhas à cultura de cada país, as variáveis determinantes da discriminação (leis, socialização familiar, número de mães solteiras no mercado de trabalho, estratégias das empresas) não são sempre as mesmas de um objeto a outro.

De uma outra perspectiva, ao entrar no detalhe das regulações setoriais e das práticas empresariais, Hirata se convence de que as formas concretas da divisão sexual do trabalho não poderiam se restringir à mera impressão uniforme de matrizes culturais variáveis de um país a outro. Por exemplo, a indústria do vidro, a despeito das modernizações tecnológicas, parece passar por cima das diferenças nacionais, pois, no Brasil, na França e no Japão, o setor quente (forno, fabricação) continua sendo até hoje apanágio dos homens, e o setor frio (controle, embalagem) das mulheres.

Do mesmo modo, o exame atento da gestão da mão-de-obra de uma empresa multinacional francesa instalada no Japão revela um quadro nuançado dos efeitos da cultura (Hirata e Zarifian, 1994). Diferentemente da França, onde os dois sexos se beneficiam de contratos de trabalho similares, a segmentação parece mais acentuada no país do sol nascente. Conforme uma lógica que associa mais estreitamente as mulheres ao espaço doméstico, só uma minoria (40%) de homens japoneses se beneficia do emprego vitalício e de altos salários. As mulheres são relegadas à precariedade, aos baixos salários e à invisibilidade (estão fora do organograma da empresa). Mas, observando bem, percebe-se que, em muitos outros registros, a empresa francesa é tão discriminante, ou até mais, que seu *alter ego* japonês: a política de recrutamento é mais desfavorável, para estatutos iguais, às mulheres, e as novas técnicas de produção beneficiam mais os homens.

Esse tipo de pesquisa é bastante representativo, a meu ver, do caminho percorrido desde que a comparação foi colocada a serviço da antropologia das relações de sexo. Mead (1966) foi uma das primeiras a mostrar que os valores associados aos pólos masculino e feminino variam a tal ponto de uma sociedade a outra que é impossível associar de maneira universal a passividade, a ternura, o amor às crianças e ao sexo feminino.

Hoje, esse ponto de vista se tornou bem mais complexo, o que evita cair em uma espécie de relativismo radical. São numerosos os que agora aceitam ler as sociedades como conjuntos de práticas e representações simbólicas inscritas em uma cultura e em uma história "cujos mecanismos de integração e de associação são comparáveis aos que se operam em outras sociedades" (Héritier, 1996:35). A valência diferencial dos sexos participa diretamente desses dispositivos transversais, como mostram numerosos trabalhos contemporâneos de comparação internacional que, sem ignorar as idiossincrasias nacionais, evidenciam claramente a permanência de desigualdades de gênero em face do emprego e da proteção social.

A política dos indicadores

Os culturalistas foram acusados algumas vezes de aniquilar as diferenças de classe, de sexo, de idade, sob o peso de modelos interpretativos um pouco compactos e unilaterais demais. As comparações internacionais que recorrem a indicadores quantitativos sofrem de uma deformação exatamente oposta. Destinado a projetar em um mesmo espaço realidades extremamente heterogêneas, o método dos indicadores caracteriza-se, de sua parte, por um propósito normativo.

Consideremos, a título de ilustração, a estratégia de Lisboa adotada em março de 2000 pela União Européia. Ela fixa metas cifradas para o horizonte de 2010, entre as quais uma taxa de emprego das mulheres de 60%. Os balanços regulares que são realizados com a ajuda de indicadores misturam explicitamente avaliação e prescrição: a política dos indicadores tem a ambição de identificar os bons e os maus alunos, de incitar os retardatários a seguir os passos dos mais adiantados (*benchmarking*) etc.

Como sugeri anteriormente, o maior problema desse procedimento é que, embora possa ajudar a desagregar indicadores globais "sexuando-os", ele ignora totalmente a complexidade das configurações nacionais. Ora, um mesmo significante (a taxa de desemprego das mulheres) pode ocultar práticas, referenciais, compromissos em geometrias bastante variáveis. Basta comparar as taxas de utilização dos empregos em tempo parcial para se convencer rapidamente dos limites de certas práticas que, no entanto, os grandes organismos internacionais aspiram avidamente (Maruani, 2000).

Na França, o fato de trabalhar em tempo parcial conota, para a população feminina, uma forma de ser rechaçada à margem do mercado de trabalho. Não é absolutamente o que ocorre na Alemanha e, em certa medida, nos Países Baixos e na Grã-Bretanha, onde a conotação é mais positiva. Na Alemanha, o tempo parcial, utilizado desde os anos 1950-60, não é visto como um instrumento de gestão da crise à custa de uma parte da população ativa, mas como um instrumento que permitiu às mulheres ganhar autonomia tendo acesso ao mercado de trabalho por esse atalho.

A despeito desse limite, não creio que se devam jogar fora os indicadores com a água do trabalho comparativo. Desde que não se procure tirar mais informações que podem oferecer dados freqüentemente frágeis, é possível de fato aprender com as comparações de vários países, comparações que, por obrigação, devem mobilizar indicadores sintéticos.

O trabalho de Mandel e Semyonov (2006) sobre o Estado e o emprego das mulheres em 22 países industrializados é a prova disso.[3] Os dois autores concluem de sua pesquisa que nos países onde o Estado social é desenvolvido (os países escandinavos) a taxa de atividade feminina é particularmente elevada. Mas, nesses mesmos lugares, a segmentação é importante (concentração de muitas mulheres em um número restrito de ofícios, acesso limitado das mulheres às funções de direção etc.), sendo mais acentuada nos países onde o

[3] Para medir o lugar do Estado, os autores constroem um índice de *Welfare policy* que leva em conta a duração das licenças parentais, a percentagem de crianças de zero a seis anos atendidas por serviços públicos de guarda e, finalmente, a parte do setor público no conjunto da economia. Os países nórdicos aparecem em primeiro lugar nessa classificação; a França fica na 7ª posição, atrás da Bélgica e à frente da Hungria; a Alemanha na 17ª; os Estados Unidos na 20ª; e a Suíça é a última.

Estado-providência é menos ativo em favor do trabalho das mulheres (Austrália, Estados Unidos, Canadá).

As virtudes da formalização de médio alcance

O espaço constituído no cruzamento entre conceitos estenográficos e conotação semiótica é rico em pesquisas que, nos últimos anos, investigaram o lugar e o estatuto das mulheres no mercado de trabalho. Dando mais ênfase à coerência dos espaços nacionais, esses trabalhos permitem tocar com mais precisão no ponto essencial das especificidades nacionais. Nesse material abundante, os ângulos de abordagem variam. Os estudos vão desde a análise comparada de um objeto singular — o modo de guarda, as mulheres sozinhas, os afastamentos — até as análises das políticas públicas em geral e de seus efeitos sobre o estatuto das mulheres no mercado de trabalho.[4]

A estratégia comparativa mais adotada aqui consiste em modelizar, isto é, em acentuar deliberadamente um ou vários traços característicos dos países estudados e em analisar suas interações do prisma da história singular de cada configuração nacional. Para ilustrar esse tipo de investigação, vários trabalhos podem ser utilizados (por exemplo, os de Crompton, Daune-Richard, Fagan, Jenson, Letablier, Lewis, O'Reilly, Orloff, entre outros).

Três variáveis essenciais — o trabalho, a família, a política pública — são bastante utilizadas para explicar o estatuto e a posição das mulheres nas diferentes sociedades estudadas. Na grande maioria das pesquisas, os países que chamam a atenção pertencem ao espaço norte-americano e, mais freqüentemente ainda, ao mundo da Europa ocidental. Em graus diferentes, todos experimentam crescimento das taxas de divórcio, de nascimentos fora do casamento e de atividade das mulheres, envelhecimento da população, movimento de privatização dos serviços públicos etc.

[4] Na genealogia que propõe da sociologia do gênero aplicada às políticas sociais, Morel (2004) distingue uma primeira onda feminista nos anos 1970-80 que chama a atenção para a existência de um contrato implícito entre os sexos nos diferentes países desenvolvidos. Tal contrato beneficia mais os homens que as mulheres, sendo eles favorecidos ao mesmo tempo no mercado de trabalho, no plano da proteção social e na divisão das tarefas domésticas. Nesse aspecto, o Estado-providência se assemelha a um sistema patriarcal cujas formas concretas variam de um país a outro. Nos anos 1990, o registro da análise evolui para dar lugar a abordagens em termos de regimes de gênero (é tipicamente o procedimento de Lewis) ou de regimes de Estado-providência à Esping-Andersen (cf. infra).

Não é de se surpreender então que, nas comparações internacionais que foram sucesso nos anos 1990, uma mesma problemática estruture a reflexão, a saber, a maneira como as mulheres podem se engajar no mercado de trabalho e, ao mesmo tempo, manter uma presença doméstica.

> *In all countries the way in which women allocate their time has changed significantly. Women have entered the public sphere of paid employment and are spending less time in childbearing and hence in childrearing although, because of the increase in the percentage of very old (and hence often frail) people, which is projected to rise more sharply in those European countries where the birth rate has fallen most sharply, it is doubtful whether they are devoting much less time to caring.*
>
> Lewis (1993:6)

Porém, como mostram claramente os numerosos estudos comparativos realizados no quadro que acaba de ser definido, as configurações nacionais permanecem tributárias de traços que as singularizam bastante umas em relação às outras. Assim, as políticas adotadas pelos governos britânicos, franceses e suecos permitiram modificar profundamente o antigo modelo do *male breadwinner*, mas segundo opções bem diferentes.

No caso britânico, durante os anos 1980-90, o Estado joga sobre as famílias, e essencialmente sobre as mães, a responsabilidade de articular como puderem os encargos domésticos com um trabalho profissional. Com isso, o acesso ao emprego das mulheres inglesas acumula várias características importantes: um recurso intenso a empregos em tempo parcial (geralmente de curta duração e, portanto, não suscetíveis de assegurar o direito à proteção social), uma retirada mais rápida do mercado de trabalho (pelo menos em comparação com os países que oferecem verdadeiros serviços de guarda da primeira infância) ou ainda uma dominação jurídica formal do marido sobre sua esposa.

Por longo tempo tomada pela preocupação natalista, a França aparece, por contraste, como um país de tensões permanentes. Elas opõem um familismo de origens históricas remotas e uma tradição das Luzes que reconhece direitos similares a todo indivíduo, entre os quais o do acesso ao emprego. Essas contradições, como se vê, não param de aumentar desde os anos 1980. O Estado incita ao desenvolvimento do emprego feminino, mas pelo viés de um estatuto específico, o do tempo parcial.

Instrumento geralmente promovido pelas empresas em nome da conciliação trabalho-família, o trabalho em tempo parcial costuma servir, na verdade, como alavanca em favor de uma maior flexibilidade econômica. As contradições aparecem com mais força ainda quando se considera a justaposição de medidas com efeitos opostos que encorajam e desencorajam o acesso das mulheres ao mercado de trabalho.

Desse ponto de vista, as medidas que mais chamam a atenção dizem respeito às licenças parentais: acesso dos pais a esse sistema em 1984, criação de uma alocação parental de educação em 1985 em benefício do membro do casal que cessa sua atividade profissional para cuidar de seu filho até os três anos de idade, extensão dessa alocação em 1994 ao segundo filho com autorização de acumular com um trabalho em tempo parcial. As implicações da última medida não se fizeram esperar. De fato, entre 1994 e 2002, a percentagem de mães ativas com dois filhos passou de 69% para 50%!

Segundo Pedersen (1993), a oposição entre os modelos inglês e francês de hoje explica-se em grande medida pelas configurações sócio-históricas (forças relativas do mercado, do Estado, das organizações sindicais etc.) nas quais se inserem as políticas familiares que surgem entre as duas guerras. Assim, o Estado francês teria cedido sua autoridade àqueles que desejavam explorar a força de trabalho feminina (estímulo, desigual no tempo, à conciliação trabalho-família), e o Estado britânico àqueles que pretendiam, ao contrário, excluir as mulheres do mercado de trabalho (daí o forte peso do modelo do *male bread winnner*).

A comparação feita por Crompton e Le Feuvre (2000) mostra que, nesses dois países, a maneira de declinar concretamente os imperativos da igualdade homens/mulheres é sempre contrastante. Os estudos de opinião revelam antes de tudo que os ingleses são mais favoráveis ao recurso do trabalho em tempo parcial feminino (em vez da manutenção do tempo integral) quando a família deve assumir a incumbência por um filho pequeno. Além disso, mais que os franceses, eles estão conscientes de que o gênero tem uma incidência discriminante sobre o acesso aos empregos.

Baseados em um material empírico coletado no setor bancário, os autores atribuem essas diferenças de percepção ao fato de que as políticas de ação positiva (licenças por filhos doentes, formação profissional em benefício das mulheres, sensibilização dos dirigentes masculinos para a questão da igualdade entre os gêneros etc.) tiveram mais sucesso na Grã-Bretanha que na França, país mais resistente aos princípios de igualdade e onde os atores de terreno costumam ignorar a existência de políticas visando aumentar a igualdade entre os gêneros.

Apresentado geralmente como o contramodelo absoluto à lógica liberal, a Suécia é um país que organiza de maneira bem diferente o trabalho, a família e a ação estatal. Historicamente, o país concedeu licença ao maternalismo adotando o princípio do casal de dupla renda. As mulheres, incluídas as mães com filhos pequenos, têm acesso ao mercado de trabalho e se mantêm nele duradouramente. Uma cultura que atribui um lugar central à família (Pitroux e Gaillard, 1989) e licenças parentais ao mesmo tempo mais flexíveis e mais generosas que em muitos países europeus — eis dois elementos que favorecem, pelo menos formalmente, a igualdade entre homens e mulheres.

De fato, há uma divisão um pouco melhor do trabalho doméstico que nos outros lugares. Enquanto na Alemanha, na França e nos Estados Unidos os homens se encarregam de 30% das atividades ligadas à esfera familiar, a razão de sexo atinge 40% na Suécia. Em compensação, em todos os países, quanto mais longa é a duração do trabalho das mulheres e quanto mais elevado seu nível de formação, mais a divisão é igualitária (Anxo, Flood e Kocoglu, 2001).

Nessas condições, será que o modelo sueco deve se impor como o modelo da excelência? Na realidade, o quadro precisa ser relativizado. Na Suécia, "os homens continuam sendo principalmente cidadãos-trabalhadores, enquanto as mulheres, ainda que mantenham um emprego por quase toda vida, conservam seu papel maternante" (Orloff, 2006:16).

Institucionalismo: o gênero como herança

A última casa do quadro é ocupada por todas as abordagens comparativas que aceitam o princípio de equivalência funcional. Para os que adotam tal perspectiva, a comparabilidade fundamenta-se na aposta de uma equivalência possível entre instituições de caráter heterogêneo, mas com funções substituíveis e complementares.

Na França, os trabalhos realizados no laboratório de economia e de sociologia do trabalho (Lest) por Maurice, Sellier e Silvestre (1982) oferecem um referencial de análise particularmente estimulante para a comparação internacional da relação salarial, conceito polimorfo por excelência. A análise societal examina as "coerências nacionais" a partir de um modelo de relação salarial que associa três parâmetros: a relação educativa, a estruturação das empresas e as relações profissionais. Embora o *parti pris* possa ter sido ignorado no início, ninguém mais desconhece o caráter sexuado da análise societal de origem que se interessou apenas pela condição masculina, essencialmente a dos assalariados da indústria (Marry, 2003).

> A primeira pesquisa realizada pelos economistas do Lest sobre as hierarquias salariais nos dois países revelava um resultado interessante sobre as diferenças sexuais: em todos os setores e ramos de atividade, as diferenças de salários de homens e mulheres eram mais acentuadas na Alemanha que na França. As pesquisas seguintes não retomaram esse resultado e se dedicaram a interpretar as menores distâncias hierárquicas e salariais apenas na população masculina.
>
> Marry et al. (1998:356-357)

Resgatando essa questão, Marry e colaboradoras (1998) indagaram o papel do fator educativo. Elas partem da constatação de um avanço da escolaridade feminina nos dois países e apontam uma série de oposições significativas. Destacam-se particularmente três: em relação aos homens, o ganho educativo das mulheres é mais acentuado na França que na Alemanha; se a atividade profissional das mulheres se tornou a norma nos dois países, o estatuto de mãe sempre obstaculiza o acesso ao trabalho remunerado, aliás, mais fortemente na Alemanha que na França; finalmente, *ceteris paribus*, o diploma diminui a probabilidade para as mulheres de estar em situação de inatividade, e para os dois sexos de estar desempregado.

Na Alemanha, mais especificamente, ter um diploma profissional de operário e de empregado diminui ainda mais que na França o risco de desemprego. Na França, inversamente, as mulheres titulares de um diploma do ensino superior "rentabilizam" mais sua escolaridade: elas se apresentam mais e se inserem melhor no mercado de trabalho que suas homólogas alemãs.

Para dar sentido a esses resultados, as autoras recorrem à história econômica, social e política dos dois países para sustentar a hipótese de

> uma presença mais antiga e mais reconhecida do trabalho profissional das mães na França, situação que perdura nos anos recentes. Os ganhos educativos, mais

> precoces e mais importantes, das mulheres francesas e sua colocação mais sistemática no mercado de trabalho refletiriam uma mobilização para o êxito escolar mais orientado no sentido de seu próprio êxito profissional e menos (ou menos exclusivamente) no do marido ou dos filhos.
>
> Marry et al. (1998:378)

Elas acrescentam — argumento que inverte o habitualmente utilizado pela perspectiva societal androcentrada — que a supremacia do ensino geral serviu de trunfo às francesas. É mais fácil, por exemplo, ter acesso a postos de responsabilidade tendo se diplomado rapidamente por uma grande *école* de engenharia do que chegar a esses mesmos postos por mobilidade profissional na idade das responsabilidades maternas.

Os trabalhos de Esping-Andersen sobre o Estado-providência — outro conceito polimorfo por excelência — inscrevem-se igualmente em uma linha institucionalista. Assim como os do Lest, eles se beneficiaram, graças à sociologia do gênero, de uma mais-valia heurística muito importante. Tal como foi forjada nos primeiros escritos do autor (Esping-Andersen, 1990), a tipologia dos Estados-providência padecia de um viés masculino evidente.[5] Por isso, entre as críticas dirigidas a ele, a mais dura vem dos trabalhos feministas, o que não é de se surpreender.

O estatuto residual da família é problemático. A família não é, como faz pensar inicialmente Esping-Andersen, um substituto à proteção social, mas participa plenamente da interação com o Estado e o mercado. Além disso, é preciso considerar que, dentro do mesmo espaço nacional, a força de trabalho dos homens e das mulheres não é mercantilizada e desmercantilizada da mesma maneira. As carreiras, o estatuto no emprego e, portanto, os processos de mercantilização/desmercantilização também têm sexo...

Em seus primeiros trabalhos, o autor ignora também o acesso aos direitos sociais de que se beneficiam os não-assalariados. Ora, esses direitos interferem diretamente nas lógicas que estruturam os regimes de Estado-providência. Eles podem

[5] Para situar os mundos do Estado-providência uns em relação aos outros, Esping-Andersen utiliza a noção de *decommodification*. Esse termo refere-se ao grau de autonomia de que dispõem os indivíduos para viver segundo um padrão mínimo definido socialmente, e isso independentemente de sua participação no mercado. Esping-Andersen distingue desse modo três tipos ideais: o modelo liberal (ou residual) (Estados Unidos, Canadá, Austrália), o modelo socialdemocrata (Dinamarca, Noruega, Suécia) e o modelo conservador e corporativista (Alemanha, Áustria, Itália).

acentuar a sujeição das pessoas (princípio dos beneficiários que dependem de um membro ativo da família) ou, ao contrário, favorecer sua autonomia (princípio do direito fundado em um estatuto de cidadão) e, desse modo, contribuir para uma maior independência das mulheres casadas não-ativas (Sainsbury, 1999).

Várias estratégias alternativas foram propostas para enriquecer, superar, contornar a modelização de Esping-Andersen (O'Reilly, 2003). McLaughlin e Glendinning (1996) sugerem, por exemplo, abandonar as noções de mercantilização e desmercantilização e adotar as de familiarização ou desfamiliarização. Lewis (1992, 1993) se dispõe, por sua vez, a refundar inteiramente a tipologia dos Estados-providência tomando como referência de base o tipo ideal do *male breadwinner*. O próprio Esping-Andersen (1999, 2002) incorporou as críticas feministas em seus trabalhos, e raciocina agora levando em conta o quadro familial.

Conclusão

De uma estratégia a outra, as contribuições da comparação internacional são variáveis. Enquanto a antropologia culturalista ajuda a desreificar as noções de masculino e feminino, os indicadores permitem, desde que se evitem certas armadilhas de método e de interpretação, integrar vários países em um mesmo conjunto de indagações. Nos últimos anos, a formalização de médio alcance, por sua vez, revelou-se uma das vias mais fecundas para renovar a sociologia do gênero. A tradição institucionalista, enfim, oferece referenciais antigos para ajudar a pensar de outro modo, do ponto de vista do gênero, a relação formação-emprego ou ainda os regimes de Estado-providência. Acrescentemos que, para cada uma dessas quatro estratégias, o estatuto atribuído ao gênero não é sistematicamente o mesmo e que o número de países suscetíveis de comparação varia bastante. As forças e as fraquezas epistemológicas também diferem de uma opção a outra.

Para concluir esta reflexão, gostaria de assinalar, primeiramente, que a prática comparativa, em sua grande maioria, permanece tributária de um olhar centrado em um pequeno número de países, excluindo boa parte do mundo, a começar pela América do Sul e a África.[6] Em segundo lugar, gostaria de inverter o questionamento inicial e me perguntar o que o prisma do gênero

[6] O colóquio Magreb-Europa do Mage (Achy et al., 2004) constitui, desse ponto de vista, uma rara e feliz exceção ao lado de trabalhos como, por exemplo, os de Guérin (2003) ou Hirata (1992).

oferece aos métodos comparativos. Algumas reflexões anteriores já forneceram matéria para responder a essa indagação.

A introdução da categoria gênero nos estudos comparados do trabalho, do emprego e das políticas sociais foi a primeira a revigorar um campo — o da sociologia histórica — que parecia estar perdendo velocidade durante os anos 1980. Mais modestas que os estudos comparativos anteriores, que tinham a ambição de confinar a mudança social em modelizações elementares, as pesquisas que aliam gênero e comparação talvez percam em sistematicidade, mas, sem dúvida nenhuma, ganham em credibilidade.

Do mesmo modo, a introdução de um questionamento a partir do gênero renova de forma salutar abordagens institucionalistas que às vezes têm dificuldade de integrar a nova situação dos mercados de trabalho (a do emprego feminino essencialmente) quando não se limita a desestabilizar as teorias androcentradas que estruturam amplamente o campo das ciências sociais. Nesse aspecto, há de se convir, os desafios de uma reflexão sobre o gênero e as comparações internacionais são indissociavelmente epistemológicos e políticos.

Referências bibliográficas

ACHY, L. et al. (Eds.). *Marché du travail et genre*. Maghreb-Europe. Bruxelles: Dulbéa, 2004.

ANXO, D.; FLOOD, L.; KOCOGLU, Y. Allocation du temps et partage des tâches en France et en Suède. *Premières Informations & Premières Synthèses*, v. 11, n. 2, 2001.

BADIE, B. Analyse comparative et sociologie historique. *Revue Internationale des Sciences Sociales*, n. 133, p. 363-372, 1992.

CROMPTON, R. M.; LE FEUVRE, N. Gender, family and employment in comparative perspective: the realities and representations of equal opportunities in Britain and France. *Journal of European Social Policy*, v. 10, n. 4, p. 334-348, 2000.

ESPING-ANDERSEN, G. *The three worlds of welfare capitalism*. Cambridge: Polity Press, 1990.

______. *Social foundations of post-industrial economies*. Oxford: Oxford University Press, 1999.

______ (Ed.). *Why we need a new welfare state*. Oxford: Oxford University Press, 2002.

GUÉRIN, I. *Femmes et économie solidaire*. Paris: La Découverte, 2003.

HÉRITIER, F. *Masculin/féminin*. La pensée de la différence. Paris: Odile Jacob, 1996.

HIRATA, H. Paradigmes d'organisation industrielle et rapports sociaux. Comparaison Brésil-France-Japon à partir du cas de l'industrie du verre. Gedisst-CNRS, 1992. ms.

______. *Entreprise et société*. Gestion de la main-d'œuvre et cultures nationales. Communication à l'ENSPTT, 27 mai. 1998.

______; ZARIFIAN, P. *Le modèle français sous le regard du Japon*: l'exemple de l'agro-alimentaire. Paris, Communication à la deuxième rencontre internationale du Gerpisa, 16-18 juin 1994.

LADMIRAL, J. R. *Traduire*: théorèmes pour la traduction. Paris: Gallimard, 1994.

LALLEMENT, M. Comparer, bricoler, traduire. In: BARBIER, J. C.; LETABLIER, M. T. (Eds.). *Politiques sociales*. Enjeux méthodologiques et épistémologiques des comparaisons internationales. Bruxelles: Peter Lang, 2005. p. 169-190.

______; SPURK, J. (Eds.). *Stratégies de la comparaison internationale*. Paris: CNRS, 2003.

LEWIS, J. Gender and the development of welfare regimes. *Journal of European Social Policy*, v. 2, n. 3, p. 159-173, 1992.

______ (Ed.). Women and social policies in Europe. *Work, family and the state*. Aldershot, Brookfield, Edward Elgar, 1993.

MANDEL, H.; SEMYONOV, M. A. Welfare state paradox: state interventions and women's employment opportunities in 22 countries. *American Journal of Sociology*, v. 111, p. 1910-1149, 2006.

MARRY, C. Pour le mélange des genres dans les comparaisons internationals. In: LALLEMENT, M.; SPURK, J. (Eds.). *Stratégies de la comparaison internationale*. Paris: CNRS, 2003. p. 307-316.

______ et al. France-Allemagne: inégales avancées des femmes. Evolutions comparées de l'éducation et de l'activité des femmes de 1971 à 1991. *Revue Française de Sociologie*, v. 39, n. 2, p. 353-389, 1998.

MARUANI, M. *Travail et emploi des femmes*. Paris: La Découverte, 2000.

MAURICE, M.; SELLIER, F.; SILVESTRE, J. J. *Politique d'éducation et organisation industrielle en France et en Allemagne*. Paris: PUF, 1982.

MCLAUGHLIN, E.; GLENDINNING, C. Paying for care in Europe: is there a feminist approach? In: HANTRAIS, L.; MANGEN, S. (Eds.). *Family policy and the welfare of women*. Loughborough, Loughborough University of Technology, 1996. (Cross-National Research Papers, Third Series: Concepts and Contexts in International Comparisons).

MEAD, M. *L'Un et l'autre sexe*. Paris: Gonthier-Denoël, 1966.

MOREL, N. *Le genre des politiques sociales*. L'apport théorique des "gender studies" à l'analyse des politiques socials. Communication au premier congrès de l'Association française de sociologie, Villetaneuse, 24-27 fév. 2004.

O'REILLY, J. Les comparaisons internationales des systèmes d'emploi: méthodes, controverses et renouveaux. In: LALLEMENT, M.; SPURK, J. (Eds.). *Stratégies de la comparaison internationale*. Paris: CNRS, 2003. p. 171-187.

ORLOFF, A. L'adieu au maternalisme? Politiques de l'Etat et emploi des mères en Suède et aux États-Unis. *Recherches et Prévisions*, n. 83, p. 9-28, 2006.

PASSERON, J. C. *Le raisonnement sociologique*. Paris: Nathan, 1991.

PEDERSEN, S. *Family, dependence and the origins of the welfare state*: Britain and France, 1914-1945. New York: Cambridge University Press, 1993.

PITROUX, A.; GAILLARD, A. *Familles de France et de Suède:* à la recherche de nouveaux modeles. Lest, 1989. ms.

SAINSBURY, D. (Ed.). *Gender and welfare state regimes*. Oxford: Oxford University Press, 1999.

SKOCPOL, T. *Protecting soldiers and mothers*: political origins of social policy in the United States. Cambridge: Harvard University Press, 1992.

4

Desemprego, padrões de trajetória e segregação em Paris e São Paulo

Nadya Araujo Guimarães*

Murillo Marschner Alves de Britto**

O desemprego, sob a forma recorrente como se manifesta em nossos dias, efetua, de modo perverso, um constante movimento de redistribuição das oportunidades ocupacionais (Maruani e Reynaud, 1993; Demazière, 1995). Sendo assim, pode ser elucidativo verificar o que se passa com os padrões de transição no mercado de trabalho quando as oportunidades de emprego estão sujeitas a intensos rearranjos pelo efeito do desemprego crescente.

Para refletir nessa direção, analisaremos trajetórias de desempregados nas regiões metropolitanas de São Paulo e de Paris e discutiremos dois resultados. O primeiro é que a segregação, habitualmente tratada sob o prisma do acesso à ocupação, pode ser também observada nas trajetórias dos indivíduos (Walby, 1988; Moore, 1992), visto que certos grupos têm seus percursos ocupacionais confinados a âmbitos restritos do mercado (Burchell e Rubery, 1994). O segundo é que o risco de vivenciar trajetórias limitadas ao mundo das ocupações de baixa qualidade é desigualmente distribuído, e tais percursos associam-se a atributos como sexo e condição étnico-racial dos indivíduos (Cohn, 2000).

* Socióloga, Universidade de São Paulo.

** Sociólogo, Centro de Estudos da Metrópole, Centro Brasileiro de Análise e Planejamento (Cebrap).

A evidência empírica que baseia a nossa reflexão foi buscada em *surveys* realizados em Paris e São Paulo, na segunda metade dos anos 1990, com o objetivo de identificar padrões de transição em contextos de crescente desemprego. No primeiro caso, trata-se de um painel prospectivo, que seguiu uma coorte de novos demandantes de emprego junto à Agence Nationale pour l'Emploi (Anpe), no período compreendido entre 1995 e 1998.[1] No segundo, de um levantamento retrospectivo, por questionário suplementar à Pesquisa de Emprego e Desemprego (PED) da Fundação Seade/Dieese, que identificou trajetórias ocupacionais de trabalhadores paulistanos entre 1994 e 2001, momento da coleta dos dados.[2]

As formas de desemprego e os padrões de trajetória: uma comparação entre Paris e São Paulo

O que justifica a escolha dessas duas metrópoles como objeto de nosso estudo é o fato de as considerarmos ilustrativas de dois tipos contrastantes de regimes de *welfare* (Gallie e Paugam, 2000). Na França, construiu-se um sólido e inclusivo sistema público de proteção cujo ápice coincide com os chamados "30 anos gloriosos" de expansão capitalista no pós-guerra. A ele corresponde uma norma de emprego por tempo indeterminado, fortemente regulamentado pelo Estado e assentado em direitos barganhados coletivamente, e que tem como complemento um sistema especial de institucionalização do desemprego. Este é ancorado no seu caráter ocasional e de pouca duração, e generoso pela cesta

---

[1] O painel "Trajectoires des demandeurs d'emploi et marché local de travail" foi conduzido pelo Dares/Ministère du Travail et de la Solidarité e seguiu os trajetos dos novos inscritos junto à Anpe em oito regiões do país, em abril/junho de 1995, acompanhando-os, por meio de três levantamentos anuais, durante os 33 meses seguintes. Aqui analisaremos apenas os dados relativos aos 1.624 casos colhidos para a Região Metropolitana de Paris-Île de France. Para detalhes sobre o estudo, ver Pignony e Poujouly (1999).

[2] A PED é uma pesquisa mensal domiciliar por amostra representativa da população economicamente ativa na Região Metropolitana de São Paulo. O *survey* retrospectivo "Mobilidade ocupacional" foi conduzido pelo Centro de Estudos da Metrópole e Fundação Seade. As análises que se seguem tratam apenas da subamostra de 6.627 desempregados, que formam parte do grupo mais amplo de 53.170 indivíduos ouvidos de abril a dezembro de 2001 em 27 mil domicílios. Maiores detalhes em Guimarães (2008).

de benefícios que outorga, expressados nas políticas de orientação e requalificação profissional, suporte monetário e apoio à procura de trabalho.

No caso do Brasil, onde nunca existiu um Estado de bem-estar social, a proteção ao desemprego foi instituída somente nos anos 1990. Ela se erigiu sobre a base de um mercado em que já predominavam intensas transições entre ocupações e uma situação de assalariamento restrito, com forte peso do trabalho informal. Esse sistema de proteção ao desemprego é ainda bastante limitado em sua capacidade de incluir indivíduos, dados os critérios de elegibilidade adotados. Além disso, é pouco efetivo, haja vista a parcimônia com que os benefícios são concedidos, e articula mal suas políticas de seguro, intermediação e qualificação profissional.

Dedicamos a primeira seção do capítulo a evidenciar as diferenças nos padrões de percurso, em Paris e São Paulo, que resultam dessas distintas formas de institucionalização do desemprego e dos regimes de proteção social. Na segunda seção examinaremos, para cada uma das metrópoles, como diferentes atributos individuais se associam ao risco de permanecer duradouramente no desemprego ou à chance de acessar distintas portas de saída, abertas pelo movimento de reinserção no mercado de trabalho.

Transições e trajetórias num contexto de desemprego duradouro: Paris (1995-98)

O desemprego atingiu duramente o mercado de trabalho francês nas últimas décadas, fazendo-se sentir com especial intensidade na sua principal metrópole, Paris. A extensão do tempo de procura de trabalho e a correlata experiência de uma desocupação duradoura desafiam a agenda da política pública desde os anos 1970, pondo em xeque o regime de *welfare* e as formas de institucionalização do desemprego.[3]

Tal deterioração das condições de acesso ao sistema de proteção teve lugar em um contexto de progressiva racionalização do uso do trabalho, de globalização dos processos produtivos (sobretudo na manufatura e nos servi-

[3] Há uma extensa literatura que trata desse fenômeno e de suas conseqüências. Entre os trabalhos mais importantes, citamos Freyssinet (1984), Maruani e Reynauld (1993), Demazière (1995a, 1995b), Friot e Rose (1996), Supiot (1999), Maruani (2002) e Gautié (2003).

ços modernos) e de intensificação da imigração de trabalhadores (por motivos ocupacionais e/ou políticos).

A emergência das chamadas "formas atípicas" de emprego e de desemprego passou a se fazer presente nas trajetórias ocupacionais dos indivíduos. É o que se pode ver na tabela 1, construída com dados do painel "Trajetórias de demandantes de emprego", coletado pelo Ministério do Trabalho francês. Nela apresentamos o resultado da análise fatorial e de *clusters* efetuada a partir da uma matriz de informações reunindo 1.624 pessoas cujos percursos foram observados durante 33 meses (compreendidos entre 1995 e 1998), e classificados, mês a mês, segundo 12 possibilidades de relação com o mercado de trabalho. Tal análise nos permitiu identificar nove caminhos mais recorrentes, que expressam os principais tipos de trajetórias agregadas dos entrevistados.

Tabela 1
Trajetórias dos desempregados de Paris — Île de France (1995-98)

	Tipos de trajetórias	**N**	**%**	**%**
Percursos clássicos	Desempregado	499	**30,7**	**47**
	Empregado regular sob contrato de duração indeterminada (CDI)	265	**16,3**	
Novas formas de precariedade	Empregado regular transitando entre CDI e CDD (contratos de duração determinada)	248	15,3	**36,2**
	Empregado regular sob contrato CDD	178	11	
	Subcontratado	114	7	
	Em outros tipos de emprego	47	2,9	
Novas formas de proteção social	Desempregado em programa de treinamento	100	6,2	11,6
	Beneficiário de contrato de proteção social	88	5,4	
Saída do mercado	Inativo	85	5,2	5,2
Total		1.624	100	100

Fonte: Ministère de l'Emploi et de la Solidarité, Dares, Painel TDE. Apud Guimarães (2006a).

Um achado logo chama a atenção: a trajetória mais freqüente, correspondente a 30,7% dos casos, é a da permanência no desemprego de longa duração. É também notável que quase metade dos indivíduos (47%) tenha seus percursos classificáveis em uma das duas situações mais típicas da norma fordista: a ocupação duradoura e protegida (CDI) ou o desemprego igualmente protegido (ainda que extraordinariamente duradouro).

Entretanto, apenas uma minoria (16,3%) consegue sair do desemprego pela via virtuosa da obtenção de um contrato de duração indeterminada. Para uma parcela significativa dos casos (quatro em cada seis pessoas que escapam ao desemprego), a saída se dá por vias que os conduzem às novas formas atípicas de relação de trabalho (como CDD, trabalho temporário subcontratado), consideradas precárias em face da norma em vigor no sistema de emprego francês.

Os contratos que revelam o braço de apoio da proteção social amparam menos de dois em cada 10 dos entrevistados (11,6%). É também muito pouco expressiva, quase insignificante, a trajetória de saída do mercado de trabalho, passando duradouramente à inatividade (apenas 5,2% dos casos).[4]

Transições e trajetórias ocupacionais num contexto de desemprego recorrente: São Paulo (1997-2001)

Ao longo da década de 1990, São Paulo, a maior metrópole do Brasil, também experimentou uma onda de mudanças importantes, associadas a transformações na economia brasileira que a atingiram de uma dupla forma. A reespacialização dos novos investimentos industriais obrigou-a a dividir com outras regiões o protagonismo que até então lhe coubera na produção nacional. Paralelamente, os serviços que nela já se concentravam cresceram e se diversificaram, ampliando-se as atividades de comando de negócios, em especial de grandes empresas nacionais e transnacionais.

Esse movimento aumentou sua competitividade, mas atingiu profundamente seu mercado de trabalho (Dedecca, Montagner e Brandão, 1993; Comin, 2003). Elevou-se de maneira significativa o tempo de procura de trabalho, que dobrou no curso dos anos 1990, e a taxa de desemprego total ultrapassou os dois dígitos, sustentando-se em níveis que, nos momentos mais críticos, chegaram a alcançar 20% da população em atividade (Guimarães, 2008).

---

[4] Para outras análises ver Pignony e Poujouly (1999), Canceill e Huyghues Despointes (1999) e Guimarães (2006a, 2006b).

Ora, quando o alongamento dos tempos de desemprego e de procura de trabalho convive com um sistema de proteção pouco efetivo produz-se um efeito de elevada insegurança ocupacional. Ele se expressa, em realidades como a de São Paulo, no intenso trânsito entre situações no mercado de trabalho, em movimentos que refletem o esforço dos indivíduos no sentido de obter algum rendimento suscetível de permitir sua sobrevivência. Esse é um fenômeno diferente do que foi observado em Paris, onde o aumento do desemprego de longa duração é que constitui o principal desafio.

Para melhor elucidar a especificidade dessas trajetórias, utilizamos os dados obtidos pelo questionário suplementar à Pesquisa de Emprego e Desemprego para a Região Metropolitana de São Paulo. Ele recobre retrospectivamente experiências de trabalho vividas entre 1997 e 2001.

Pelo mesmo procedimento de análise fatorial e de *clusters*, os percursos dos 6.627 desempregados foram observados durante 48 meses (entre abril de 1997 e abril de 2001), sendo a situação de cada um deles, mês a mês, classificada conforme uma tipologia de nove possíveis posições em face do mercado de trabalho. Os resultados da tabela 2 mostram os seis tipos de trajetórias agregadas que foram identificados.

Tabela 2

Trajetórias dos desempregados entrevistados em 2001 em São Paulo (1997-2001)

	Tipos de trajetórias	N	%	%
Percursos clássicos	Desempregado	1.074	16,2	40,3
	Assalariados com carteira	1.598	**24,1**	
Percursos despadronizados	Transições intensas, percurso ignorado	2.327	**35,1**	51,5
	Desempregado ou inativo	1.088	16,4	
Outros percursos	Domésticos	301	4,6	8,2
	Autônomos	239	3,6	
Total		6.627	100	100

Fonte: SEP. Convênio Seade-Dieese. Pesquisa de Emprego e Desemprego (PED). Questionário Suplementar Seade/CEM "Mobilidade ocupacional".

Duas trajetórias típicas se destacam. A primeira assemelha-se à norma em um mercado de trabalho protegido onde impera o assalariamento regular. Nessa situação, o desemprego representa um momento de ruptura em um percurso até então estável, marcado pelo assalariamento duradouro e protegido pelo vínculo formal. Mas apenas uma quarta parte dos entrevistados (24,1%) enquadra-se nesse percurso.

O grupo mais importante de casos (35,1%), que forma a segunda trajetória típica, constitui-se de entrevistados com um percurso ocupacional marcado por transições tão intensas e variadas que não permitem identificar um padrão. O desemprego, para esse grupo de pessoas, é apenas mais um evento de risco em um trajeto pleno de incertezas. Se agregarmos a esse tipo de trajetória aquele outro, marcado pela ausência de evento de ocupação, em que os indivíduos transitam entre o desemprego e a inatividade, teremos mais da metade dos entrevistados (51,5%).

Os dados da PED deixam patente também que, nas condições de institucionalização da proteção no Brasil, é excepcional encontrar indivíduos com um percurso no desemprego de longa duração. Entre os desocupados da Região Metropolitana de São Paulo, apenas uma parcela minoritária (16,2% contra 30% em Paris) tinha condições de permanecer duradouramente em desemprego.

Vistas em uma perspectiva comparada, as realidades das duas metrópoles sugerem que, quando o desemprego se intensifica e redistribui oportunidades, se instabilizam os percursos ocupacionais e se fragilizam as normas vigentes. Entretanto, esse movimento tem resultados distintos em cada uma delas.

Em Paris, a forma predominante, inserida em um sistema público ainda pujante, é a do desemprego de longa duração, e, quando há transições, elas se fazem no sentido de formas ditas atípicas de trabalho.

Em São Paulo, visto que os indivíduos não dispõem de uma estrutura institucional que lhes faculte permanecer no desemprego por longo período, seus percursos caracterizam-se pela enorme recorrência de transições. Isso intensifica a tal ponto as mudanças entre situações que, para uma expressiva maioria de pessoas, é difícil reconhecer um padrão de percurso.

Diante disso, novas indagações se impõem: quando o desemprego — recorrente, no caso paulista, ou duradouro, no caso parisiense — altera as formas de transitar no mercado de trabalho, como as oportunidades ocupacionais se distribuem entre os indivíduos? Quem circula no mercado pelos caminhos mais precários? Que fatores explicariam a segregação nos percursos?

Percursos ocupacionais e evidências de segregação entre grupos de sexo e étnico-raciais

A resposta às indagações anteriores apóia-se no entendimento de que, além das lógicas institucionalizadas nos regimes de proteção social, outras lógicas sociais configuram os padrões de percurso. Referimo-nos às construções sociais sobre a diferença, que desigualam os indivíduos ao conferirem valor às suas características, algumas adscritas, como idade, condição étnico-racial e de sexo, outras adquiridas, como escolaridade. A eficácia simbólica desse tipo de determinante na operação do mercado de trabalho é significativa, alterando as chances de trabalhadores e trabalhadoras na procura de trabalho ou na permanência no emprego.

As trajetórias respondem assim não apenas a especificidades institucionais, que abordamos mediante comparações intermetropolitanas, como também a especificidades simbólicas, que abordaremos agora mediante comparações intrametropolitanas, controlando características dos indivíduos, para em seguida voltar a pensar sobre os elementos que distinguem ou aproximam as duas metrópoles.

Inicialmente, associamos os tipos de percurso a duas variáveis que indicam possíveis elementos de segregação no mercado de trabalho: sexo e raça, partindo da hipótese de que o modo como se tecem as relações sociais de sexo e as relações sociais de raça tem efeitos nas trajetórias dos indivíduos.

Tendo em vista as particularidades que distinguem os sistemas de relações raciais brasileiro e francês, construímos dois indicadores distintos, mas que apontam para um mesmo fenômeno, o que os torna comparáveis.

Para o caso de São Paulo, utilizamos o indicador de "cor", visto que as características fenotípicas são determinantes do modo de classificação racial no país (Hasenbalg, 1979; Silva e Hasenbalg, 1992; Guimarães, 2008). Mais do que simplesmente a cor da pele, os grupos reconhecidos no sistema brasileiro de classificação racial — "pretos", "pardos", "brancos", "amarelos" e "indígenas" — expressam diferenças baseadas num *mix* de características fenotípicas que combinam outros traços, como tipo de cabelo, formato do nariz e dos lábios etc. Para fins da análise, reclassificaremos os cinco grupos oficiais em apenas dois, "brancos" e "negros". [5]

---

[5] Sob a denominação "brancos" reunimos os dados referentes aos que são classificados como "brancos" e "amarelos" (asiáticos). Sob a denominação "negros", os classificados como "pretos", "pardos"

Para o caso de Paris, utilizamos um indicador de "descendência", que permite diferenciar os "franceses" dos "estrangeiros" e "descendentes de estrangeiros", aos quais nos referimos, para efeitos de simplificação, como "de descendência francesa" e "de descendência estrangeira". Essa escolha se deve não apenas à inexistência de informação sobre "condição racial" na pesquisa TDE que nos serve de fonte, mas sobretudo ao fato de que a origem nacional tem sido apontada como um importante crivo para a constituição de hierarquias sociais de base étnico-racial na França (Sahlins, 2004; Fassin e Fassin, 2006). A variável "descendência" pode funcionar como um *proxy*, na verdade o único, entre as características de perfil do entrevistado disponibilizadas pelo banco da pesquisa TDE.[6]

O primeiro passo é verificar se existe alguma associação sistemática entre sexo e cor/descendência, por um lado, e os distintos tipos de trajetórias apresentados na seção anterior, por outro.

Os resultados estatísticos para Paris (tabela 3) deixam claro que se deve rejeitar a hipótese nula de independência entre sexo/descendência e tipos de trajetória.[7]

Tabela 3

Trajetórias por sexo e descendência: Paris — Île de France (1995-98)

Tipos de trajetória	Sexo/descendência										
	Mulheres/ descendência estrangeira		Mulheres/ francesas		Homens/ descendência estrangeira		Homens/ franceses		Total		
	n	%	n	%	n	%	n	%	n	%	
Desemprego	103	**20,6**	159	31,9	101	20,2	136	27,3	499	100,0	Formas típicas de inserção no mercado
CDI	31	11,7	77	29,1	44	16,6	113	**42,6**	265	100,0	

Continua

e "indígenas". Poderíamos ter denominado este último reagrupamento como "não-brancos", mas optamos por "negros" dado o amplo predomínio de "pretos" e "pardos" entre os "não-brancos". Na composição demográfica atual de São Paulo, os "indígenas" têm reduzida presença, tanto quanto os mestiços ("pardos") que não são afro-descendentes.

[6] É certo que, entre os estrangeiros ou de descendência estrangeira, existem importantes hierarquias internas, diferenciando, por exemplo, os europeus ocidentais, os árabes ou os asiáticos. Entretanto, por motivos relativos ao tamanho da amostra da TDE, não nos foi possível construir desagregações mais finas.

[7] O teste de qui-quadrado apresentou significância estatística muito alta (mais de 99% de confiabilidade) para a dependência entre as variáveis.

Tipos de trajetória	Sexo/descendência										
	Mulheres/ descendência estrangeira		Mulheres/ francesas		Homens/ descendência estrangeira		Homens/ franceses		Total		
	n	%	n	%	n	%	n	%	n	%	
Transição CDI/CDD	26	10,5	88	35,5	42	16,9	92	37,1	248	100,0	As novas formas precárias
CDD	29	16,3	66	37,1	32	18,0	51	28,7	178	100,0	
Subcontratado	6	5,3	34	29,8	31	**27,2**	43	37,7	114	100,0	
Outros tipos de emprego	7	14,9	14	29,8	13	**27,7**	13	27,7	47	100,0	
Desempregado em programa de treinamento	23	**23,0**	24	24,0	26	**26,0**	27	27,0	100	100,0	Os novos dispositivos da proteção social
Beneficiário de contrato de proteção social	18	**20,5**	31	35,2	13	14,8	26	29,5	88	100,0	
Inatividade	24	**28,2**	51	**60,0**	3	3,5	7	8,2	85	100,0	Saída do mercado
Total	267	16,4	544	33,5	305	18,8	508	31,3	1.624	100,0	

Fonte: Ministére de l'Emploi et de la Solidarité, Dares, Painel TDE "Trajectoires des demandeurs d'emploi".

Observa-se que as trajetórias dos homens franceses e as dos estrangeiros ou seus descendentes são distintas. Na comparação, destaca-se o enorme peso dos primeiros nos percursos que tipificam a norma salarial (CDI) e a sobre-representação dos últimos nos percursos ocupacionais mais instáveis, nas formas precárias de emprego, cada vez mais presentes no mercado de trabalho francês, ou ainda nos programas de reinserção.

Há diferenças também entre os percursos das francesas e das estrangeiras ou descendentes, mas o primeiro dado que chama a atenção é que, no conjunto, elas se distinguem dos homens pela sobre-representação nas fronteiras das relações típicas de emprego. Observa-se que seis em cada 10 pessoas em situação de inatividade no período considerado são mulheres francesas, e três em cada 10 são mulheres de descendência estrangeira. Estas últimas estão ainda sobre-representadas nos percursos duradouros de desemprego ou naqueles que as sustentam sob os dispositivos da proteção social.

Os franceses, homens e mulheres, compartilham duas características: estão sub-representados nas trajetórias de desemprego e sobre-representados nos percursos de transição entre CDI e CDD — o que indica uma situação de menor vulnerabilidade com relação aos estrangeiros e seus descendentes. Porém, enquanto as mulheres se concentram nas trajetórias duradouras de inatividade, os homens têm trajetórias duradouras de emprego, principalmente o regido pela norma dos CDIs, mas também (e em menor medida) em situações de transição entre contratos por tempo determinado ou indeterminado, ou como subcontratados.

Em São Paulo, os dados indicam claramente que, também aqui, se deve rejeitar a hipótese nula da independência quando se analisa a relação entre sexo e cor, de um lado, e tipos de percurso no mercado, de outro.[8]

A condição de sexo aparece como um demarcador que organiza as chances dos indivíduos nos distintos tipos de percurso no mercado de trabalho. Os tons de cinza da tabela 4 mostram que os grupos se organizam em posições distintas e complementares, como em um tabuleiro de xadrez. Assim, é evidente a sobre-representação das mulheres em trajetórias duradouras no emprego doméstico, uma atividade de baixo prestígio e sujeita a condições de trabalho muitas vezes aviltantes. Se isso atinge especialmente as mulheres negras, não deixa de ser relevante também entre as mulheres brancas. Além disso, brancas e negras estão igualmente sobre-representadas nas trajetórias de desemprego.

Inversamente, todas elas estão sub-representadas nas ocupações (que não o serviço doméstico) regidas por vínculos formalmente protegidos, sob a forma de assalariamento com carteira assinada, assim como nas trajetórias duradouras no trabalho autônomo. No mercado paulistano de trabalho, esses dois tipos de trajetória são espaços em que os homens estão sobre-representados, sejam eles brancos ou negros, embora estes últimos em menor proporção.

Os tons de cinza da tabela sugerem que também entre os homens há diferenças raciais que não podem ser ignoradas. Os brancos estão sobre-representados nas trajetórias duradouras do trabalho protegido pelo vínculo formal. Já os negros aparecem desproporcionalmente presentes em trajetórias marcadas por uma transição tão intensa que é difícil determinar um padrão de percurso — o que é um indicativo da vulnerabilidade da sua inserção no mercado de trabalho.

---

8 Também para São Paulo o nível de significância dos testes de qui-quadrado foi muito alto, acima de 99%.

Tabela 4

Trajetórias por sexo e cor: São Paulo (1997-2001)

Classes de trajetória	Sexo/cor									
	Mulheres negras		Mulheres brancas		Homens negros		Homens brancos		Total	
	n	%	n	%	n	%	n	%	n	%
Empregados com vínculo	284	17,8	439	27,5	381	23,8	494	30,9	1.598	100,0
Transições intensas, percurso ignorado	541	23,2	600	25,8	584	25,1	602	25,9	2.327	100,0
Emprego doméstico	160	53,2	106	35,2	12	4,0	23	7,6	301	100,0
Autônomos	38	15,9	58	24,3	59	24,7	84	35,1	239	100,0
Desempregados	325	30,3	403	37,5	156	14,5	190	17,7	1.074	100,0
Transição desemprego/ inatividade	279	25,6	323	29,7	240	22,1	246	22,6	1.088	100,0
Total	1.627	24,6	1.929	29,1	1.432	21,6	1.639	24,7	6.627	100,0

Fonte: SEP. Convênio Seade-Dieese. Pesquisa de Emprego e Desemprego (PED). Questionário Suplementar Seade/CEM "Mobilidade ocupacional".

Esse conjunto de resultados sugere que a segmentação racial nos percursos dos indivíduos sujeitos ao desemprego é mais provável no mercado de trabalho de Paris que no de São Paulo. O primeiro separa as trajetórias ocupacionais de estrangeiros e nacionais de maneira ainda mais marcante do que o último o faz com respeito aos seus grupos de cor. Em Paris, por exemplo, existem diferenças mais visíveis entre os percursos das mulheres descendentes de estrangeiros e os das francesas do que aquelas observadas em São Paulo entre os trajetos de mulheres brancas e os das negras. Do mesmo modo, as trajetórias de homens paulistanos, brancos e negros, parecem diferir menos entre si que as dos parisienses descendentes e não-descendentes de estrangeiros.

Poderíamos ir além e arriscar um prognóstico sobre a segmentação por sexo entre os padrões de percurso. Embora os resultados apontem para a maior precariedade das trajetórias femininas em ambas as metrópoles, as mulheres parisienses parecem estar muito mais próximas do padrão que caracteriza os grupos privilegiados (homens de nacionalidade francesa, no caso parisiense, e homens brancos, no caso paulistano) do que as mulheres em São Paulo, sejam elas brancas ou não-brancas, todas desproporcionalmente retidas no serviço doméstico.

Para verificar esses achados, demos um último passo em nossa análise, observando como se distribuem as chances de permanecer no desemprego duradouro ou de seguir quaisquer das outras trajetórias identificadas em cada uma das metrópoles. Para tal, testamos um modelo de regressão multinomial, no qual diferenciamos os indivíduos por seus atributos de idade, sexo, cor/descendência e escolaridade. Os resultados, sintetizados nas tabelas 5 e 6, permitem verificar se as características adscritas continuam sendo importantes para explicar os trajetos mesmo quando se considera o efeito de uma característica aquisitiva, como o capital cultural expressado na credencial escolar obtida.

Que conclusões podemos tirar a partir deste último passo?

Em primeiro lugar, tanto para São Paulo quanto para Paris, os tipos de trajetórias que mais discriminam (com base em idade, escolaridade, sexo e cor/descendência) são os que se forjam em situações protegidas de trabalho. Assim, o antagonismo mais evidente entre as amostras é aquele entre os trajetos no desemprego e os percursos (extremamente seletivos) no emprego protegido.

Em segundo lugar, observa-se que, se a posse de capital escolar altera as chances dos desempregados, ela o faz com intensidade e eficácia diferentes nas duas metrópoles. Tal efeito é mais importante e mais diversificado em Paris que em São Paulo.

No caso da metrópole brasileira, seu impacto positivo está restrito à determinação das trajetórias de emprego com vínculo. Nelas sua eficácia é altíssima, de modo que quanto maior a credencial escolar, maior a possibilidade de escapar do desemprego pela via de percursos duradouros em formas protegidas de trabalho. Já os resultados para Paris sugerem que o acúmulo de capital escolar causa maior impacto, já que altera as chances de pertencimento a vários tipos de trajetórias. Assim, se o efeito é muito evidente nos percursos em CDI, ele também se faz sentir ao aumentar a chance de estar em outros percursos vividos no emprego, mesmo se em trajetórias não tão virtuosas (CDD ou de transição CDD/CDI).

Entretanto, e em terceiro lugar, as tabelas 5 e 6 oferecem fortes evidências de que atributos que não deveriam ter valor de mercado numa sociedade igualitária seguem diferenciando as chances dos indivíduos, retendo alguns deles em percursos duradouramente desvantajosos.

Vejamos o que se passa com os grupos de idade, sexo e cor/descendência.

Em ambas as metrópoles, a idade é fator importante na determinação da trajetória no mercado de trabalho, já que nelas existem tipos de trajetos fortemente associados seja aos jovens, seja aos mais idosos. Em São Paulo, os jovens têm chances de estar vinculados tanto a trajetórias de emprego com vínculo formal, quanto a trajetórias precárias ou desvalorizadas (de transição entre desemprego e inatividade, de tipo ignorado ou no serviço doméstico). Já em Paris eles estão mais distantes de percursos em CDI (homólogos às trajetórias brasileiras no emprego formal), e estão associados a contratos temporários ou trajetórias sustentadas em benefícios sociais. Quanto aos mais velhos, em ambas as metrópoles, ter mais de 50 anos implica mais chances de estar retido em trajetórias de desemprego do que fazer qualquer outro tipo de percurso.

Mas, quando se observa a combinação dos atributos de sexo e cor/descendência, os achados novamente se mostram desafiadores.

Entre as mulheres desempregadas de São Paulo, brancas ou negras, o trabalho doméstico é a única trajetória muito mais provável que a permanência no desemprego. Além dessa, as outras trajetórias que permitem às mulheres escaparem do desemprego são, por ordem de chance, transição entre desemprego e inatividade, mais provável entre brancas do que entre negras; trajetórias despadronizadas (do tipo ignorado), com maiores chances para negras; emprego com vínculo, com maiores chances para brancas; e trabalho autônomo, também com maiores chances para brancas. Ou seja, as mulheres negras têm mais possibilidades de estar retidas nos percursos mais vulneráveis. Mas, se a distinção é clara na comparação entre homens e mulheres, e entre mulheres brancas e negras, ela não é tão evidente no que refere aos homens brancos e negros.

Já no caso parisiense, a discriminação por sexo e descendência também se evidencia de modo pronunciado na distinção entre trajetórias de desemprego e CDI. Tanto as mulheres francesas quanto as estrangeiras, ou descendentes de estrangeiros, têm menos chance de trajetórias CDI, o mesmo acontecendo com os homens estrangeiros e seus descendentes. A combinação entre condições de sexo e étnico-racial também tem enorme efeito — positivo — na determinação das possibilidades de trajetórias de inatividade em vez de trajetórias de desemprego; são maiores as chances para mulheres francesas e mulheres descendentes de estrangeiros.

Estaremos, assim, diante de evidências de segregação nos percursos dos indivíduos atingidos pelo desemprego? Em face desse conjunto de resultados, poderíamos arriscar uma conclusão geral: ainda que as evidências pareçam ponderáveis, os mecanismos pelos quais se constrói tal segmentação, que altera as chances de reinserção no trabalho, devem ser buscados na forma específica como são socialmente tecidas as diferenças e hierarquias simbólicas em cada metrópole.

Assim, em Paris, os atributos de base étnico-racial parecem pesar mais fortemente na determinação das trajetórias dos desempregados do que aqueles baseados nas diferenças entre grupos no sexo, apesar de que ambas as características fazem variar as chances dos indivíduos. Já em São Paulo, a segmentação dos percursos dos desempregados parece ser movida antes por diferenças entre grupos de sexo e, em seguida, por distinções entre grupos de cor. A discriminação racial operaria de maneira especialmente mais evidente entre as mulheres.

Tabela 5

Paris: determinantes dos trajetos (1995-98 — modelo de regressão multinomial)

Classe de trajetória	Variável	B	Sig.	Exp(B)	%
Desempregado em programa de treinamento	Idade — 25 anos ou menos	0,433	0,084	1,542	**54,2****
	Idade — 50 anos ou mais	–0,933	0,028	0,393	**–60,7***
	Escolaridade — nível fundamental	0,951	0,003	2,588	**158,8***
	Escolaridade — nível médio	0,321	0,258	1,378	37,8
	Escolaridade — nível superior	0,953	0,009	2,593	**159,3***
	Mulher/descendência estrangeira	0,157	0,621	1,170	17
	Mulher/descendência francesa	–0,277	0,366	0,758	–24,2
	Homem/descendência estrangeira	0,350	0,258	1,419	41,9
Transição CDI/CDD	Idade — 25 anos ou menos	0,169	0,379	1,185	18,5
	Idade — 50 anos ou mais	–0,544	0,037	0,580	**–42***
	Escolaridade — nível fundamental	0,304	0,282	1,355	35,5
	Escolaridade — nível médio	0,768	0,000	2,156	**115,6***
	Escolaridade — nível superior	1,584	0,000	4,877	**387,7***
	Mulher/descendência estrangeira	–0,818	0,002	0,441	**–55,9***
	Mulher/descendência francesa	–0,161	0,407	0,852	–14,8
	Homem/descendência estrangeira	–0,305	0,192	0,737	–26,3
Outros tipos de emprego	Idade — 25 anos ou menos	0,602	0,076	1,826	82,6
	Idade — 50 anos ou mais	–0,267	0,602	0,766	–23,4
	Escolaridade — nível fundamental	0,448	0,371	1,565	56,5
	Escolaridade — nível médio	0,699	0,065	2,011	**101,1****
	Escolaridade — nível superior	0,619	0,271	1,857	85,7
	Mulher/descendência estrangeira	–0,222	0,652	0,801	–19,9
	Mulher/descendência francesa	–0,065	0,872	0,937	–6,3
	Homem/descendência estrangeira	0,427	0,308	1,532	53,2

Continua

Classe de trajetória	Variável	B	Sig.	Exp(B)	%
Subcontratado	Idade — 25 anos ou menos	0,293	0,224	1,340	34
	Idade — 50 anos ou mais	–0,719	0,060	0,487	**–51,3****
	Escolaridade — nível fundamental	0,465	0,173	1,592	59,2
	Escolaridade — nível médio	0,708	0,005	2,031	**103,1***
	Escolaridade — nível superior	–0,042	0,927	0,959	–4,1
	Mulher/descendência estrangeira	–1,617	0,000	0,199	**–80,1***
	Mulher/descendência francesa	–0,409	0,115	0,664	–33,6
	Homem/descendência estrangeira	0,084	0,760	1,088	8,8
CDD	Idade — 25 anos ou menos	0,578	0,004	1,782	**78,2***
	Idade — 50 anos ou mais	–0,572	0,065	0,564	**–43,6****
	Escolaridade — nível fundamental	0,960	0,001	2,611	**161,1***
	Escolaridade — nível médio	1,048	0,000	2,853	**185,3***
	Escolaridade — nível superior	1,452	0,000	4,273	**327,3***
	Mulher/descendência estrangeira	–0,127	0,641	0,881	–11,9
	Mulher/descendência francesa	0,112	0,617	1,119	11,9
	Homem/descendência estrangeira	0,016	0,951	1,017	1,7
Beneficiário de contrato de proteção social	Idade — 25 anos ou menos	0,548	0,035	1,730	**73***
	Idade — 50 anos ou mais	–0,508	0,211	0,602	–39,8
	Escolaridade — nível fundamental	0,334	0,320	1,397	39,7
	Escolaridade — nível médio	–0,019	0,946	0,981	–1,9
	Escolaridade — nível superior	0,067	0,877	1,069	6,9
	Mulher/descendência estrangeira	–0,093	0,783	0,911	–8,9
	Mulher/descendência francesa	0,038	0,896	1,039	3,9
	Homem/descendência estrangeira	–0,376	0,307	0,687	–31,3
CDI	Idade — 25 anos ou menos	0,164	0,383	1,178	17,8
	Idade — 50 anos ou mais	–0,845	0,002	0,429	**–57,1***
	Escolaridade — nível fundamental	0,930	0,000	2,534	**153,4***
	Escolaridade — nível médio	0,935	0,000	2,547	**154,7***
	Escolaridade — nível superior	1,653	0,000	5,223	**422,3***
	Mulher/descendência estrangeira	–0,866	0,000	0,421	**–57,9***
	Mulher/descendência francesa	–0,534	0,006	0,586	**–41,4***
	Homem/descendência estrangeira	–0,457	0,044	0,633	**–36,7***
Inativo	Idade — 25 anos ou menos	–0,799	0,034	0,450	**–55***
	Idade — 50 anos ou mais	–0,435	0,245	0,847	–35,3
	Escolaridade — nível fundamental	0,410	0,247	1,507	50,7
	Escolaridade — nível médio	0,300	0,311	1,349	34,9
	Escolaridade — nível superior	0,370	0,392	1,448	44,8
	Mulher/descendência estrangeira	1,520	0,001	4,574	**357,4***
	Mulher/descendência francesa	1,794	0,000	6,014	**501,4***
	Homem/descendência estrangeira	–0,490	0,487	0,613	–38,7

Fonte: Ministére de l'Emploi et de la Solidarité, Dares, Painel TDE "Trajectoires dês demandeurs d'emploi".
* $p < 0{,}05$; ** $p < 0{,}10$ / categoria de referência: desemprego.

Tabela 6

São Paulo: determinantes dos trajetos
(1997-2001 — modelo de regressão multinomial)

Classe de trajetória	Variável	B	Sig.	Exp(B)	%
Empregados com vínculo	Idade — 25 anos ou menos	0,262	0,006	1,300	**30***
	Idade — 50 anos ou mais	–0,712	0,000	0,490	**–51***
	Escolaridade — nível fundamental	0,185	0,084	1,203	**20,3****
	Escolaridade — nível médio	0,610	0,000	1,840	**84***
	Escolaridade — nível superior	0,736	0,000	2,087	**108,7***
	Mulher/não-branca	–1,134	0,000	0,322	**–67,8***
	Mulher/branca	–1,001	0,000	0,367	**–63,3***
	Homem/não-branco	0,026	0,843	1,026	2,6
Ignorados	Idade — 25 anos ou menos	1,237	0,000	3,446	**244,6***
	Idade — 50 anos ou mais	–0,668	0,000	0,513	**–48,7***
	Escolaridade — nível fundamental	–0,047	0,636	0,954	–4,6
	Escolaridade — nível médio	–0,063	0,527	0,938	–6,2
	Escolaridade — nível superior	0,049	0,807	1,051	5,1
	Mulher/não-branca	–0,742	0,000	0,476	**–52,4***
	Mulher/branca	–0,816	0,000	0,442	**–55,8***
	Homem/não-branco	0,116	0,358	1,123	12,3
Emprego doméstico	Idade — 25 anos ou menos	0,382	0,017	1,465	**46,5***
	Idade — 50 anos ou mais	–0,222	0,261	0,801	–19,9
	Escolaridade — nível fundamental	–0,681	0,000	0,506	**–49,4***
	Escolaridade — nível médio	–1,394	0,000	0,248	**–75,2***
	Escolaridade — nível superior	–0,277	0,417	0,758	–24,2
	Mulher/não-branca	1,353	0,000	3,869	**286,9***
	Mulher/branca	0,854	0,001	2,349	**134,9***
	Homem/não-branco	–0,610	0,102	0,543	–45,7
Autônomos	Idade — 25 anos ou menos	0,126	0,465	1,134	13,4
	Idade — 50 anos ou mais	–0,354	0,095	0,702	**–29,8***
	Escolaridade — nível fundamental	0,120	0,519	1,127	12,7
	Escolaridade — nível médio	0,084	0,662	1,088	8,8
	Escolaridade — nível superior	0,241	0,489	1,272	27,2
	Mulher/não-branca	–1,367	0,000	0,255	**–74,5***
	Mulher/branca	–1,17	0,000	0,311	**–68,9***
	Homem/não-branco	–0,148	0,468	0,862	–13,8

Continua

Classe de trajetória	Variável	B	Sig.	Exp(B)	%
Transição entre desemprego e inatividade	Idade — 25 anos ou menos	2,265	0,000	9,631	**863,1***
	Idade — 50 anos ou mais	–0,069	0,684	0,934	–6,6
	Escolaridade — nível fundamental	0,044	0,700	1,045	4,5
	Escolaridade — nível médio	–0,255	0,034	0,775	**–22,5***
	Escolaridade — nível superior	–0,968	0,006	0,380	**–62***
	Mulher/não-branca	–0,535	0,000	0,585	**–41,5***
	Mulher/branca	–0,500	0,000	0,607	**–39,3***
	Homem/não-branco	0,060	0,684	1,062	6,2

Fonte: SEP. Convênio Seade-Dieese. Pesquisa de Emprego e Desemprego (PED). Questionário Suplementar Seade/CEM "Mobilidade operacional".
* $p < 0{,}05$; ** $p < 0{,}10$ / categoria de referência: desemprego.

Referências bibliográficas

BURCHELL, B.; RUBERY, J. Divided women: labour market segmentation and gender segregation. In: SCOTT, A. (Ed.). *Gender segregation and social change.* Oxford: Oxford University Press, 1994.

CANCEILL, G.; HUYGHUES DESPOINTES, H. L'inscription à L'Anpe et après: itinéraires de chômeurs. In: DARES. *Premières informations et premières syntheses.* Paris: Ministére de l'Emploi et de la Solidarité, n. 37.1, 1999.

COHN, S. *Race and gender discrimination at work.* Boulder: Westview Press, 2000.

COMIN, A. *Mudanças na estrutura sócio-ocupacional do mercado de trabalho em São Paulo.* 2003. Tese (Doutorado em Sociologia) — Universidade de São Paulo, São Paulo.

DEDECCA, C.; MONTAGNER, P.; BRANDÃO, S. *Recessão e reestruturação econômica*: as novas condições de funcionamento do mercado de trabalho na década de 90. Campinas: Instituto de Economia da Unicamp, 1993.

DEMAZIERE, D. *La sociologie du chômage.* Paris: La Découverte, 1995a.

______. *Le chômage de longue durée.* Paris: PUF, 1995b.

FASSIN, D.; FASSIN, E. (Orgs.). *De la question sociale a la question raciale?* Représenter la société française. Paris: La Découverte, 2006.

FREYSSINET, J. *Le chômage.* Paris: La Découverte, 1984.

FRIOT, B.; ROSE, J. *La construction sociale de l'emploi en France.* Les années soixante à aujourd'hui. Paris: L'Harmattan/Forum, 1996.

GALLIE, D.; PAUGAM, S. *Welfare regimes and the experience of unemployment in Europe*. Oxford: Oxford University Press, 2000.

GAUTIE, J. Transitions et trajectoires sur le marché du travail. *Quatre-Pages*, Paris, n. 59, sept. 2003.

GUIMARÃES, A. S. *Preconceito racial*. São Paulo: Cortez, 2008.

GUIMARÃES, N. A. Unemployment and occupational transition: trajectories and perceptions. In: KASE, K.; SUGITA, K. (Eds.). *The unemployed and unemployment in an international perspective*: comparative studies of Japan, France and Brazil. Tokyo: University of Tokyo, 2006a.

______. L'Occident serait-il en train de se "brasilianiser". *Revue Tiers Monde*, n. 189, p. 137-186, 2006b.

______. Novas formas, novas medidas? In: GUIMARÃES, N. A.; CARDOSO, A.; ELIAS, P.; PURCELL, K. (Eds.). *Mercado de trabalho e oportunidades:* reestruturação econômica, mudança ocupacional e desigualdade na Inglaterra e no Brasil. Rio de Janeiro: FGV, 2008. No prelo.

HASENBALG, C. A. *Discriminação e desigualdades raciais no Brasil*. Rio de Janeiro: Graal, 1979.

MARUANI, M. *Les mécomptes du chômage*. Paris: Bayard, 2002.

______; REYNAUD, E. *Sociologie de l'emploi*. Paris: La Découverte, 1993.

MOORE, D. *Labor market segmentation and its implications*. New York: Garland, 1992.

PIGNONY, M.-T.; POUJOULY, C. Trajectoires professionnelles et récurrence du chômage. In: DARES. *Premières informations et premières synthèses*, Paris, Ministére de l'Emploi et de la Solidarité, n. 14.3, avr. 1999.

SAHLINS, P. *Unnaturally French:* foreign citizens in the old regime and after. Ithaca: Cornell University Press, 2004.

SILVA, N. V.; HASENBALG, C. A. *Relações raciais no Brasil contemporâneo*. Rio de Janeiro: Rio Fundo, 1992.

SUPIOT, A. (Ed.). *Au-delà de l'emploi*. Paris: Flammarion, 1999.

WALBY, S. Segregation in employment in social and economic theory. In: WALBY, S. (Ed.). *Gender segregation at work*. Milton Keynes: Open University Press, 1988.

5

Segregação setorial por gênero: uma comparação Brasil-México

Carlos Salas*
Marcia Leite**

Apesar da maior participação no trabalho extradoméstico remunerado, as condições e os níveis de ganho médio das mulheres mostram uma persistente diferença em relação aos dos homens. E, embora a defasagem venha diminuindo nos últimos anos, ela se mantém. Esse fenômeno não é exclusivo de um país em particular, mas a magnitude da defasagem varia muito entre países.

Na teoria social propôs-se a idéia de que a diferença de rendas é o resultado da ação de pelo menos dois fatores: a discriminação aberta e a forma como homens e mulheres se distribuem entre as diversas ocupações ou setores econômicos de atividade. É um fato facilmente verificável que existem atividades em que se concentram preferencialmente a força de trabalho masculina e feminina. Esse fenômeno é conhecido com o nome de segregação ocupacional ou segregação setorial por sexo, segundo se refira à maneira como homens e mulheres se distribuem entre diversas ocupações específicas ou entre diversos setores de atividade.

Neste capítulo vamos nos centrar no exame das mudanças na segregação setorial por sexo no Brasil e no México, entre 1995 e 2004. Por se tratar de dois países com um nível de desenvolvimento econômico semelhante, é possível identificar processos comuns, assim como diferenças, o que nos ajuda a determinar o peso de outros elementos no nível de segregação.

---

* Economista, El Colegio de Tlaxcala.
** Socióloga, Unicamp.

Para isso, utiliza-se um índice, chamado de Karmel-MacLachlan, que permite estudar a forma como evolui a segregação no trabalho ao longo de um certo período, por meio de uma decomposição das diferenças entre os valores do índice em dois momentos. O índice utiliza cifras da estrutura de postos de trabalho segundo sexo, que provêm da Pesquisa Nacional por Amostra de Domicílios (Pnad) do Brasil, e a Encuesta Nacional de Emprego (ENE) do México. As duas fontes são pesquisas domiciliares com um esquema de amostragem para garantir sua representatividade em escala nacional, e cujos questionários captam todo tipo de trabalho, mesmo que seja marginal.

O capítulo é dividido em três partes. Na primeira, define-se o conceito de segregação ocupacional e se faz uma breve discussão sobre suas causas e conseqüências e sobre sua medição. A segunda começa com uma rápida descrição da divisão do trabalho por sexo para o Brasil e o México, e em seguida se apresentam e se discutem os resultados da aplicação da técnica mencionada à distribuição dos trabalhadores — homens e mulheres — entre setores da atividade econômica, para cada país, no período 1995-2004. A terceira destina-se a realizar comparações entre os dois países.

Segregação ocupacional por sexo: origens e conseqüências

Depois de um processo sustentado de aumento da taxa de atividade das mulheres entre 1970 e 1990, em escala mundial, essa taxa passa a crescer apenas marginalmente entre 1996 e 2006. Porém, na América Latina e no Caribe, o crescimento continua sendo importante, mesmo neste último período (OIT, 2007), ainda que essa maior participação não se traduza em uma melhora substantiva das condições de trabalho da mulher. O informe da OIT mostra que a segregação por sexo diminuiu muito pouco durante o período analisado.

Esses fatos conduzem a uma série de questões, que podem ser englobadas em três grandes grupos: causas da segregação e das diferenças salariais; explicações relativas à persistência dos dois fenômenos; efeitos possíveis da interação entre eles.

Na literatura de ciências sociais, há diversas interpretações tanto sobre a origem da segregação quanto das diferenças salariais entre homens e mulheres. As discrepâncias surgem pela existência de duas perspectivas analíticas opostas. Uma delas, o chamado individualismo metodológico, concebe todos os processos sociais como explicáveis somente a partir de decisões individuais, enquanto a outra, chamada genericamente de holismo metodológico, explica os mesmos processos em termos de estruturas sociais, de instituições sociais ou da cultura. Para a primeira, os preços são o principal mecanismo de interação social dos indivíduos, enquanto a segunda privilegia o contexto social onde ocorrem essas interações econômicas.

Como se sabe, a vertente neoclássica na economia (e sua contraparte na sociologia, a escola da escolha racional) tem seu fundamento no individualismo metodológico, ao passo que as vertentes heterodoxas partem da consideração sobre a importância do contexto social como pano de fundo. As posturas teóricas baseadas no individualismo metodológico sustentam que as diferenças de rendimento e a segregação são o resultado de decisões dos indivíduos, que se expressam em forma de diferentes "níveis de investimento em capital humano", conforme se trate de homens ou mulheres, ou em diversas formas de discriminação dos empregadores.[1]

A teoria social apoiada no individualismo metodológico carece do conceito de gênero, pois este último se baseia na idéia de que os papéis masculinos ou femininos são características sociais. Tal ausência tem conseqüências inesperadas. Assim, ao estudar os rendimentos das mulheres, alguns resultados empíricos obtidos por autores de inspiração neoclássica colocam verdadeiros paradoxos, que seriam perfeitamente explicáveis a partir de uma análise de gênero.

Por sua vez, as explicações de corte holístico, em especial as originadas no feminismo, sugerem que a segregação se sustenta na construção social denominada gênero, que faz com que se considerem certas atividades como tipificadas por sexo (England, 1992; Jacobs, 2001). Segundo se considere uma ocupação como "feminina" ou "masculina", obtém-se menor ou maior rendimento por esse tipo de trabalho.

É possível que em um mesmo local de trabalho se pague menos às mulheres que aos homens pelo desempenho das mesmas tarefas. Contudo, essa prática é cada vez menos comum na medida em que a disposição legal contida na Convenção nº 100 da OIT, estabelecendo "salário igual para trabalho igual", tende a se generalizar em todo o mundo. A principal explicação para a desigualdade salarial entre os sexos deve ser buscada então em outro lugar, a saber, na segregação ocupacional (setorial) por sexo, que definimos a seguir.

---

[1] Uma apresentação recente desse tipo de argumento pode ser encontrada em Fogel (2006).

Se homens e mulheres se distribuíssem ao acaso entre setores e ocupações, a proporção de homens (mulheres) em cada ocupação (ou setor) deveria ser igual à proporção que os homens (mulheres) representam no total do pessoal ocupado. Quando essa proporção é diferente, diz-se que há segregação ocupacional (ou setorial) por sexo (Anker, 1998; Watts, 1998).

Ao longo do tempo, o nível de segregação tende a se reduzir. A mudança costuma ser lenta, mas, às vezes, os níveis de segregação podem se alterar significativamente, como mostram alguns estudos referentes principalmente a países industrializados (Hakim, 1994). Ainda que não existam pesquisas semelhantes para a América Latina, vale destacar alguns trabalhos importantes em nível nacional, como de Bruschini e Lombardi (2003), para o caso do Brasil, e o de Maldonado e Rendón (2005), para o caso do México.

A segregação no trabalho por sexo, entre ocupações específicas ou setores de atividade econômica, é um fenômeno que não pode ser estudado simplesmente examinando, caso a caso, a maneira como os sexos se distribuem em cada ocupação ou setor de atividade. Para dar conta do fenômeno em sua totalidade existe um variado conjunto de índices que representam uma medida sumária da forma como homens e mulheres se distribuem entre diversas ocupações específicas ou entre os diferentes setores de atividade.[2]

Na literatura especializada encontra-se uma intensa discussão sobre as propriedades, utilidade e validade de muitos deles, entre os quais o índice de dessemelhança de Duncan,[3] que foi utilizado no Brasil para medir a segregação de ocupações por sexo.[4] O índice pode ser interpretado como a percentagem de mulheres (e homens) que devem mudar de ocupação para que a distribuição de emprego dos dois grupos seja igual.

Contudo, devido às dificuldades que surgem para explicar a evolução do índice de dessemelhança ao longo do tempo foram propostos outros índices, que buscam resolver alguns desses problemas (Blackburn, Siltanen e Jarman, 1995; Carlson, 1992; Karmel e MacLachlan, 1988; Watts 1992, 1998). Mas,

---

[2] Ver, em particular, Anker (1998) e Salas (2004).

[3] O índice é calculado da seguinte maneira: supondo que existam n ocupações diferentes, sendo $h_i = H_i/H$ a proporção de homens que têm a ocupação i, e de maneira análoga, $m_i = M_i/M$ a proporção de mulheres na ocupação i, então $ID = \frac{1}{2}\sum_{i=1}^{n}|h_i - m_i| * 100$. Quando $ID = 0$ não há segregação, e quando $ID = 100$ há uma separação absoluta entre as ocupações executadas por homens e por mulheres (Duncan e Duncan, 1955).

[4] Ver, por exemplo, Oliveira (2001).

como já mostramos anteriormente (Salas, 2004), com exceção do índice que se propõe no artigo de Karmel e MacLachlan, os demais têm muitos problemas de interpretação e não captam corretamente a distribuição desigual de homens e mulheres entre ocupações (ou setores de atividade).

Por suas propriedades, em particular a possibilidade de decompor o índice em dois pontos no tempo, vamos utilizar aqui o índice desenvolvido por Karmel e MacLachlan, que chamaremos de KM.[5] As componentes da fórmula para o cálculo do índice são a proporção de mulheres na força de trabalho total e a proporção de homens e de mulheres em cada setor (ou ocupação). Esse índice varia de zero (nenhuma segregação) a 50 (segregação total nos setores ou ocupações).

A interpretação de KM é direta: trata-se do nível total do emprego que deve ser redistribuído (com substituição) para conseguir uma segregação por sexo igual a zero, mas mantendo a estrutura setorial e a proporção de mulheres no emprego total. Quando comparamos dois momentos no tempo, a mudança total do índice KM terá sinal positivo se houve um aumento na segregação entre esses dois pontos no tempo. Inversamente, o sinal será negativo se houve uma queda na segregação.

Em Karmel e MacLachlan (1988) demonstra-se como as mudanças no índice KM através do tempo podem ser separadas em dois componentes: um efeito composição e um efeito misto. O efeito composição mede a mudança na proporção de sexos em cada setor de atividade, mantendo o emprego total e os níveis de emprego feminino e masculino constantes. O efeito misto é uma medida da mudança no índice que pode ser atribuída à mudança nas proporções de sexos e nas proporções de cada setor no emprego total, mantendo constante a composição de sexos de cada setor.

Por sua vez, o efeito misto pode ser decomposto em efeitos de setor, de sexo e de interação. Nesse caso, tem-se em primeiro lugar a mudança originada em modificações na estrutura setorial, mantendo constante a composição por sexo da força de trabalho total (efeito setor); em segundo lugar, a mudança decorrente de modificações na proporção de homens e mulheres na força de trabalho total, mantendo constante a estrutura setorial (efeito sexo); e em ter-

[5] O índice é $2a(1 - a)*ID$, onde ID é o índice de dessemelhança de Duncan e a é a proporção de homens no total da força de trabalho.

ceiro lugar, um resíduo que se atribui à combinação dos dois efeitos anteriores (setor e sexo).

Embora este texto trate da segregação por setor, é perfeitamente possível fazer a mesma análise por ocupações específicas.

Segregação ocupacional por setores no Brasil e no México, 1995-2004

O caso do Brasil

Os estudos sobre as relações de gênero no mercado de trabalho brasileiro evidenciam uma série de tendências que, embora apontem para melhorias significativas das condições de trabalho, assinalam também a permanência de formas de desigualdade que parecem ressurgir aqui e ali. Essas tendências, que já pareciam claras na década de 1990 (Bruschini e Lombardi, 2003), mantêm-se nos anos 2000.

A tabela 1 apresenta a composição por sexo dos setores de atividade entre 1995 e 2004 e serve de base para calcular o índice de segregação. Além de mostrar que há um aumento na proporção de mulheres no total de postos de trabalho, permite explicar, como se verá mais adiante, as mudanças observadas no índice de segregação.

Tabela 1

População ocupada de 10 anos e mais e proporção de mulheres dentro do emprego total, por setor de atividade e sexo (Brasil, 1995-2004)

	1995			2004		
	Homens	Mulheres	Proporção de mulheres no emprego total	Homens	Mulheres	Proporção de mulheres no emprego total
Agrícola	11.907.665	6.246.577	0,344	12.062.961	5.670.874	0,320
Indústria de transformação	6.212.882	2.335.518	0,273	7.370.015	4.353.625	0,371
Outras atividades industriais	717.607	145.192	0,168	602.684	76.368	0,112
Construção	4.125.314	103.891	0,025	5.220.131	134.244	0,025
Comércio e reparação	7.477.139	3.644.429	0,328	9.043.910	5.609.318	0,383
Alojamento e alimentação	1.359.904	1.108.042	0,449	1.518.415	1.504.644	0,498

Continua

	1995			2004		
	Homens	Mulheres	Proporção de mulheres no emprego total	Homens	Mulheres	Proporção de mulheres no emprego total
Transporte, armazenamento e comunicação	2.411.886	245.888	0,093	3.428.309	465.940	0,120
Atividades financeiras e imobiliárias	1.469.283	971.838	0,398	1.162.676	704.306	0,377
Educação, saúde e serviços sociais	1.516.906	4.527.094	0,749	1.724.483	5.783.541	0,770
Outros serviços	1.552.162	2.041.533	0,568	3.829.651	3.422.371	0,472
Serviços domésticos	760.080	5.277.895	0,874	432.417	6.040.067	0,933
Administração pública e organismos internacionais	2.144.273	1.072.110	0,333	2.638.892	1.569.026	0,373
Outras atividades, mal-definidas ou não declaradas	208.208	45.292	0,179	207.431	19.995	0,088
Total	41.863.309	27.765.299	0,399	49.241.975	35.354.319	0,418

Fonte: Pnad-IBGE.

Embora a tabela indique um crescimento pouco significativo na proporção de mulheres no emprego total, de 39,9% para 41,8% entre 1995 e 2004, quando se analisam os dados da Pnad referentes à participação das mulheres na população economicamente ativa e aos seus rendimentos no mesmo período, as cifras mostram claramente que a participação das mulheres continua aumentando, tendo passado de uma taxa de 48,1% para 52,9%, e que a desigualdade dos rendimentos está em queda, já que a proporção dos rendimentos das mulheres em relação aos homens teve uma variação de 76% para 82%.

O aumento da participação feminina ocorre somente para a faixa etária de 20 a 59 anos.[6] Isso indica uma mudança significativa na conduta das mulheres que, cada vez menos, consideram suas atividades domésticas incompatíveis com o trabalho profissional. Esse fenômeno pode ser explicado, em parte, como uma resposta das mulheres à perda de emprego dos homens no período considerado, que se expressa em menores taxas de atividade para eles, já que entre 1995 e 2004, essas taxas caem de 75,3% para 73,6%. Mas, sem dúvida, outra parte da explicação reside em uma mudança na conduta

[6] Segundo o estudo de Bruschini e Lombardi (2003), é significativo também para as mulheres com filhos, inclusive para aquelas que têm filhos com menos de dois anos.

das mulheres direcionada agora no sentido da independência e da autonomia que se expressa em outros dados, como seu maior nível de escolaridade em comparação com o dos homens, assim como o crescimento das famílias monoparentais chefiadas por mulheres.

Quanto à remuneração do trabalho feminino, é preciso assinalar que, quando se considera o período 1995-2004 em seu conjunto, se perde um processo importante, analisado em outro artigo (Pochman, Salas e Leite, 2007). Trata-se da recente quebra da tendência à queda nos níveis de rendimento, tanto de homens quanto de mulheres, a partir de 1999.

Vários estudos destacaram que o maior rendimento dos homens em relação às mulheres contrasta com os níveis relativamente mais elevados de escolaridade destas (entre outros, ver Cacciamali e Hirata, 2005). Esse fato remete à discussão sobre a segregação das mulheres em atividades nas quais o trabalho é menos valorizado (como é o caso das atividades do setor terciário), enquanto os homens representam a maioria dos trabalhadores do setor secundário. Além disso, as mulheres concentram-se em atividades que remetem ao imaginário social de que o trabalho de cuidar constitui uma atividade eminentemente feminina (professoras, enfermeiras).

A segregação ocupacional remete não apenas a políticas empresariais de contratação, como também à busca que as mulheres realizam preferencialmente em atividades e carreiras identificadas com tal imaginário, o que promoveria a tipificação por sexo das ocupações e a conseqüente formação de guetos profissionais masculinos e femininos (Bruschini e Lombardi, 2003). Essa tipificação percorre, de ponta a ponta, o mercado de trabalho. Envolve todo tipo de atividades, desde as mais simples, que requerem menor grau de qualificação e formação, até aquelas relacionadas ao ensino universitário, onde se encontra maior concentração de homens nas áreas de engenharia e tecnologia, enquanto as mulheres estão mais presentes nas ciências humanas, biológicas e da saúde (Bruschini e Lombardi, 2003).

Já havíamos constatado em um trabalho anterior (Pochman, Salas e Leite, 2007) que, entre 2001 e 2004, a segregação por setores segundo sexo, medida pelo índice de Karmel-MacLachlan, havia diminuído. Agora examinamos mais detalhadamente a segregação no trabalho por setores, entre 1995 e 2004. Para esse fim, calculamos o índice KM para medir a segregação no trabalho por setor de atividade. Depois, utilizando a técnica comentada anteriormente, desagregamos a mudança total do índice em várias componentes, em primeiro lugar, um efeito composição, e em segundo lugar, um efeito misto. Este último é desagregado, por sua vez, em um efeito setor, um efeito sexo e um efeito combinado setor-sexo. Os resultados do exercício aparecem na tabela 2.

Tabela 2
Índice de Karmel e MacLachlan (KM) de segregação de sexos por setores de atividade (1995 e 2004) e decomposição da mudança no índice — Brasil

A — KM 1995	16,430
B — KM 2004	15,640
C — Mudança total do índice (A – B)	–0,793
Decomposição da mudança: C = D + E	
D — Efeito composição	8,851
E — Efeito misto	–9,644
Setor	0,377
Sexo	–9,490
Setor-sexo	–0,531

Fonte: Pnad-IBGE.

A tabela mostra que a segregação diminui 0,793 ponto, o que significa que, em 2004, para eliminar a segregação, deve mudar de setor um menor número de mulheres do que em 1995. A queda na segregação decorre da queda (de 9,6 pontos) do efeito misto, que é maior que o aumento da segregação em conseqüência da mudança na proporção por sexos em cada setor de atividade (efeito composição). Recordemos que o chamado efeito misto expressa o resultado que têm sobre a segregação as modificações da estrutura setorial que foram acompanhadas, nesse caso, de uma maior participação das mulheres nas atividades econômicas, expressa no valor do componente sexo (–9,49).

A partir das cifras constantes na tabela 1, comprova-se que os setores que mais contribuíram (positiva ou negativamente) para a mudança no total de mulheres foram o agrícola, onde se observou uma queda na participação das mulheres, a manufatura, onde cresceu essa participação, e o de comércio e reparação, onde também houve um aumento significativo da proporção da força de trabalho feminina.

O caso do México

Passamos a examinar agora o caso do México. Há uma vasta literatura que mostra a crescente absorção de força de trabalho feminina. Contudo, ela é ainda muito reduzida: mais de 60% das mulheres não realizam atividades econômicas fora de casa, e as demais trabalham, em média, menos horas que os homens (Maldonado e Rendón, 2005). Como veremos a seguir, a segregação por sexo no trabalho persiste, embora tenda a decrescer lentamente.

A tabela 3 mostra a estrutura do emprego segundo sexos por setor de atividade econômica e a proporção de mulheres em cada setor. Os resultados indicam um aumento lento, embora constante, da participação feminina no emprego, que se concentra nas atividades de comércio e serviços. Mas o que se destaca é o fato de que a participação das mulheres nas atividades de manufatura tem um aumento importante, quase duplicando em 10 anos. Em contraste, no setor de atividades financeiras, já masculinizado, cresce significativamente a participação dos homens no mesmo período.

Tabela 3

População ocupada de 12 anos e mais e proporção de mulheres no emprego total, por setor de atividade e sexo (México, 1995-2004)

	1995			2004		
	Homens	Mulheres	Proporção de mulheres no emprego total	Homens	Mulheres	Proporção de mulheres no emprego total
Agropecuária	6.770.994	1.102.763	0,140	5.862.642	858.031	0,128
Minas e pedreiras	101.105	17.850	0,150	92.069	2.462	0,026
Extração e refino de petróleo	103.945	18.355	0,150	118.960	32.166	0,213
Indústria de transformação	3.466.202	1.504.109	0,303	4.478.176	2.698.857	0,376
Eletricidade	67.411	12.061	0,152	199.315	40.046	0,167
Construção	1.722.927	49.686	0,028	2.618.089	86.493	0,032
Comércio	3.115.535	2.989.400	0,490	4.059.062	3.938.510	0,492

Continua

	1995			2004		
	Homens	Mulheres	Proporção de mulheres no emprego total	Homens	Mulheres	Proporção de mulheres no emprego total
Hotéis, restaurantes e similares	709.181	790.460	0,527	1.005.564	1.308.628	0,565
Transportes e serviços conexos	1.237.516	84.732	0,064	1.594.893	99.449	0,059
Comunicações	84.598	39.318	0,317	117.976	66.721	0,361
Aluguel de imóveis e serviços financeiros e profissionais	692.751	405.604	0,369	1.172.646	630.557	0,350
Outros serviços (serviços domésticos, de saúde, educação e outros)	3.217.230	3.138.826	0,494	4.251.455	4.335.004	0,505
Administração pública e defesa	895.461	377.196	0,296	1.207.784	601.631	0,333
Não especificado	131.472	19.477	0,129	127.652	33.883	0,210
Total	22.316.328	10.549.837	0,321	26.906.283	14.732.438	0,354

Fonte: ENE/Inegi.

Como destacamos ao analisar o caso brasileiro, a proporção de mulheres no emprego total aumentou muito pouco (de 32,1% para 35,4%) no período. Mas, nesse caso, diferentemente do que ocorreu no Brasil, as taxas de atividade entre 1995 e 2004 também aumentaram pouco para as mulheres, passando de 34,5% para 35,2%, respectivamente, enquanto no caso dos homens, as cifras correspondentes foram de 78,2% e 74,6%.

Uma análise mais detalhada mostra, em primeiro lugar, que a queda na participação dos homens, em particular entre aqueles com menos de 40 anos, foi acentuada pelas quedas no nível de atividade entre 12 e 24 anos. Esse fenômeno é a combinação de maiores níveis de participação escolar e uma retirada da força de trabalho em razão de maiores dificuldades para encontrar emprego. Em contraste, as taxas de atividade das mulheres tiveram aumento, sobretudo na faixa etária de 25 a 60 anos. A faixa etária de 12 a 24 reduziu seu nível de participação no trabalho em parte por um maior envolvimento nas atividades escolares.

Quanto à remuneração do trabalho no período 1995-2004, deve-se recordar que a crise de 1995 representou uma forte perda do poder aquisitivo dos salários, de modo que a comparação parte de níveis de salário real muito reduzidos. A proporção de salários por hora das mulheres em relação ao dos homens passou de 0,99 para 1 entre 1995 e 2004, o que significa que não há diferença entre os rendimentos por hora de homens e mulheres.

Contudo, é preciso ressaltar que o salário médio mensal de homens e mulheres ainda é muito desigual, visto que as mulheres trabalham menos horas que os homens. Assim, em 2004, o salário médio mensal das mulheres representava apenas 83% do salário dos homens. Acrescente-se que nas atividades tipicamente masculinas, como é o caso da indústria extrativa, as mulheres tendem a ocupar postos administrativos, o que aumenta seu nível de salário em comparação com os homens, que se situam em todo tipo de ocupações, e por isso esses resultados devem ser relativizados.

Apresentamos agora os resultados da estimativa do grau de segregação setorial por sexo, para 1995 e 2004, assim como da decomposição das mudanças ocorridas, mediante as técnicas já usadas no caso do Brasil.

A tabela 4 mostra que a queda no nível de segregação por setor foi muito baixa (–0,4) em comparação com o caso do Brasil. Esse é o resultado da ação simultânea de dois processos. O primeiro é um pequeno aumento na participação das mulheres na economia (efeito composição), que se observa, ao mesmo tempo, em dois ramos de atividades: serviços e manufatura. Visto que em serviços a presença feminina já era importante, a segregação manteve um nível constante (efeito misto), enquanto na manufatura houve um aumento considerável da participação feminina, que se expressa no nível do fator sexo (–5,198). E esse foi o segundo processo que incidiu na queda, embora não muito significativa, do nível de segregação.

Tabela 4
Índice de Karmel e MacLachlan (KM) de segregação de sexos por setores de atividade (1995-2004) e decomposição da mudança no índice — México

A — KM 1995	15,155
B — KM 2004	14,681
C — Mudança total do índice (A – B)	–0,474
Decomposição da mudança: C = D + E	
D — Efeito composição	–0,491
E — Efeito misto	0,017
Setor	–0,421
Sexo	–5,198
Setor-sexo	5,636

Fonte: ENE dos segundos trimestres de 1995 e 2004.

Comparação entre Brasil e México

O Brasil é o maior país da América Latina. As cifras a seguir, referentes a 2004, mostram alguns aspectos importantes. A população estimada nesse ano era de 183,9 milhões de pessoas, enquanto o PIB totalizava US$ 6,63 bilhões para uma renda *per capita* de US$ 3,32 mil.

Entre 1990 e 2005, a renda *per capita* cresceu a uma taxa média anual de 1,2%. A distribuição da renda é muito desigual: a população abaixo da linha da pobreza em 2000 era de 22%. E a taxa de alfabetização em 2004 era de 89%.

Para 2004, segundo dados da Pnad, o índice de Gini da renda monetária era de 0,559. A desigualdade e a pobreza tiveram uma lenta, mas contínua, diminuição, sobretudo a partir de 2000.

A evolução das condições de emprego no Brasil caracterizou-se por um aumento considerável do desemprego aberto a partir da década de 1990, embora venha diminuindo nos últimos anos. O país tem uma estrutura industrial muito desenvolvida e o PIB industrial representou 30% do PIB total em 2004. A renda do trabalho cresceu lentamente, mas com uma tendência sustentada a partir desse ano.

Em 2004, o México tinha uma população de 102 milhões de habitantes, enquanto o PIB era de US$ 6,83 bilhões e a renda *per capita* de US$ 6,93 mil. Assim como no Brasil, entre 1990 e 2005, o PIB *per capita* cresceu a uma taxa média anual de 1,2%. Para 2004, a população abaixo da linha da pobreza representava 18% do total de habitantes do país, e a taxa de alfabetização nesse ano era de 91%.

Segundo dados do Instituto Nacional de Estadística, Geografía e Informática (Inegi), em 2004, o coeficiente de Gini para a renda monetária era de 0,541. A desigualdade e a pobreza tenderam a decrescer depois de 2000, porém, a partir de 2005, esse processo estancou.

As condições de emprego no México caracterizam-se por um baixo nível de desemprego aberto, o que se explica pela presença de um numeroso grupo de trabalhadores por conta própria e por uma significativa migração internacional. Além disso, as relações salariais no México apresentavam níveis inferiores às do Brasil antes da década de 1990, o que leva a que a insuficiência de oportunidades ocupacionais se expresse mais claramente na forma de atividades de pequena escala, e não de desemprego aberto, como no caso brasileiro.

A estrutura industrial do país é muito desarticulada e o PIB setorial é de 26% do total. A renda do trabalho cresceu entre 1990 e 1994 para cair em 1995 e recuperar-se lentamente, de modo que apenas em 2005 se alcançaram os níveis médios observados em 1994, antes da crise.

Os resultados obtidos no item anterior apontam uma tendência comum ao Brasil e ao México de crescimento da taxa de atividade das mulheres, de uma redução do desnível de renda entre homens e mulheres e de maior participação das mulheres em atividades tipificadas como masculinas (como é o caso da indústria manufatureira).

Esses resultados são esperados, de certo modo, já que os países examinados apresentam traços estruturais comuns: ambos têm importantes mercados externos (para 2004, a percentagem das exportações no PIB era de 16% no Brasil e de 30% no México), seu nível de PIB é equiparável (o PIB do México foi apenas 2,9% maior que o PIB do Brasil em 2004), suas estruturas produtivas estão entre as mais diversificadas da América Latina e parte significativa de sua produção é voltada ao mercado interno.

Nessas condições de desenvolvimento capitalista era de se esperar igualmente um processo de busca de independência e empoderamento por parte das mulheres, sobretudo as jovens. É preciso assinalar, no entanto, que o aumento da taxa de participação feminina foi muito mais significativo no Brasil que no México.

Ao mesmo tempo, a análise da estrutura por sexos da atividade econômica e das mudanças na segregação por setores aponta importantes diferenças, que se explicam pela história distinta de cada país no que se refere às especificidades de seu desenvolvimento capitalista.

O mais importante achado deste estudo consiste em que a queda na segregação de sexo por setores de atividade foi mais significativa no Brasil que no México (–0,793 contra –0,474). Isso se deve particularmente ao fato de que, neste último país, a entrada das mulheres na atividade econômica ocorreu ao mesmo tempo nas manufaturas e em atividades do setor de comércio e serviços. O primeiro desses setores é mais segregado que o setor de serviços, de modo que a queda total na segregação foi reduzida, já que o número de mulheres que entraram na manufatura foi quase a metade do observado nos serviços e no comércio.

No caso do Brasil, embora tenha ocorrido um fenômeno semelhante, o montante de mulheres que ingressou nas manufaturas foi tão significativo que mudou a estrutura por sexo dessa atividade, enquanto esse processo não ocorreu nas atividades terciárias, onde a presença de mulheres já era significativa.

Por outro lado, a maior participação das mulheres nas atividades econômicas no Brasil, em comparação com o México (52,9% e 35,2%, respectivamente), pode ser uma conseqüência de que as relações de assalariamento no Brasil, historicamente, foram mais expandidas do que no México, ainda que hoje apresentem níveis totais comparáveis (KILM, 2007).

Finalmente, é preciso destacar que as defasagens entre os salários femininos e masculinos no Brasil ainda são maiores que no México.

Conclusões

A segregação setorial e ocupacional por gênero é um fenômeno que está na essência das desigualdades de gênero no mercado de trabalho. Diante da crescente inserção das mulheres nas atividades extradomésticas e de seu maior nível de escolaridade em relação aos homens (uma característica de praticamente todas as sociedades industrializadas do Ocidente), as diferenças relacionadas às condições de trabalho e aos salários concentram-se cada vez mais na segregação setorial e ocupacional.

Neste capítulo, procuramos comparar as desigualdades de gênero no mercado de trabalho brasileiro e mexicano, tendo como preocupação central medir a segregação setorial por gênero. Para isso, utilizamos o índice KM que nos revelou claramente as diferenças entre a segregação por gênero nos dois países.

Além disso, a decomposição do índice em dois momentos permitiu encontrar as causas subjacentes às mudanças na segregação, que são diferentes em cada país.

A análise revelou que a inserção das mulheres na força de trabalho no México é não só menos profunda como também mais segregada em atividades menos valorizadas, como as do setor terciário, quando comparada à inserção feminina no caso brasileiro.

Contudo, esses achados colocam uma questão não-trivial, para a qual o estudo aqui desenvolvido não tem respostas: se a segregação setorial por gênero é mais profunda no México que no Brasil, como se explicam as maiores defasagens salariais entre homens e mulheres neste último país?

Embora se trate de uma primeira aproximação do estudo comparativo da segregação nos dois países, os resultados obtidos são importantes por si. Mas, ao mesmo tempo, apontam para a necessidade de realizar um estudo mais exaustivo das características do emprego feminino em cada país, a fim de identificar com mais precisão o que temos em comum e o que nos separa.

Referências bibliográficas

ADLER, L. (Ed.). *International handbook on gender roles.* Westport: Greenwood Press, 1993.

ANKER, R. *Gender and jobs:* sex segregation of occupations in the world. Genève: OIT, 1998.

BLACKBURN, R. M.; SILTANEN, J.; JARMAN, J. The measurement of occupational gender segregation. Current problems and a new approach. *Journal of the Royal Statistical Society, Series A*, v. 158, n. 2, p. 319-331, 1995.

BRUSCHINI, C.; LOMBARDI. M. R. Mulheres e homens no mercado de trabalho brasileiro: um retrato dos anos 1990. In: MARUANI. M.; HIRATA, H. *As novas fronteiras da desigualdade*. Homens e mulheres no mercado de trabalho. São Paulo: Senac, 2003.

CACCIAMALI, C.; HIRATA, G. Discriminação ou grupos em situação de desvantagem no mercado de trabalho. Uma análise do mercado de trabalho brasileiro acerca da raça e gênero. *Revista de Economia Mundial*, n. 12, p. 53-86, 2005.

CARLSON, S. Trends in race/sex occupational inequality. Conceptual and measurement issues. *Social Problems*, v. 39, n. 3, p. 268-290, Aug. 1992.

DUNCAN, O.; DUNCAN, B. Analysis of segregation indexes. *American Sociological Review*, v. 20, n. 2, p. 210-217, 1955.

ENGLAND, P. *Comparable worth*. Theories and evidence. New York: Aldine de Gruyter, 1992.

FOGEL, M. N. The effects of gender segregation at the establishment level on wages. Seminário *An Empirical Analysis Using a Panel of Matched Employer-Employee Data*. Fundação Getulio Vargas, out. 2006.

HAKIM, C. A century of change in occupational segregation. 1891-1991. *Journal of Historical Sociology*, v. 7, n. 4, p. 435-454, Dec. 1994.

JACOBS, J. Evolving patterns of sex segregation. In: BERG, I.; KALLEBERG, A. (Eds.). *Sourcebook of labor markets*: evolving structures and processes. New York: Kluwer Academic/Plenum, 2001.

KARMEL, T.; MACLACHLAN, M. Occupational sex segregation: increasing or decreasing? *The Economic Record*, v. 64, n. 3, p. 187-195, Sept. 1988.

MALDONADO, V.; RENDÓN, T. Evolución reciente del trabajo de hombres y mujeres en México. *Comercio Exterior*, v. 55, n. 1, p. 44-57, jan. 2005.

OIT (Organização Internacional do Trabalho). *Global employment trends for women brief*. Genève: International Labour Office, 2007.

______. *KILM*: key indicators of the labor market. Genève: OIT, 2007.

OLIVEIRA, A. M. H. Occupational gender segregation and effects on wages in Brazil. In: GENERAL POPULATION CONFERENCE. 24., 2001. *Proceedings*... 2001.

POCHMANN, M.; SALAS, C.; LEITE, M. Mercado de trabajo: ¿qué hay de nuevo en Brasil? *Revista Trabajo*, México: UAM Iztapalapa/OIT, n. 4, ene/jul. 2007.

SALAS, C. *Segregación y discriminación laboral por sexo*. México, UAM Iztapalapa, 2004. (Documento de Trabajo, Departamento de Sociología).

WATTS, M. How should occupational sex segregation be measured? *Work, Employment and Society*, v. 6, n. 3, p. 475-487, 1992.

______. Occupational gender segregation: index measurement and econometric modeling. *Demography*, v. 35, n. 4, p. 489-496. 1998.

6

Trabalho doméstico e organização do tempo dos casais: uma comparação internacional

Sayyid Salman Rizavi*
Catherine Sofer*

A modelização da tomada de decisão na família é um dos campos em que a teoria econômica trouxe elementos novos e interessantes nos anos recentes. Esses avanços no campo teórico dão lugar agora, cada vez mais, a aplicações empíricas, cujos resultados ainda são frágeis, mas que permitem apreender de uma maneira crescentemente realista os processos em curso na família.

Este capítulo está centrado no trabalho doméstico e em sua repartição entre os gêneros. Trata-se, antes de tudo, de tentar compreender melhor, com a ajuda de uma modelização econômica, teórica e empírica, a forma como são tomadas as decisões pelo casal, e de evidenciar, e se possível medir os fatores mais suscetíveis de influenciá-las. A ênfase é dada aqui à divisão do trabalho, tanto do mercantil quanto do doméstico. Essas escolhas, evidentemente, estão no centro da questão do gênero e da igualdade entre homens e mulheres.

Mais precisamente, é no quadro geral dos modelos "coletivos" (Chiappori, 1988, 1992; Bourguignon e Chiappori, 1992; Browning e Chiappori, 1998) que se situa esta pesquisa. Vamos nos ater particularmente aos modelos que integram a produção doméstica (Apps e Rees, 1997; Chiappori, 1997; Rapoport, Sofer e Solaz, 2006). O modelo econômico apresentado aqui tem vários objetivos e aplicações. Ele permite, particularmente, aprofundar e melhorar a

* Economistas, Université Paris I.

abordagem teórica e empírica dos comportamentos de consumo e de oferta de trabalho. Outro objetivo é identificar a "regra de partilha", que constitui uma medida do poder de negociação de cada cônjuge em relação ao casal (Clark, Couprie e Sofer, 2004).

De resto, as pesquisas de emprego do tempo tendem a se multiplicar e são cada vez mais comparáveis entre os diferentes países. A fim de revelar a realidade da partilha do tempo entre os gêneros, utilizaremos comparações internacionais existentes (Winquist, 2004), mas igualmente trabalhos empíricos visando destacar melhor as variáveis mais suscetíveis de influenciar a divisão do trabalho (Rapoport, Sofer e Solaz, 2006).

Este capítulo se divide em três partes. A primeira será consagrada a uma apresentação do modelo coletivo de oferta de trabalho incluindo a produção doméstica. Em seguida, será oferecido um exemplo daquilo a que conduz o modelo sobre dados individuais franceses e americanos a partir dos primeiros resultados da estimativa dos tempos de trabalho, mercantil e total, dos homens e das mulheres. Na terceira parte, será explorada, mediante comparação, a forma como os homens e as mulheres de diferentes países dividem seu tempo entre trabalho mercantil e doméstico. Finalmente, como conclusão, serão levantadas algumas questões sobre as características atuais da divisão do trabalho entre os gêneros e sobre as pistas que é necessário explorar no futuro.

O modelo "coletivo" de divisão do trabalho no casal

Três grandes categorias de modelos são utilizadas pelos economistas para representar a família, que correspondem *grosso modo* a uma evolução cronológica do olhar que eles lançam sobre ela (Sofer, 1999, 2007). Será mencionado primeiramente o modelo unitário (Becker, 1981), que representa o casal por um único sistema de preferências comum aos seus membros, e cuja versão inclui a produção doméstica e a divisão do trabalho (Gronau, 1977).

Em razão dos limites desse modelo, desenvolveu-se em seguida a abordagem pela teoria dos jogos, cooperativos ou não (Brown e Manser, 1978; McElroy e Horney, 1981; Lundberg e Pollak, 1996; Bergstrom, 1996). Nela, o casal é representado como um lugar de negociação entre cônjuges com preferências distintas.

Embora mais realistas, esses modelos também têm limites, em particular no que se refere às suas aplicações empíricas. É por essa razão que apresentamos e aplicamos aqui um terceiro tipo de modelo, cuja utilização empírica foi bastante desenvolvida recentemente: o modelo dito "coletivo".

De fato, certos autores (Chiappori, 1988; Bourguignon et al., 1994) propõem uma representação da tomada de decisão em que a principal hipótese é que as decisões tomadas conduzem a um equilíbrio respeitando a regra da eficácia máxima, isto é, correspondente a um ótimo de Pareto (fala-se então de "eficiência"). O argumento central apresentado, que parece intuitivamente razoável, é que o próprio fato de viver a dois supõe um desejo, por mínimo que seja, de cooperação — cooperação significando aqui eficiência.

Mas, em relação aos modelos anteriores, a função objetiva a maximizar continua sendo a mais geral possível, e não exige, em particular, a definição precisa de um ponto de ameaça (Chiappori, 1988, 1992; Bourguignon e Chiappori, 1992; Browning e Chiappori, 1998). Essa abordagem deu lugar a trabalhos empíricos cada vez mais numerosos, dos quais utilizaremos aqui os que se baseiam na análise da oferta de trabalho. Eles, infelizmente, costumam identificar lazer e tempo passado fora do trabalho mercantil, isto é, não levam em conta o trabalho doméstico (por exemplo, Browning e Chiappori, 1998; Chiappori, Fortin e Lacroix, 2002). Apresentaremos aqui esse modelo, em uma versão ampliada para integrar o trabalho doméstico (Apps e Rees, 1997; Chiappori, 1997; Rapoport, Sofer e Solaz, 2006).

O modelo[1]

Cada cônjuge é dotado de uma função de utilidade padrão, tendo como argumentos os consumos inobservados de um bem (agregado) privado, os consumos, igualmente inobservados, de um bem doméstico privado, e os consumos de lazer, estes observados. O bem doméstico é produzido a partir de tempo (de trabalho doméstico) segundo uma tecnologia determinada.

Dados os níveis de salário horário e as receitas fora do trabalho (individualizados) da mulher e do homem, os cônjuges negociam seu tempo de trabalho, mercantil e doméstico, seu tempo de lazer e seus níveis de consumo de cada tipo de bem. A negociação conduz, por hipótese, a uma solução eficiente,

[1] Para uma apresentação um pouco mais completa, acessível aos não-economistas, cf. Sofer (2005).

isto é, Pareto-ótima. Mostra-se então que, de um lado, os cônjuges entram em acordo sobre um plano de produção eficiente, a dois, e, de outro, com uma repartição determinada do conjunto de recursos (internos e externos).

Os consumos escolhidos ao final resultam de um programa de maximização, condicionado pelo tempo e pela receita, da soma ponderada da utilidade de cada cônjuge. Os fatores de ponderação, portanto, em particular μ, o peso atribuído à utilidade da mulher, assumem valores compreendidos entre 0 e 1.

O valor assumido por μ permite situar o resultado da negociação em um ponto preciso da fronteira de eficiência, e pode ser interpretado como representando o poder de negociação da mulher: quanto mais μ é próximo de 1, mais as preferências da mulher têm um peso elevado nas escolhas de consumo do casal (se μ é próximo de 0, são as preferências do homem que pesam mais). μ deve ser considerado uma função. Quais são seus argumentos?

No primeiro modelo coletivo de oferta de trabalho, Browning e Chiappori (1992) propõem introduzir como argumentos de μ os preços, entre os quais os salários de cada um dos parceiros, e a receita total do casal. Posteriormente, Chiappori, Fortin e Lacroix (2002) utilizam uma função μ mais geral, incorporando os preços, a receita total do casal, mas também dois "fatores de distribuição": a legislação sobre o divórcio e a razão de sexo.

Os fatores de distribuição são variáveis que supostamente não têm impacto sobre as preferências individuais, nem sobre os preços, mas que devem influenciar a repartição dos poderes de negociação entre os diferentes protagonistas. A título ilustrativo, a legislação sobre o divórcio tende a ser mais favorável à mulher quando se aplica à comunhão de bens. Nesse caso, a mulher pode esperar obter uma parte maior das riquezas do casal em caso de divórcio, ou, em outras palavras, seu ponto de ameaça se eleva.

A razão de sexo (número de homens sobre o número de mulheres em um segmento do mercado do casamento) desempenha o mesmo papel, quando supostamente representa as oportunidades externas no mercado do casamento em caso de divórcio. Uma forma geral do poder de negociação, μ, faz com que essa função dependa dos salários de cada cônjuge, de sua receita fora do trabalho, de diferentes fatores de distribuição, e também de características individuais (como a educação de cada um, por exemplo) e do casal (o número e a idade dos filhos, entre outros).

A regra de partilha

O principal interesse teórico e empírico do modelo coletivo provém da utilização da regra de partilha que descrevemos nesta parte (Chiappori, Fortin e Lacroix, 2002). Pode-se mostrar, de fato, que o programa anterior é equivalente ao processo em três etapas.

Tudo se passa como se, em uma primeira etapa, o casal determinasse a alocação ótima do tempo de cada um de seus membros na produção doméstica, a partir da maximização do "lucro", correspondente ao valor líquido da produção doméstica. Esse lucro é acrescentado então aos outros fluxos de receita.

A segunda etapa é uma fase de negociação, na qual os cônjuges negociam a partilha da receita "fora do trabalho mercantil", isto é, da receita fora do trabalho (portanto, as diversas receitas do capital, como rendas e receitas imobiliárias, as transferências sociais, como auxílios familiares e auxílio-moradia, o todo podendo evidentemente ser nulo), à qual se acrescenta o "lucro" tirado da produção doméstica.

Finalmente, em uma terceira etapa, cada indivíduo maximiza individualmente sua função de utilidade, condicionada por um orçamento, levando em conta a partilha previamente definida (chamada de regra de partilha), a fim de determinar suas funções de demanda de bem de cada tipo assim como de lazer.

A regra de partilha, que pode ser definida como o montante da receita fora do trabalho mercantil auferida pela mulher após a fase de negociação, é, como anteriormente μ, uma função, cujos argumentos são os mesmos que os de μ. Um interesse empírico desses modelos é que, com base na observação dos tempos de trabalho oferecidos, é possível encontrar a forma da regra de partilha em uma única constante. Esta última torna possível a análise das desigualdades e do jogo das redistribuições intrafamiliares.

Deduzem-se do modelo, em particular, as funções de oferta de trabalho, mercantil e doméstico, de cada cônjuge, que são funções dos salários, das receitas exógenas e dos preços de bens domésticos. Em seguida, essas funções são estimadas empiricamente.

Além disso, o modelo determina a "regra de partilha", isto é, as partes da receita do casal que serão concedidas a cada um dos cônjuges. É possível mostrar igualmente que, senão essa função, pelo menos suas derivadas também podem ser estimadas empiricamente sob certas hipóteses (Rapoport, Sofer e Solaz, 2006): o efeito sobre o poder de negociação da mulher de cada uma das variáveis do qual ele depende por hipótese, por exemplo, o efeito de um aumento de sua taxa de salário ou de sua receita fora do trabalho, pode, portanto, ser medido empiricamente.

Um exemplo: primeiras comparações

Procedemos em uma primeira etapa a uma tentativa de evidenciar variáveis que exercem uma influência sobre o tempo gasto pelos homens e pelas mulheres no trabalho mercantil, de um lado, e no trabalho total (mercantil mais doméstico), de outro.[2] Em um segundo momento, apresentamos os resultados da estimativa das derivadas da regra de partilha no caso francês. As estimativas foram feitas a partir da pesquisa Insee Emploi do período 1998/99 para a França, e Atus 2005 para os Estados Unidos. Adotou-se o mesmo método para os dois países (salvo para algumas variáveis, como as receitas fora do trabalho que figuram na pesquisa francesa, mas não na pesquisa americana).

Os resultados, que mostram aqui apenas as mais importantes entre as variáveis utilizadas, estão na tabela 1.

Tabela 1
Comparação França/Estados Unidos

		Trabalho mercantil		Trabalho total (mercantil + doméstico)	
		H	M	H	M
Ln[1] wh	França	−165,8***	−367,6	−855,26**	−390,35*
	EUA	47,10871	−316,2436	93,73237	388,3443
Ln[1] wf	França	−1633,8**	−347,7	−772,3**	−348,7866
	EUA	−13,65756	216,798	50,18456	388,3443

Continua

[2] Para a lista de tarefas domésticas recenseadas, assim como para o método empregado e a lista de variáveis utilizadas, pode-se reportar a Rizavi e Sofer (2007).

		Trabalho mercantil		Trabalho total (mercantil + doméstico)	
		H	M	H	M
Sex ratio	França	5,7815	−518,5963	5,83	−5,19
	EUA	7,243125	−2,397432	7,223394	−4,805317
Filhos 0-3	França	23,32	−65,7***	55,5***	64,23***
	EUA	−6,489267	−28,33601*	59,8180**	44,33292*
Filhos 4-15	França	15,5	−10,3	20,09**	28,9***
	EUA	1,737464	2,138748*	11,4980	31,81057
Idade	França	15,3	0,045	−0,0874**	1,492**
	EUA	2,398691	−4,6	2,529075	−17,05

***, **, * significativo no nível respectivo de 1%, 5%, e 10% ; [1] logaritmo neperiano.

Esses primeiros resultados revelam um efeito mais negativo das taxas de salário sobre as ofertas de trabalho, mas esses efeitos são geralmente não-significativos. Vamos reter um resultado interessante: o forte efeito positivo de filhos pequenos (0-3 anos) sobre o tempo de trabalho total dos pais, quase tão forte sobre os pais como sobre as mães, e isso tanto na França quanto nos Estados Unidos.

Mas, como seria de se esperar, esse efeito não é repartido da mesma maneira para os homens e para as mulheres segundo o tipo de trabalho: a presença de um filho pequeno tem um efeito, mas não significativo, sobre a oferta de trabalho mercantil dos pais (mais positivo na França, mais negativo nos Estados Unidos), enquanto tem um forte efeito negativo sobre a oferta de trabalho mercantil das mães, nos dois países.

Para os filhos mais velhos, encontram-se efeitos do mesmo tipo, ainda que menos acentuados, na França e, ao contrário, poucos efeitos significativos nos Estados Unidos, salvo por um efeito paradoxalmente positivo significativo sobre o trabalho mercantil das mães americanas da presença de filhos de quatro a 15 anos. Talvez se trate de um efeito de geração (de coorte). Contudo, são apenas resultados provisórios que precisam ser aprimorados.

A estimativa da regra de partilha, somente para a França, considerados os dados disponíveis,[3] mostra um efeito no sentido esperado, mas pouco significativo, dos salários sobre o montante da receita total do casal destinado à mulher. Duas variáveis têm um efeito significativo: o montante obtido pela mulher quando a receita fora do trabalho mercantil aumenta 1 franco (ou € 1) é de 62 centavos (significativamente diferente de 0); e um crescimento de 1% da razão de sexo (número de homens sobre o número de mulheres da mesma faixa etária) provoca um aumento de seu montante de receita mensal de 135,30 francos, ou cerca de € 20.

Essa variável pode ser interpretada aqui como a situação do mercado do casamento, ou do segundo casamento: em um determinado estado, quanto maior é o número de homens em relação ao número de mulheres de idade comparável, maiores são as possibilidades de um segundo casamento para as mulheres relativamente aos homens. Encontra-se, portanto, um impacto no sentido esperado desse fator sobre a regra de partilha. Esse resultado confirma os que foram obtidos por Chiappori, Fortin e Lacroix (2002) em um modelo sem produção doméstica.

Comparações internacionais da utilização do tempo

Nesta seção, vamos examinar os dados dos quais dispomos que permitem uma varredura de comparações internacionais da repartição do tempo consagrado pelos homens e pelas mulheres, primeiro ao trabalho doméstico, dentro dele particularmente o tempo consagrado aos filhos, e depois ao trabalho total, incluindo trabalho doméstico e trabalho mercantil.

Na medida em que não se dispõe de bases individuais para esses dados, infelizmente não é possível realizar as estimativas feitas no item anterior. Contudo, eles permitem dar uma visão geral da forma como os homens e as mulheres dividem as tarefas em diferentes países.

Os primeiros elementos de comparação interessantes provêm de um relatório da Comissão Européia (Winquist, 2004). Os autores utilizam levantamentos de emprego do tempo obtidos em diversos países europeus a partir de protocolos de pesquisas comparáveis e particularmente confiáveis, pois se

[3] A pesquisa americana não fornece informação sobre as receitas não-salariais, o que complica bastante a identificação das derivadas da regra de partilha e impede a comparação com os resultados para a França.

apóiam no método que consiste em fazer com que o entrevistado faça anotações em um caderno, durante um dia inteiro, descrevendo a cada 10 minutos a utilização de seu tempo.

As pesquisas utilizadas nessa publicação foram realizadas entre 1998 e 2002 e envolvem 10 países europeus: Bélgica (BE), Alemanha (DE), Estônia (EE), França (FR), Hungria (HU), Eslovênia (SI), Finlândia (FI), Suécia (SE), Grã-Bretanha (UK) e Noruega (NO). As rubricas recenseadas na categoria "trabalho doméstico" referem-se igualmente a uma codificação que, em larga medida, já se tornou padrão em nível internacional, pelo menos para os países desenvolvidos. Examinaremos primeiramente a repartição do trabalho doméstico, e depois a dos dois tipos de trabalho, doméstico e mercantil.

A divisão por gênero do trabalho doméstico

A repartição homens/mulheres do tempo doméstico aparece na tabela 2, que descreve o tempo gasto pelos homens e pelas mulheres de 20 a 74 anos nos 10 países mencionados.

Tabela 2
O tempo doméstico gasto por homens e mulheres de 20 a 74 anos em 10 países da UE

	BE	DE	EE	FR	HU	SI	FI	SE	UK	NO
Horas e minutos por dia										
Total	3:36	3:17	4:01	3:28	3:5	3:5	3:08	3:06	3:18	3:04
Mulheres	4:32	4:11	5:02	4:30	4:57	4:57	3:58	3:42	4:15	3:47
Homens	2:38	2:21	2:48	2:21	2:39	2:39	2:16	2:29	2:18	2:22
Parte do tempo total gasto por mulheres e homens (min)										
Mulheres	63	64	64	66	65	65	63	60	65	62
Homens	37	36	36	34	35	35	37	40	35	38
Proporção de pessoas que gastaram tempo em uma atividade doméstica qualquer (em % por dia)										
Total	94	92	93	89	92	90	94	95	93	95
Mulheres	97	97	98	97	97	97	98	98	97	98
Homens	90	88	87	81	86	82	90	92	88	93

Fonte: Winquist, 2004.

Nota-se que a partilha do tempo doméstico (TD daqui em diante) entre homens e mulheres é notavelmente estável nos diferentes países: as mulheres se encarregam de uma proporção do TD que varia entre 60% e dois terços. Entre esses dois extremos, há evidentemente países mais ou menos igualitários: a Suécia, sobretudo, e um pouco atrás os países nórdicos (aqui Noruega e Finlândia) e mais a Bélgica classificam-se sem surpresa entre os países igualitários, enquanto na França a partilha das tarefas é menos igualitária.

Essa partilha desigual recobre igualmente uma especialização bastante forte de muitas das tarefas domésticas, das mulheres no que diz respeito à roupa ou à cozinha, e dos homens nos consertos, na reparação ou na manutenção do carro, por exemplo. Apenas algumas tarefas, como as compras ou a jardinagem, ou, em menor medida, a cozinha, são partilhadas de maneira mais igualitária.

O simples exame da repartição do tempo recobre, na realidade, situações bastante diferentes quando se examina a carga de trabalho correspondente, como se vê claramente na figura 1.

Figura 1

A repartição do tempo doméstico entre homens e mulheres em 10 países da UE

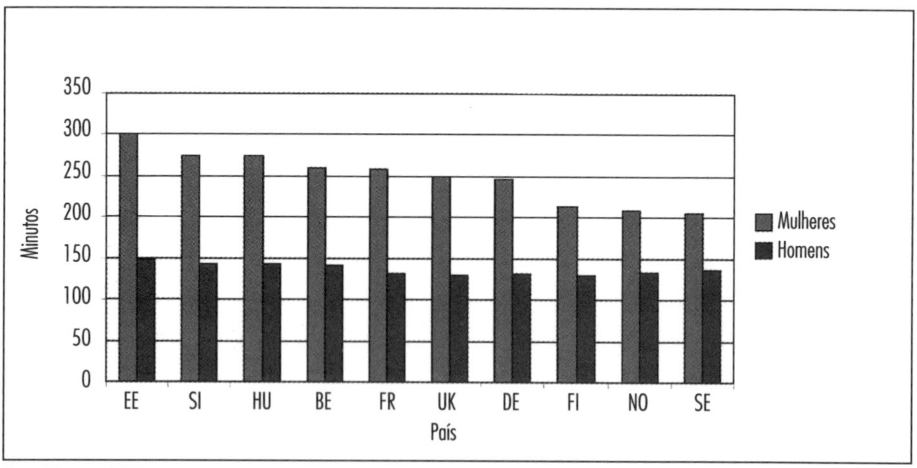

Fonte: Winquist, 2004.

Nota-se que a carga global do TD tanto para os homens quanto para as mulheres, mas sobretudo para as mulheres, é muito maior nos países do leste, recém-incorporados à Europa (Estônia, Eslovênia e Hungria), do que na

Suécia, onde, como se viu, ela não apenas é repartida mais igualmente, como também é muito menor. Sem dúvida, pode-se atribuir esse excedente de trabalho doméstico ao mesmo tempo a um equipamento em bens duráveis mais limitado (lava-louça, microondas etc.) e a substitutos mercantis (congelados, pratos prontos etc.) menos acessíveis (mais raros e/ou relativamente mais caros) que nos países ocidentais.

A tabela 3 apresenta uma comparação do emprego do tempo entre França e Estados Unidos, a partir de levantamentos utilizados na segunda parte deste capítulo (Enquête Insee emploi du temps 1998-1999, para a França, pesquisa American Time Use Survey, 2005, Atus, para os Estados Unidos).

Tabela 3

Tempo gasto nas diferentes atividades pelas pessoas de 15 anos e mais, em horas e minutos por dia na França e Estados Unidos

Atividades: número médio de horas por dia gastas na atividade primária considerada	EUA			França		
	Total	Homens	Mulheres	Total	Homens	Mulheres
Cuidados pessoais (incluído repouso)	9:43	9:22	9:62	12:07	11:93	12:18
Sono	8:63	8:54	8:70	9:05	8:92	9:15
Trabalho doméstico	2:59	1:9	3:24	3:43	2:4	4:38
Trabalho e atividades ligadas ao trabalho	3:69	4:44	3:00	2:87	3:65	2:13
Lazer e esporte	5:14	5:50	4:80	3:58	3:92	3:28

Observa-se que os americanos gastam quase três quartos de hora a menos todo dia no trabalho doméstico que os franceses (2h59min contra 3h43min), o que os aproxima dos suecos ou dos noruegueses. Do mesmo modo, a repartição por gênero é um pouco mais igualitária nos Estados Unidos, onde os homens executam 37% do TD e as mulheres 63%, do que na França, onde as cifras são respectivamente de 35% e 65%.[4]

Constata-se também, na tabela 4, que as mulheres gastam sensivelmente mais tempo com os filhos, mesmo quando elas têm um trabalho remunerado.[5]

[4] A diferença (pequena) em relação às cifras da tabela 3 decorre de que a faixa etária considerada não é a mesma nos dois casos.

[5] A comparação refere-se a apenas seis países para os quais a comparabilidade de dados é boa.

Tabela 4
Tempo gasto com os filhos pelos pais de crianças com menos de 10 anos

	DE	SI	FI	SE	UK	NO
			Horas e minutos por dia			
Todos os pais						
Total	5:37	5:14	6:21	6:06	7:03	5:24
Mulheres	6:58	6:09	7:57	7:10	8:35	6:19
Homens	4:06	4:07	4:24	4:56	5:10	4:22
Pais empregados						
Total	3:58	5:02	5:35	5:56	6:19	5:10
Mulheres	6:00	5:55	7:08	7:01	7:44	6:04
Homens	4:46	4:05	4:18	4:50	5:09	4:20

Fonte: Winquist, 2004.
Obs.: Esse tempo cobre o tempo gasto fazendo coisas juntos, ou simplesmente o tempo durante o qual estão no mesmo lugar ou no mesmo cômodo. O tempo de sono foi excluído.

Como se notará, isso está ligado ao fato de que as mulheres, mesmo quando têm um emprego, trabalham menos horas que os homens. Em particular, o trabalho em tempo parcial é bastante difundido em certos países para as mães de filhos pequenos (Suécia, Grã-Bretanha).

A divisão por gênero do trabalho doméstico e mercantil

A repartição do tempo entre trabalho doméstico e trabalho mercantil para os homens e para as muheres é mostrada na tabela 5.

Tabela 5
Tempo doméstico e tempo mercantil de mulheres e de homens de 20 a 74 anos

	BE	DE	EE	FR	HU	SI	FI	SE	UK	NO
					Horas e minutos por dia					
Mulheres										
Trabalho remunerado	1:53	1:52	2:27	2:17	2:19	2:42	2:33	2:53	2:24	2:38
Trabalho doméstico	4:32	4 :11	5:02	4:30	4:57	4:57	3:56	3:42	4:15	3:47

Continua

	BE	DE	EE	FR	HU	SI	FI	SE	UK	NO
Trabalho total	6:25	6:03	7:29	6:47	7:16	7:39	6:29	6:36	6:39	6:25
Homens										
Trabalho remunerado	3:15	3:20	3:35	3:48	3:34	3:54	3:48	4:11	4:10	4:04
Trabalho doméstico	2:38	2:21	2:48	2:21	2:39	2:39	2:16	2:29	2:18	2:22
Trabalho total	5:53	5:41	6:23	6:09	6:13	6:33	6:04	6:41	6:29	6:26
	Partes do trabalho remunerado e doméstico (%)									
Mulheres										
Trabalho remunerado	29	31	33	34	32	35	39	44	36	41
Trabalho doméstico	71	69	67	66	68	65	61	56	64	59
Trabalho total	100	100	100	100	100	100	100	100	100	100
Homens										
Trabalho remunerado	56	59	56	62	57	60	63	63	65	63
Trabalho doméstico	44	41	44	38	43	40	37	37	35	37
Trabalho total	100	100	100	100	100	100	100	100	100	100

Fonte: Winquist, 2004.
Obs.: O trabalho remunerado inclui as horas trabalhadas no primeiro e no segundo empregos, as horas suplementares, o trabalho relacionado à casa, a formação profissional feita no tempo de trabalho e as viagens profissionais. As horas de trabalho não incluem as pausas para o almoço nem o trajeto domicílio/trabalho.

Nota-se que, se as mulheres executam mais trabalho doméstico que os homens, inversamente, os homens trabalham mais fora de casa (mediante remuneração), muitas vezes até cerca de duas vezes mais, como na Bélgica, na Alemanha ou na Grã-Bretanha. Contudo, em todo lugar, ou quase, as mulheres trabalham em média mais que os homens: até mais de uma hora por dia a mais nos países do leste (Eslovênia, Estônia, Hungria), e quase 45 minutos na França.

Apenas uma minoria de países apresenta uma partilha do trabalho verdadeiramente equilibrada: a Noruega, com um minuto de diferença, e, em um único país (a Suécia), o tempo de trabalho total é um pouco mais curto, em média, para as mulheres do que para os homens, em quatro minutos! Pode-se observar também que o trabalho doméstico representa entre 56% e um pouco mais de 70% do tempo total consagrado pelas mulheres ao trabalho, enquanto essa fração é compreendida entre 35% e 45% do tempo total trabalhado pelos homens.

Essa repartição do trabalho total, muito diferenciada por gênero, assim como as diferenças nos tempos totais trabalhados aparecem claramente na figura 2.

Figura 2
Trabalho remunerado e doméstico de pessoas de 20 a 74 anos

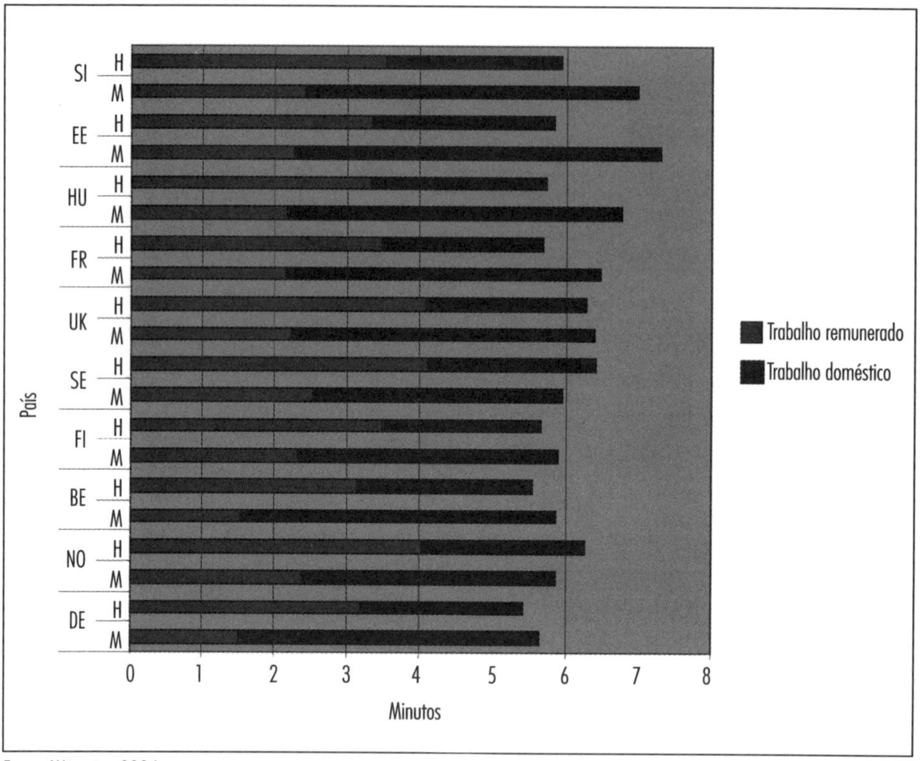

Fonte: Winquist, 2004.

Observa-se que a duração total do trabalho é bastante variável de um país a outro, com uma diferença mais sensível para a duração total do trabalho das mulheres que para a dos homens. Pode-se constatar que a França situa-se no extremo superior para a duração total de trabalho das mulheres (atrás da Hungria), mas no extremo inferior para a dos homens, junto com a Finlândia, a Bélgica e, sobretudo, a Alemanha, que tem a menor duração do tempo de trabalho total tanto para as mulheres quanto para os homens.

Prosseguindo a comparação França/Estados Unidos desse ponto de vista (sobre a base um pouco diferente de pessoas com 15 anos e mais), encontra-se a repartição da tabela 6.

A duração total do trabalho por dia é, portanto, muito próxima, em média, nos Estados Unidos e na França: 6h28min contra 6h30min. Se, como se viu, os franceses consagram mais tempo ao trabalho doméstico que os americanos, estes últimos compensam isso por uma duração mais longa do trabalho mercantil, sempre em média. Pode-se observar também que as americanas gastam, em média, 10 minutos a mais por dia que os homens no trabalho total contra 35 minutos suplementares de trabalho para as mulheres na França.

Tabela 6

Tempo gasto pelas pessoas de 15 anos e mais no trabalho doméstico e no trabalho remunerado na França e nos Estados Unidos (horas e minutos por dia)

	Estados Unidos			França		
	Total	H	M	Total	H	M
Trabalho doméstico	2:59	1:9	3:24	3:43	2:4	4::38
Trabalho remunerado (e atividades ligadas)	3:69	4:44	3:00	2:87	4:05	2:13
Trabalho total	6:28	6:34	6:24	6:30	6:15	6:51

Conclusão: limites e questões

A partir dos dados examinados, encontra-se no início do século XXI, tanto na Europa quanto nos Estados Unidos, uma versão "moderna" da divisão do trabalho tradicional: participação dos dois cônjuges no mercado de trabalho, mas especialização relativa dos homens no mercado de trabalho e das mulheres no trabalho doméstico, especialmente para aquelas incumbidas de filhos. As mulheres entraram em massa no mercado de trabalho, e com isso adquiriram uma certa autonomia econômica, mas essa autonomia ainda é relativa.

Trata-se, no entanto, de médias, e é importante aprofundar a análise. Essa situação coloca, de fato, inúmeras questões. É necessário, em particular, examinar mais especificamente o que se encontra nos dois extremos da escala de rendimentos.

Para as mulheres com melhor nível de formação e/ou que investiram mais em uma carreira profissional, será que essa versão "moderna" da divisão do trabalho é suficientemente flexível para que uma maior igualdade com seu cônjuge no mercado de trabalho (em termos de horas de trabalho, de salário etc.) tenha como contrapartida uma maior igualdade na partilha do trabalho doméstico e do investimento familiar?

Inversamente, o fenômeno do "teto de vidro", que impede o acesso das mulheres às mais altas responsabilidades, seja nos empregos públicos ou nos empregos privados, pode ter duas origens distintas: pode provir de obstáculos impostos do lado da demanda de trabalho, caso se confirmasse que a discriminação contra as mulheres é praticada amplamente (as mulheres sendo excluídas dos "bons" circuitos ou das "boas" posições e impedidas de promoção ao mais alto nível); ou pode provir de obstáculos do lado da oferta, se as mulheres optassem mais por não participar de uma competição pelos melhores cargos por julgarem que isso não seria compatível com sua vida familiar.

Não se pode excluir, neste último caso, a possibilidade de que não sejam as verdadeiras necessidades do emprego e de sua eficácia, mas sim sua prática habitual que o torna dificilmente compatível com a incumbência de filhos pequenos, mesmo que compartilhada de forma igualitária com o cônjuge: horários tardios sistemáticos, viagens numerosas e improvisadas etc.

Na medida em que, mesmo para os empregos de altas responsabilidades, as práticas nesse âmbito variam bastante de um país a outro, e mesmo de um setor a outro, constata-se que esse tipo de impedimento não está ligado necessariamente à natureza dos empregos considerados. Portanto, um conhecimento mais preciso da divisão do trabalho profissional e doméstico para as mulheres mais investidas no mercado de trabalho, assim como a de seu cônjuge, é de grande interesse para responder a essas questões.

No outro extremo da escala de salários e de rendimentos das mulheres, é preciso examinar se, e em que medida, se encontra de maneira sistemática a divisão do trabalho mais tradicional, sem participação no trabalho mercantil, ou com uma participação muito menor, com tudo o que isso implica de perda de poder de negociação dentro da família, sem contar os riscos elevados de pauperização no caso de separação do cônjuge.

Para esclarecer essas questões, quais são as chaves fornecidas pelos modelos econômicos já descritos? As variáveis diploma e salário desempenham o papel previsto? Esse parece ser o caso no que se refere ao trabalho mercantil. Mas e o trabalho doméstico? Que outros fatores intervêm de forma privilegiada? Apesar de seus limites, esses modelos têm pelo menos a vantagem, ao que nos parece, de dar um conteúdo concreto e empírico ao conceito de "poder" respectivo das mulheres e dos homens na família que eles ambicionam mensurar.

Do mesmo modo, os métodos empíricos são no momento extremamente débeis e a produção doméstica não foi — ainda —, longe disso, objeto de trabalhos empíricos tão numerosos quanto a produção mercantil. Porém, é certo que a generalização de pesquisas de emprego do tempo, mais completas e mais comparáveis de um país a outro, é uma condição necessária se a intenção é oferecer respostas mais precisas para as questões levantadas aqui.

Referências bibliográficas

APPS, P. F.; REES, R. Collective labor supply and household production. *Journal of Political Economy*, n. 105, p. 178-190, 1997.

BECKER, G. *A treatise on the family*. Cambridge: Harvard University Press, 1981.

BERGSTROM, T. H. C. Economics in a family way. *Journal of Economic Literature*, v. 34, p. 1903-1934, Dec. 1996.

BOURGUIGNON, F.; CHIAPPORI, P.-A. Collective models of household behavior. *European Economic Review*, n. 36, p. 355-364, 1992.

______. et al. Incomes and outcomes: a structural model of intra-household allocation. *Journal of Political Economy*, n. 102, p. 1067-1096, 1994.

BROWN, M.; MANSER, M. *Neoclassical and bargaining approaches to household decision making* — with an application to the household labor supply decision. State University of New York at Buffalo, 1978.

BROWNING, M.; CHIAPPORI P.-A. Efficient intra-household allocations: a general characterization and empirical tests. *Econometrica*, n. 66, p. 1241-1278, 1998.

CHIAPPORI, P.-A. Rational household labor supply. *Econometrica*, n. 56, p. 63-89, 1988.

______. Collective labor supply and welfare. *Journal of Political Economy*, n. 100, p. 437-467, 1992.

______. Introducing household production in collective models of labor supply. *Journal of Political Economy*, n. 105, p. 191-209, 1997.

______; FORTIN, B.; LACROIX, G. Marriage market, divorce legislation and household labor supply. *Journal of Political Economy*, n. 110, p. 37-72, 2002.

CLARK, A.; COUPRIE, H.; SOFER, C. La modélisation collective de l'offre de travail: mise en perspective et application aux données britanniques. *Revue Économique*, v. 55, n. 4, p. 767-879, 2004.

GRONAU, R. Leisure, home production and work. The theory of the allocation of time revisited. *Journal of Political Economy*, v. 85, n. 6, p. 1099-1124, Dec. 1977.

LUNDBERG, S.; POLLAK, R. Bargaining and distribution in marriage. *Journal of Economic Perspectives*, v. 10, n. 40, p. 139-158, 1996.

MANSER, M.; BROWN, M. Marriage and household decision theory — a bargaining analysis. *International Economic Review*, n. 21, p. 21-34, 1980.

MC'ELROY, M.; HORNEY, M. Nash-bargained decisions: toward a generalization of the theory of demand. *International Economic Review*, n. 22, p. 333-349, 1981.

RAPOPORT, B.; SOFER, C.; SOLAZ, A. La production domestique dans les modèles collectives. *Actualité Économique*, v. 82, n. 2, p. 247-270, mars/juin, 2006.

RIZAVI, S. S.; SOFER, C. Travail domestique et organisation des temps de vie dans les ménages: une comparaison internationale. *Document de Travail du Mage,* n. 10, p. 109-126, 2007.

SOFER, C. Modélisations économiques de la prise de décision dans la famille. In: D'INTIGNANO, B. (Dir.). *L'égalité économique entre hommes et femmes*. Rapport CAE. La documentation Française, 1999.

______. Les choix relatifs au travail dans la famille: modélisations économiques des décisions du ménage et applications. *Travail et Emploi*, n. 102, p. 79-89, 2005.

______. Economie de la famille. *Dictionnaire de l'Economie*. Encyclopedia Universalis, Universalis et Albin Michel, 2007. p. 542-551.

WINQUIST, K. *How Europeans spend their time. Everyday life of women and men.* Rapport de la Commission européenne. Luxembourg: Pocketbooks, 2004.

7

Política de igualdade de oportunidades: grandes empresas no Brasil e na Europa (1996-2006)

Paola Cappellin*

O balanço da virada do século XX possibilita, provavelmente pela primeira vez, aproximar o sul e o norte pela ampliação da oferta de emprego às mulheres. Porém, o mecanismo estrutural de demandas de trabalho desprotegidas no sul combina-se com situações de crises de ajuste de competitividade da concorrência no norte. Assim, os vínculos de trabalho precário, instável e ilegal no sul sobrepõem-se às manifestações de subemprego, subqualificação e desemprego no norte. Esse paradoxo entre a ampla feminização e a constante reprodução e/ou produção de assimetrias no mercado de trabalho coloca-nos diante de "permanências impertinentes" (Maruani, 2003:23), o que significa que as tradicionais modalidades de segmentação persistem mesmo tendo ocorrido algumas alterações nos indicadores da taxa ocupacional das mulheres.

No sul e no norte, a particular fragilidade do emprego oferecido às mulheres e a segregação profissional repercutem nas agendas públicas com propostas bastante próximas: suprimir, corrigir, prevenir discriminações e compensar desvantagens. Para isso, há uma ampla gama de arranjos institucionais, de modalidades de construir a negociação e de interpelar as empresas. A resposta destas é o melhor termômetro, pois o sucesso das iniciativas depende da

* Socióloga, UFRJ.

permeabilidade das organizações. Isto é, para ser eficazes, as políticas públicas devem levar as empresas à *compliance* (Edelman, 1992), a adequar suas práticas ao valor de eqüidade.

Desde os anos 1970, essa questão é discutida de diferentes perspectivas (Hirschman, 1970; Sainsaulieu e Segrestin, 1986; Gallino, 2005). Trata-se de renovar os significados da centralidade da empresa no conjunto das modificações sociais. A idéia da "reabilitação da empresa no sistema social" (Borzeix, 1986:4) parece engendrar-se justamente no momento em que o emprego como relação social perde sua função protetora e o crescimento econômico não sinaliza sua capacidade de impulsionar o desenvolvimento. Assim, a interpelação às empresas adquire maior amplitude. "Salvaguardar o emprego e, por extensão, salvaguardar a sociedade" (Castel, 1998:518) assume um caráter institucional. Elas são chamadas a participar das experiências de regulação social.

Pela circulação nesta década de diversas iniciativas de políticas para a igualdade de oportunidades, a experiência recente no Brasil, aliada ao panorama das políticas em curso na Itália e na Noruega, ajudará a descobrir quanto é complexa a alquimia para interpelar as empresas a interagir em favor da igualdade de oportunidades.

As relações industriais no Brasil e a modernização dos valores

Estudos sobre o comportamento das empresas na fase de reorganização industrial de 1990 mostram que esse processo combinou-se a uma dinâmica de deslegitimação das normas trabalhistas. É justamente nesse período que as trabalhadoras formulam, no âmbito das organizações sindicais, a demanda de políticas de igualdade de oportunidades, apoiadas no preceito constitucional que lhes assegura esse direito.

Desde 1993, as trabalhadoras chamam a atenção para as disparidades que encontram no mundo produtivo (barreiras de acesso ao crédito, à terra, a um salário digno, ao emprego formal), incompatíveis com a presença das mulheres na vida nacional, e utilizam a via sindical para interpelar as empresas. Em 1995, é lançada pela Central Única dos Trabalhadores a plataforma "Cidadania, igualdade de oportunidades na vida, no trabalho e no movimento sindical". Em 1997, as bancárias passam a exigir da Federação Nacional dos

Bancos que a questão da igualdade de oportunidades constitua uma cláusula nos dissídios coletivos, o que ocorrerá a partir de 2001/02 com a constituição de uma comissão tripartite para avaliar as disparidades de gênero.[1] E desde 2002, as trabalhadoras dos sindicatos filiados à Internacional dos Serviços Públicos[2] participam de uma campanha mundial pela eliminação dos diferenciais de remuneração no setor.

É preciso mencionar ainda as iniciativas de monitoramento sindical, como a do Observatório Social,[3] com base nas normas internacionais da Organização Internacional do Trabalho, e as iniciativas difusas de ONGs e prefeituras.

De maneira geral, nota-se o desinteresse por parte das empresas de corrigir as assimetrias de oportunidades, como se constata nas políticas de recursos humanos de muitas multinacionais (Cappellin, Delgado e Soares, 2002). O argumento utilizado hoje para não contratar mulheres não é mais a possibilidade de uma gravidez (Abramo, 2005), como antes, mas a menor mobilidade territorial delas, ambiente de trabalho inadequado por ser predominantemente masculino, atitudes desfavoráveis dos clientes, pouca segurança do ambiente externo à empresa, resistência dos colegas etc. (Cappellin e Giuliani, 2004).

O Estado e a cultura de monitoramento de gênero: ampliando as ferramentas e os fóruns

Com a eleição de um civil à Presidência da República, em 1985, há uma primeira mudança no campo institucional ao se criar o Conselho Nacional dos Direitos da Mulher, experiência iniciada em 1982, em âmbito estadual, em São Paulo e Minas Gerais. Nos anos 1990, o Estado mantém seu protagonismo, de um lado, atualizando a legislação ordinária com base em princípios estabelecidos pela Constituição de 1988, tais como, a proibição de diferenças salariais, de funções e de critérios de admissão fundados sobre sexo, idade,

[1] Em 2001, a Confederação Nacional dos Bancários realizou a pesquisa "O rosto dos bancários — mapa de gênero e raça no setor bancário brasileiro", junto com o Dieese.
[2] Ver <www.world-psi.org>.
[3] Ver Instituto do Observatório Social. Disponível em: <www.observatoriosocial.org.br>.

cor ou situação matrimonial; de outro, firmando acordos internacionais no âmbito da defesa dos direitos humanos em que se compromete a promover a igualdade de oportunidades. Assim, o conceito de discriminação passa a fazer parte das ferramentas de análise das práticas de trabalho.

Nos anos 2000, o Estado brasileiro, em seus ganhos e perdas de legitimação, continua sendo um mediador entre trabalhadores, empregadores e opinião pública nos conflitos relacionados à aplicação das normas de proteção do trabalho com perspectiva de gênero. O Ministério do Trabalho e Emprego ainda não dispõe de normas específicas para incentivar os planos de igualdade de oportunidades, como acontece em outros países, restringindo-se a cumprir as cláusulas dos tratados internacionais que têm força de lei (Silva Júnior, 2000).

> Já em 1995, o governo reconhecera oficialmente a existência de diferenças de remuneração entre homens e mulheres e entre brancos e negros, em resposta à denúncia encaminhada por sindicatos de trabalhadores à Organização Internacional do Trabalho em 1994 sobre o não-cumprimento da convenção OIT nº 111 que trata das discriminações em matéria de emprego. Na época, implantou-se o Programa de Combate à Discriminação no Trabalho e na Profissão, que não apresentou um resultado efetivo até junho de 2000, quando então foram instituídos nas delegacias regionais do Trabalho os Núcleos de Promoção da Igualdade de Oportunidades e Combate à Discriminação no Emprego e na Ocupação, responsáveis por fiscalizar e coibir a discriminação no trabalho por motivos raciais, de sexo ou de deficiência, entre outros.[4] E, em agosto de 2004, criou-se no âmbito do MTE a Comissão Tripartite de Igualdade de Oportunidades e Tratamento de Gênero e Raça no Trabalho.

No âmbito do Ministério Público do Trabalho, foi formada, em 2002, uma Coordenadoria Nacional de Promoção da Igualdade de Oportunidades e Eliminação da Discriminação no Trabalho, que desenvolveu um programa para ser aplicado em empresas. Uma primeira experiência foi realizada nos bancos do Distrito Federal em 2005[5] e evoluiu para a criação do Grupo de

---

[4] Ver OIT-Brasil. Disponível em: <www.oit.org/brasilia>.

[5] São cinco os maiores bancos do Distrito Federal (HSBC, Itaú, Bradesco, ABN-AMRO Real e Unibanco).

Trabalho sobre o Pacto da Diversidade no Setor Bancário. Depois de muita negociação, a Federação Nacional dos Bancos comprometeu-se em 2007 a contribuir para a realização de um censo entre os trabalhadores que servirá de base para elaborar o pacto.

Por caminho distinto, a Secretaria Nacional de Políticas para as Mulheres lançou em 2005 o programa Pró-Eqüidade de Gênero: Oportunidades Iguais, Respeito às Diferenças, estimulando a adesão voluntária de empresas públicas preocupadas em ajustar suas práticas de gestão do pessoal e a cultura organizacional no sentido da eqüidade. A implantação e o itinerário das ações são pactuados entre a SPM e as presidências das empresas. As que cumprem as metas fixadas recebem o Selo Pró-Eqüidade referente ao ano das ações. Em 2006, de 16 empresas participantes, 11 receberam o selo.

A promoção da igualdade de oportunidades na Itália: o trabalho muda, mas os sexos permanecem[6]

O desenho institucional dos programas de igualdade de oportunidade na Itália é interessante se lembrarmos os desafios colocados pelas recentes dinâmicas do mercado de trabalho. O desenvolvimento de formas atípicas de contratos e a retomada de formas de trabalho "submerso" nesse país são conseqüências estruturais do aumento da demanda de trabalho por setores econômicos de baixa produtividade, agravadas por desequilíbrios regionais. Como mostram os últimos diagnósticos, as mulheres e os jovens são os mais penalizados na perspectiva de mobilidade profissional e nos percursos de carreira, e a taxa de desocupação feminina no sul é três vezes maior que no norte.

O Estado é ativo desde 1983, quando se constituiu no Ministério do Trabalho o Comitê Nacional para a Paridade. Essa preocupação se formalizou a partir das diretrizes nacionais de 1991, que atribuem aos conselheiros de paridade, atuando nas delegacias regionais do trabalho, a competência de agir de forma descentralizada na promoção do diálogo entre trabalhadores e empregadores. Cabe a esses profissionais detectar e denunciar as discriminações no trabalho com base nas diferentes legislações — locais, regionais, nacionais e comunitárias (União Européia) — em matéria da igualdade de oportunidades.

6 Este título recupera a instigante reflexão da socióloga Alessandra Vincenti (2005:52).

Por força da legislação de 1991, as grandes empresas (com mais de 100 trabalhadores) devem encaminhar um relatório bienal ao Ministério do Trabalho contendo relação das contratações, atividade de formação, promoções, demissões, aposentadorias, remunerações, sempre com recorte de gênero (Garofoli, 2005). Esses documentos são repassados aos representantes sindicais das empresas e aos conselheiros de paridade regionais. A partir desses documentos, elabora-se o diagnóstico sobre a "eqüidade de gênero no mercado de trabalho" que segue para o Parlamento Nacional.

A análise, controle e avaliação dos "desequilíbrios de gênero" nas empresas na Itália apóiam-se em conceitos-chave de caráter jurídico-legal nacional, ampliados em 2000 com a qualificação de "discriminações coletivas", ou seja, discriminações que afetam uma categoria ou grupo, mesmo que não atinjam um trabalhador individualmente. Nos últimos anos, a proposta de disciplinar e monitorar o comportamento discriminatório assumiu maior ressonância, sobretudo pelas orientações da União Européia.

As autoras que se debruçaram na análise das políticas italianas (Olgiati e Shapiro, 2002; Bergamaschi, 2004; Vincenti, 2005) mostram que as iniciativas por parte das empresas são menos freqüentes que em outros países europeus, e que as políticas ativas coordenadas por elas são menos eficazes que os programas em parceria institucional.

A via italiana das ações positivas nas organizações aponta três direções: a primeira é a preocupação de corrigir as disparidades entre homens e mulheres, construindo percursos preferenciais de suporte para que estas últimas superem as eventuais defasagens ao assumir papéis de responsabilidade; a segunda é a adaptação e a flexibilização dos horários de trabalho, incluindo tempo parcial, teletrabalho, bancos de horas etc.;[7] a terceira é a coordenação das empresas com as estruturas de serviços públicos e privados locais, como repartições públicas, transporte, escolas, lojas e supermercados etc., para facilitar o acesso das trabalhadoras a elas.

As avaliações sobre a permeabilidade das empresas indicam que a adesão delas aumenta quando percebem que um ambiente mais favorável ao trabalho das mulheres contribui para elevar os ganhos de eficácia do *management*.

[7] Ver relatório Convention on the Elimination of All Forms of Discrimination Against Women (Cedaw), Itália, 2005.

Citamos algumas experiências pioneiras difusas no próprio meio empresarial italiano.

O programa Pesquisa e Intervenção, desenvolvido em 1991 pela empresa de material de telecomunicações OTE spa Firenze (62% das mulheres apenas na produção material) tinha como objetivo reavaliar e enriquecer as competências profissionais manuais das trabalhadoras, preparando-as para o manuseio de novas máquinas. Uma empresa pública de telecomunicações, Italtel, (26% de funcionárias e 89% nas mais baixas qualificações) propôs em 1993 um sistema de avaliação e de progressão de carreira introduzindo critérios para quatro níveis de qualificação do trabalho de escritório.

Já o Banco Commerciale, mediante acordo com três centrais sindicais e um sindicato autônomo, desenvolveu entre 1994 e 1996 um plano com cinco objetivos para as agências com mais de 20% de mulheres: um estudo sobre a percepção da alta gerência sobre igualdade de oportunidades; a atualização profissional das trabalhadoras que se ausentaram por licença-maternidade para facilitar sua nova inserção; a formação de um grupo, na alta gerência, para modificar a percepção cultural do *management* e favorecer a valorização das mulheres empregadas; evidenciar os percursos de carreira para favorecer as mulheres no acesso às posições de comando.

Nessa organização, a preocupação era identificar a presença de "discriminações invisíveis" que a empresa usa na seleção, reforçando assim estereótipos sexistas e impondo requisitos não essenciais (disponibilidade de horário, mobilidade territorial) nos processos de recrutamento e que limitam a presença de trabalhadoras.

Outra vertente dos programas considera as trabalhadoras em seu papel de usuárias de serviços. Nesse caso, a política de ações afirmativas exige um plano de mais fôlego que saiba lidar com a conciliação entre produção e reprodução social. A proposta envolve as políticas de "*maistreaming* de gênero".

A experiência da província de Perugia é um bom exemplo disso. Em 2000, a administração local criou um "observatório permanente sobre a situação de trabalho dos homens e das mulheres" para detectar onde, como e por que as mulheres são alocadas na organização, e para orientá-la na escolha de ações positivas. O plano visava, mediante uma intervenção coordenada, corrigir as disparidades de formação profissional, permitir a carreira em igualdade de oportunidades entre os sexos, promover as mulheres em setores onde elas eram sub-representadas e, finalmente, reorganizar todos os setores para possibilitar estabelecer os tempos de trabalho e de atividades da vida familiar de seus funcionários.

As propostas do Estado na Noruega: reduzir o telhado de vidro nas empresas

As escolhas recentes da Noruega podem representar um caso emblemático para as finalidades da nossa reflexão. Se, por um lado, propõe-se a mesma dinâmica que articula formas voluntárias e formas legais de interpelar as empresas, por outro, a progressiva substituição de iniciativas de sensibilização por diretrizes compulsórias é um sinal de que as empresas ainda resistem a adotar o princípio de igualdade de oportunidades.

O Centro para a Igualdade dos Sexos (1997), o Ministério da Criança e da Família e o Gender Equality Ombudsman formam a estrutura que coordena as ações voltadas a sensibilizar a opinião sobre a desigualdade entre os sexos, a transformar as atitudes dos grupos particulares (as autoridades municipais, a mídia, o empresariado) e o conjunto da população.[8]

Desde 1999, o Ministério da Criança e da Família vem propondo modificações no texto constitucional elaborado em 1978 que estabelecia a eqüidade de *status* entre homens e mulheres (Nergaard, 1999). Atualmente, esse princípio compreende a igualdade de oportunidades na educação, no emprego, na cultura e no progresso profissional.

É nesta última área que o governo se mostra mais contundente, já que as estatísticas revelam que as mulheres ocupam apenas 11% dos altos cargos nos conselhos de administração das empresas. A proposta é favorecer a organização das carreiras femininas, melhorando os procedimentos de recrutamento para elevar essa participação a 40% num período de seis a 10 anos. Outra proposta é a mudança da legislação sobre a eqüidade salarial, de modo a ajustá-la às diretrizes da UE no que se refere a *"equal pay for work of equal value"* (Plantenga e Remery, 2006).

Essas duas diretrizes formam o corolário do novo enunciado: a defesa da igualdade de sexo, tradicional prerrogativa do Estado, é atribuída agora a

[8] Norvège, Cedaw/C/NOR/2002. Ver a versão em francês. Disponível em: <http://daccessdds.un.org/doc/UNDOC/GEN/N02/426/56/PDF/N0242656.pdf?OpenElement>.

outros setores da sociedade. Desde 2002, empregadores, empregados e suas organizações são convocados a implementar medidas concretas de promoção de igualdade. Essas medidas devem ser planejadas e monitoradas de forma sistemática, e para isso exige-se que as empresas públicas e privadas elaborem relatórios anuais sobre a situação em matéria de igualdade entre os sexos em suas organizações.[9]

A maior área de atrito entre o governo e as empresas refere-se à persistência do "telhado de vidro".[10] Várias organizações reagiram à proposta de 40% de mulheres nos conselhos de todas as empresas, como a Confederação Norueguesa da Indústria e Comércio e a Associação dos Empregadores do Comércio (Lismoen, 2000). Elas discordam da passagem da adesão voluntária para uma proposta compulsória, e alegam que a medida não respeita a diferença entre empresas privadas e públicas, considerando que as primeiras deveriam restringir-se a cumprir os acordos negociados entre as partes. Alegam também que a diretriz de recrutar mulheres para os conselhos é inviável para as grandes empresas. Outras sustentam que a diretriz ministerial só poderia ser respeitada em caso de conflitos de interesses em matéria de eqüidade entre empresas e sindicatos dos trabalhadores.

As entidades empresariais criticam também a nova regra sobre a igualdade salarial, argumentando que a "eqüidade de trabalho de igual valor" pode se prestar a interesses particulares e preferências estabelecidas por organizações parceiras (os sindicatos dos trabalhadores). Alegam que existem diferenças na ocupação dos cargos nas empresas públicas e privadas, e que para estas últimas deveriam valer as ações voluntárias no interior das negociações salariais, contrariando a posição dos sindicatos que avaliam positivamente o projeto ministerial.

Numa etapa sucessiva, em 2003, amplia-se o consenso interno ao governo, com a aprovação das medidas pelo Ministério do Comércio e Indústria e, posteriormente, pelo Parlamento. Assim, estabelecem-se três diretrizes definitivas:

---

[9] Ver Sixième rapport périodique des États parties, Norvège, Cedaw/C/NOR/2002.

[10] O termo *glass ceiling* explicita as barreiras artificiais baseadas em atitudes ou perspectivas das organizações que se opõem a que os indivíduos qualificados consigam avançar nas posições de nível de *management*. Ver Report on the Glass Ceiling Initiative. U.S. Department of Labor, 1991.

- cada sexo deve chegar a pelo menos 40% de representantes nos conselhos em todas as empresas de propriedade do Estado até 2003;
- a mesma regra deve ser seguida pelas empresas privadas, excluídas apenas as de propriedade familiar, até 2005;
- os parceiros sociais devem colaborar no sentido de elevar a proporção de mulheres nos conselhos e comitês das empresas privadas até 40%, de modo que não seja necessário estabelecer novas regras compulsórias (Nergaard, 2002).

Em face da nova determinação do governo norueguês, que considera a ausência de mulheres nas empresas um problema da democracia,[11] os empregadores não cansam de renovar sua retórica. Afirmam que haverá dificuldade para preencher os cargos, visto que não há mulheres disponíveis suficientemente qualificadas para isso, e que se existe a predominância masculina nas organizações é porque há pouco interesse em procurar candidatas mulheres.

Segundo estimativas, mais de 600 profissionais mulheres poderão ingressar nessas instâncias de tomada de decisão na Noruega (Lismoen, 2006), o que significa que o mesmo número de membros do sexo masculino deverá dar lugar a elas.

Desde 2003, esse debate é alimentado pela profusão de estatísticas e pelo fomento de programas de formação para mulheres em posições de *management*. Exemplos são as estatísticas elaboradas pelo Centro pela Igualdade de Gênero, instância do governo que funciona como um centro nacional de pesquisa. A Confederação Norueguesa do Comércio e Indústria criou um programa denominado Futuro da Mulher[12] para sensibilizar as empresas, como organizações, a abrirem novas perspectivas para que seus membros (homens e mulheres) possam alcançar posições de direção. Como a própria entidade evidencia, o alvo é sempre sensibilizar as estruturas organizacionais a fim de que se capacitem para selecionar e promover as pessoas.

Em junho de 2006, a regulação sobre as representações de gênero no *management* envolvia somente 21,4% das empresas de regime de participação

---

[11] Centro de Estatísticas da Noruega, *Enterprises established by men live longer*. Disponível em: <www.ssb.no/english/subjects/10/01/ner_en/>.

[12] O programa consultado está disponível em: <www.nho.no/files/Female_Future_English_Summary.pdf>.

estatal, enquanto 51% delas incorporavam mulheres nas instâncias internas de representação dos trabalhadores.

Dezembro de 2007 era o último prazo para que as empresas privadas com participação pública limitada atingissem a proporção mínima de 40% por sexo nos conselhos da alta direção das empresas (Nergaard, 2006).

Luzes e sombras da igualdade de oportunidades nas grandes empresas

O percurso brevemente apresentado do Brasil, da Itália e da Noruega sugere que não basta a simples convocatória para atrair as empresas a participarem ativamente das políticas de igualdade de oportunidades. As ações governamentais, assim como as leis específicas, têm peso institucional, já que propõem derrubar as tradicionais resistências das empresas. Mais do que isso, essa convocatória tem chance de se tornar uma interpelação quando as representações do poder da lei fomentam também canais de comunicação, estimulam a capilaridade de organismos nos contextos descentralizados, de forma a mobilizar um amplo leque de recursos.

Esse aprimoramento dos arranjos institucionais locais e a atenção às propriedades dos mecanismos de regulação social alimentam respostas virtuosas por parte das empresas. As resistências e os silêncios aos apelos por parte das organizações, no Brasil, mas também na Itália e na Noruega, chamam a atenção para quanto é frágil o processo de legitimação das normas entre os empregadores. Assim, até as escolhas da Noruega parecem não se opor à imagem da cultura "discriminatória machista" mais tipicamente latina. Tudo faz pensar que não existem grandes distinções, já que os diagnósticos, de um lado ou de outro, são bastante próximos.[13]

Tanto no que se refere a respeitar os direitos trabalhistas e reduzir a precarização do trabalho no Brasil, quanto a elevar a qualidade do emprego na Itália e diminuir o telhado de vidro das altas direções na Noruega, as respostas das empresas parecem manifestar a mesma atitude de resistência às iniciativas regulatórias em favor da igualdade de oportunidades.

O que de fato acontece é que o princípio de autonomia e a voluntariedade do engajamento empresarial encontram ainda muito respaldo nos centros

[13] Le plafond de verre pénalise les femme dans plus d'um tiers dês firmes, *Le Monde*, 10 maio 2006.

de decisão das grandes organizações privadas onde há certa cumplicidade em escamotear o reconhecimento de processos de segregação (Cacace e Mastropietro, 2003). Nos três contextos nacionais, a filosofia das políticas públicas de fomento à igualdade de oportunidades considera centrais as relações contratuais, isto é:

- as mulheres trabalhadoras são sujeitos sociais;
- o emprego é uma relação social que proporciona interfaces, que medeia a reciprocidade entre produção e reprodução social;
- a interlocução de atores coletivos (organizações sindicais) contribui para romper as formas tradicionais de representar as mulheres pela via da naturalização de seus exclusivos papéis reprodutivos.

Mas essa filosofia teria de saber convencer, saber atrair a atenção em face de um variado conjunto de propostas que circulam nos meios empresariais e cuja interpretação enfatiza a centralidade das escolhas próprias da empresa como instituição social autocrática, que desenha suas iniciativas voluntárias, discricionárias. Essas resistências às vezes se opõem à interlocução pública, outras vezes são programas alternativos. O protagonismo empresarial varia conforme o contexto sociopolítico.

No Brasil, as empresas resistem a introduzir as políticas de igualdade de oportunidades, mobilizando-se em favor da prática discricionária de "responsabilidade social". Essa escolha, que não assume a centralidade do emprego, reforça a perspectiva filantrópica das políticas de inclusão. Sua contribuição gratuita é beneficente, distribuidora de serviços à população, com motivações humanitárias (Cappellin e Giuliani, 2004). Em muitos casos, ressalta-se a imagem da mulher, de suas tradicionais competências femininas, que a fazem portadora de necessidades, mas advindas, sobretudo, de papéis essencializados e mediados pela maternidade.

A escolha de seus interlocutores (as ONGs do terceiro setor, as fundações empresariais, os grupos confessionais etc.) é seletiva. As organizações sindicais raramente são consultadas e a mobilização dos recursos culturais nem sempre incide sobre fazer interagir as práticas produtivas com as práticas reprodutivas.

Na Itália, as grandes empresas não parecem dispostas a atender ao chamado do Ministério do Trabalho, visto que a maioria se omite de apresentar o relatório bienal sobre a situação profissional de seus funcionários e funcionárias. Ao mesmo tempo, os mecanismos de monitoramento por parte das instâncias regionais e locais não se mostram eficazes para favorecer essa adesão. De resto, as ações positivas propostas pelas empresas sinalizam possíveis representações de gênero aceitas pelo meio empresarial italiano. As mais comuns são a adaptação e a flexibilização dos horários de trabalho, com a introdução da jornada de tempo parcial, o teletrabalho, os horários flexíveis diários de entrada e de saída, os bancos de horas, os turnos flexíveis e a concentração de horas de trabalho. Se é verdade que essas modalidades possibilitam às mulheres conciliar vida profissional e família, é certo também que elas introduzem no contexto italiano mecanismos eficazes de reconversão produtiva com explícitas conseqüências de fomento de contratações assimétricas entre os sexos. Além disso, introduzem formas atípicas de emprego que afastam as perspectivas de mobilidade profissional.

Na Noruega, as empresas também não manifestam explícita adesão ao programa de igualdade de oportunidades, já que as metas fixadas pela nova lei nacional visam justamente corrigir as assimetrias de mobilidade profissional entre homens e mulheres. Adotar como meta nacional as cotas de 40% de mulheres nos organismos de direção de todas as empresas é uma explicitação de quanto as relações nas organizações reforçam as marcas masculinas de poder. Ou, mais ainda, de quanto essas trajetórias de mobilidade ascendente carregam imagens de gênero, atitudes e estereótipos desfavoráveis para as mulheres.

Os obstáculos à carreira e suas relativas dinâmicas de poder parecem temas delicados demais para serem incluídos na agenda pública, visto que as associações empresariais norueguesas respondem ao chamado do Estado com reservas e críticas, aceitando somente a proposta de cunho voluntário das diretrizes ministeriais. Para os empresários, os ganhos nessas áreas só podem ser proporcionados por acordos sindicais. Eles acreditam que a ingerência do Estado colocaria entraves burocráticos à liberdade de contratação. Como na Itália, a exigência feita às empresas de divulgar dados e informações sobre as práticas e políticas de emprego por gênero é um indicativo das atuais restrições e limites de transparência organizacional.

Essas manifestações diversas da pouca sensibilização empresarial em face da preocupação de elevar a qualidade e a mobilidade profissional das mulheres por meio de ferramentas internas à estratégia organizacional encobrem a relevância das dinâmicas da interpelação realizadas pela capilaridade dos acordos sindicais que, pelo menos na Noruega e na Itália, parecem ter alguma ressonância.

O caso do Brasil é, sem dúvida, emblemático, na medida em que as empresas só começam a dar alguma atenção ao problema a partir de 2000, quando as solicitações dos interlocutores diretos, as trabalhadoras, conduzem a efetivas interpelações institucionais. Em outras palavras, quando a reivindicação de igualdade de oportunidades passa a ter o amparo da força normativa do Estado, pela atuação, sobretudo, de suas instâncias especializadas, como o Ministério Público do Trabalho e a Secretaria Nacional das Políticas para as Mulheres. E mais emblemático ainda porque aqui setores do empresariado aglutinam-se em torno do lema da responsabilidade social. Neste, as iniciativas de igualdade de oportunidades perdem força, reduzem-se a um simples adendo a programas filantrópicos promovidos pelas empresas. O abandono da centralidade do emprego como contexto onde se deveria corrigir a maturação das assimetrias de tratamento leva as empresas a enfatizar, nos programas de assistência à população, as tradicionais dimensões da feminilidade, materna e doméstica. Isto é, ao se abandonar o ambiente de trabalho como centro de formação das relações assimétricas de gênero, recupera-se tão-somente a dimensão da feminilidade essencializada, fomentando o que se poderia chamar de maternagem (*motherhood*) organizacional.

Gostaríamos de concluir dizendo que se, por um lado, a pluralidade de filosofias que inspiram e orientam a interpelação às empresas é para nós um convite a exercitar a precaução analítica, por outro, algumas dessas adesões poderão seguir ignorando as demandas de igualdade de oportunidades das mulheres trabalhadoras.

Referências bibliográficas

ABRAMO, L. (Ed.). *Questionando um mito*: custos do trabalho de homens e mulheres. Brasília: OIT, 2005.

BERGAMASCHI, M. *Pari opportunità e contrattazione collettiva nell'Unione Europea accordi scelti* — Italia, fase II. Fondazione Europeia per il Miglioramento delle Condizioni di Vita e di Lavoro, WP/97/19/IT, 1994.

BORZEIX, A. Avant-propos. *Sociologie du Travail*, Paris, n. 3, p. 231-237, 1986.

CACACE, M.; MASTROPIETRO, E. Il tetto di vetro. Dati, prove e interpretazioni sul fenomeno della segregazione verticale delle donne nelle aree professionali a dominanza maschile. *Sintesi Europea*, n. 2, 2003.

CAPPELLIN, P.; DELGADO, M. B.; SOARES, V. *As grandes empresas no Brasil:* relações de gênero, trabalho, igualdade de oportunidades. 2002. ms. [Apres. ao Tercer Congreso Internacional de Latinoamericanistas en Europa, Netherland Association for Latin America Study].

______; GIULIANI, G. M. The political economy of corporate responsibility. *Technology, business and society*. Genève: United Nations Research Institute for Social Development, 2004. p. 1-67. (Paper n. 14).

CARDOSO, M. A. *A década neoliberal*. São Paulo: Boitempo, 2003.

CASTEL, R. *As metamorfoses da questão social*. Petrópolis: Vozes, 1998.

EDELMAN, L. B. Legal ambiguity and symbolic structures: organizational mediation of Civil Rights Law. *American Journal of Sociology*, n. 6, 1992.

GALLINO L. *L'impresa irresponsabile*. Torino: Einaudi, 2005.

GAROFOLI, B. *Specchi non riflessi, rapporto biennale 2002-2003*. Regione Úmbria, Perugia, 2005.

HIRSCHMAN, A. *Exit, voice and loyalty*. Cambrige: Harvard University Press, 1970.

LISMOEN, H. *Proposal for balanced gender representation on company boards proves controversial*. 2000. Disponível em: <www.eurofound.europa.eu/eiro/2000/03/feature/no0003183f.htm>.

______. *Developments in women's representation on company boards*. 2006. Disponível em: <www.eurofound.europa.eu/eiro/2006/02/feature/no0602102f.htm>.

MARIUCCI, L. *Il sistema contrattuale*: ricostruire più che riformare. Disponível em: <www.eguaglianzaeliberta.it/stampaArticolo.asp?id=630>.

MARUANI, M. *As novas fronteiras da desigualdade: homens e mulheres no mercado de trabalho*. São Paulo: Senac, 2003.

NERGAARD, K. *Changes proposed to Equal Status Act*. 1999. Disponível em: <www.eurofound.europa.eu/eiro/1999/10/feature/no9910157f.htm>.

______. *Government wants more women on company boards*. 2002. Disponível em: <www.eurofound.europa.eu/eiro/2002/03/feature/no0203104f.htm>.

______. *Rules on minimum gender representation on company boards come into force*. 2006. Disponível em: <www.eurofound.europa.eu/eiro/2006/02/feature/no0602102f.htm>.

OLGIATI, E.; SHAPIRO, G. *Promoting gender equality in the workplace*. European Foundation for the Improvement of Living and Working Conditions, Luxembourg. 2002. Disponível em: <www.eurofound.europa.eu/pubdocs/2001/61/en/1/ef0161en.pdf>.

PANDOLI, N.; GIANI, S.; GASSANI, C. *Pratiche di conciliazione vita-lavoro nelle imprese:* analisi qualitativa di alcuni casi in Itália. Regione Toscana, Firenze, 2001.

PLANTENGA, J.; REMERY, C. *The gender pay gap*. Origins and policy responses. A comparative review of 30 European Countries. 2006. Disponível em: <http://ec.europa.eu/employment_social/publications/2006/ke7606200_en.pdf>.

SAINSAULIEU, R.; SEGRESTIN, D. Vers une theorie sociologique de l'entreprise. *Sociologie du Travail*, Paris, n. 3, p. 335-352, 1986.

SILVA JÚNIOR, H. *Racismo, xenofobia e intolerância*. São Paulo, 2000. Disponível em: <www.lpp-uerj.net/olped/documentos/ppcor/0085.pdf>.

VINCENTI, A. *Relazioni responsabili*. Um analisi critica delle politiche di pari opportunitá. Roma: Carocci, 2005.

8

Custos do trabalho de homens e mulheres na América Latina

LAÍS ABRAMO*
ROSALBA TODARO**

A discussão sobre os custos do trabalho é relevante na análise dos determinantes da competitividade das empresas e dos países. Mas ela depende também de outros fatores, tais como a relação entre custos e produtividade, o investimento em recursos humanos e a política cambial e monetária (Tokman e Martinez, 1997, 1999).

Esse debate tem uma longa história. No período anterior à vigência do Estado do bem-estar social, dada a pouca importância atribuída à regulação trabalhista, a análise dos custos do trabalho reduzia-se aos custos salariais. Posteriormente, as regulações protetoras do trabalho, mesmo que implicassem custos não-salariais, foram consideradas positivas para facilitar o funcionamento de um mercado dinâmico com forte demanda de trabalho, pois se supunha que o crescimento dependia da disponibilidade de mão-de-obra com renda suficiente para sustentar a demanda de bens e serviços em um mercado relativamente fechado.

Nos anos 1980, com o aumento da pressão competitiva no contexto dos processos de globalização e de abertura comercial, o custo do trabalho

* Socióloga, Organização Internacional do Trabalho (OIT).
** Economista, Centro de Estudos das Mulheres (CEM), Santiago, Chile.

passa a ser crescentemente considerado a variável-chave da competitividade das empresas e dos países. A questão dos custos não-salariais insere-se fortemente no debate, ao mesmo tempo em que o Estado do bem-estar entra em crise. Diversos benefícios e proteções trabalhistas, financiados pelas empresas ou pelo Estado, passam a ser questionados como limitadores do desenvolvimento eficiente das economias, devido à importância atribuída à diminuição da carga tributária e do gasto fiscal como instrumentos de política econômica.

Este capítulo analisa o tema dos custos do trabalho a partir de uma perspectiva pouco estudada até agora: os fatores que produzem as diferenças de custos entre empregar homens e mulheres. Trata-se de uma versão resumida dos principais resultados de uma pesquisa coordenada pela Organização Internacional do Trabalho, entre 2000 e 2001, em cinco países da América Latina (Argentina, Brasil, Chile, México e Uruguai).[1]

O objetivo principal da pesquisa era discutir o argumento recorrente de que os custos da mão-de-obra feminina são superiores aos da mão-de-obra masculina, apesar de as remunerações das mulheres serem em média significativamente inferiores às dos homens. Isso decorreria dos custos indiretos associados à contratação de mulheres, em particular os dispositivos legais de proteção à maternidade e ao cuidado infantil (licença-maternidade, jornada especial durante o período de amamentação, proteção contra a demissão, creches). Segundo esse raciocínio, os menores salários das mulheres em comparação com os dos homens se justificariam pela necessidade das empresas de compensar tais custos supostamente mais elevados.

O estudo se propunha a gerar informação até então não disponível que ajudasse a compreender melhor os custos do trabalho de homens e mulheres, a pertinência dos fatores levados em conta na medição e seu papel na competitividade das empresas. Foram consideradas na análise as seguintes variáveis: salários, bônus, licenças-maternidade, creches, tempo de trabalho destinado à amamentação, faltas por doença, indenização por demissão e capacitação. Algumas delas são normalmente incluídas em estudos sobre custos do trabalho, enquanto outras apenas são mencionadas, mesmo que não quantificadas,

[1] O resultado completo da pesquisa foi publicado em Abramo e Todaro (2002). Como antecedentes registramos os estudos realizados por Todaro (1996) e Lerda e Todaro (1997) no Chile.

quando se discutem os custos do trabalho das mulheres, visto que a responsabilidade sobre a reprodução é atribuída a elas.[2]

A análise de gênero introduz novos elementos no debate, entre eles: a pertinência das variáveis consideradas no cálculo dos custos do trabalho; como é — e como deveria ser — distribuída a responsabilidade sobre a reprodução social e biológica, tanto entre homens e mulheres quanto entre os atores econômicos envolvidos (indivíduos, famílias, empresas, Estado); quais os custos da reprodução biológica, social e da força de trabalho que devem ser considerados custos do trabalho.

Nas atuais circunstâncias do mercado de trabalho e da configuração familiar, os custos derivados da maternidade e do cuidado das pessoas são associados diretamente às mulheres trabalhadoras. A suposição implícita é que esses custos não existem quando as mulheres não se incorporam ao trabalho remunerado. Mas a realidade é que, nesse caso, tais custos são absorvidos pelo trabalho exercido pelas mulheres no âmbito doméstico, ou não-mercantil, e pelo salário masculino.

A pesquisa não pretendia, em princípio, demonstrar que os custos do trabalho das mulheres são mais baixos, mais altos ou iguais aos dos homens, mas sim recolocar a discussão em termos mais objetivos. Se os resultados indicassem que os custos de empregar mulheres não são superiores aos dos homens, eles contribuiriam para debilitar a suposição de que os empresários assumem custos mais elevados quando contratam mulheres, o que explicaria a persistência das desigualdades de remuneração entre homens e mulheres. Poderíamos chegar a uma conclusão similar se os resultados indicassem uma leve superioridade dos custos do trabalho feminino sobre o masculino.

Se, ao contrário, eles indicassem que os custos do trabalho das mulheres são superiores e estão vinculados ao papel delas na reprodução social, esse poderia ser um critério para a definição de políticas mais eqüitativas em relação à matéria. Em qualquer caso, ofereceríamos subsídios para a análise da forma como são assumidos e distribuídos os custos da reprodução social.

O universo da pesquisa abarcou assalariados de ambos os sexos do setor privado, excluído o serviço doméstico. Foram realizados cálculos e estimativas

[2] Nos estudos sobre custos do trabalho realizados anteriormente na América Latina não foram incluídos esses fatores.

baseados em cifras oficiais (demográficas e ocupacionais) e ainda em registros relativos à licença-maternidade quando disponíveis. No Chile e no México foi aplicado um questionário especial para estabelecimentos industriais, comerciais, financeiros e de serviços (um total de 135 no primeiro caso e de 91 no segundo). Na Argentina, no Brasil e no Uruguai, trabalhou-se com um grupo mais limitado de empresas.

Para efeito dos cálculos, incluíram-se unicamente os custos derivados das respectivas legislações nacionais, descartando aqueles decorrentes de negociações coletivas ou de políticas especiais de recursos humanos aplicadas em algumas empresas. Houve algumas exceções, como no caso da Argentina, onde a lei de creche ainda não tinha sido regulamentada na época, e por isso reportou-se às convenções coletivas de trabalho para estimar a incidência dos custos associados a esse benefício.

Além dos custos salariais diretos de trabalhadores de ambos os sexos, foram considerados os custos salariais indiretos, como 13º salário anual, férias e outras remunerações, e os custos não-salariais, como as contribuições do empregador à previdência social e aqueles relacionados a demissões e contratações, acidentes de trabalho, doenças profissionais e especialmente à proteção à maternidade e ao cuidado infantil.[3]

Licença-maternidade

O primeiro elemento que se costuma associar a um suposto "custo mais elevado" das mulheres em relação aos homens é a licença-maternidade. Nos países pesquisados, a licença-maternidade varia de 12 semanas na Argentina, México e Uruguai a 16 semanas no Brasil e 18 no Chile, e a Convenção

[3] O cálculo do custo anual de cada um desses itens resultou da multiplicação da freqüência esperada de casos em um ano pela duração média de cada prestação e pelo custo monetário por caso ou período. Posteriormente, relacionou-se o resultado desse cálculo com a massa salarial feminina anual (das trabalhadoras assalariadas registradas ou que recebem os benefícios correspondentes) para determinar sua magnitude com relação a essa variável. Foi possível assim determinar o custo adicional representado por esses componentes quando uma mulher é contratada. Considerou-se apenas o custo adicional, que incide diretamente sobre o empregador que decide contratar uma mulher, relativo às trabalhadoras registradas.

da OIT de Proteção à Maternidade (nº 183 de 2000) recomenda que seja no mínimo de 14 semanas. Em todos eles, a lei determina que, durante a licença, as mulheres devem receber um salário-maternidade equivalente a 100% do seu salário habitual, assim como assistência médica durante a gravidez e o parto.

Porém, a pesquisa revela, antes de tudo, uma baixa incidência anual de gestações, reflexo da tendência à redução das taxas de fecundidade, o que enfraquece o argumento de que a licença-maternidade e outras prestações associadas a ela implicam custos adicionais elevados. Além disso, o salário-maternidade não é financiado diretamente pelos empregadores. Na Argentina, Brasil e Uruguai, os recursos provêm da contribuição paga pelos empregadores à previdência social; no México, dos empresários, dos trabalhadores e do Estado, e no Chile, de fundos públicos.

Nos quatro primeiros, as contribuições dos empregadores aos sistemas de previdência social (que incluem as referentes à maternidade) não estão relacionadas nem ao número nem à idade das mulheres que empregam, mas ao total de trabalhadores (de ambos os sexos) registrados no sistema previdenciário. Portanto, o custo direto do salário-maternidade não incide diferencialmente nos custos do trabalho de homens e mulheres.

Essa forma de financiamento visa garantir um valor fundamental, a proteção das mulheres contra uma possível discriminação associada à maternidade, consagrado tanto nas legislações nacionais dos cinco países analisados quanto nas convenções da OIT de proteção à maternidade.

Com base nos dados apurados, calculou-se o "custo social" da licença-maternidade. O resultado é que ele representa uma percentagem reduzida da massa salarial feminina registrada: 0,7% na Argentina, 1,11% no México, 1,47% no Uruguai, 1,68% no Chile e 1,73% no Brasil.

Creches

Outro custo associado à contratação de mulheres é o da creche. As disposições legais referentes ao tema diferem nos cinco países. No Brasil e no Chile, a lei estabelece que os serviços de creche devem ser financiados diretamente pelos empregadores nas empresas com um mínimo de trabalhadoras (20 no Chile e 29 no Brasil). Na Argentina, há uma lei similar, mas que ainda não foi regulamentada, o que faz com que, na prática, esse benefício não seja obrigatório. No entanto, esse é um tema bastante presente nas negociações coletivas (Berger e Szretter, 2002; Rangel, 2005; Novick et al., 2005). No México, têm direito à creche todas as trabalhadoras que contribuem para a previdência social. Já no Uruguai, não existe uma lei a respeito e o tema é pouco presente nas negociações coletivas (Rangel, 2005; Marquez, 2005). Quanto à duração do benefício, no Brasil ele se estende até que a criança complete seis meses de idade, no Chile dois anos e no México quatro anos.

Os resultados da pesquisa indicam que os gastos com as creches são o principal componente dos custos diretos de contratação de uma mulher para o empregador no Chile e na Argentina. Ainda assim, são bastante reduzidos, correspondendo, respectivamente, a 1,2% e 0,8% da remuneração bruta mensal das mulheres. No Brasil essa cifra é de 0,3%. e no México não implica um custo adicional para o empregador, porque são cobertos pela previdência social, da mesma forma que o salário-maternidade.

Direito à lactância

Nos cinco países, a mulher trabalhadora tem o direito legal de realizar duas interrupções diárias de meia hora cada na sua jornada de trabalho para amamentar, sem prejuízo de sua remuneração. A duração desse benefício varia: até que a criança complete seis meses (Brasil e Uruguai), um ano (Argentina) ou dois anos (Chile). No México, a legislação não fixa a duração do benefício e nos contratos coletivos geralmente se negociam períodos de seis meses a um ano. A Convenção nº 183 da OIT também estabelece esse direito, por um período que deve ser definido pela legislação de cada país.

Os resultados da pesquisa da OIT evidenciam que o custo desse benefício também é muito reduzido para o empregador. Representa menos de 1% da remuneração bruta mensal das mulheres nos cinco países: Brasil (0,8%), Chile (0,5%), Uruguai (0,2%) e Argentina e México (0,1%).

Custos de substituição

A pesquisa procurou determinar ainda os custos relacionados à substituição de uma mulher que se afasta do trabalho durante a licença-maternidade. Os resultados indicam que eles representam menos de 0,1% de sua remuneração bruta: 0,06% na Argentina, 0,08% no Chile, 0,09% no Brasil e México e 0,0% no Uruguai.

Nos quatro países, o cálculo inclui as férias proporcionais ao período trabalhado, que devem ser pagas pelos empregadores aos trabalhadores substitutos, além do 13º salário ou bônus equivalentes (no Brasil e no México), e de outras prestações, como o adicional por férias e o Fundo de Garantia do Tempo de Serviço (no Brasil).

É possível que existam outros custos de substituição de uma mulher durante a licença-maternidade, como gastos de seleção e contratação, ou custos adicionais indiretos, como uma eventual menor produtividade do substituto, problemas de organização do processo de trabalho decorrentes dessa substituição ou de treinamento e adaptação, que podem variar de acordo com o cargo. Mas todos esses fatores são de difícil mensuração e não existe informação confiável para calcular ou estimar adequadamente esses custos indiretos.

O questionário aplicado a 135 empresas no Chile no contexto da pesquisa mostra que, no caso das licenças de curta duração, em geral não há substituições, e o trabalho é suprido de diversas formas, podendo ser adiado ou realizado por colegas. E mesmo nas licenças mais prolongadas, como a licença-maternidade, apenas 25% dos dias parados são cobertos por contratos de substituição (Todaro, 2002).

No México, 52% das ausências por licença-maternidade são supridas mediante contratação de substitutos ou o pagamento de horas extras. Nas empresas que realizaram substituições, os gastos efetuados correspondem ao valor dos salários que deixaram de ser pagos a essas trabalhadoras, ou seja, não representam custo adicional (Rendón, 2002).

No Brasil, apenas uma parte das licenças-maternidade (36% do total de dias) é coberta com a contratação de um substituto. A prática mais comum para cobrir as ausências, prolongadas ou não, de trabalhadores de ambos os sexos, é a distribuição das atividades de quem se licencia entre os demais funcionários, o que tem como conseqüência a intensificação do trabalho dessas pessoas e o recurso às horas extras (Leite, 2002).

Síntese dos resultados

Os resultados da pesquisa indicam que os custos adicionais para o empregador relacionados à contratação das mulheres são muito reduzidos e não explicam as desigualdades entre homens e mulheres. Eles representam uma parcela ínfima de sua remuneração bruta mensal: 0,2% no México, 0,5% no Uruguai, 1% na Argentina, 1,2% no Brasil e 1,8% no Chile (tabela 1).

Tabela 1
Custos diretos para o empregador relacionados à proteção da maternidade e ao cuidado infantil (2000, remuneração bruta mensal = 100)

	Argentina	Brasil	Chile	México	Uruguai
Remuneração bruta	100,0	100,0	100,0	100,0	100,0
Custo da maternidade e do cuidado infantil	1,0	1,2	1,8	0,2	0,5
Creche	0,8	0,3	1,2	0,0	0,0
Amamentação	0,1	0,8	0,5	0,1	0,2
Substituição	0,1	0,1	0,1	0,1	0,0
Licença anual para prevenção de câncer genitomamário	0,0	0,0	0,0	0,0	0,3
Custo médio para o empregador	101,0	101,2	101,8	100,2	100,5

Cada um dos itens se expressa como proporção de sua respectiva remuneração bruta mensal. Não foram consideradas aqui as diferenças de remuneração entre homens e mulheres, ou seja, as remunerações brutas de ambos foram igualadas a 100.

Na tabela 2, apresenta-se um resumo do conjunto dos custos do trabalho para homens e mulheres de responsabilidade direta do empregador analisados no estudo.

O Chile registra os custos mais baixos para os empregadores, porque não existe nenhuma contribuição patronal à previdência social: o pagamento do salário-maternidade é financiado diretamente pelo Estado e a assistência médica durante a gravidez e o parto é financiada direta e exclusivamente pelas trabalhadoras filiadas ao sistema de saúde público e privado. Os demais gastos em saúde (incluindo as licenças por motivo de doença) são cobertos pelo sistema de saúde, que é financiado pelas contribuições dos trabalhadores de ambos os sexos. Os acidentes de trabalho e as doenças profissionais contam com um seguro específico pago pelas empresas, o que acontece também nos outros países. No México, embora seja identificado separadamente, esse custo fica a cargo do sistema de previdência social.

Tabela 2
Componentes do custo do trabalho para o empregador, por sexo (2000, remuneração bruta = 100)

Componentes do custo	Argentina		Chile		México		Uruguai	
	Homens	Mulheres	Homens	Mulheres	Homens	Mulheres	Homens	Mulheres
Remuneração bruta	100,0	100,0	100,00	100,00	100,0	100,0	100,0	100,0
Contribuição dos empregadores à previdência social	17,90	17,90	—	—	8,78	8,78	17,9	17,9
Seguro de acidentes e enfermidades do trabalho	1,62	1,17	2,06	1,64	3,27	1,95	n.d.	n.d.
Contribuição para moradia dos trabalhadores	—	—	—	—	5,0	5,0	—	—
Indenização por demissão	4,70	4,70	0,42	0,31	3,5	3,1	n.d.	n.d.
Férias	1,06	1,00	6,56	6,52	3,98	3,67	4,8	4,8
13º salário e outros bônus obrigatórios	8,33	8,33	—	—	2,7	2,6	8,3	8,3
Creche	—	0,8	0	1,27	—	—	—	—
Amamentação/ alimentação do filho	—	0,1	0	0,48	—	0,09	—	0,22
Exame genitomamário	—	—	—	—	—	—	—	0,28
Custo médio para o empregador	133,61	134,00	110,25	111,17	127,23	125,19	131,0	131,5
Custo adicional das mulheres	0,39		0,92		–2,04		0,50	

Nota: Ao fazer comparações entre países, deve-se considerar que a informação disponível e a forma de cálculo dos diferentes itens podem variar. Para o caso do Brasil, ver Pochmann (2002) e Leite e De Souza (2002); para a Argentina, Berger e Szretter (2002) e Schlaen (2002); para o Chile, Todaro (2002); para o México, Rendón (2002); e para o Uruguai, Espino e Salvador. (2002). Para a análise comparativa entre países, ver Abramo e Todaro (2002).
n. d.: dados não-disponíveis.

Nos outros quatro países em que existem contribuições patronais ao sistema de seguridade social, as mais reduzidas são as do México.

Equiparando-se as remunerações médias de homens e de mulheres (ou seja, abstraindo o fato de que as remunerações das mulheres são em média inferiores às dos homens), verifica-se que em três dos quatro países para os quais se dispõe de informação a diferença dos custos adicionais não-salariais das mulheres em relação à remuneração bruta comparativamente aos dos homens não chega a 1%: 0,39% na Argentina, 0,5% no Uruguai e 0,92% no Chile.

No México, inclusive, os custos adicionais das mulheres são 2% inferiores aos dos homens. Isso se explica por dois fatores: em primeiro lugar, a creche não significa um custo direto para os empregadores; e em segundo lugar, os custos relacionados aos seguros de acidentes do trabalho são bastante superiores para os homens em comparação às mulheres.

Esses custos adicionais são, portanto, muito reduzidos e não explicam a persistência das desigualdades de remuneração entre homens e mulheres, assim como a falta de oportunidades iguais de acesso ao emprego, à capacitação e aos postos de maior responsabilidade e hierarquicamente superiores. A principal razão para que tais custos sejam tão reduzidos é a legislação trabalhista e previdenciária que determina que os benefícios monetários associados à maternidade sejam financiados por fundos públicos ou pelos sistemas de previdência social e não diretamente por quem decide contratar uma mulher.

No Chile, os custos não-salariais das mulheres são inferiores aos dos homens

Para complementar a discussão, apresentam-se as principais conclusões de um estudo realizado na mesma época para o Serviço Nacional da Mulher do Chile com base nos dados da Pesquisa de Custos e Remuneração da Mão-de-obra, aplicada regularmente pelo Instituto Nacional de Estatísticas (INE) desde 1993, e que em maio de 2000, pela primeira vez, foi desagregada por sexo.[4]

Esses dados diferem daqueles utilizados na pesquisa comparativa cujos resultados foram discutidos até aqui. Em primeiro lugar, porque provêm de uma pesquisa de estabelecimentos e não de uma pesquisa domiciliar. Em segundo lugar, porque o objetivo é identificar os custos e remunerações da mão-de-obra, englobando um número maior de componentes de custos do trabalho.[5]

---

[4] Os resultados completos da pesquisa estão em Todaro (2005).

[5] A pesquisa discrimina 16 componentes do custo da mão-de-obra e da remuneração bruta, incluindo salários-base e outros salários permanentes (por exemplo, antigüidade, realização de trabalho em

A pesquisa chilena mostra que o melhor indicador das diferenças de custos entre homens e mulheres são as remunerações, visto que constituem os principais componentes dos custos do trabalho. Mas seu principal achado está na análise dos custos não-salariais:[6] ao contrário do que se costuma afirmar, no caso das mulheres eles são significativamente inferiores aos dos homens — uma diferença de 29%.

É importante observar, como assinala Todaro (2005), que nesse cálculo estão incluídos os componentes que, segundo o discurso acadêmico e empresarial e as imagens de gênero dominantes, seriam os causadores dos custos supostamente maiores do trabalho feminino. De qualquer forma, é preciso esclarecer que o montante em termos absolutos dos custos não-salariais representa uma pequena parte do custo total (próximo de 7%), e por isso, ainda que esses custos fossem maiores para as mulheres, dificilmente compensariam a grande defasagem que se observa nos custos salariais: a remuneração mensal média das mulheres era 31,1% inferior à dos homens, e por hora trabalhada, 27,2%.

A pesquisa não registra de maneira separada alguns custos que são atribuídos ou aos homens ou às mulheres de acordo com imagens de gênero dominantes. Se o custo da creche, devido à legislação vigente, recai sobre a mulher e aumenta o custo não-salarial do trabalho feminino, outros gastos familiares, como, por exemplo, o auxílio-escolaridade, que se costuma destinar ao homem por ser considerado o provedor da família, não são levado em conta quando se comparam os custos do trabalho.

Os custos não-salariais mensais por sexo diferem conforme o tamanho da empresa: equivalem a 67,4% do custo masculino nas empresas com 10 a 49

---

lugares adversos etc.); outras formas de remuneração, tais como salário por tarefa, comissões, incentivos, participações, gratificações e pagamentos adicionais não-mensais; pagamentos em espécie; salário-família e outros auxílios; verbas para educação e/ou creche, por casamento etc., pagamentos diretos quando o trabalhador deve se ausentar por motivo de doença, maternidade, acidentes de trabalho ou doença profissional, e outros pagamentos diretos; contribuições patronais por seguros para os trabalhadores; gastos dos serviços de bem-estar e de capacitação; indenizações por término da relação de trabalho; outros gastos do empregador com calçado e roupa de trabalho e transporte.

[6] Os custos não-salariais incluem os reembolsos de gastos realizados pelo trabalhador em razão do trabalho, os pagamentos diretos ao trabalhador pela previdência social (bonificações por casamento, educação e/ou creche, deslocamento para alimentação de lactante, auxílio-funeral etc.), as contribuições patronais por seguros para seus trabalhadores, os gastos de serviços de bem-estar e de capacitação dos trabalhadores e os outros custos da mão-de-obra (calçado e roupa de trabalho, transporte etc.); ou seja, são aqueles que representam um desembolso para o empregador, mas que não fazem parte dos vencimentos que os trabalhadores recebem.

trabalhadores, a 71,1% nas empresas com 50 a 199 trabalhadores e a 71,2% naquelas com mais de 200.

Finalmente, considerando os custos totais mensais do trabalho por pessoa, verifica-se que o custo das mulheres equivale a apenas 68,4% do custo dos homens, ou seja, é 31,6% inferior.

Considerações finais: o cuidado é um recurso esgotável

Os resultados das pesquisas mostram, portanto, que não são os empregadores que sustentam os custos da reprodução e que a existência de políticas de financiamento das licenças-maternidade e de cuidado infantil, assim como o seu caráter, são chaves para eliminar possíveis fatores de discriminação das mulheres no trabalho. Entre essas políticas, destaca-se por sua importância o financiamento do salário-maternidade pelo Estado ou pelo sistema de previdência social. As políticas de cuidado infantil, no entanto, são ainda muito limitadas: a legislação é freqüentemente desrespeitada e, com exceção do México, considera que os serviços de creche estão associados às mulheres empregadas, e não ao conjunto dos trabalhadores com responsabilidades familiares, e que devem ser financiados pelos empregadores.

Ainda que a eqüidade de gênero seja um objetivo fundamental em si mesmo para qualquer sociedade que se pretenda democrática, é necessário analisar o tema também a partir da sua importância para o desenvolvimento e a sustentabilidade econômica e social. Isso leva à necessidade de ampliar o âmbito do debate sobre os custos do trabalho de homens e mulheres, localizando-o no terreno da discussão sobre a reprodução social e a sua relação com o tema da competitividade, de uma forma que tem sido pouco tratada nos estudos sobre os custos do trabalho disponíveis na América Latina.

Os custos da reprodução biológica, assim como aqueles relacionados à responsabilidade e ao trabalho de cuidado das pessoas, que continuam sendo atribuídos às mulheres e confinados ao âmbito não-mercantil, são tomados como um dado na economia convencional, e considerados "bens gratuitos fornecidos pela natureza". Isso significa que essas atividades continuam sem ser reconhecidas em termos econômicos e ainda são pouco valorizadas socialmente.[7] Tampouco se reconhece o esforço que essas atividades representam para as mulheres, e que se potencializa, por um lado, devido à falta de equipamentos públicos, comunitários e sociais através dos quais essa carga pudesse ser distribuída socialmente de forma mais eqüitativa; e, por outro, pela lentidão dos avanços no sentido de uma melhor divisão dessas tarefas entre homens e mulheres na esfera familiar, como se constata nos países latino-americanos.

A tensão provocada pela necessidade de conciliar esse esforço com as crescentes exigências decorrentes da maior participação das mulheres no mundo do trabalho e da esfera pública em geral vem originando mudanças preocupantes no comportamento reprodutivo das mulheres, com importantes repercussões demográficas e sociais. O adiamento da maternidade e a opção por não ter filhos são algumas das manifestações desse comportamento.

"O cuidado é um recurso natural em vias de extinção", diz a economista Nancy Folbre,[8] chamando a atenção para a resistência das mulheres a continuar assumindo os custos da reprodução e para as conseqüências sociais desse comportamento, que já adquire dimensões preocupantes em alguns países europeus. A extinção do cuidado diz respeito também à crescente dificuldade dos trabalhadores com responsabilidades familiares de enfrentar as tarefas de cuidado devido a algumas das novas formas de organização do trabalho e ao aumento da expectativa de vida, e, portanto, de idosos que também requerem cuidado (Todaro, 2006).

Considerar o papel das mulheres na reprodução como dado inquestionável significaria aceitar o argumento de que as mulheres são "mais caras". Isso porque, mesmo que o custo monetário do trabalho feminino por unidade de trabalho não seja mais alto, o custo por unidade do produto seria, devido ao impacto negativo de suas atividades extraprofissionais na produtividade das empresas, que se expressaria, por um lado, por sua menor disponibilidade para realizar atividades fora dos horários normais de trabalho e, por outro, pela maior ocorrência de ausências não programadas para o cuidado dos filhos e de outros membros da família.

---

[7] Essa desvalorização se projeta sobre as ocupações majoritariamente desempenhadas pelas mulheres no mercado de trabalho, também associadas às funções de cuidado e vistas como uma extensão dos seus "talentos", habilidades e predisposições naturais.

[8] Discurso inaugural da conferência da International Association for Feminist Economics (Iaffe), Oslo 2001. Ver Folbre (2001).

Isso nos leva à necessidade de detectar se, de fato, estes fatores estão presentes e, ao mesmo tempo, promover uma discussão mais ampla sobre o problema de como medir a produtividade. E também nos incita a indagar e a analisar quais seriam as medidas adequadas para aumentar a produtividade, conhecendo melhor os fatores que a estariam prejudicando.

A falta de informação nos impede de avançar quanto ao primeiro aspecto e renova a necessidade de contar com informação estatística permanente e confiável sobre custos do trabalho desagregados por sexo, assim como sobre temas relacionados, tais como ausências, licenças, doenças profissionais, acidentes de trabalho.

Em relação ao segundo aspecto, cabe assinalar que não existe um procedimento que permita medir a produtividade das mulheres de maneira específica, já que a produtividade do trabalho de um indivíduo ou grupo de indivíduos sempre depende do processo no qual estão inseridos. Por isso, em geral, as opiniões nesse assunto preenchem a falta de conhecimento com imagens de gênero dominantes ou ditadas por alguma experiência particular (Abramo e Todaro, 1998). Em todo caso, os novos paradigmas e processos produtivos consideram uma definição sistêmica da produtividade que vai além de um cálculo preciso de operações definidas em termos individuais ou de grupos específicos (Zarifian, 1997).

As mudanças na participação de mulheres e homens no mercado de trabalho e na família, assim como as expectativas e necessidades econômicas e culturais que se multiplicam na sociedade atual, entram em contradição com a organização de trabalho predominante. Permanece o pressuposto da existência de uma divisão sexual do trabalho não-mercantil, que implica sempre a existência de uma mulher no âmbito doméstico para as tarefas do cuidado, classificando-as como "trabalhadores anômalos" e atribuindo ao homem o lugar do "trabalhador normal".

Esse paradigma do "trabalhador normal" é extremamente parcial e dissociado, já que supõe um indivíduo que não tem uma vida pessoal para cuidar fora do trabalho remunerado e que, portanto, deve ter disponibilidade total para este e nenhuma possibilidade ou necessidade de realizar qualquer tipo de trabalho, esforço ou dedicação no universo familiar.

Portanto, não apenas se requer uma redistribuição entre os sexos do trabalho de reprodução e cuidado das pessoas, como também é necessário que o mundo do trabalho leve em conta a vida extraprofissional dos indivíduos, incorporando essa dimensão na redefinição dos processos de trabalho e das políticas de recursos humanos, tanto para as mulheres quanto para os homens. Isso poderia repercutir positivamente na produtividade do trabalho e também na diminuição dos custos monetários diretos associados à saúde, como demonstram estudos realizados em alguns países.[9]

Facilitar a vida extraprofissional — para trabalhadores de ambos os sexos — pode depender da organização dos processos de trabalho que, em muitos casos, é possível reestruturar levando em conta as necessidades de flexibilidade dos trabalhadores, o que contribuiria também para incluir os homens nas atividades familiares sem prejudicar sua imagem no trabalho.

A insatisfação das mulheres no trabalho, decorrente da falta de oportunidades de desenvolvimento da carreira das mulheres, e a subvalorização de seu trabalho em razão de características não-trabalhistas associadas ao sexo também podem incidir negativamente na produtividade geral da empresa.

Por último, é importante sublinhar que a produtividade social inclui não só a reprodução biológica, como também a atenção que se dá à geração seguinte em termos da formação cultural e cidadã em sintonia com as necessidades de desenvolvimento tecnológico e produtivo, bem como de consolidação das sociedades mais democráticas e inclusivas. Portanto, pode-se deduzir que levar em conta as necessidades da vida familiar e pessoal nas políticas de recursos humanos e nas políticas públicas é um fator importante de competitividade dos países.

Além de mostrar a necessidade de ampliar a discussão dos custos do trabalho, os resultados da pesquisa apontam em quatro direções concretas em relação às políticas públicas e empresariais.

Em primeiro lugar, a necessidade de fortalecer as legislações nacionais de proteção à maternidade não-discriminatórias existentes nos países considerados, especialmente os atuais sistemas de financiamento do salário-maternidade. Um avanço importante nesse sentido seria a introdução de um sistema

---

[9] Por exemplo, ver o livro *Estrés y trabajo* de Ruddy Facci, especialista brasileiro em medicina do trabalho. Facci assinala que cada trabalhador que sofre de estresse representa custos diretos e indiretos da ordem de US$ 2 mil anuais, cifra que vem crescendo a cada cinco ou seis anos. Os custos se relacionam ao absenteísmo, à perda de tempo e aos erros profissionais, entre outros (*El Diario*, Santiago, 17 abr. 2002).

flexível de licença parental no qual o direito à licença com salário integral para cuidar do filho possa ser exercido indistintamente pelo pai ou pela mãe.

Em segundo lugar, a necessidade de melhorar os serviços de cuidado infantil, financiando-os por um sistema que garanta um caráter não-discriminatório e estendendo-os aos trabalhadores com responsabilidades familiares de ambos sexos, no espírito da Convenção nº 156 da OIT sobre trabalhadores com responsabilidades familiares.

Em terceiro lugar, a necessidade de estimular a adoção, no nível das empresas, de políticas de recursos humanos que visem promover um maior equilíbrio entre o trabalho e a família, para trabalhadores de ambos os sexos.

Em quarto lugar, a necessidade de promover a negociação coletiva como um instrumento para garantir a aplicação da legislação de proteção à maternidade e ao cuidado infantil, assim como ampliar os direitos nela consagrados.

Referências bibliográficas

ABRAMO, L.; LEITE, M.; LOMBARDI, M. R. *Dificuldades de inserção e reinserção ocupacional no contexto da reestruturação produtiva no ABC.* Uma perspectiva de gênero e raça. Workshop de pesquisa-ação. OIT/Unicamp, 2001. ms.

______; RANGEL, M. (Eds.). *Negociación colectiva y equidad de género en América Latina.* Lima: OIT, 2005.

______; TODARO, R. Género y trabajo en las decisiones empresariales. *Revista Latinoamericana de Estudios del Trabajo,* São Paulo, v. 4 n. 7, 1998.

______; ______. (Eds.). *Cuestionando un mito*: costos laborales de hombres y mujeres en América Latina. Lima: OIT, 2002.

______; VALENZUELA, M. E. América Latina: brechas de equidad y progreso laboral de las mujeres en los noventa. *Documento de Trabajo,* Lima: OIT, n. 143, 2001.

______; ______; POLLACK, M. *Equidad de género en el mundo del trabajo en América Latina.* Avances y desafíos cinco años después de Beijing. Lima: OIT, n. 130, 2000. (Documento de Trabajo).

BERGER, S.; SZRETTER, H. Costos laborales de hombres y mujeres. El caso de Argentina. In: ABRAMO, L.; TODARO, R. (Eds.). *Cuestionando un mito*: costos laborales de hombres y mujeres en América Latina. Lima: OIT, 2002. cap. II.

DIEESE (Departamento Intersindical de Estatística e Estudos Socioeconômicos). *Negociação coletiva e eqüidade de gênero no Brasil*: cláusulas relativas aos trabalhos da mulher no Brasil, 1996-2000. São Paulo, ago. 2003. (Pesquisa Dieese n. 17).

ESPINO, A.; SALVADOR, S. Costos laborales de hombres y mujeres. El caso de Uruguay. In: ABRAMO, L.; TODARO, R. (Eds.). *Cuestionando un mito*: costos laborales de hombres y mujeres en América Latina. Lima: OIT, 2002. cap. IX.

FOLBRE, N. *The invisible heart*. Economics and family values. New York: The New Press, 2001.

LEITE, M.; DE LOUZA, S. Costos del trabajo femenino: imágenes y realidades en el ABC paulista. In: ABRAMO, L.; TODARO, R. (Eds.). *Cuestionando un mito*: costos laborales de hombres y mujeres en América Latina. Lima: OIT, 2002. cap. V.

LERDA, S.; TODARO, R. Cuánto cuestan las mujeres? Un análisis de los costos laborales por sexo. *Sociología del Trabajo*, Madrid, n. 30, 1997.

MARQUEZ, M. *Legislación laboral relativa a la mujer en los países de Mercosur y Chile:* un estudio comparativo. Santiago: Equipo Técnico Multidisciplinario de la OIT para Argentina, Brasil, Chile, Paraguay y Uruguay, 1998. 76p.

______. Negociación colectiva y equidad de género en Uruguay (1996-2000). In: ABRAMO, L.; RANGEL, M. (Eds.). *Negociación colectiva y equidad de género en América Latina*. Lima: OIT, 2005.

NOVICK et al. Negociación colectiva y equidad de género en Argentina. In: ABRAMO, L.; RANGEL, M. (Eds.). *Negociación colectiva y equidad de género en América Latina*. Lima: OIT, 2005.

POCHMAN, M. Costos laborales de hombres y mujeres. El caso de Brasil. In: ABRAMO, L.; TODARO, R. (Eds.). *Cuestionando un mito*: costos laborales de hombres y mujeres en América Latina. Lima: OIT, 2002. cap. IV.

RANGEL, M. Negociación colectiva y equidad de género en Argentina. In: ABRAMO, L.; RANGEL, M. (Eds.). *Negociación colectiva y equidad de género en América Latina*. Lima: OIT, 2005.

______. Negociación colectiva y equidad de género en Uruguay. In: ABRAMO, L.; RANGEL, M. (Eds.). *Negociación colectiva y equidad de género en América Latina.* Lima: OIT, 2005.

RENDÓN, T. Costos laborales y mujeres. El caso de México. In: ABRAMO, L.; TODARO, R. (Eds.). *Cuestionando un mito*: costos laborales de hombres y mujeres en América Latina. Lima: OIT, 2002. cap. VIII.

SCHLAEN, N. Diferencias de género en los costos laborales: estudio de casos en empresas argentinas. In: ABRAMO, L.; TODARO, R. (Eds.). *Cuestionando un mito*: costos laborales de hombres y mujeres en América Latina. Lima: OIT, 2002. cap. III.

TODARO, R. Los costos laborales del trabajo de la mujer. In: SERNAM. *Igualdad de oportunidades para la mujer en el trabajo*. Santiago, 1996.

______. Factores de costo laboral directo e indirecto diferenciados por sexo en Chile: información de las empresas. In: ABRAMO, L.; TODARO, R. (Eds.). *Cuestionando un mito*: costos laborales de hombres y mujeres en América Latina. Lima: OIT, 2002. cap.VII.

______ *Encuesta de remuneraciones y costo de la mano de obra*. Análisis por sexo. Santiago, Sernam, 2005. (Documento n. 75).

______. Flexibilidad laboral o precarización? El debate sobre la reproducción social. In: LOPEZ, C.; ESPINO, A.; SANCHIS, N.; TODARO, R. *América Latina, un debate pendiente*. Aportes a la economía y a la política desde una visión de género. Montevideo: Repem/Dawn/IFC, 2006.

TOKMAN, V.; MARTINEZ, D. Costo laboral y competitividad en el sector manufacturero en América Latina. In: *Costos laborales y competitividad industrial en América Latina*. Lima: OIT, 1997.

______; ______. *Inseguridad laboral y competitividad*: modalidades de contratación. Lima: OIT, 1999.

ZARIFIAN, Ph. Organização e sistema de gestão: a procura de uma nova coerência. *Gestão & Produção*, v. 4, n. 1, p. 76-87, 1997.

Parte II

Entre a vida profissional e a familiar: questões em debate, práticas e políticas

9

Trabalho e maternidade na Europa. Condições de trabalho e políticas públicas*

Danièle Meulders**
Jérôme De Henau**
Leila Maron**
Sile D'Orchay**

A participação crescente das mulheres no mercado de trabalho, em particular as que têm filhos, é um dos fenômenos econômicos e sociais mais importantes da segunda metade do século XX, observado em graus diversos em todos os países europeus. O acesso das mulheres ao emprego foi inclusive apresentado como um dos objetivos do Conselho Europeu de Lisboa, que fixou como meta uma taxa de emprego feminino *per capita* de 60% até 2010.

Ajudar as mulheres a permanecer no mercado de trabalho é crucial para sua independência, para o desenvolvimento da sociedade e, talvez, até para a sobrevivência dos sistemas de proteção social. Pois, o nascimento de um filho pode obrigá-las a interromper sua atividade profissional, a trabalhar em tempo parcial ou a mudar de emprego ou de setor de atividade, e essas diferentes mudanças são acompanhadas de perdas de rendimentos e de menores perspectivas de carreira.

Os países europeus costumam adotar políticas tais como sistemas de educação e cuidado infantil e outras infra-estruturas complementares, licenças-maternidade/paternidade, licenças parentais, isenções fiscais e ajudas fa-

---

* Os resultados apresentados neste capítulo foram objeto de várias publicações citadas na bibliografia de De Henau, Meulders e O'Dorchay, 2004, 2006.

** Economistas, Dulbea, Université Libre de Bruxelles.

miliares. Mas essas políticas não conduzem necessariamente à promoção de famílias com dupla inserção profissional. Por isso é fundamental analisar seus efeitos sobre a igualdade no emprego de mulheres e homens.

Neste capítulo, apresentaremos alguns resultados referentes ao custo dos filhos em termos de emprego na Europa e de eficácia das políticas públicas implementadas em 15 países.

Custo dos filhos em termos de emprego

Os efeitos negativos da maternidade nas carreiras das mulheres são observados em graus variáveis nos diferentes países europeus. Inversamente, constata-se que a paternidade tem efeitos positivos sobre o emprego dos homens: os pais trabalham mais e em melhores condições que os homens sem filhos. As penalidades associadas à maternidade mostram claramente que a escolha, quando existe, é imposta, de um lado, pelos estereótipos: é à mãe que incumbe o cuidado do filho; e, de outro, pelas instituições: falta de infra-estrutura adequada e estímulos "flexicuritários"[1] conduzem ao trabalho em tempo parcial e às interrupções de carreiras, que se revelam posteriormente como perigosas armadilhas nos percursos profissionais das mulheres.

Efeito sobre a taxa de emprego per capita

Em todos os países estudados, o fato de ter um filho com menos de 15 anos influencia negativamente a taxa de emprego *per capita* das mães, com exceção apenas da Eslovênia, Portugal, Bélgica e Polônia, onde a maternidade parece ter um ligeiro efeito positivo sobre o emprego (entre 4 e 0,7 pontos percentuais). Porém, esse efeito diminui com o número de filhos, e desaparece quando se chega a 3.

A incidência negativa da presença de um filho é mais acentuada em Malta (24 pontos percentuais), seguida de República Tcheca, Alemanha, Estônia,

---

[1] Termo utilizado para referir-se à flexibilização de direitos com manutenção de alguma segurança no trabalho. (N. da E.)

Hungria e Chipre (entre 11 e 15 pontos percentuais). O impacto é menor na França e na Grécia, onde o diferencial é inferior a 4 pontos percentuais.

A presença de três filhos aprofunda bastante o diferencial em termos de taxa de emprego. A distância entre mães de família numerosa e mulheres sem filhos chega a 58 pontos na Hungria e a mais de 40 pontos na República Tcheca, Eslovênia, Letônia e Alemanha. Já na Bélgica, Grécia, Portugal e Polônia varia entre 12,4 e 18,2 pontos e na Eslovênia é de apenas 6 pontos aproximadamente.

Os diferenciais entre mulheres e homens também aumentam conforme o número de filhos (tabela 1), passando de um máximo de 30,3 pontos na ausência de filhos, registrado em Malta, a 56,5 pontos e 61,9 pontos nos casos de haver um filho e dois filhos ou mais. Essa tendência é observada em todos os países da União Européia.

Observam-se ainda grandes diferenças segundo o nível de escolaridade: no âmbito da UE-25. A proporção média de mulheres escolarizadas com um ou mesmo dois filhos que trabalham é de 80%, caindo para 64% e 43%, respectivamente, para as mulheres com escolaridade média e baixa. A situação se agrava para aquelas com três filhos ou mais, cuja taxa de emprego passa de 63% para 22%.

Tabela 1

Taxa de emprego de mulheres de 25 a 49 anos de idade e diferencial de gênero em presença de filhos com menos de 15 anos (UE-25, 2005)

	Sem filhos		Um filho		Dois filhos		Três filhos ou mais	
	Taxa de emprego	Diferencial de emprego	Taxa de emprego	Diferencial de emprego	Taxa de emprego	Diferencial de emprego	Taxa de emprego	Diferencial de emprego
Alemanha	80,4	1,3	66,3	23,1	55,9	35,4	36,6	48,3
Áustria	83,3	5,7	78,1	15,7	68,4	28,3	51,2	40,5
Bélgica	73,6	10,5	76,0	16,1	76,1	16,7	56,0	30,4
Dinamarca	80,7	8,3	n.d.	n.d.	n.d.	n.d.	n.d.	n.d.
Espanha	69,8	14,5	60,4	31,6	55,0	37,7	43,8	47,4
Finlândia	78,3	8,1	n.d.	n.d.	n.d.	n.d.	n.d.	n.d.
França	78,4	5,1	76,0	15,3	70,4	22,7	46,7	42,5
Grécia	63,0	23,1	60,2	35,4	56,9	39,9	50,6	45,0
Irlanda	69,0	20,5	n.d.	n.d.	n.d.	n.d.	n.d.	n.d.

Continua

	Sem filhos		Um filho		Dois filhos		Três filhos ou mais	
	Taxa de emprego	Diferencial de emprego	Taxa de emprego	Diferencial de emprego	Taxa de emprego	Diferencial de emprego	Taxa de emprego	Diferencial de emprego
Itália	63,3	19,2	57,9	35,2	50,5	43,0	35,3	56,2
Luxemburgo	n.d.	n.d.	n.d.	n.d.	n.d.	n.d.	n.d.	n.d.
Países Baixos	82,7	6,0	75,8	18,0	73,5	21,8	60,3	32,1
Portugal	75,3	7,2	79,0	15,3	75,9	18,5	57,4	32,6
Grã-Bretanha	84,0	2,1	75,7	16,5	67,7	25,5	46,5	39,4
Suécia	80,8	6,8	n.d.	n.d.	n.d.	n.d.	n.d.	n.d.
Chipre	80,4	8,4	69,2	25,7	73,4	22,7	54,5	42,2
Estônia	86,0	–4,8	71,7	20,5	58,5	34,9	n.d.	n.d.
Hungria	77,9	2,8	65,9	21,7	53,2	35,7	19,8	54,3
Letônia	78,7	0,7	73,8	12,2	67,7	20,3	38,4	58,4
Lituânia	80,0	3,2	79,6	10,2	75,7	12,0	59,3	34,3
Malta	56,7	30,3	32,5	56,5	21,9	71,9	22,5	61,9
Polônia	68,2	4,8	68,9	17,0	61,5	26,5	50,0	35,3
República Tcheca	84,2	4,7	68,9	25,3	57,8	37,4	31,4	54,0
Eslováquia	73,6	6,1	69,7	20,6	59,1	30,6	32,7	39,4
Eslovênia	82,5	3,0	86,5	6,6	86,7	6,5	76,2	16,5

Fonte: Eurostat, Enquête sur les forces de travail.
Obs.: Para a Dinamarca, a Finlândia e a Suécia, os dados da primeira coluna referem-se a todas as mulheres.
n.d.: dados não-disponíveis.

Efeito sobre a duração do trabalho

As taxas de emprego mencionadas no item anterior são taxas *per capita* que contabilizam da mesma maneira qualquer pessoa empregada, independentemente da duração de seu trabalho. Assim, um efeito leve ou positivo da maternidade sobre a taxa de emprego *per capita* pode mascarar o fato de as mães abandonarem uma atividade em tempo integral para exercer uma atividade em tempo parcial.

O trabalho em tempo parcial, tradicionalmente um atributo feminino, é mais difundido nos Países Baixos, onde abrange mais de uma em cada duas mulheres com filhos contra apenas uma em cada três sem filhos (tabela 2). É comum também na Grã-Bretanha, onde envolve 36,2% da população feminina com filhos, na Alemanha (35,1%), na Áustria (32,3%) e, em menor proporção, na Bélgica (27,2%) e em Luxemburgo (26,1%).

Tabela 2

Taxas de emprego em tempo parcial para mulheres e homens entre 20 e 49 anos de idade, segundo a presença de filhos (UE-25, 2003)

	Mulheres		Homens	
	Sem filhos	Com filhos	Sem filhos	Com filhos
Alemanha	21,3	35,1	4,3	3,0
Áustria	16,8	32,3	2,3	1,5
Bélgica	21,8	27,2	4,2	4,3
Dinamarca	n.d.	n.d.	n.d.	n.d.
Espanha	8,7	9,7	1,4	0,9
Finlândia	10,2	7,8	5,0	2,4
França	14,1	17,6	3,3	2,5
Grécia	4,9	6,7	2,1	2,4
Irlanda	n.d.	n.d.	n.d.	n.d.
Itália	12,3	15,2	3,3	3,3
Luxemburgo	15,5	26,1	n.d.	1,6
Países Baixos	33,0	54,7	7,8	4,2
Portugal	7,7	7,2	2,0	1,0
Grã-Bretanha	18,5	36,2	3,4	3,3
Suécia	n.d.	n.d.	n.d.	n.d.
Chipre	8,8	8,3	2,2	1,5
Estônia	4,5	4,9	4,0	1,8
Hungria	2,3	3,7	1,2	0,9
Letônia	5,1	7,6	3,1	3,5
Lituânia	9,9	12,7	4,2	4,7
Malta	8,6	8,4	n.d.	n.d.
Polônia	8,6	10,1	3,0	2,3
República Tcheca	2,4	3,9	0,6	0,5
Eslováquia	2,0	1,6	0,8	n.d.
Eslovênia	2,6	1,8	1,7	0,8

Fonte: Eurostat, Enquête sur les forces de travail.
n.d.: dados não-disponíveis ou pouco confiáveis.

A situação dos novos membros na União Européia é similar à dos países do sul da UE-15, onde o tempo parcial é pouco usual e a incidência da maternidade sobre o emprego é fraca. Para os homens, a taxa de emprego em tempo parcial é baixa, variando entre 0,6% (República Tcheca) e 7,8% (Países Baixos), e, ao contrário do que se observa para as mulheres, reduz-se ainda mais com a presença de filho (entre 0,5% e 4,2%).

Decomposição do diferencial de emprego decorrente da maternidade

Os diferenciais apresentados nos dois itens anteriores são diferenciais brutos. Para isolar os efeitos próprios à maternidade de outros efeitos ligados à diversidade de características entre as mulheres pesquisadas e medir o diferencial líquido induzido pela maternidade, pensou-se um modelo inspirado no procedimento estabelecido por Gornick (Gornick, Meyers e Ross, 1998). Os dados utilizados provêm da base de dados do Painel Europeu de Agregados Familiares, edição 2001, e consideram as mulheres com parceiro de 25 a 44 anos.

A primeira etapa consiste em pensar um modelo de participação no mercado de trabalho em três situações: trabalho em tempo integral, trabalho em tempo parcial e inatividade/desemprego. As equações do modelo incluem as variáveis explicativas idade, nível de escolaridade, renda familiar, região, a presença de filho e a idade do mais novo. Trata-se de um modelo *logit* multinomial que permite a estimativa de uma variável dependente multinomial.

A segunda etapa consiste em calcular as diferenças de taxas de emprego em equivalente tempo pleno entre mães e mulheres sem filho e em isolar o efeito induzido pela maternidade do efeito engendrado por outras características da pessoa. Obtém-se assim um diferencial de emprego "líquido" decorrente da maternidade.

No que se refere ao efeito da presença de filho pequeno (figura 1), os diferenciais de emprego decorrentes da maternidade são imputáveis essencialmente a um aumento da inatividade. Entretanto, em Luxemburgo, na Áustria, na Grã-Bretanha e nos Países Baixos, podem ser atribuídos em grande medida ao trabalho em tempo parcial.

Quando há filhos em idade pré-escolar (figura 2), os diferenciais de emprego entre as mães e as não-mães se explicam sobretudo pelo trabalho em tempo parcial. Eles são maiores na Áustria, nos Países Baixos e em Luxemburgo, e menores na França, na Itália e na Finlândia. Tirando a Espanha, distinguem-se nitidamente dois grupos de países: um relativamente competitivo (diferença inferior a 20%), constituído de Dinamarca, Finlândia, Suécia, Grécia, Bélgica, França, Itália e Portugal, e um menos competitivo (diferença em torno de 40%), composto de Dinamarca, Luxemburgo, Irlanda, Grã-Bretanha, Países Baixos e Áustria.

A distinção entre esses dois grupos permanece válida quando se consideram todos os filhos de zero a cinco anos (figura 3), mas incluindo-se França, Espanha e Itália, países intermediários, entre os países competitivos.

Foram estimadas também equações separadas para as mães e as mulheres sem filhos que levam às mesmas conclusões: a decomposição do diferencial mostra que ele decorre principalmente de menor valorização das características, e não tanto da diversidade de características entre os dois grupos.

Para medir o efeito da educação, foram estimadas igualmente regressões para diferentes níveis de escolaridade. A análise refere-se a 13 países europeus e considera dois níveis de escolaridade: o nível inferior e nível médio/superior. Os dados relativos à escolaridade não são confiáveis para a França e os Países Baixos, e o número de mulheres com diploma superior é extremamente baixo na Grécia, em Portugal, na Áustria e na Irlanda, para conduzir a resultados significativos.

Os efeitos negativos da presença de filhos sobre o emprego são indubitavelmente maiores quando o nível de instrução da mãe é baixo. Quanto à escolaridade média/superior, podem-se distinguir dois grupos de países: no primeiro, o diferencial de emprego induzido pela maternidade é baixo (Dinamarca, Suécia, Finlândia, Bélgica, Portugal, Itália, Espanha e Grécia), enquanto no segundo é elevado (Luxemburgo, Alemanha, Áustria, Grã-Bretanha e, em menor medida, Irlanda).

No que diz respeito ao nível de instrução mais baixo, a classificação dos países permanece a mesma, mas não é mais possível distinguir claramente dois grupos de países, na medida em que o diferencial de emprego em equivalente tempo integral aumenta gradualmente (figura 4).

Figura 1

Efeito líquido de filhos no diferencial FTE (equivalente tempo integral) relativo 3-5 anos (vs. filhos com mais de 15 anos ou não-filhos)

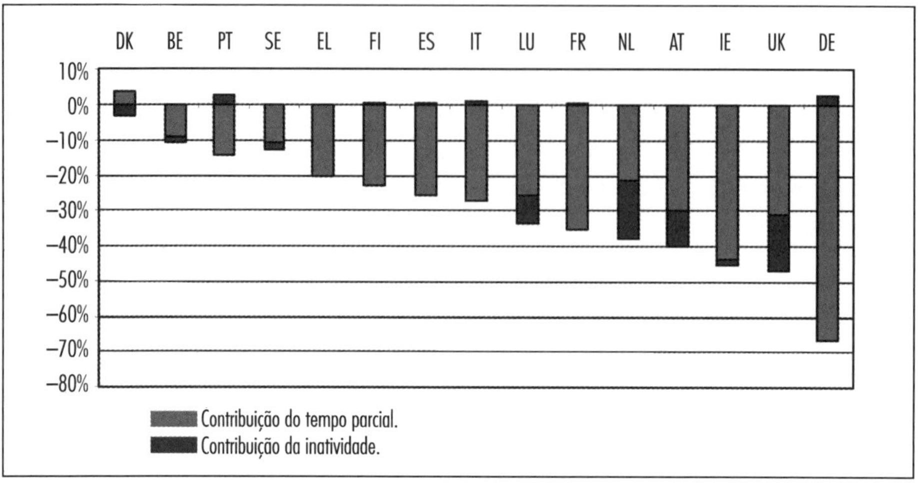

Fonte: De Henau, Meulders, D'Orchay, 2006a.

Nota: Sigla dos países: DK — Dinamarca, BE — Bélgica, PT — Portugal, SE — Suécia, EL — Grécia, FI — Finlândia, ES — Espanha, IT — Itália, LU — Luxemburgo, FR — França, NL — Países Baixos, AT — Áustria, IE — Irlanda, UK — Grã-Bretanha, DE – Alemanha.

Figura 2

Efeito líquido de filhos no diferencial FTE (equivalente tempo integral) relativo 0-5 anos (vs. filhos com mais de 15 anos ou não-filhos)

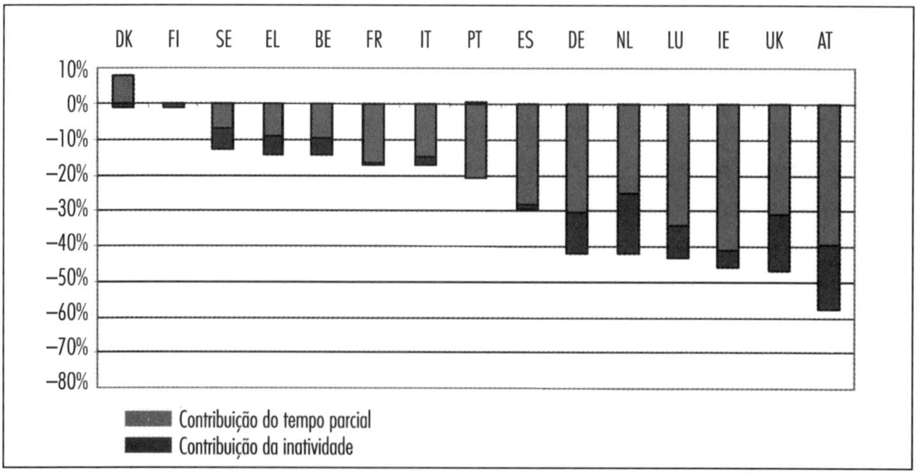

Fonte: De Henau, Meulders, D'Orchay, 2006a.

Nota: Sigla dos países: DK — Dinamarca, BE — Bélgica, PT — Portugal, SE — Suécia, EL — Grécia, FI — Finlândia, ES — Espanha, IT — Itália, LU — Luxemburgo, FR — França, NL — Países Baixos, AT — Áustria, IE — Irlanda, UK — Grã-Bretanha, DE – Alemanha.

Figura 3

Efeito líquido de filhos no diferencial FTE (equivalente tempo integral) relativo 0-5 anos (vs. filhos com mais de 15 anos ou não-filhos)

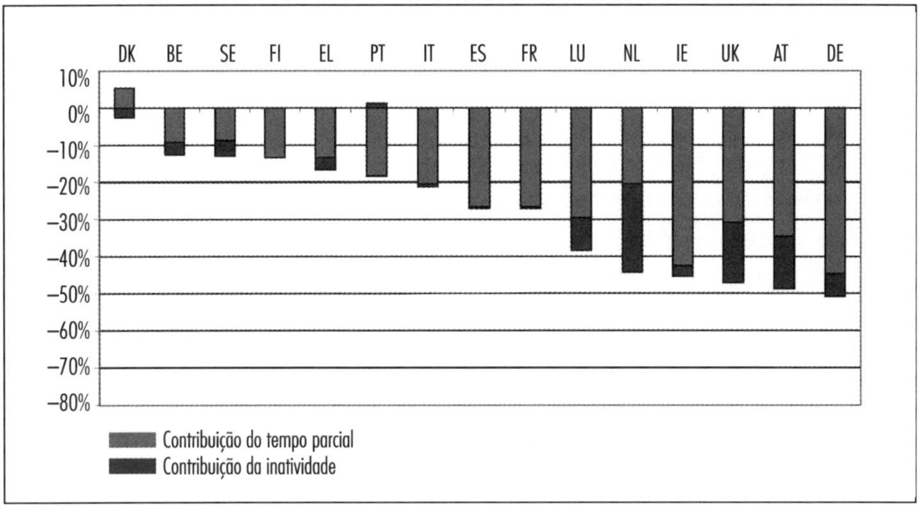

Fonte: De Henau, Meulders, D'Orchay, 2006a.
Sigla dos países: DK — Dinamarca, BE — Bélgica, PT — Portugal, SE — Suécia, EL — Grécia, FI — Finlândia, ES — Espanha, IT — Itália, LU — Luxemburgo, FR — França, NL — Países Baixos, AT — Áustria, IE — Irlanda, UK — Grã-Bretanha, DE – Alemanha.

Figura 4

Efeito líquido no diferencial FTE (equivalente tempo integral) relativo entre mães de filhos de 0-5 anos e não-mães (ou de filhos com mais de 15 anos) segundo nível de educação

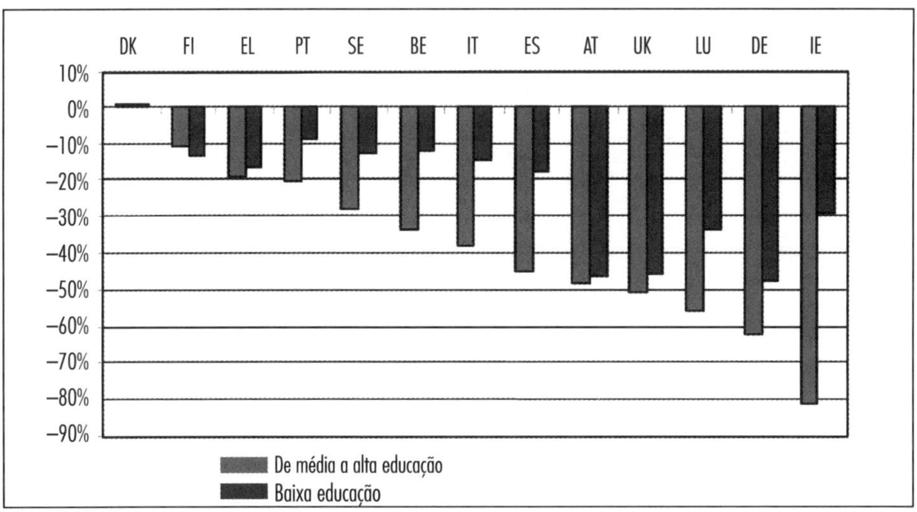

Fonte: De Henau, Meulders, D'Orchay, 2006a.

As políticas públicas

Para comparar as políticas públicas implementadas nos Estados da União Européia, coletamos em um primeiro momento informações quantitativas sobre as políticas dirigidas a três campos de intervenção: os serviços de educação e cuidado infantil, as licenças ligadas ao nascimento e as ajudas financeiras. Em seguida, compatibilizamos esses dados tornando seus valores comparáveis, agregamos certos dados construindo variáveis agrupadas, e transformamos as variáveis em índices pelo método de normalização linear (*linear scaling technique*).[2] Finalmente, os índices foram agregados de modo a se obter um indicador sintético para cada uma das políticas estudadas.

Indicador relativo às creches

Esse indicador é construído com base em diversos critérios: a proporção de filhos cobertos pelo sistema de cuidado infantil, os horários de funcionamento, a intervenção pública no nível dos custos, a relação filhos/funcionários e as despesas públicas destinadas à educação das crianças pequenas. O indicador foi construído separadamente para dois grupos de filhos: de 0-2 anos e de 3-5 anos.

Tabela 3
Classificação dos países segundo o indicador creches

Indicador sintético 0-2 anos		Indicador sintético 3-5 anos		Indicador sintético 0-5 anos	
DK	95,55	DK	86,57	DK	91,06
SE	59,66	SE	78,52	SE	69,09
FI	58,18	FR	39,73	FI	46,34
FR	51,28	IT	37,73	FR	45,50

Continua

[2] Baseia-se na metodologia aplicada pelas Nações Unidas para construir o índice de desenvolvimento humano (IDH). Consiste em identificar os valores máximo (Máx) e mínimo (Mín) de uma variável para todos os países e lhes atribuir, respectivamente, os valores 100 e 0; a seguir aplicar a seguinte fórmula aos outros valores (Val): [(Val – Mín) / (Máx – Mín)] *100.

Indicador sintético 0-2 anos		Indicador sintético 3-5 anos		Indicador sintético 0-5 anos	
BE	47,49	FI	34,50	IT	37,56
LUX	39,60	LUX	33,75	BE	36,94
NL	38,41	AT	32,73	LUX	36,67
IT	37,40	BE	26,39	AT	33,38
GE	37,00	GE	23,03	GE	30,01
AT	34,02	UK	17,52	NL	27,97
PT	33,66	NL	15,51	UK	24,31
UK	33,10	PT	10,60	PT	22,13
EL	27,52	ES	8,46	ES	16,39
ES	24,32	IE	4,36	EL	14,03
IE	9,32	EL	0,54	IE	6,84

Fonte: De Henau, Meulders, D'Orchay, 2006a.

Quatro grupos de países destacam-se nessa análise, qualquer que seja a faixa etária considerada. O primeiro é composto por Dinamarca, Suécia, Finlândia e França. A Bélgica faz parte do primeiro grupo para os filhos de 0-2 anos, mas, para os filhos de 3-5 anos cede lugar à Itália, que apresenta maior taxa maior de enquadramento e onde a intervenção pública é mais importante.

O segundo grupo é composto por Luxemburgo, Alemanha, Itália, Áustria e Bélgica para a educação pré-escolar. Os Países Baixos aparecem no terceiro grupo, salvo para os filhos de 0-2 anos, dada a extensão dos horários de funcionamento. A Grã-Bretanha e Portugal também fazem parte do terceiro grupo para as crianças pequenas, mas Portugal se junta ao último grupo quando se considera a educação pré-escolar. Embora nesse país os sistemas de creche acolham um grande número de crianças, os horários de funcionamento são limitados, particularmente para as crianças em idade pré-escolar, e as despesas públicas para essa faixa etária são as menores da Europa. A classificação da Grã-Bretanha pode ser explicada pelo fato de que, nesse país, as políticas são mais orientadas às ajudas financeiras em forma de auxílios e de isenção de impostos para possibilitar às famílias utilizar sistemas privados de cuidado infantil.

Finalmente, o quarto grupo compreende Espanha, Grécia e Irlanda. Esses resultados são coerentes com os que foram encontrados por outros autores sobre as tipologias dos Estados-providência em matéria de creches (Letablier e Barbier, 1998; Gornick e Meyers, 2003), com exceção de Luxemburgo, que aqui é classificado na média, embora normalmente faça parte da classificação mais baixa.

Indicador licenças-maternidade e paternidade

Construímos três indicadores: licença-maternidade, licença-paternidade e licença-nascimento, que é uma combinação dos dois primeiros.

O indicador licença-maternidade é uma média ponderada de dois indicadores. O primeiro indicador tem um peso de dois terços e integra dois critérios: número de dias de licença multiplicado pelo número de dias em que ocorreu substituição. O segundo tem um peso de um terço e corresponde ao período de qualificação, ou seja, o período em que a pessoa deve ter trabalhado para pleitear as indenizações.

O indicador licença-paternidade leva em conta o número de dias de licença pagos.

O indicador licença-nascimento considera as diferenças entre as duas anteriores em termos de duração. Corresponde à média de seis elementos: número total de dias de licença-maternidade e de licença-paternidade remunerados (com um peso igual a quatro sextos, pois depende de quatro critérios diferentes), os dias de licença-paternidade remunerados expressos em percentagem dos 90 dias de licença-maternidade, duração considerada ideal e período de qualificação.

Tabela 4

Classificação dos países segundo os indicadores licença-maternidade, licença-paternidade e licença-nascimento

Indicador final licença-maternidade		Indicador final licença-paternidade		Indicador final licença-nascimento	
NL	92,21	FI	100,00	FR	80,84
AT	92,21	FR	77,78	FI	78,10
IT	80,87	BE	48,56	PT	73,87
PT	79,99	SE	44,44	NL	70,96

Continua

Indicador final licença-maternidade		Indicador final licença-paternidade		Indicador final licença-nascimento	
EL	77,4	PT	27,78	AT	66,53
ES	72,47	DK	26,97	SE	63,73
LUX	72,20	ES	11,11	EL	63,7
GE	68,83	LUX	11,11	ES	61,09
SE	60,86	NL	11,11	LUX	60,95
FI	60,69	EL	5,56	IT	56,93
FR	58,87	GE	0,00	GE	49,93
DK	52,47	IE	0	BE	49,78
BE	40,70	IT	0,00	IE	31,17
IE	38,2	AT	0,00	UK	16,67
UK	33,33	UK	0,00	GE	49,93

Fonte: De Henau, Meulders, D'Orchay, 2006a.

Os resultados variam sensivelmente segundo o indicador considerado e, ao final, a Finlândia e a França são os primeiros nessa classificação, enquanto a Irlanda e a Grã-Bretanha são os últimos, o que pode ser explicado pela inexistência de licenças remuneradas para os pais.

Indicador "auxílios familiares"

Ao lado dos serviços de cuidado infantil, as ajudas financeiras destinadas às famílias são outro fator que poderia afetar a escolha de ter filhos e o número deles (Gauthier e Hatzius, 1997; Letablier, 2003). Construiu-se um indicador "auxílios familiares" levando em conta sete tipos de família para três situações financeiras diferentes, atribuindo-se a cada tipo um peso igual à sua participação na população total de cada país.

Os resultados revelam seis grupos de países, em que Áustria e Luxemburgo ocupam as primeiras posições e França, Itália e Espanha as últimas. Essa classificação corresponde à que foi obtida por Letablier (1998), com algumas exceções. Por exemplo, neste estudo a França situa-se no ponto mais baixo da escala, enquanto nas tipologias de Letablier aparece nas primeiras posições. Essa diferença pode ser explicada pelo fato de que consideramos a ausência de ajuda financeira para o primeiro filho.

Tabela 5
Classificação dos países segundo o indicador ajudas familiares

Resultado final 0,5 AFE + 0,5 AME (ponderado)		Resultado final 1 AFE + 1 AME (ponderado)		Resultado final 1,5 AFE + 1,5 AME (ponderado)		Resultado final Todos os rendimentos (não ponderado)	
AT	92,6	AT	98,9	AT	96,2	AT	95,9
LUX	87,0	LUX	91,2	EL	94,6	LUX	89,2
GE	70,0	GE	74,2	LUX	89,4	GE	72,2
IE	67,2	IE	69,3	GE	72,5	IE	68,3
BE	56,3	EL	67,6	IE	68,6	EL	66,4
FI	54,0	BE	58,4	BE	57,7	BE	57,4
SE	47,5	FI	56,3	FI	55,5	FI	55,2
DK	44,6	SE	50,5	SE	49,8	SE	49,3
PT	41,7	DK	47,5	DK	46,4	DK	46,2
EL	37,1	NL	38,5	NL	38,0	NL	37,7
NL	36,6	UK	36,7	UK	35,9	UK	35,3
IT	35,6	PT	31,5	PT	30,5	PT	34,6
UK	33,4	FR	26,0	FR	26,0	FR	25,8
FR	25,4	IT	6,1	IT	0,1	IT	14,0
ES	0,3	ES	0,0	ES	0,0	ES	0,1

AFE: National average female earnings; AME: National average male earnings.

Indicador "vantagens fiscais e créditos de impostos"

O sistema fiscal foi também incorporado à análise, considerando-se as vantagens fiscais e os créditos de impostos para os quais foram construídos dois indicadores distintos. Foram observadas igualmente três situações financeiras e construiu-se um indicador para cada uma delas, combinando as sete composições familiares às quais foi atribuído um peso igual à sua participação na população total. Finalmente, foi feita uma correção no indicador, a fim de incluir os efeitos recorrentes do caráter regressivo dos sistemas de isenções de impostos para as famílias em alguns países, como França, Alemanha e Espanha.

Tabela 6
Indicador relativo às vantagens fiscais ponderado por países (2003)

Resultado final 0,5 AFE + 0,5 AME (população ponderada)		Resultado final 1 AFE + 1 AME (população ponderada)		Resultado final 1,5 AFE + 1,5 AME (população ponderada)		Indicador final Todos os rendimentos (não rendimento ponderado)		Indicador final Todos os rendimentos + índice de regressividade (não rendimento ponderado)	
IT	75,4	FR	89,0	FR	90,3	FR	67,9	IT	63,8
UK	69,4	LU	75,3	ES	53,9	IT	60,6	BE	58,3
BE	65,4	ES	71,7	LU	45,7	BE	54,0	FR	52,1
ES	35,1	IT	66,5	IT	39,9	ES	53,6	UK	52,0
NL	28,7	BE	58,7	BE	37,8	LU	45,1	ES	49,5
FR	24,3	PT	44,4	GE	26,4	UK	38,7	LU	39,0
LU	14,4	UK	39,9	PT	26,3	PT	26,6	NL	29,7
PT	9,1	NL	22,3	EL	22,8	NL	22,1	PT	27,2
AT	0,6	EL	18,1	NL	15,3	EL	13,6	EL	15,7
DK	0,0	IE	5,1	UK	6,8	GE	9,1	IE	12,8
GE	0,0	AT	1,3	IE	5,2	IE	3,4	GE	11,3
EL	0,0	GE	0,8	SE	3,9	AT	1,4	FI	9,7
IE	0,0	DK	0,0	AT	2,4	SE	1,3	SE	9,2
FI	0,0	FI	0,0	FI	1,6	FI	0,5	DK	9,0
SE	0,0	SE	0,0	DK	1,0	DK	0,3	AT	8,6

Fonte: De Henau, Meulders, D'Orchay, 2006a.
AFE: National average female earnings; AME: National average male earnings.

Classificação dos países segundo o conjunto de políticas

Três grupos de países emergem de uma análise por *clusters* baseada nos indicadores descritos acima, ainda que exista uma grande heterogeneidade no interior desses grupos.

O primeiro grupo, posicionado no eixo de serviços de educação e cuidado infantil (Dinamarca, Suécia, Finlândia, França, Bélgica), distingue-se nitidamente dos outros países pela importância dos serviços de creche e das licenças-paternidade, mas essas não são as únicas dimensões privilegiadas: a Bélgica é bem classificada também no que diz respeito às ajudas diretas, a

França e a Finlândia pelas licenças-maternidade e paternidade, a Dinamarca e a Suécia por combinarem licenças importantes durante o primeiro ano do filho com serviços de cuidado visivelmente superiores aos dos outros países em termos quantitativos e qualitativos.

O segundo grupo é formado por Espanha e Grã-Bretanha, que concentram suas políticas nas ajudas diretas, o que estimula o recurso a creches privadas.

O terceiro grupo compreende os demais países. Pode-se dizer, sumariamente, que neles as mães têm de assumir o cuidado do filho sacrificando sua atividade profissional. Todos apresentam resultados medíocres no que diz respeito aos serviços de creche e às licenças-paternidade. Além disso, na Alemanha, nos Países Baixos e na Áustria, há uma forte pressão sobre as mães para que adiem a socialização dos filhos até a idade escolar.

Figura 5
Agrupamento de países segundo as políticas adotadas

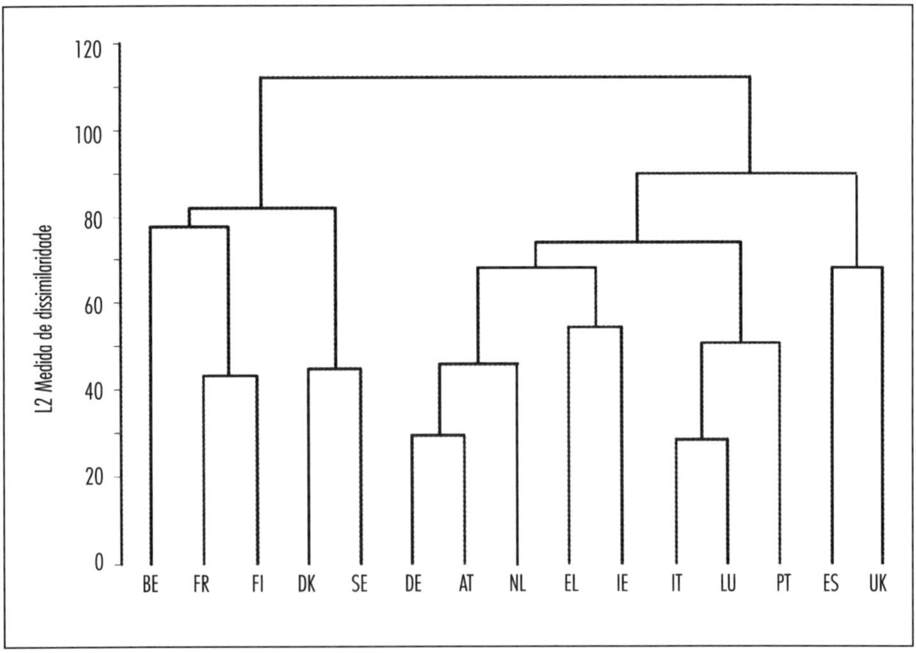

Fonte: Cálculos próprios (ver capítulos anteriores para dados).
Obs.: A figura mostra o resultado de uma análise de aglomerados realizada nos 15 países da União Européia. A medida de dissimilaridade (tipo L2) é a distância euclidiana entre os valores de dois países para todos os critérios. Quanto mais altos os ramos da árvore, mais longa a distância entre dois países ou dois grupos de países, e portanto menos apropriada para agregá-los.

Efeitos das políticas públicas sobre o diferencial de emprego decorrente da maternidade

A partir da estimativa dos diferenciais de emprego e do cálculo dos indicadores de políticas, equacionamos o efeito das políticas públicas sobre os diferenciais de emprego a fim de medir a eficácia das diversas políticas.

No que se refere aos filhos mais novos, a variável "política" que melhor explica a dimensão do diferencial de emprego entre mães e não-mães é o indicador relativo aos serviços de creche. Outras políticas só se tornam significativas associadas a essa variável, ainda que seu impacto seja fraco: a duração da licença parental solicitada pela mãe, associada à variável creche, exerce um efeito fraco e significativo, aumentando o diferencial entre mães e não-mães.

Quanto aos mais velhos, os horários de funcionamento dos equipamentos são o fator explicativo da extensão do diferencial. Contudo, a classificação dos países é sempre determinada pela mesma variável que para os filhos mais novos: os serviços de educação e cuidado infantil. Isso leva a concluir que a ausência de creches para os filhos pequenos produz uma redução da atividade das mães que não é compensada depois.

Tabela 7

Resultados da regressão do diferencial de emprego decorrente da maternidade em relação às políticas públicas para dois grupos etários do filho mais novo (0-2 anos e 3-5 anos)

	Regressão 0-2 anos				Regressão 3-5 anos			
	1	2	3	4	1	2	3	4
Taxa de cobertura tipo 1 (livre) 0-2	0,879**	0,860***	0,811***	0,981***	1,104**	1,056***	1,027***	1,097***
S.E.	*0,386*	*0,249*	*0,247*	*0,257*	*0,380*	*0,277*	*0,276*	*0,307*
Índice de par. atratividade da licença (*100)	–0,106				–0,073			
S.E.	*0,216*				*0,213*			
Anos de licença da mãe		–0,057*		–0,066**		–0,021		–0,024
S.E.		*0,028*		*0,028*		*0,031*		*0,033*
Índice de licença-maternidade (*100)			–0,008*				–0,002	
S.E.			*0,004*				*0,005*	

Continua

	Regressão 0-2 anos				Regressão 3-5 anos			
	1	2	3	4	1	2	3	4
Índice de licença maternidade (*100)				0,256				0,087
S.E.				*0,191*				*0,228*
Interceptação	−0,348***	−0,329***	−0,337***	−0,502***	−0,375***	−0,381***	−0,392***	−0,439**
S.E.	*0,096*	*0,054*	*0,052*	*0,140*	*0,094*	*0,060*	*0,059*	*0,166*
Adj-R^2	28%	45%	45%	49%	46%	47%	46%	43%
Prob> F	0,0552	0,0105	0,0116	0,0153	0,01	0,0085	0,01	0,0261

Obs.: Taxa de cobertura tipo 1 para o equivalente de cobertura livre de criança da categoria de idade considerada.
Nota: coeficiente de regressão. *** Significante no nível 1%; ** no nível 5%; no nível 10%.

Construção de uma nova tipologia

Com base nos diversos resultados apresentados, estabelecemos uma tipologia dos 15 países europeus considerando quatro dimensões: a taxa de emprego das mães em tempo integral equivalente, o diferencial líquido de emprego entre mães de um filho com menos de seis anos de idade e não-mães, as taxas de fecundidade (ver Gustafsson e Kenjoh, 2004 para o ano de 2001) e a taxa de cobertura dos serviços de creche. Os resultados são apresentados na figura 6.

Figura 6

Classificação de 15 países europeus segundo as taxas de fecundidade, as condições de emprego e as políticas (2001)

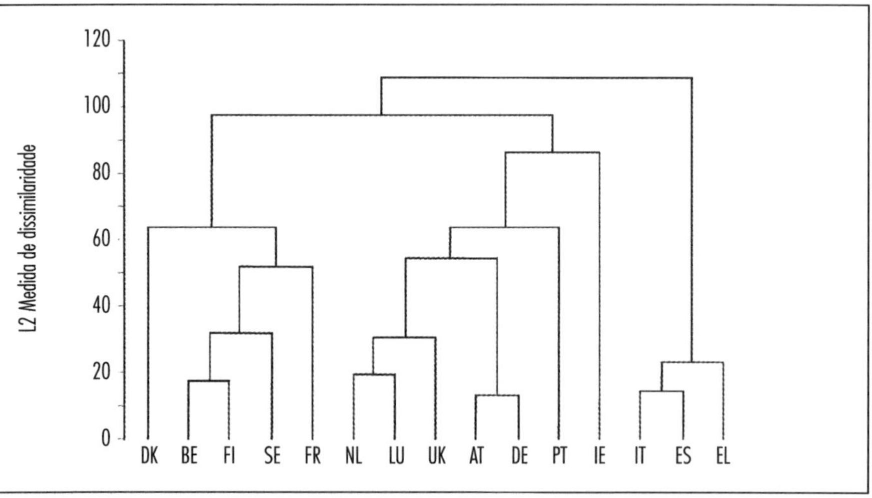

Obs.: Os países são agrupados gradualmente de acordo com a distância entre seus valores nas quatro dimensões. Quanto mais baixa a medida de dissimilaridade (eixo Y) no ponto de intersecção, mais próximos são os dois países (por exemplo, Dinamarca e Áustria).

A partir dos dados obtidos, destacam-se três grupos de ajuste emprego/fecundidade: o primeiro compreende Bélgica, Finlândia, Suécia, França e Dinamarca; o segundo, os três países do sul da Europa — Itália, Espanha e Grécia; e o terceiro, os demais países — Luxemburgo, Países Baixos, Grã-Bretanha, Alemanha e Áustria, Portugal e Irlanda.

Três grupos de ajuste emprego/fecundidade

	Subgrupo a	Subgrupo b	Subgrupo c
1º grupo: "creches" Diferenciais de emprego baixos Nível elevado de serviços de creche subsidiados Emprego feminino elevado (média B) Taxa de fecundidade elevada	**BE, SE, FI**	**DK** Diferenciais de emprego positivos	**FR** Diferenciais de emprego elevados (durante licenças parentais)
2º grupo: "inatividade" Diferenciais de emprego fracos (médios) Nível fraco de serviços de creche Taxas de fecundidade fracas Emprego feminino fraco	**ES, IT, EL**		
3º grupo: "penalidade" Emprego elevado de mulheres sem filhos Nível fraco de serviços de creche públicos Diferenciais de emprego elevados (exceto PT)	**NL, LU, UK, IE** Fecundidade elevada	**AT, DE** Fecundidade baixa	**PT** Diferenciais de emprego baixos

Primeiro grupo: serviços de creche desenvolvidos

A principal característica dos países do primeiro grupo é a existência de um grande número de equipamentos públicos de educação e cuidado para as crianças pequenas. Eles se distinguem também por taxas elevadas de emprego em tempo integral para as mulheres unidas e sem filho (média na Bélgica), maternidade ligeiramente penalizada pelo mercado de trabalho e taxas de fecundidade relativamente altas.

A Dinamarca se diferencia dos outros países do grupo por apresentar taxas de emprego em tempo integral bastante superiores para as mães. Já as francesas são as mais penalizadas no mercado de trabalho. Essa situação se explica por licenças parentais relativamente longas, com um viés de gênero e taxa de substituição relativamente baixa, o que implica uma saída das mães do mercado de trabalho e, mais especificamente, das menos instruídas (embora elas tenham a tendência a retornar ao mercado de trabalho quando os filhos crescem).

Se as taxas de emprego das mulheres são elevadas nos países escandinavos, isso se deve ao crescimento da oferta no setor público, o que produziu uma forte segregação (particularmente na Finlândia). Nesses países, as licenças parentais também apresentam um viés e exercem um impacto salarial negativo.

Segundo grupo: nível baixo de emprego feminino

Os países pertencentes ao segundo grupo caracterizam-se por taxas de emprego bastante baixas das não-mães de 25 a 44 anos, vivendo em união, mas é preciso observar que elas vêm apresentando um rápido crescimento nos últimos 10 anos.

As mães com filhos pequenos são relativamente menos penalizadas no mercado de trabalho nesses países, ainda que a intervenção pública no que se refere ao cuidado infantil, sobretudo para a faixa etária de 0-2 anos, possa ser considerada insatisfatória.

O indicador que revela o efeito negativo da presença de filho é mais fraco na Itália e na Grécia para filhos de 3-5 anos. Na Espanha, os contratos de emprego temporário são muito numerosos, e constata-se que as mulheres que têm um trabalho de duração determinada são mais suscetíveis de refrear a decisão de ter filhos (Gustafsson e Kenjoh, 2004; Petrongolo, 2004; De la Rica e Iza, 2005). O aumento da atividade das mulheres ocorreu, portanto, em prejuízo da qualidade e da estabilidade do emprego.

Terceiro grupo: forte sanção decorrente da maternidade no mercado de trabalho

O último grupo de países compreende Luxemburgo, Grã-Bretanha e Países Baixos, de um lado, e Áustria e Alemanha, de outro. Portugal e Irlanda também fazem parte desse grupo, ainda que apresentem características um pouco diferentes. Na verdade, é difícil encontrar uma característica similar a todos os países desse grupo. Excluindo o caso português, a presença de filho parece "ter um preço" no mercado de trabalho em todos os países. Nesse grupo, as mães unidas ajustam seu comportamento no mercado de trabalho, reduzindo suas horas de trabalho ou se retirando totalmente da vida ativa (sobretudo na Irlanda). Contudo, Portugal se aproxima desse grupo, dado que sua taxa de emprego das não-mães é elevada e que a oferta de equipamentos de creche para crianças pequenas é fraca.

Os dois subgrupos diferem em matéria de serviços de creches. Na Alemanha, esses serviços estão atrelados ao sistema educacional, que funciona só até o meio-dia. As políticas públicas nesse país, assim como na Áustria, seguem o modelo tradicional de divisão das tarefas, e os casais com dupla inserção profissional são penalizados pelo sistema fiscal em vigor, que privilegia a inatividade das mulheres ou o tempo parcial (Blossfeld e Drobnic, 2001). Ressalte-se, porém, que tanto nesse país quanto na Áustria a maior parte dos empregos em tempo parcial é protegida, ao contrário da Grã-Bretanha, onde a liberdade do mercado produziu uma considerável população com baixos salários, amplamente representada no setor de serviços, e uma diminuição dos salários para os trabalhadores das classes médias.

Se as políticas públicas implementadas na Grã-Bretanha não são favoráveis às famílias com dupla inserção profissional e com filhos, a taxa de emprego das mulheres é relativamente elevada, e não houve queda das taxas de fecundidade. Nesse país, as mães ajustaram seu comportamento no mercado de trabalho pela redução da jornada de trabalho mais que pela inatividade.

Nos Países Baixos, a concentração de empregos em tempo parcial no setor secundário é menos acentuada que nos outros países. Porém, esse tipo de emprego não está associado necessariamente a salários e a uma proteção social fracos, embora tenha conseqüências negativas sobre a carreira das mulheres, como nos outros países.

O fato de se considerar que as mulheres estão disponíveis pelo menos por meio período para cuidar de seus filhos se reflete nas políticas: a taxa de cobertura de serviços de creche é muito baixa para as crianças com menos de quatro anos. Isso é igualmente verdadeiro na Grã-Bretanha e em Luxemburgo. Já na Grã-Bretanha, a falta de oferta de serviços públicos de creche é compensada por sistemas privados, e em Luxemburgo, por ajudas financeiras muito generosas concedidas às famílias.

Finalmente, Portugal é um caso à parte, na medida em que as mães são menos penalizadas no mercado de trabalho após o nascimento do filho em comparação com os outros países desse grupo. Esse é o caso também dos outros países do sul da Europa. Mas isso se explica pelo fato de que as mulheres ativas têm um forte vínculo com o mercado de trabalho.

Em Portugal, o inverso é verdadeiro, pois a taxa de emprego em tempo integral das mulheres é elevada, mas com uma forte segregação, como em todos os países em que as taxas de atividade das mulheres aumentaram rapidamente (De Henau, Meulders, D'Orchay, 2004).

Conclusões

Os sistemas de cuidado infantil são o meio mais eficaz para garantir o acesso ao trabalho dos pais, e, portanto, a oferta pública teria de ser ampliada e as taxas de cobertura deveriam ser superiores às metas fixadas para a Europa no Conselho de Barcelona (segundo as quais os equipamentos de creche deveriam acolher até 2010 pelo menos 33% das crianças com menos de três anos e pelo menos 90% das crianças entre três anos e a idade de escolarização obrigatória).

Porém, se a educação protege, em parte, dos efeitos negativos da maternidade sobre o emprego, em alguns países o diferencial de emprego ainda é significativo para as mulheres mais escolarizadas. As mães pouco escolarizadas são mais sensíveis às políticas públicas, dados que sua posição no mercado de trabalho é mais frágil e seu emprego é particularmente dependente do acesso a equipamentos de creche.

Os governos também deveriam ser estimulados a aumentar as ajudas financeiras diretas às famílias, em vez de conceder isenções fiscais padronizadas, visto que as ajudas diretas têm a vantagem da simplicidade, da transparência e da justiça social. Elas deveriam ser, em todos os países, um direito próprio da criança. A individualização do sistema fiscal e de seguridade social é o que melhor se ajusta a essa lógica, pois pode evitar uma série de armadilhas ao emprego das mulheres.

No que diz respeito às licenças-maternidade, o ideal seria que elas tivessem uma duração de 18 semanas, isto é, o período necessário para a recuperação do parto, e não se prolongassem além desse tempo para não pôr em risco a carreira profissional da mãe. A licença-paternidade deveria ser estendida de acordo com esses mesmos critérios e ser obtida imediatamente após o nascimento do filho, o que reduziria bastante as tarefas familiares tradicionalmente assumidas pela mãe e estimularia melhor divisão do trabalho não-remunerado pelo casal.

Quanto às licenças parentais, elas deveriam ser compartilhadas entre o casal, pois enquanto forem requisitadas mais pelas mulheres, serão transferíveis e associadas a uma taxa reduzida de substituição e, no final, continuarão a exercer efeitos negativos sobre a carreira das mães.

Referências bibliográficas

BLOSSFELD H.-P.; DROBNIČ, S. Theoretical perspectives on couples' careers. In: ______; ______. (Eds.). *Careers of couples in contemporary society*. Oxford: Oxford University Press, 2001. p.16-50.

______; ______; ROHWER, G. Spouses' employment careers in (West) Germany. In: BLOSSFELD H.-P.; DROBNIČ, S. (Eds.). *Careers of couples in contemporary society*. Oxford: Oxford University Press, 2001. p. 53-76.

BUDIG, M. J.; ENGLAND, P. The effects of motherhood on wages in recent cohorts. *American Sociological Review*, v. 66, n. 2, p. 202-224, 2001.

DE HENAU, J.; MEULDERS, D.; D'ORCHAY, S. Conclusion. In: MEULDERS, D.; GUSTAFSSON, S. (Eds.). *The rationale of motherhood choices*: influence of employment conditions and of public policies. European Commission, Nov. 2004. Chap. 4.

______; ______; ______. *Maybe baby*! The comparative effectiveness of public policies to fight motherhood-induced employment penalties and decreasing fertility in the former EU-15: working paper DULBEA, Febr. 2006a. (Research Series, 6-2.RS).

______; ______; ______. The childcare triad? Indicators assessing three fields of child policies for working mothers in the EU-15. *Journal of Comparative Policy Analysis*, v. 8, n. 2, p. 129-148, June 2006b.

______; ______; ______. Parents' care and career: comparing parental leave policies across EU-15. In: DEL BOCA, D.; WETZELS, C. (Eds.). *Social policies, labour markets and motherhood*: a comparative analysis of European countries. Cambridge: Cambridge University Press, 2006c. Part 1, chap. 3.

______; ______; ______. The relative generosity of the EU countries' childcare systems. In: DEL BOCA, D.; WETZELS, C. (Eds.). *Social policies, labour markets and motherhood*: a comparative analysis of European countries. Cambridge: Cambridge University Press, 2006d. Part 1, chap. 2.

______; ______; ______. Support for market care? Child and tax benefits in the EU-15. In: DEL BOCA, D.; WETZELS, C. (Eds.) *Social policies, labour markets and motherhood*: a comparative analysis of European countries. Cambridge: Cambridge University Press, 2006e. Part 1, chap.3.

DE LA RICA, S.; IZA, A. Career planning in Spain: do fixed-term contracts delay marriage and parenthood? *Review of Economics of the Household*, v. 3, n. 1, p. 49-73, 2005.

EDIN, P. A.; GUSTAFSSON, M. *Time out of work and skill depreciation*. Uppsala: Université d' Uppsala, 2001.

GAUTHIER, A.; HATZIUS, J. Family benefits and fertility: an econometric analisys. *Population Studies*, n. 3, 1997.

GORNICK, J.; MEYERS, M. *Families that work:* policies for reconciling parenthood and employment. New York: Russel Sage Foundation, 2003.

______; ______; ROSS, K. E. Supporting the employment of mothers: policy variation across fourteen welfare states. *Journal of European Social Policy*, v. 7, n. 1, p. 45-70, 1997.

______; ______; ______. Public policies and the employment of mothers: a cross-national study. *Social Science Quarterly*, v. 79, n. 1, p. 35-54, 1998.

GORNICK J. C. et al. *Early childhood education and care (Ecec)*: cross-national variation in service organisation and financing. New York, 2000. [Paper prepared for presentation at A Consultative Meeting on International Developments in Early Childhood Education and Car: an Activity of the Columbia Institute for Child and Family Policy.]

GUSTAFSSON, S. Childcare and types of welfare states. In: SAINSBURY, D. *Gendering welfare state*. London: Thousand Oaks, 1994. p. 45-61.

______. European fertility developments. In: MEULDERS, D.; GUSTAFSSON, S. *The rationale of motherhood choices*: influence of employment conditions and of public policies. Sept. 2002. Chap.1. (State of the Art Report to the European Commission).

______; KENJOH, E. Motherhood choices. In: MEULDERS. D.; GUSTAFSSON, S. *The rationale of motherhood choices*: influence of employment conditions and of public policies. Nov. 2004. Chap. 3. (Final Report to the European Commission).

______; ______. Timing of maternity. In: DEL BOCA, D.; WETZELS, C. (Eds.). *Social policies, labour markets and motherhood*: a comparative analysis of European countries. Cambridge: Cambridge University Press, 2006. Part 2, chap. 2, p. 180-229.

______; ______; WORKU, S. *Human capital of women and men and the timing of parenthood*. Amsterdam: University of Amsterdam, 2003. ms.

HENDRICKX, J.; BERNASCO, W.; DE GRAAF, P. M. 'Couples' labour-market participation in the Netherlands. In: BLOSSFELD H.-P.; DROBNIČ, S. *Careers of couples in contemporary society*. Oxford: Oxford University Press, 2001. p. 77-97.

LETABLIER, M.-T. Comparing family policies in Europe. *Progress Report*, n. 1, 1998. [Thematic Network: Working and Mothering: Social practices and Social Policies. TSER Programme of the European Commission, Area III: Research into Social Integration and Social Exclusion in Europe, 1st TSER Seminar held in Lund, November 26-28, 1998.]

______. Fertility and family policies in France. *Journal of Population and Social Security (Population)*, suppl. v. 1, 2003.

______; BARBIER, J.-C. Etat et familles: politiques publiques comparées en Europe. In: *Collectif*: l'etat à l'épreuve du social. Paris: Syllespse, 1998. p. 139-151.

______; JÖNSSON, I. Caring for children: the logics of public action. In: GERHART, U.; KNIJN, T.; WECKWERT, A. (Eds.). *Erwerbstätige mütters*: ein europäischer Vergleich. Munich: Beck, 2003.

OCDE (Organização para a Cooperação e o Desenvolvimento Econômico). *Employment outlook*. Paris, 2001.

______. *Employment outlook*. Paris, 2002.

PETRONGOLO, B. Gender segregation in employment contracts. n. 637, May 2004. (CEP Discussion Papers).

WALDFOGEL, J.; HIGUCHI, Y.; ABE, M. Family leave policies and women's retention after childbirth: evidence from the United States, Britain and Japan. *Journal of Population Economics*, v. 12, p. 523-545, 1999.

10

Famílias monoparentais femininas, pobreza e bem-estar das crianças: comparações regionais

BILA SORJ*
ADRIANA FONTES**

À medida que os arranjos familiares se tornaram cada vez mais diversificados, foi se consolidando no Brasil um discurso público que pretende estabelecer relações causais entre estruturas de famílias, pobreza e vulnerabilidade das crianças. Nesse contexto, as famílias monoparentais femininas[1] passaram a ser vistas como responsáveis pela transmissão intergeracional da pobreza que afeta as oportunidades de vida das crianças.

A preocupação com o bem-estar das crianças ganhou um grande impulso com a promulgação do Estatuto da Criança e do Adolescente em 1990, que forneceu um arcabouço jurídico cujo objetivo é garantir o direito de todas as crianças e adolescentes à proteção e a cuidados especiais.

As políticas públicas inspiradas nos direitos evocados por essa legislação definem as famílias chefiadas por mulheres como alvos prioritários de ações de combate à pobreza, como se as crianças pertencentes a essas famílias fossem as

---

* Socióloga, Universidade Federal do Rio de Janeiro (UFRJ).
** Economista, Instituto de Estudos do Trabalho e Sociedade (IETS).

[1] Famílias chefiadas por mulheres e famílias monoparentais femininas não se referem ao mesmo tipo de estrutura familiar. Enquanto as famílias monoparentais femininas se referem às mulheres que residem em domicílios sem a presença do homem adulto seja em virtude de não-casamento, separação, divórcio ou viuvez, as famílias chefiadas por mulheres com a presença do marido são aquelas identificadas como a pessoa de referência no domicílio.

que se encontram sob condições mais severas de risco, comparativamente às crianças pertencentes a outros arranjos familiares.

Esse raciocínio foi muito bem expresso recentemente na justificativa que o Senado apresentou para pleitear políticas públicas focalizadas nas famílias chefiadas por mulheres.

> Famílias cuja pessoa de referência é uma mulher com filhos que apresenta rendimentos inferiores à renda familiar média *per capita*. Situação que nos remete necessariamente a pensar e agir por meio de políticas públicas, visto que essas mulheres não têm a mesma oportunidade de gerar renda adicional a não ser à custa do trabalho dos filhos e de outros parentes.
>
> Comissão Externa da Feminização da Pobreza do Senado Federal, Senado Federal (2004)

A afirmação de que as famílias monoparentais femininas oferecem condições extremamente adversas para o bom desenvolvimento das crianças disseminou-se no discurso público e, sobretudo, na mídia, proliferam enunciados com forte conteúdo moralizante e estigmatizante. As famílias monoparentais femininas são vistas como "famílias desestruturadas", que exploram o trabalho infantil, que retiram as crianças da escola e as expõem a situações de risco e de violência. Em contraste, as famílias de tipo nuclear, compostas por casal com filhos vivendo no mesmo domicílio, representariam um modelo de família saudável e capaz de transmitir às novas gerações competências e habilidades facilitadoras da inclusão social.

Este capítulo discute esses pressupostos, ou seja, pretendemos examinar se os arranjos familiares não-convencionais promovem, de fato, uma situação de maior vulnerabilidade para as novas gerações. Esse debate é bastante atual por duas razões.

Primeiro, porque as famílias monoparentais femininas vêm apresentando um rápido crescimento nas últimas décadas. Embora a maior parcela das famílias ainda seja composta por casais com filhos (50%), esse tipo de estrutura sofreu uma forte retração (em 1981 representava 65%). Em compensação, cresceu expressivamente o número de famílias compostas por chefes mulheres e filhos sem a presença do cônjuge. Hoje, esse é o segundo tipo de família mais comum, tendo passado de 12% nos anos 1980 para 18% em 2006 (Sorj, Fontes e Machado, 2007).

Segundo, porque os programas de combate à pobreza, que se intensificaram desde os anos 1990, privilegiam as famílias chefiadas por mulheres, pressupondo que nelas as crianças correriam maiores riscos sociais. Assim, por exemplo, no Programa Bolsa Família — que integra o núcleo da estratégia do governo brasileiro de enfrentamento da pobreza mediante a transferência de renda condicionada ao atendimento à educação e à saúde — 46% do total dos grupos domésticos configuram-se como estruturas familiares monoparentais, em sua grande maioria chefiadas por mulheres (Paes-Souza e Vaitsman, 2007). Ao estabelecer uma associação entre estrutura familiar, pobreza e bem-estar das crianças supõe-se que as crianças pobres participantes de outros arranjos familiares estejam em situação de menor vulnerabilidade social.

A nosso ver, a relação entre famílias chefiadas por mulheres, pobreza e bem-estar das crianças deve ser reconsiderada. Neste capítulo, questionamos se as crianças das famílias pobres chefiadas por mulheres estão efetivamente em situação de maior vulnerabilidade comparada à das crianças pobres pertencentes a arranjos familiares convencionais.

O capítulo se divide em quatro partes. A primeira discute a relação entre tipo de família e pobreza definida como insuficiência de renda. A segunda compara as condições dos domicílios, os indicadores educacionais e de trabalho infantil das famílias compostas com os das famílias monoparentais femininas. Na terceira, é feita uma análise regional tomando como exemplos as regiões Nordeste e Sudeste. Por fim, na quarta parte, resumimos as principais conclusões.

Pobreza e família

A apreciação crítica da relação entre família, pobreza e bem-estar das crianças requer algumas considerações de ordem conceitual. Como sabemos, as análises sobre pobreza dependem de escolhas conceituais e metodológicas e da disponibilidade de bases de dados para análise.

Para o nosso estudo, importa destacar que a definição de pobreza — que está na origem das afirmações de que as crianças sofrem privações mais severas nas famílias pobres chefiadas por mulheres — se fundamenta, em geral, em uma definição de pobreza como insuficiência de renda monetária. Embora o nível de renda monetária seja um indicador importante para avaliar condições de vida, a situação do domicílio, o acesso a bens de consumo, o nível de escolaridade das crianças e a presença de trabalho infantil podem variar em grupos com níveis de renda próximos. Dessa forma, é necessário integrar na análise da pobreza outros indicadores que permitam avaliar o estado de vulnerabilidade vivenciado pelas crianças.

Os estudos sobre família e pobreza tomam, em geral, a renda *per capita* familiar como indicador do nível de pobreza da família. Esse critério pressupõe que a família forma uma unidade homogênea, na qual os recursos são distribuídos igualmente entre seus membros. Todavia, muitos estudos têm mostrado (Chant, 2007) que as famílias ou os domicílios são unidades internamente diferenciadas e que a renda pode ser diferentemente distribuída para atender às necessidades dos seus membros, adultos e crianças.

Aparentemente, há boas razões para pensarmos que existe uma correlação entre pobreza e famílias chefiadas por mulheres sozinhas. De fato, quando a pobreza é medida pela renda monetária da família, observa-se que as famílias monoparentais femininas são desproporcionalmente afetadas pela pobreza.[2]

A tabela 1 mostra que a pobreza se concentra nas famílias monoparentais, sobretudo nas femininas. Mais da metade das pessoas que estão em famílias constituídas por mulheres sem a presença do marido com pelo menos um filho dependente é pobre, e 33,5% são consideradas extremamente pobres.

Tabela 1
Renda e pobreza por tipo de família (Brasil)

Famílias com ao menos um filho com menos de 15 anos	Renda familiar *per capita*	Percentual de pobres	Percentual de extremamente pobres
Famílias chefiadas por mulher, sem a presença do cônjuge	231	55,7	33,5
Famílias chefiadas por homem sem a presença da cônjuge	331	39,6	19,5
Famílias com a presença do casal	374	37,8	13,9
Famílias chefiadas por mulher, com a presença do cônjuge	443	34,2	13,3
Famílias chefiadas por homens, com a presença da cônjuge	369	38,0	13,9

Fonte: Pesquisa Nacional por Amostra de Domicílio (Pnad, 2005).
Obs.: O valor da linha de pobreza é de R$ 163 de 2005, utilizando-se o índice nacional de preços ao consumidor (INPC) para o deflacionamento.

[2] A pobreza foi definida como pessoas vivendo em famílias com renda *per capita* inferior à linha da pobreza. A linha da pobreza é o dobro da linha de indigência, definida como os custos de uma cesta básica alimentar que contemple as necessidades de consumo calórico mínimo de um indivíduo. A linha da pobreza foi estimada, em setembro de 2005, em R$ 163.

Quando comparamos as famílias chefiadas por mulheres sozinhas e aquelas com o chefe homem e a presença da cônjuge, percebe-se que há uma grande distância em termos de pobreza, renda e, principalmente, de indigência. O percentual de pessoas consideradas extremamente pobres (indigentes) nas famílias chefiadas por mulheres sem o marido é mais que o dobro das famílias com o casal.

Vale notar que as famílias mais bem-sucedidas financeiramente têm a presença do casal, mas são chefiadas pela mulher. Essa configuração familiar, como mostra a tabela 1, tem a maior renda familiar *per capita* e menores índices de pobreza e indigência, inclusive se comparada com as famílias tradicionais com a presença do casal e chefiadas por homens. Possivelmente, as famílias que identificam a mulher como a pessoa de referência são as menos convencionais, cujas mulheres têm destaque em termos profissionais e que possuem dois provedores de renda adultos no domicílio.

Pode-se supor que a tendência das famílias chefiadas por mulheres sozinhas de apresentarem percentuais tão elevados de pobreza monetária se relaciona fortemente com as desigualdades de gênero no mercado de trabalho e nas responsabilidades familiares. Por ganharem menos, em função da discriminação e da segregação sexual das ocupações (Barros, Fox e Mendonça, 1994; Bruschini e Lombardi, 2003; Lavinas e Nicoll, 2006), as rendas disponíveis nos domicílios que contam com apenas um provedor do sexo feminino seriam extremamente reduzidas quando comparadas aos domicílios com dois provedores ou com um único provedor do sexo masculino.

Além disso, as dificuldades em lidar com as demandas conflituosas entre trabalho e cuidados com a família, que afetam sobretudo as mulheres sozinhas com filhos, repercutem na qualidade dos empregos nos quais se inserem. Sorj, Fontes e Machado (2007) mostram que as mulheres chefes de famílias monoparentais com filhos dependentes se integram no mercado de trabalho pela participação em ocupações de menor qualidade, quando comparadas com os homens em qualquer posição na família e com as mulheres que não têm filhos. Desse modo, as pressões sofridas pelas mães que vivem sozinhas para garantir a provisão e os cuidados da família contribuem para a manutenção da situação de pobreza.

Todavia, o fato de as famílias monoparentais femininas serem menos capazes de mobilizar recursos econômicos não significa necessariamente que essa desvantagem seja transmitida aos filhos, como tampouco o fato de as famílias compostas por casal alcançarem um nível de renda mais elevado, ou por contarem com dois provedores ou porque têm um provedor do sexo masculino, assegura para as novas gerações melhores oportunidades de vida.

Trata-se, portanto, de averiguar se o diferencial de renda observado na tabela anterior em favor das famílias convencionais reflete em outros indicadores de bem-estar da família, como condições dos domicílios, nível de escolaridade dos filhos e presença de trabalho infantil.

Famílias pobres, condições dos domicílios e bem-estar das crianças

O universo das famílias pobres selecionadas para a nossa análise é mostrado na tabela 2, que apresenta o número e a composição das famílias com filhos dependentes e sua participação no total de famílias. No Brasil, em 2005, cerca de 26,3 milhões de famílias tinham pelo menos um filho com menos de 15 anos, o que corresponde à quase metade (45,7%) das famílias brasileiras.

Tabela 2
Tipos de famílias com filhos dependentes com menos de 15 anos (Brasil)

	Total de famílias			Famílias pobres		
	Número de famílias (em milhões)	% entre as famílias com ao menos um filho com menos de 15 anos	% no total de famílias	Número de famílias (em milhões)	% entre as famílias com ao menos um filho com menos de 15 anos	% no total de famílias
Famílias com ao menos um filho com menos de 15 anos	26,3	100,0	45,7	10,9	100,0	18,9
Famílias chefiadas por mulher, sem a presença do cônjuge	5,3	20,1	9,2	2,9	27,1	5,1
Famílias chefiadas por homem, sem a presença da cônjuge	0,5	1,9	0,9	0,2	1,8	0,3
Famílias com a presença do casal	20,5	77,9	35,6	7,7	71,1	13,5
Famílias chefiadas por mulher, com a presença do cônjuge	1,3	5,1	2,3	0,5	4,2	0,8
Famílias chefiadas por homens, com a presença da cônjuge	19,1	72,8	33,3	7,3	66,8	12,7

Fonte: Pnad, 2005.
Obs.: O valor da linha de pobreza é de R$ 163 de 2005, utilizando-se o INPC para o deflacionamento.

O número de famílias chefiadas pela mulher, sem a presença do cônjuge e com filhos dependentes é de 5,3 milhões, cerca de 9% do número total de famílias no Brasil. Já o número de famílias com o casal e chefiadas pelo homem é de 19,1 milhões, ou 33,3% do total. Com relação aos classificados como pobres, o número de famílias chefiadas pela mulher, sem a presença do cônjuge e com filhos dependentes é de 2,9 milhões, cerca de 5,1% do total.

Embora o percentual de pobres seja maior nas famílias chefiadas por mulheres sozinhas, como vimos na seção anterior, o número de famílias pobres com o casal chefiadas pelo homem é superior: 7,3 milhões, ou 12,7% do total de famílias no Brasil. Esses dados sugerem que há mais crianças pobres nas famílias compostas do que nas chefiadas por mulheres sozinhas. Esses dois tipos de famílias pobres constituem nossos grupos de interesse, cujos indicadores de bem-estar serão apresentados a seguir.

O primeiro indicador para comparar o nível de pobreza entre os tipos de família selecionados refere-se às condições do domicílio. Trata-se de uma variável altamente relevante, na medida em que representa o ambiente em que as pessoas, principalmente crianças, passam a maior parte do seu tempo. Muitos estudos mostram que domicílios com situações ambientais inadequadas estão correlacionados à mortalidade e à incidência de doenças infantis (Drachler et al., 2003).

A tabela 3 evidencia que as diferenças de renda observadas não se refletem em diferenças nas condições dos domicílios em termos de serviços básicos. O percentual de domicílios com acesso adequado a esgoto, água canalizada, coleta de lixo é sistematicamente maior nos domicílios chefiados por mulheres sem a presença do cônjuge do que nos domicílios com o casal e chefiados por homens, sendo que a maior distância ocorre na variável coleta de lixo. Por exemplo, o acesso a esgoto sanitário chega a ser um terço maior nas famílias chefiadas por mulheres sem o marido do que nas famílias com o casal. A posse de telefone fixo é quase o dobro nos domicílios chefiados por mulheres.

As condições dos domicílios quanto ao material de construção são melhores para as famílias monoparentais femininas do que para as famílias chefiadas por homens com a presença da cônjuge, como mostra a tabela 4. Já em termos de densidade habitacional, não há diferenças significativas entre os dois tipos de família.

Tabela 3
Condições dos domicílios em termos de serviços básicos por tipo de família (famílias pobres — Brasil)

Famílias com ao menos um filho com menos de 15 anos	Domicílios com acesso adequado a escoamento de esgoto sanitário (%)	Domicílios com acesso adequado à água canalizada (%)	Domicílios com coleta de lixo adequada (%)	Domicílios que possuem energia elétrica (%)	Domicílios que possuem telefone fixo (%)
Famílias chefiadas por mulher, sem a presença do cônjuge	56,9	83,0	84,3	96,6	27,7
Famílias chefiadas por homem, sem a presença da cônjuge	45,5	71,5	72,0	90,1	24,3
Famílias com a presença do casal	43,5	72,9	67,6	92,2	15,9
Famílias chefiadas por mulher, com a presença do cônjuge	56,2	85,7	88,1	97,6	25,3
Famílias chefiadas por homens, com a presença da cônjuge	42,7	72,1	66,3	91,8	15,3

Fonte: Pnad, 2005.

Tabela 4
Condições gerais dos domicílios por tipo de família (famílias pobres — Brasil)

Famílias com ao menos um filho com menos de 15 anos	Domicílios com densidade superior a duas pessoas por dormitório (%)	Domicílios construídos com material durável (%)
Famílias chefiadas por mulher, sem a presença do cônjuge	34,2	94,4
Famílias chefiadas por homem, sem a presença da cônjuge	28,0	90,5
Famílias com a presença do casal	34,4	92,5
Famílias chefiadas por mulher, com a presença do cônjuge	41,8	94,4
Famílias chefiadas por homens, com a presença da cônjuge	34,0	92,4

Fonte: Pnad, 2005.

Outro conjunto relevante de informações diz respeito à posse de bens duráveis apresentados na tabela 5. Esses dados mostram aspectos importantes da evolução das condições de vida da população mais pobre. Segundo Figueiredo, Torres e Bichir (2006), desde 1991 a posse de bens duráveis básicos — televisão, rádio, fogão e geladeira — já era praticamente universal. Embora não tenhamos dados comparativos para os outros bens de consumo duráveis, fica claro o nível de acesso ainda baixo das famílias pobres aos bens mais caros como o freezer e a máquina de lavar.

Quando comparamos a posse de bens duráveis nas famílias pobres, a situação é mais favorável àquelas chefiadas por mulheres que, com exceção do rádio, têm maior acesso aos bens de consumo duráveis do que as famílias com casal chefiadas pelos homens. Podemos sugerir que quando as mulheres estão no comando da família elas têm mais poder para impor suas preferências. Nesse caso específico, provavelmente, elas priorizam investimentos em equipamentos que facilitam a gestão das tarefas domésticas e que permitem uma economia do tempo investido na reprodução cotidiana das necessidades da família.

Tabela 5

Posse de bens duráveis por tipo de família (famílias pobres — Brasil)

Famílias com ao menos um filho com menos de 15 anos	Domicílios que possuem televisão (%)	Domicílios que possuem geladeira (%)	Domicílios que possuem fogão (%)	Domicílios que possuem filtro de água (%)	Domicílios que possuem rádio (%)	Domicílios que possuem freezer (%)	Domicílios que possuem máquina de lavar (%)
Famílias chefiadas por mulher, sem a presença do cônjuge	88,7	77,2	98,6	45,1	79,5	7,7	16,2
Famílias chefiadas por homem, sem a presença da cônjuge	78,1	69,7	96,4	43,4	78,9	9,5	14,2
Famílias com a presença do casal	82,8	71,0	98,1	42,5	80,9	6,0	10,9
Famílias chefiadas por mulher, com a presença do cônjuge	90,5	78,8	98,2	41,2	79,3	6,2	15,7
Famílias chefiadas por homens, com a presença da cônjuge	82,3	70,5	98,1	42,6	80,9	6,0	10,6

Fonte: Pnad, 2005.

Com relação à presença no domicílio de novas tecnologias de comunicação, novamente observamos que, quando uma família pobre tem a mulher como chefe, o acesso ao computador, à internet e à telefonia celular é maior do que quando o casal está presente e o homem é o chefe. Conforme a tabela 6, cerca de 4,5% dos domicílios com família monoparental feminina têm computador. Esse percentual é menos da metade nos domicílios com a presença do casal e chefiados por homens (1,9%).

Tabela 6

Presença de computador, internet e telefone celular por tipo de família (famílias pobres — Brasil)

Famílias com ao menos um filho com menos de 15 anos	Domicílios com acesso a computador (%)	Domicílios com acesso a computador com internet (%)	Domicílios com acesso à internet entre os que têm computador (%)	Domicílios que possuem telefone celular (%)
Famílias chefiadas por mulher, sem a presença do cônjuge	4,5	2,4	52,9	47,8
Famílias chefiadas por homem, sem a presença da cônjuge	5,1	3,5	68,5	43,3
Famílias com a presença do casal	2,0	0,7	36,0	36,8
Famílias chefiadas por mulher, com a presença do cônjuge	2,4	0,7	28,3	50,2
Famílias chefiadas por homens, com a presença da cônjuge	1,9	0,7	36,6	35,9

Fonte: Pnad, 2005.

Apesar da baixa disseminação das novas tecnologias da informação entre as famílias pobres, as monoparentais femininas estão saindo à frente no acesso a esses bens. No caso específico do telefone celular, pesquisas em favelas do Rio de Janeiro (Sorj, 2003) mostram que seu uso aumenta significativamente as chances no mercado de trabalho das pessoas que desenvolvem atividades informais, autônomas e de caráter eventual, como é o caso, em particular, das mulheres chefes de família. A possibilidade de localizar pessoas em qualquer lugar e a qualquer momento amplia sua capacidade de gerar renda. Podemos sugerir que o acesso ao telefone celular por parte das mulheres sozinhas favorece, adicionalmente, sua capacidade de exercer algum controle sobre os filhos, que muitas vezes ficam sozinhos em casa no período em que elas estão no trabalho.

Conclui-se que entre as famílias consideradas pobres, embora as monoparentais femininas tenham uma situação financeira mais desfavorável do que as famílias com o casal e chefe homem, as condições dos domicílios em que residem são superiores. Em outras palavras, as distâncias de renda das famílias monoparentais femininas em relação às famílias compostas não se verificam na maior parte dos indicadores das condições domiciliares.

Com base nessas evidências, supõe-se que quando as mulheres têm seu poder de barganha aumentado em face dos homens por serem chefes de família, suas preferências se orientam a atender às necessidades básicas da família, como é o caso das condições do domicílio. Essa orientação pode ter duas explicações diferentes, que teriam de ser aprofundadas por pesquisas qualitativas: ou se trata do cumprimento do papel tradicional de gênero que valoriza o altruísmo e a domesticidade maternos, ou então de uma decisão estratégica de realizar investimentos nas necessidades básicas da família, tendo em vista que elas não contam com muitas alternativas de apoio.

E para as crianças? Além das condições habitacionais, que diferença faz estarem em famílias monoparentais ou em famílias com o casal para a sua educação e trabalho? A tabela 7 mostra que, seja em famílias pobres, monoparentais ou com o casal, quando chefiadas por mulheres, os indicadores educacionais das crianças são melhores e o trabalho infantil é menor. A exceção a esse padrão é a freqüência das crianças à escola nas famílias chefiadas por mulheres sem cônjuge. Provavelmente, quando a mulher é a chefe do domicílio sem a presença do cônjuge há uma maior necessidade dos filhos cuidarem dos irmãos mais novos na ausência da mãe.

Tabela 7

Escolaridade e trabalho de crianças de sete a 14 anos por tipo de família (famílias pobres — Brasil)

	Taxa de analfabetismo (%)	Freqüência à escola (%)	Defasagem escolar (em anos)	% com mais de 1 ano de atraso	Crianças com menos de 15 anos trabalhando (%)
Famílias chefiadas por mulher, sem a presença do cônjuge	12,9	95,6	0,9	10,6	5,8
Famílias chefiadas por homem, sem a presença da cônjuge	20,1	94,2	1,3	20,6	7,1
Famílias com a presença do casal	14,9	96,8	0,9	12,0	9,4
Famílias chefiadas por mulher, com a presença do cônjuge	12,2	97,0	0,9	11,3	5,3
Famílias chefiadas por homens, com a presença da cônjuge	15,1	96,8	0,9	12,0	9,7

Fonte: Pnad, 2005.

Outro ponto relevante é que a incidência do trabalho infantil é bem mais elevada nas famílias com o casal chefiadas por homens. A figura 1 mostra que o trabalho infantil aumenta quando a renda diminui em famílias com o casal, enquanto nas famílias monoparentais femininas o percentual de crianças trabalhando é bem mais baixo e praticamente constante.

Figura 1
Trabalho infantil por tipo de família (Brasil)

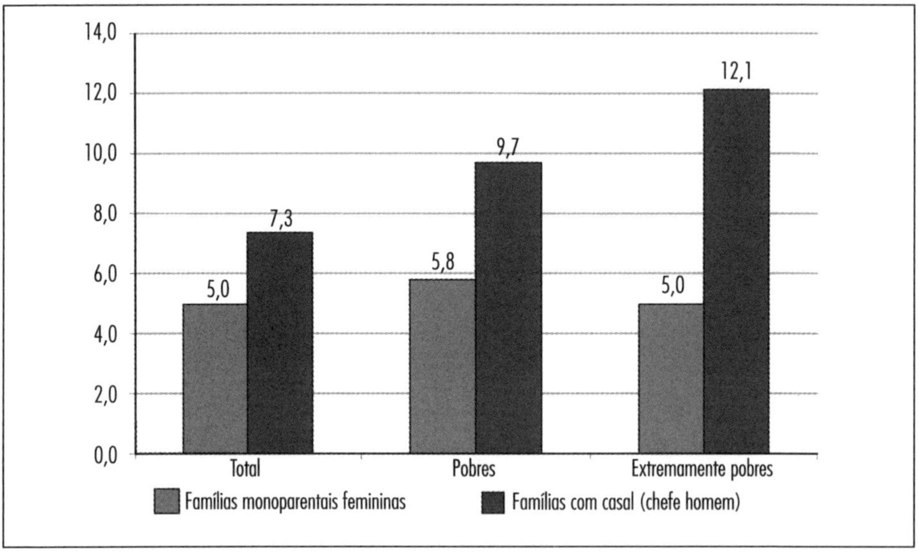

Fonte: Pnad, 2005.

Comparações regionais

Na seção anterior, verificamos que as distâncias em termos de renda das famílias monoparentais femininas em relação às famílias compostas chefiadas por homens não foram observadas nas condições domiciliares e de bem-estar das crianças na maior parte dos indicadores. Embora as famílias monoparentais femininas estejam em situação financeira mais desfavorável do que as famílias com o casal e chefe homem, não se pode afirmar que as condições dos domicílios e das crianças sejam mais adversas. Nessa seção, procuraremos questionar se existem diferenças regionais nesses resultados.

Visto que o Brasil é um país bastante heterogêneo, qualquer análise em nível nacional mascara grandes diferenças regionais, sobretudo entre Nordeste e Sudeste. Essas duas regiões são as mais populosas do país, e juntas abrigam mais de 70% da população, sendo que o Sudeste contribui com 43% e o Nordeste com 28%. O Sudeste, região mais rica, tem uma renda domiciliar *per capita* mais de duas vezes superior à do Nordeste, que é a mais carente. Nesta última, mais da metade da população é considerada pobre, quase o triplo do percentual de pobres da região Sudeste.

As figuras 2 e 3 evidenciam, primeiramente, que as disparidades entre as duas regiões também se verificam no acesso a serviços básicos. Assim como na média brasileira, tanto no Nordeste quanto no Sudeste, o percentual de domicílios com acesso adequado a esgoto, água canalizada, coleta de lixo e energia elétrica é sistematicamente maior nos domicílios chefiados por mulheres sem a presença do cônjuge do que nos domicílios com o casal e chefiados por homens.

Figura 2
Acesso dos domicílios a serviços básicos por tipo de família (famílias pobres — Nordeste)

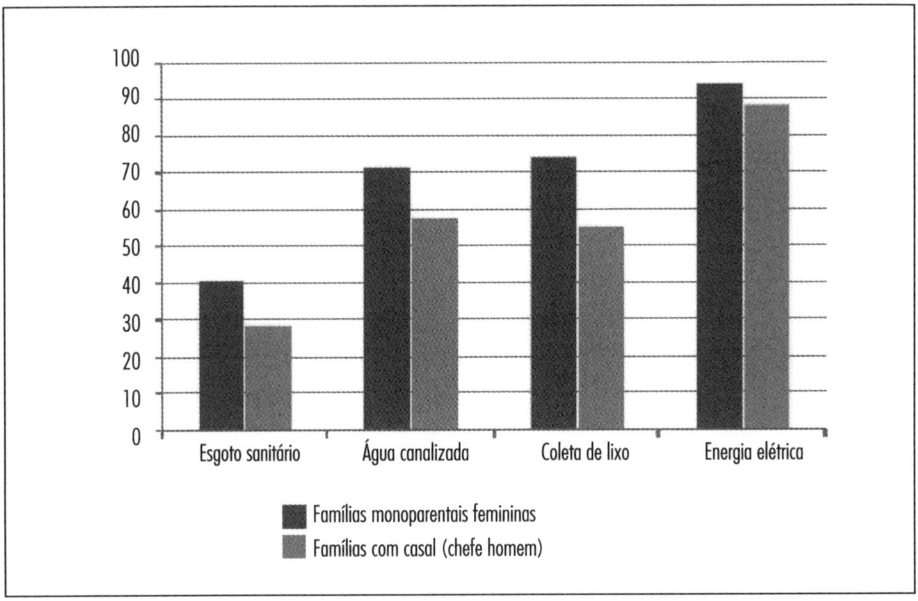

Fonte: Pnad, 2005.

Figura 3

Acesso dos domicílios a serviços básicos por tipo de família (famílias pobres — Sudeste)

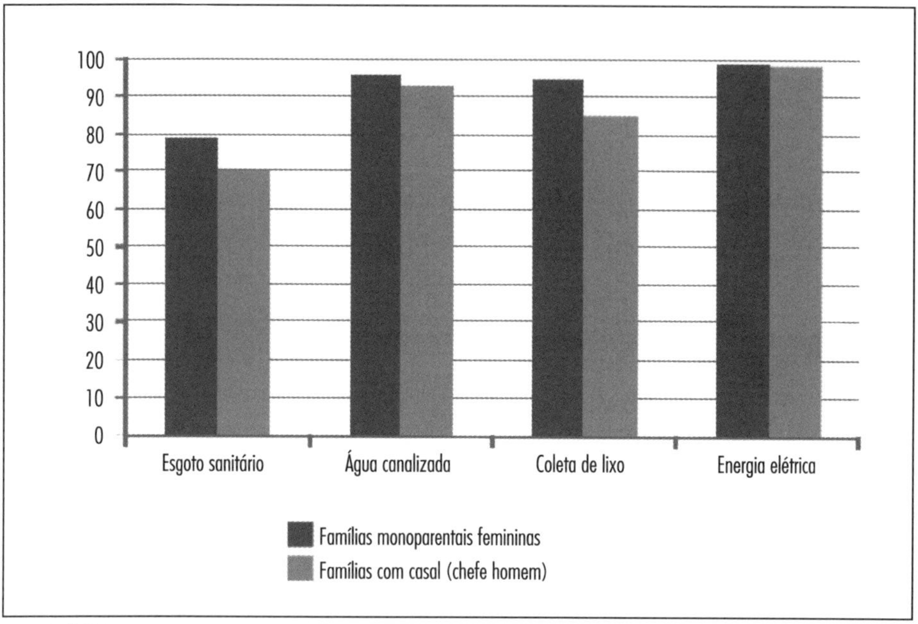

Fonte: Pnad, 2005.

No tocante aos indicadores de bem-estar das crianças não há um padrão bem definido. Por um lado, a freqüência das crianças à escola nas famílias chefiadas por mulheres sem cônjuge é menor do que nas famílias compostas, tanto no Nordeste quanto no Sudeste, confirmando o resultado nacional (figura 4). Esse resultado pode ser interpretado pela maior participação no mercado de trabalho das mulheres sozinhas em relação às cônjuges das famílias compostas, como mostramos em outro trabalho (Sorj, Fontes e Machado, 2007), e, provavelmente, é viabilizado pela retenção em casa de um dos filhos mais velhos para cuidar do restante da prole. Por outro, nas duas regiões, o trabalho infantil é mais freqüente nas famílias compostas chefiadas pelo homem. Os dois resultados, entretanto, indicam a maior presença das crianças em casa em famílias monoparentais femininas.

Figura 4
Percentual de crianças de sete a 14 anos freqüentando a escola

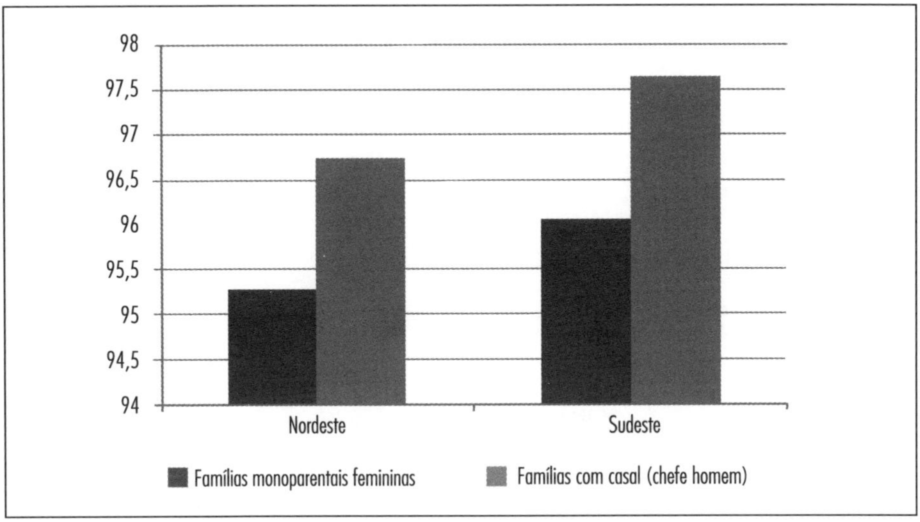

Fonte: Pnad, 2005.

Figura 5
Percentual de crianças com menos de 15 anos trabalhando

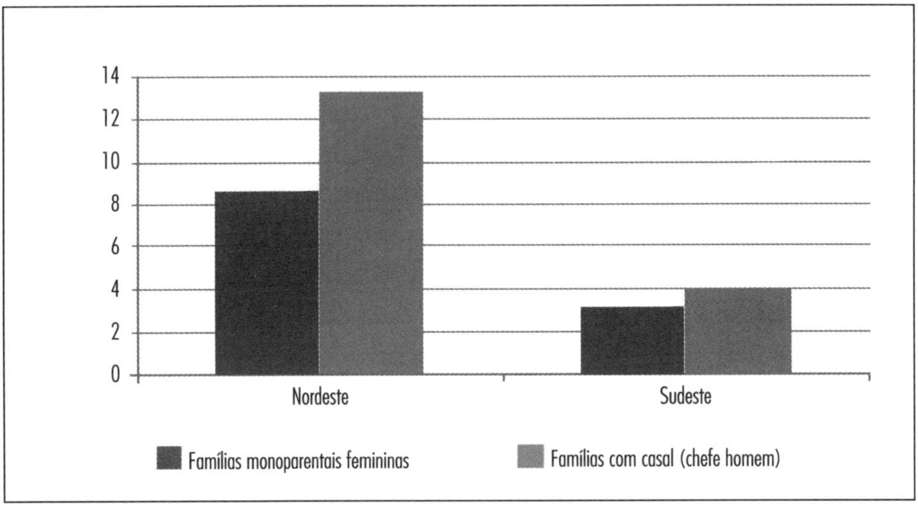

Fonte: Pnad, 2005.

Nos indicadores de analfabetismo e atraso escolar são claras as diferenças regionais. Enquanto no Nordeste se observa maior analfabetismo e maior atraso escolar nas famílias compostas chefiadas por homens, no Sudeste, as famílias monoparentais femininas apresentam os piores índices educacionais. Nota-se, porém, que as grandes disparidades são inter-regionais e não entre os tipos de família. Em outras palavras, as grandes diferenças nos indicadores são percebidas entre as regiões Nordeste e Sudeste e não entre os dois tipos de famílias em cada região.

Figura 6

Taxa de analfabetismo de crianças de sete a 14 anos (%)

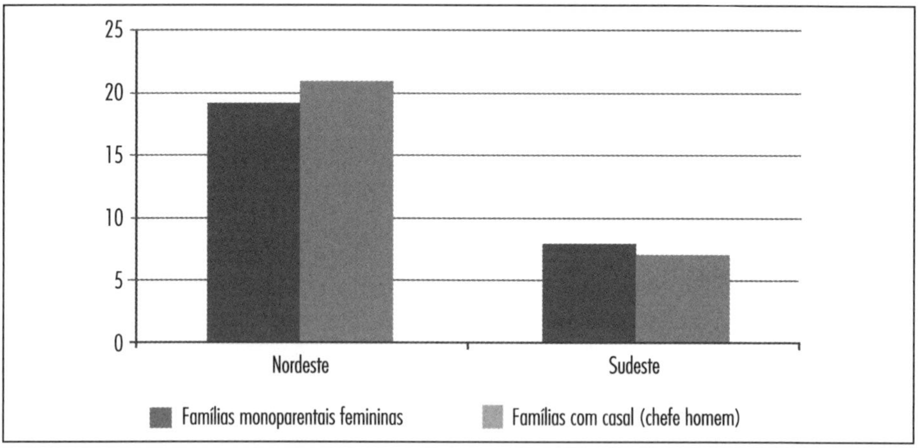

Fonte: Pnad, 2005.

Figura 7

Percentual de crianças de sete a 14 anos com atraso escolar

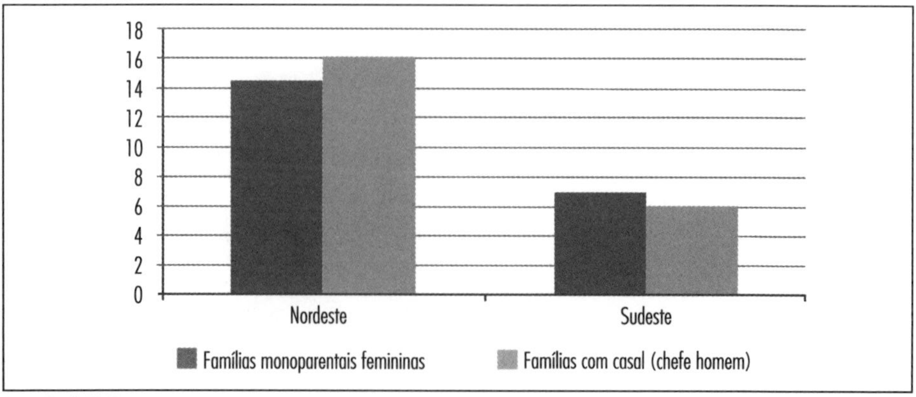

Fonte: Pnad, 2005.

Considerações finais

A relação entre gênero, família e pobreza tornou-se, na última década, um tema polêmico na medida em que diversos programas de combate à pobreza no Brasil passaram a focalizar as famílias monoparentais femininas como alvo privilegiado de suas ações.

A base conceitual para a seleção das famílias monoparentais femininas como beneficiárias desses programas fundamenta-se no conceito de "feminização da pobreza" que, segundo Bridge (2001), significa que a incidência da pobreza entre as mulheres é maior que entre os homens, que a pobreza delas é mais severa que a deles, e que a tendência à maior pobreza das mulheres está associada ao crescimento das famílias monoparentais femininas.

Todavia, vários estudos recentes mostram os limites conceituais e metodológicos que informam o conceito de "feminização da pobreza", notadamente a noção de que as famílias monoparentais femininas seriam as mais pobres entre as pobres.

Lefaucheur (1988) argumenta que não se deve explicar a pauperização relativa das famílias monoparentais pelo único efeito da monoparentalidade: sexo, idade, etnia, tempo de duração da conjugalidade, entre outros fatores, influenciam as condições de vida de uma família monoparental.

Medeiros e Costa (2006), a partir de dados de pesquisas domiciliares realizadas em oito países da América Latina, concluíram que as diferenças nos níveis de pobreza entre tipos de família estão mais relacionadas à existência de filhos do que propriamente à estrutura monoparental feminina da família.

Lavinas e Nicoll (2006) mostram que, no Brasil, entre os 10% mais pobres, o número de famílias chefiadas por mulheres e chefiadas por homens é equivalente.

Chant (2007) argumenta que as estruturas familiares chefiadas por mulheres sem a presença do parceiro não são um bom prognóstico das oportunidades de vida iniciais das crianças nem das trajetórias percorridas na adolescência e na vida adulta. Baseada em evidências de vários países, a autora contesta a visão de que as famílias chefiadas por mulheres acumulam desvantagens superiores às famílias compostas por casais. Ao introduzir em sua análise sobre pobreza a perspectiva das relações de gênero, considera que a chefia feminina das famílias pode ser entendida como um meio de as mulheres ganharem maior controle sobre suas vidas e de conseguirem assegurar melhores condições de vida aos seus descendentes.

Em nosso estudo também não encontramos evidências que corroborem a afirmação em voga de que as famílias monoparentais femininas oferecem condições mais adversas para o bom desenvolvimento das crianças. Mediante a comparação entre famílias monoparentais femininas e as famílias compostas, identificamos que as primeiras não estão necessariamente em desvantagem em vários dos indicadores socioeconômicos selecionados. O trabalho infantil, por exemplo, é mais freqüente em famílias compostas do que nas famílias monoparentais femininas, tanto no Nordeste quanto no Sudeste.

Apesar de as famílias monoparentais femininas terem, em média, renda inferior à das famílias com o casal e chefe homem, as condições dos domicílios em que residem são superiores, o trabalho infantil é menor e, no caso do Nordeste, o atraso escolar e o analfabetismo são mais baixos.

Esses resultados permitem questionar o senso comum que nos diz que as crianças das famílias pobres chefiadas por mulheres estão em uma situação de maior vulnerabilidade quando comparada à das crianças pobres pertencentes aos arranjos familiares convencionais. Desse modo, podemos sugerir que políticas de combate à pobreza que focalizam estruturas familiares específicas correm o risco de deixar muitas crianças pobres fora do seu sistema de proteção.

Não queremos dizer com isso que os programas de redução da pobreza deveriam privilegiar outros arranjos familiares. Se o objetivo dessas políticas é o de reduzir a transmissão intergeracional da pobreza, então todas as crianças em situação de vulnerabilidade social deveriam ser contempladas, independentemente do arranjo familiar a qual pertençam.

Referências bibliográficas

BARROS, R. P.; FOX, L.; MENDONÇA, R. *Female-headed households, poverty, and the welfare of children in urban Brazil*. The World Bank, 1994. 46 p. (Policy Research Working Paper 1275).

BRIDGE. *Briefing paper on the feminization of poverty*. Institute of Development Studies, University of Sussex, Apr. 2001. 8 p.

BRUSCHINI, C.; LOMBARDI, M. R. Capítulo suplementar — mulheres e homens no mercado de trabalho: um retrato dos anos 1990. In: MARUANI, M.; HIRATA, H. (Orgs.). *As novas fronteiras da desigualdade*. Homens e mulheres no mercado de trabalho. São Paulo: Senac, 2003.

CHANT, S. *Children in female-headed households:* interrogating the concept of an "integerational transmission of disadvantage" with particular reference to the Gambia, Philippines and Costa Rica. LSE Gender Institute, London, London School of Economics, 2007. (New Working Papers Series).

DRACHLER, M. et al. Social inequalities and other determinants of height in children: a multi-level analysis. *Cadernos de Saúde Pública*, Rio de Janeiro, v. 19, n. 6, p. 1815-1825, 2003.

FIGUEIREDO, A. C.; TORRES, H. G.; BICHIR, R. M. A conjuntura social brasileira revisitada. *Novos Estudos Cebrap*, n. 75, p. 173-183, jul. 2006.

LAVINAS, L.; NICOLL, M. Atividade e vulnerabilidade: quais os arranjos familiares em risco. *Dados*, v. 49, n. 1, p. 67-97, 2006.

LEFAUCHEUR, N. Les "familles monoparentales" en questions. Parents seuls: la famille après le divorce. *Dialogue*, Paris, n. 101, 1988.

MEDEIROS, M.; COSTA, J. *Poverty among women in Latin America*: feminization or over-representation? International Center, UNDP, n. 20, May 2006. (Working Paper).

PAES-SOUSA, R.; VAITSMAN, J. (Orgs.). Síntese das pesquisas de avaliação de programas sociais do Ministério de Desenvolvimento Social e Combate à Fome. *Cadernos de Estudos*: Desenvolvimento Social em Debate, n. 5, 2007.

SORJ, B. *brazil@digitaldivide.com Confronting inequality in the information society*. Brasília: Unesco Brazil, 2003.

______; FONTES, A.; MACHADO, D. C. Políticas e práticas de conciliação entre trabalho e família no Brasil. *Cadernos de Pesquisa*, São Paulo, v. 37, n. 132, p. 573-594, set./dez. 2007.

11

O tempo de trabalho de homens e de mulheres na Europa

Jérôme De Henau*
Isabelle Puech**

Desde o início dos anos 1980, a norma do tempo de trabalho na Europa sofreu profundas mudanças. Os horários de trabalho em tempo integral, regulares, definidos em um quadro semanal, dão lugar, progressivamente, a uma infinidade de horários atípicos (tempo parcial imposto, trabalho de fim de semana, horários variáveis, tempo de trabalho anualizado etc.). Paralelamente a esse movimento de diversificação dos tempos de trabalho, em um contexto de individualização sempre maior da relação salarial, as regras temporais do trabalho são cada vez mais definidas em nível descentralizado (ramo profissional, empresa), o que acaba incidindo sobre as clivagens observadas entre os trabalhadores, em particular entre homens e mulheres, e no próprio interior do salariado feminino (Puech, 2005a). Essas transformações contemporâneas dos tempos de trabalho não são neutras em relação ao gênero. Na realidade, o tempo de trabalho participa diretamente da organização das práticas profissionais que são, desde sempre, fortemente marcadas pelo gênero.

Neste capítulo, fizemos um inventário das diferenças sexuais em matéria de tempos trabalhados. Comparamos o tempo de trabalho de homens e

* Doutor em ciências de gestão, Dulbea, Université Libre de Bruxelles.
** Socióloga, CSU/CNRS.

de mulheres na Europa, considerando não apenas a duração, mas também a organização e a repartição dos horários de trabalho. Demos atenção, mais particularmente, à autonomia de que se beneficiam os homens e as mulheres na gestão de seus horários de trabalho.

A análise não se limita ao tempo de trabalho profissional tomado em um determinado momento da vida ativa dos indivíduos. Medimos também o tempo de trabalho doméstico que, quando associado ao tempo de trabalho profissional, põe por terra a idéia segundo a qual os homens trabalhariam mais tempo do que as mulheres. Sugerimos aqui a hipótese de que as diferenças em termos de duração, de organização e de repartição de horários do trabalho profissional entre os homens e as mulheres estão estreitamente ligadas à estrutura dos empregos, mas também aos papéis e lugares tradicionalmente atribuídos aos homens e às mulheres na esfera profissional e no universo doméstico.

Três pesquisas européias foram utilizadas. Primeiro, a pesquisa anual sobre a força de trabalho, que fornece uma série de informações sobre os tempos de trabalho, as profissões, a natureza dos contratos, como também sobre a organização e a repartição das horas trabalhadas. Depois, a pesquisa social européia, que permite uma análise mais aprofundada da divisão sexual dos tempos de trabalho remunerados e não-remunerados: a versão 2004 dessa pesquisa aborda questões que requerem da parte dos entrevistados uma apreciação mais pessoal — questões relativas ao domínio de seu tempo de trabalho, à liberdade de organizar suas jornadas de trabalho, à divisão do trabalho doméstico e do trabalho remunerado nos casais. Finalmente, realizada em um número mais restrito de países europeus em 2000, a pesquisa européia sobre o horário (Harmonised European Time-Use Survey — Hetus) completa nosso inventário trazendo dados mais sutis sobre os tempos consagrados pelos homens e pelas mulheres às diferentes atividades da vida cotidiana.

Horas extras dos homens, tempo parcial das mulheres

Segundo dados da pesquisa da Eurostat 2005 sobre a força de trabalho, na União Européia dos 25 países, os homens trabalham em média 39,8 horas por semana e as mulheres 32,8 horas.

Essas diferenças sexuais explicam-se principalmente pela repartição desigual das horas extras. Na Alemanha, na França, no Reino Unido e na Eslováquia, mais de um quarto dos assalariados é requisitado pelo menos uma vez por semana para horas extras imprevistas,[1] enquanto na Grécia e na Hungria, a prática desse tipo de horário ainda é marginal (figura 1).

Figura 1
Proporção de assalariados requisitados a cumprir horas extras imprevistas pelo menos uma vez por semana, por sexo (2004)

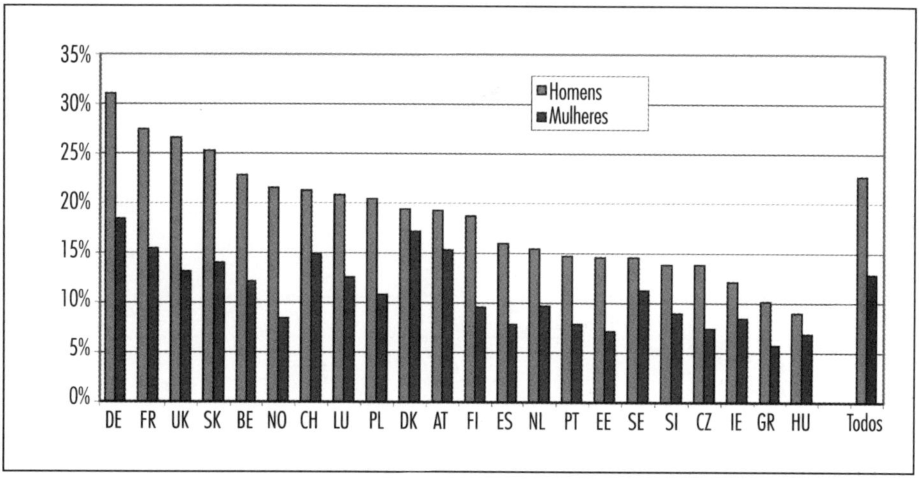

Fonte: Enquête Sociale Européenne, 2004.

Em todos os países da Europa, as horas extras impostas de última hora são mais características dos homens que das mulheres: em média, 23% dos homens declaram fazer horas extras não previstas pelo menos uma vez por semana contra 13% das mulheres. Porém, segundo a Eurostat, as horas extras das mulheres seriam remuneradas com menos freqüência que as dos homens: um terço das mulheres seriam remuneradas pelas horas extras que cumprem contra a metade dos homens assalariados (Vaguer e Van Bastelaer, 2004).

Paralelamente, o gênero feminino do trabalho em tempo parcial também contribui para explicar as diferenças sexuais em matéria de duração do traba-

[1] A questão é colocada como segue: "Quantas vezes por semana seu trabalho implica horas extras comunicadas de última hora (*short notice*)?"

lho. Quinze por cento da população ativa ocupada na Europa trabalham em tempo parcial, mas essa taxa chega a cerca de 25% para as mulheres contra apenas 7% para os homens.[2]

As maiores proporções de tempo parcial são encontradas sobretudo nos países do norte — Países Baixos, Suíça, Noruega, Alemanha, Grã-Bretanha —, enquanto os países do leste e do sul apresentam as taxas de tempo parcial mais baixas da Europa (figura 2).

Figura 2

Freqüência do tempo parcial na população ativa ocupada por sexo (2005)

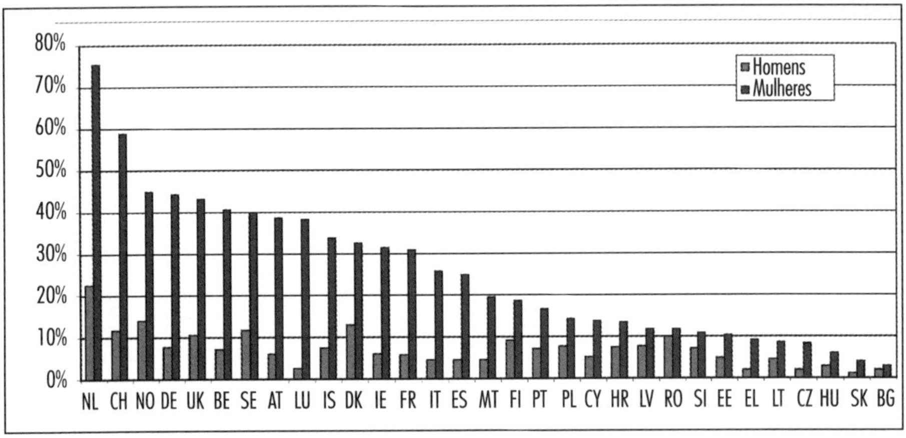

Fonte: Eurostat — Enquête sur les Forces de Travail, 2005.

Entre os países onde o tempo parcial ultrapassa 20% do emprego feminino, podem-se distinguir vários grupos segundo a evolução recente dessa forma de emprego. Na Grã-Bretanha e na Noruega, a taxa de tempo parcial feminino mantém-se estável há mais de 10 anos, assim como nos Países Baixos. Na Alemanha e na Bélgica, ao contrário, o tempo parcial ocupa um lugar cada vez mais importante dentro da atividade feminina. O mesmo ocorre na Irlanda, na França, em Luxemburgo e na Áustria. Em um terceiro grupo, encontram-se a Itália e a Espanha, dois países que se caracterizaram por muito tempo pelas taxas de atividade feminina mais baixas da Europa e que tiveram um forte crescimento nos últimos 10 anos, com um desenvolvimento paralelo

[2] Média não ponderada das freqüências de tempo parcial por país.

do tempo parcial, sobretudo no final do período. Já em outros países europeus, o tempo parcial feminino tende a diminuir: é o caso da Dinamarca desde o final dos anos 1980 (nível estável depois), da Suécia e da Islândia desde o início dos anos 2000.

Julgamos interessante comparar o tempo parcial segundo o grupo de idade, na medida em que se supõe um engajamento diferente no mercado de trabalho em função do ciclo de vida. Esquematicamente, associamos três lógicas de tempo parcial a três faixas etárias:

- para a faixa etária 15-24 anos, pode-se levantar a hipótese de que o tempo parcial corresponde a uma entrada progressiva no mercado de trabalho. O tempo parcial aqui pode estar ligado ao ensino superior dos jovens dessa faixa etária, mas também às restrições à contratação que afetam os menos qualificados entre eles, mas não só;
- para a faixa etária 25-49 anos, o tempo parcial pode ser associado a um afastamento parcial do mercado de trabalho ligado às obrigações familiares — uma "escolha" imposta na maioria dos casos pela falta de estruturas adequadas para deixar as crianças (De Henau, Meulders e D'Orchay, 2006) e pela não divisão das tarefas domésticas e familiares entre os casais (Puech, 2005b). Nessa faixa etária, as restrições à contratação também são fortes;
- finalmente, nas idades mais avançadas, uma hipótese é que o tempo parcial estaria ligado a um afastamento progressivo da atividade por iniciativa do trabalhador ou do empregador.

A figura 3 mostra bem que, na Europa, a maioria do tempo parcial masculino é um tempo parcial de inserção que geralmente vai a par da continuação do ensino superior — uma prática bastante difundida, principalmente nos Países Baixos, na Dinamarca e na Noruega. Em menor medida, o tempo parcial dos homens corresponde a um afastamento progressivo da atividade no final da vida ativa. Quanto ao tempo parcial nas "idades da paternidade", ainda é muito raro.

Para as mulheres, ao contrário, a diversidade de situações é muito mais acentuada (figura 4).

Na Suíça, na Alemanha, na Áustria e em Luxemburgo, as mulheres jovens trabalham preferencialmente em tempo integral. Entre 25 e 49 anos, encontram-se sobretudo nos empregos em tempo parcial (De Henau, Meulders e D'Orchay, 2006), empregos nos quais estão presentes mesmo depois dos 50 anos.

Figura 3
Freqüência do tempo parcial na população ativa ocupada por faixa etária — homens (2005)

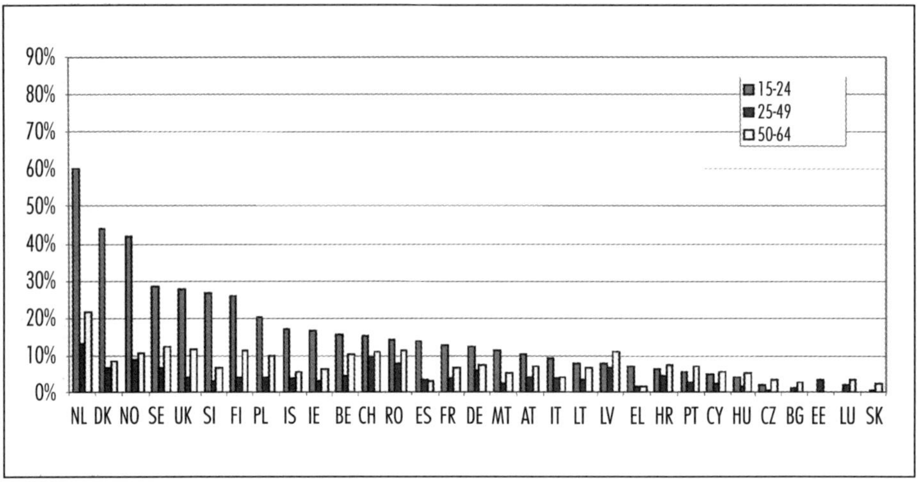

Fonte: Eurostat — Enquête sur les Forces de Travail, 2005.

Ao contrário, nos países escandinavos e na Finlândia, mas também na Eslovênia e na Estônia, são as mulheres jovens que se encontram maciçamente (em relação ao nível médio do país) nesse tipo de empregos, sendo que a taxa diminui nas idades mais avançadas. Na Noruega e na Suécia, as taxas permanecem elevadas mesmo depois dos 25 anos.

Finalmente, nos Países Baixos, na Grã-Bretanha, na Islândia, na Bélgica e na França, as três formas de tempo parcial parecem coexistir. Nesses países, o tempo parcial é característico de todas as mulheres, qualquer que seja sua idade. Trata-se geralmente de uma solução para o emprego que consiste em uma redução individualizada do tempo de trabalho imposta pelos empregadores e encorajada pelos poderes públicos (na França e na Bélgica).

A pesquisa sobre a força de trabalho procurou saber as razões que levam os trabalhadores a ocupar um emprego em tempo parcial. Nossa atenção é dirigida às mulheres entre 25 e 49 anos. A figura 5 reproduz a distribuição das três respostas principais: "não encontrou tempo integral", "não quis assumir um tempo integral", "responsabilidades familiares ou pessoais (à parte a própria doença ou invalidez)".

Figura 4

Freqüência do tempo parcial na população ativa ocupada por faixa etária — mulheres (2005)

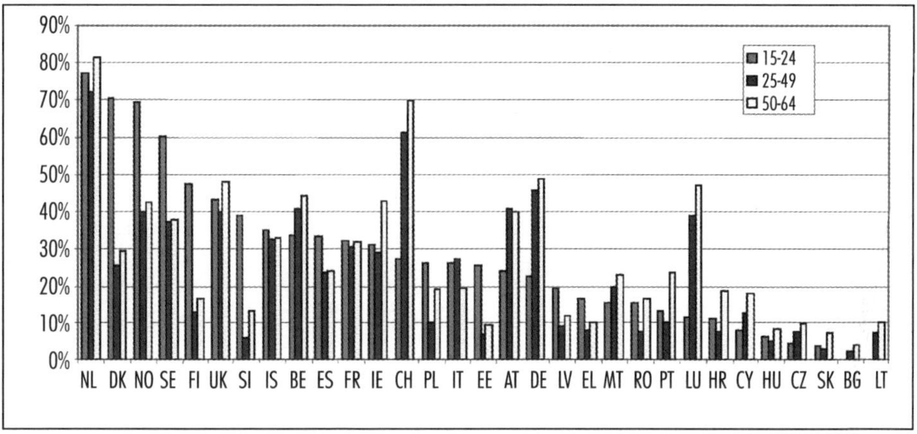

Fonte: Eurostat — Enquête sur les Forces de Travail, 2005.

Figura 5

Principais razões de ocupar um posto em tempo parcial, mulheres de 25-49 anos (2005)

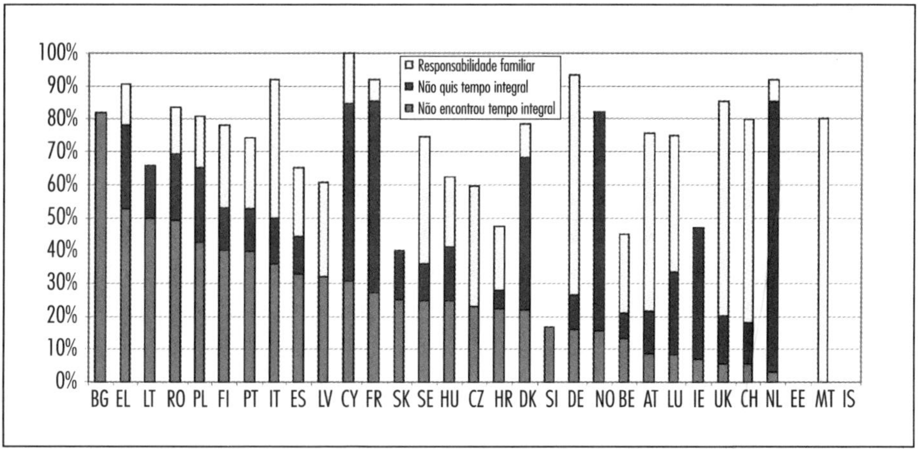

Fonte: Eurostat — Enquête sur les Forces de Travail, 2005.

Não ter encontrado trabalho em tempo integral é uma razão alegada sobretudo nos países onde o tempo parcial é pouco desenvolvido (exceto na Itália). Na França e na Suécia, entretanto, essa resposta foi dada por 25% das mulheres.

Se a recusa de trabalhar em tempo integral explica uma parte importante do tempo parcial feminino em certos países (França, Chipre, Dinamarca, Noruega, Países Baixos, Irlanda), resta saber qual o grau de escolha deliberada que essa resposta subentende.

Um contraste se desenha entre os perfis noruegueses (e dinamarqueses em menor medida), de um lado, e suecos, de outro, sendo as responsabilidades familiares preponderantes na decisão de trabalhar em tempo parcial na Suécia, o que não é majoritário na Noruega. É verdade que os dois países desenvolveram políticas familiares similares, mas a cultura subjacente não é a mesma; a norma do trabalho feminino é menos difundida na Noruega que na Suécia (Sörensen e Bergqvist, 2002), o que poderia ser parte da explicação. Ao contrário, o perfil de resposta é similar na Alemanha, Suíça, Áustria e Luxemburgo: as responsabilidades familiares são as mais alegadas pelas trabalhadoras em tempo parcial.

A gestão do tempo no trabalho

A pesquisa social européia fornece-nos informações complementares sobre certos aspectos ligados à organização da jornada de trabalho. Trata-se de uma pesquisa individual realizada em 20 países europeus. Na versão 2004, várias perguntas nos informam sobre a organização e a repartição dos horários de trabalho (domínio do ritmo de trabalho, da organização das tarefas, horários de início e de fim da jornada), enquanto outras se referem à avaliação subjetiva das condições de trabalho (trabalhar duro, não concluir seu trabalho a tempo, trabalho perigoso). Certas perguntas referem-se ainda ao avanço do tempo de trabalho sobre o tempo fora do trabalho. Focalizaremos nossa análise na autonomia de que se beneficiam os trabalhadores e as trabalhadoras na gestão de seu tempo de trabalho.

Domínio dos horários

A pergunta sobre a autonomia dos horários é interessante: fica entre a resposta subjetiva de avaliação do próprio grau de autonomia e a resposta objetiva ligada aos termos do contrato de trabalho.

O enunciado da pergunta era o seguinte: "Em seu emprego atual, determine até que ponto a afirmação a seguir se confirma: 'Posso decidir a hora de começar e de terminar meu trabalho'".[3] As respostas possíveis são ordinais: "de modo nenhum verdadeira", "um pouco verdadeira", "mais para verdadeira", "inteiramente verdadeira". Ilustramos abaixo a distribuição dessas respostas por país e por sexo com o respectivo equivalente de resposta quanto ao domínio de seus horários: nenhum, fraco, relativo, total.

Figura 6

Distribuição do grau de domínio dos próprios horários de trabalho — homens (2004)

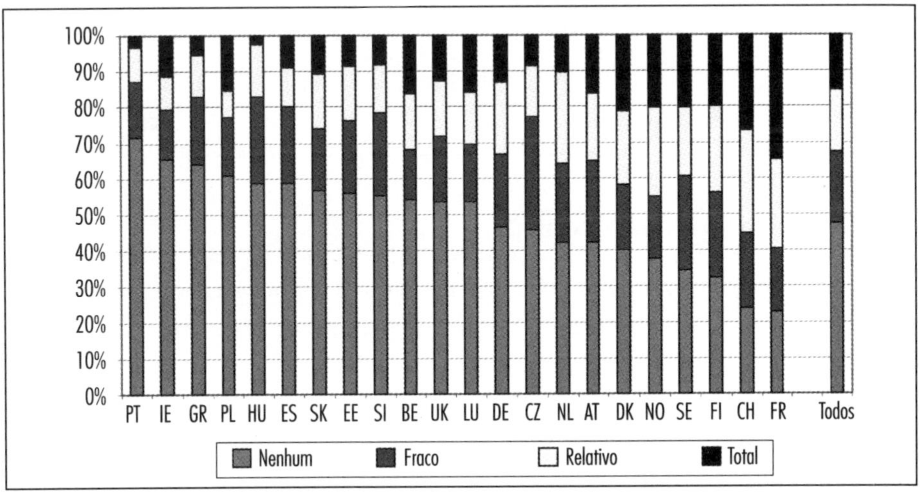

Fonte: Enquête Sociale Européenne — Vague 2004.

Para a grande maioria de homens e de mulheres assalariados, é quase impossível decidir livremente seu horário de início e fim de jornada (ou período) de trabalho. Contudo, os homens se beneficiam de um maior domínio de seus horários que as mulheres na maior parte dos países da Europa, considerada em nossa amostra de 22 países.[4]

[3] Trata-se de uma tradução dos autores do questionário inglês. Evidentemente, as perguntas são feitas em cada idioma nacional. O serviço central de tratamento da pesquisa (baseado na Noruega) cuida da coerência dos enunciados em todos os idiomas.

[4] Nossa seleção não inclui nem a Ucrânia nem a Islândia: a Ucrânia não faz parte da pesquisa sobre a força de trabalho e a Islândia tem uma amostra reduzida demais para permitir cálculos de média representativa.

Figura 7
Distribuição do grau de domínio dos próprios horários de trabalho — mulheres (2004)

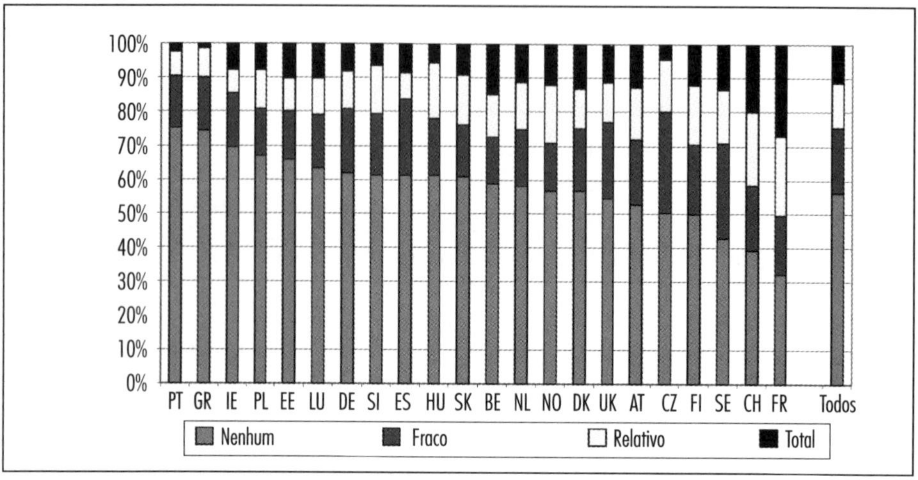

Fonte: Enquête Sociale Européenne — Vague 2004.

A França se demarca nitidamente dos outros países por seu elevado grau de autonomia na gestão dos horários, tanto para os homens quanto para as mulheres, seguida de perto pela Suíça. Os países nórdicos estão do mesmo lado. No oposto, encontram-se Portugal, Grécia, Irlanda e Polônia.

Será que essa diferença sexual do domínio dos horários de trabalho se deve ao tipo de contrato e, em particular, ao estatuto funcional que poderia garantir um certo nível de autonomia?

Uma análise multivariada confirma uma diferença muito significativa entre homens e mulheres: as mulheres executivas se beneficiam de menos autonomia na gestão de seus horários que os homens executivos, mas elas têm mais autonomia que as mulheres não executivas.[5]

Um "controle" por setor de atividade[6] mostra que a diferença permanece significativa, mas um pouco menor. O mesmo ocorre quando se acrescentam

---

[5] O modelo utilizado é um modelo de regressão logística ordenada para dar conta do aspecto ordinal da variável dependente. Os resultados estão disponíveis junto aos autores.

[6] O setor pode determinar o tipo de horários convencionais e o grau de autonomia subjacente, e como homens e mulheres não se encontram nas mesmas proporções em cada setor, é interessante isolar esse efeito convencional. Controlar pelo setor é, portanto, medir a ligação direta entre sexo e autonomia nítida da ligação entre sexo e setor (devido à segregação). Mede-se aqui o efeito do sexo "tudo igual em toda parte".

como controles o tempo integral, o trabalho temporário, a idade, o nível de educação, a profissão e o país.

Ao contrário, quando se relaciona o sexo com os controles acrescentados — com exceção do setor, da profissão e do país —, o efeito sexo de base desaparece. Além disso, uma diferença negativa importante é observada para as mulheres em tempo integral (comparativamente aos homens em tempo integral) e para as mulheres com diploma de nível superior (comparativamente aos seus homólogos masculinos). Se o tempo integral e o nível de educação oferecem em geral mais autonomia, parece que isso ocorre relativamente menos para as mulheres que para os homens.

Assim, a idade, o nível de educação, um emprego em tempo integral e um cargo de executivo dão mais autonomia aos assalariados, qualquer que seja o sexo. Isso é significativamente menos verdadeiro para as mulheres em tempo integral, inclusive quando são diplomadas.

A pesquisa nos permite analisar essa autonomia à luz de um indicador raramente presente nas pesquisas sobre a força de trabalho ou socioeconômicas: o sexo do chefe direto.[7] Se acrescentarmos essa variável em nosso modelo, considerando igualmente um efeito de interação entre sexo do assalariado e sexo do chefe direto, o resultado mostra que, para os assalariados homens, o sexo do supervisor imediato não tem influência sobre seu grau de autonomia, ao passo que existe um impacto negativo importante para as mulheres que são subordinadas a uma mulher.

Esse resultado é interessante em si, mas ainda difícil de interpretar. Para ter mais clareza sobre isso, seria útil incluir ao modelo um indicador que "captasse" o efeito da segregação profissional, a fim de verificar se o sexo do supervisor não é, na verdade, sinal da proporção de mulheres em uma profissão (em um nível mais detalhado da CITP).[8] Esse indicador é, portanto, a proporção de mulheres em cada profissão do nível 3 da CITP, medido em média na Europa dos 15.

---

[7] Em nossa amostra de assalariados, 4% não têm chefe direto, e pertencem mais que os outros assalariados ao grupo de legisladores e empresários (sobretudo entre os homens), mas igualmente às profissões elementares não-qualificadas (entre as mulheres). Eles foram incluídos em nosso modelo à guisa de controle a fim de não perder indivíduos. Em compensação, não ter supervisor direto tem um impacto positivo muito relevante para os homens e muito negativo para as mulheres, controlando pela profissão.

[8] Classificação Internacional Tipos de Profissões (International Standard Classification of Occupations — Isco). Os cálculos são feitos com base na pesquisa sobre força de trabalho de 2003 (Eurostat).

Em nosso modelo completo, o efeito desse indicador é muito significativo, e torna o impacto da variável "sexo do chefe" não-significativo. Note-se que o efeito é fraco para os homens e muito positivo para as mulheres.

As mulheres assalariadas das profissões muito feminizadas têm, portanto, uma autonomia de decisão sobre seus horários muito elevada. Esse é um resultado interessante que vem confirmar as hipóteses de profissões ditas *family-friendly*, com horários de trabalho conciliáveis e taxa elevada de tempo parcial.

Contudo, resta saber se é porque os horários são mais atraentes que essas profissões são muito feminizadas ou se é pelo número de mulheres que ocupam esses empregos que se instaurou uma maior autonomia na gestão dos horários. As duas hipóteses são plausíveis, mas precisaríamos de séries cronológicas para verificá-las.[9] Nos dois casos, são as mulheres que adaptam seus horários aos encargos familiares. Isso não afeta os homens, ou afeta em menor grau.

Ritmos de trabalho e organização cotidiana do trabalho

Além da liberdade de escolher os horários de início e de término da jornada, o ritmo durante a jornada ou período de trabalho merece igualmente uma análise sexuada. Duas questões abordam essa temática: a possibilidade de escolher/mudar seu ritmo de trabalho propriamente dito e a de decidir como organizar seu trabalho cotidiano. As respostas a essas duas questões são medidas em uma escala de 0 a 10 (0 para ausência de liberdade, 10 para liberdade total). Os escores médios por país e por sexo são reproduzidos na tabela 1.

Existe uma correlação muito forte entre essas duas variáveis qualquer que seja o sexo (0,70 para os homens e 0,68 para as mulheres em nível individual; 0,90 para os homens e 0,89 para as mulheres em nível de país). Em média, os homens gozam de maior liberdade de organização e de escolha do ritmo de trabalho que as mulheres, salvo na Hungria — onde a diferença inversa é acentua-

[9] Sem prejulgar os resultados dessa análise, existe uma diferença muito significativa entre as respostas dos homens e das mulheres à pergunta sobre os critérios que prevalecem na escolha de um emprego; as mulheres respondem em uma proporção muito maior que a conciliação trabalho/família é primordial.

da —, na Estônia e na Áustria. Os países nórdicos, germânicos (exceto Luxemburgo) e os Países Baixos demarcam-se dos outros por seu alto grau de liberdade, em particular na gestão do ritmo de trabalho, aos quais se somam a França, a Bélgica e a Grã-Bretanha para a organização da jornada de trabalho. Uma clivagem noroeste/sudeste se revela com bastante nitidez através dessa tabela.

Um outro indicativo do movimento de intensificação do ritmo de trabalho na Europa nos é dado por uma questão relativa à sensação de nunca ter de tempo suficiente para terminar seu trabalho.[10] A esse respeito, a tabela 2 mostra fortes diferenças entre países e entre os sexos.

Tabela 1

Escore médio de autonomia de ritmo e de organização do trabalho, por sexo (2004)

	Ritmo		Organização	
	Homens	Mulheres	Homens	Mulheres
DK	7,4	6,9	7,8	7,8
FI	7,3	7,2	7,5	7,5
NO	7,2	6,7	7,8	7,6
SE	6,9	6,5	7,9	7,9
DE	6,9	6,2	6,4	6,0
NL	6,8	6,5	7,2	6,9
AT	6,7	7,0	6,4	6,6
CH	6,7	6,0	7,1	6,7
BE	5,8	5,5	6,5	6,8
FR	5,6	5,5	6,9	6,7
UK	5,5	5,5	6,9	6,7
EE	5,2	5,6	4,9	5,5
ES	5,1	4,7	5,6	5,4
PL	5,0	5,0	4,8	4,9
SI	4,9	4,1	5,7	4,4
SK	4,8	4,6	4,7	5,2
LU	4,8	4,5	5,3	5,2
PT	4,3	4,4	4,7	4,7
HU	4,3	5,6	4,9	6,3
IE	4,3	4,2	5,4	5,2
CZ	4,0	4,1	3,6	3,9
GR	3,7	3,2	4,3	4,5
Total	5,8	5,6	6,2	6,1

Fonte: Enquête Sociale Européenne — Vague 2004.

[10] Concretamente, as questões são colocadas da seguinte maneira: no que se refere ao seu emprego atual, até que ponto você concorda ou não com afirmações como: "meu emprego requer um trabalho muito duro", "tenho a impressão de que o tempo nunca é suficiente para concluir tudo o que tenho de fazer no meu emprego".

Tabela 2

Falta de tempo — proporção de respostas afirmativas, por sexo (2004, %)

	Falta de tempo	
	Homens	Mulheres
PT	50	56
FR	53	53
UK	46	52
NO	48	51
BE	39	49
DK	34	48
FI	40	47
SE	43	45
CH	48	44
SI	36	44
ES	43	41
IE	33	39
SK	37	38
NL	40	38
LU	43	35
DE	41	32
HU	24	30
PL	26	27
CZ	26	25
AT	28	23
EE	20	18
GR	19	16
Total	41	41

Fonte: Enquête Sociale Européenne — Vague 2004.
Nota: Países classificados em ordem decrescente segundo as proporções para as mulheres.

Esse quadro mostra que:

- na Europa, dois assalariados a cada cinco em média queixam-se de não ter tempo suficiente para realizar seu trabalho, com variações entre países que vão de menos de 20% de assalariadas "sob pressão" na Grécia e na Estônia a mais da metade na França e em Portugal;
- proporcionalmente, as mulheres se sentem muito mais "sob pressão" que os homens em Portugal, na Grã-Bretanha, na Finlândia, na Hungria, mas sobretudo na Bélgica, na Eslovênia e na Dinamarca;
- o inverso é verdadeiro nos quatro países germânicos;

- na Europa, são as assalariadas que estimam trabalhar menos arduamente, mas são elas também que declaram em maior número não ter tempo suficiente para concluir seu trabalho.

A divisão desigual entre o trabalho remunerado e não-remunerado

A análise que fizemos até agora referia-se ao trabalho remunerado. Não poderíamos concluir uma comparação européia dos tempos de trabalho sem falar do tempo doméstico.

A pesquisa européia harmonizada sobre os orçamentos tempos fornece-nos a matéria necessária para esse tipo de análise. Trata-se de uma pesquisa realizada em 14 países europeus,[11] formando um painel geograficamente bem diversificado de mercados de trabalho.

Uma amostra representativa da população de pessoas de 20 a 74 anos preencheu um diário de bordo durante um dia da semana e um dia do fim de semana, anotando o tipo de atividades (principal e secundária) por período de 10 minutos. O trabalho de campo foi realizado em setembro de 2000. Os dados não são disponíveis individualmente, mas alguns quadros recapitulativos tirados do site da Eurostat na internet fornecem-nos informações pertinentes.

A tabela 3 reproduz o número médio de minutos passados trabalhando, distinguindo trabalho remunerado e trabalho doméstico, calculado em base semanal.

Tabela 3

Número de minutos passados no trabalho semanalmente, por tipo de trabalho (população total, 20-74 anos — 2000)

	Mulheres			Homens		
	Emprego remunerado	Trabalho doméstico	Total	Emprego remunerado	Trabalho doméstico	Total
Lituânia	211	269	480	286	129	415
Eslovênia	162	297	459	234	159	393
Estônia	147	302	449	215	168	383

Continua

[11] Bélgica, França, Alemanha, Grã-Bretanha, Itália, Espanha, Finlândia, Suécia, Noruega, Eslovênia, Polônia, Hungria, Estônia, Lituânia.

	Mulheres			Homens		
	Emprego remunerado	Trabalho doméstico	Total	Emprego remunerado	Trabalho doméstico	Total
Hungria	148	297	444	227	159	387
Itália	112	320	432	255	95	350
Espanha	126	295	421	261	97	358
Polônia	135	285	419	241	142	383
França	137	270	407	228	142	370
Grã-Bretanha	144	255	399	250	138	389
Suécia	173	222	396	251	149	401
Finlândia	153	236	389	228	136	364
Bélgica	113	272	385	195	158	353
Noruega	158	227	385	244	142	386
Alemanha	112	251	363	200	141	341
Média não ponderada	145	269	416	239	138	377

Fonte: Eurostat, Harmonised European Time Use Surveys, 2000.
Nota: Países classificados segundo o total para as mulheres.

Em média (não ponderada pela população), as mulheres desses países trabalham 95 minutos a menos por semana que os homens no mercado de trabalho (para o conjunto dos empregos ocupados). Em compensação, elas dedicam semanalmente 131 minutos a mais que os homens às tarefas domésticas. Portanto, seu tempo total de trabalho semanal ultrapassa o dos homens em 40 minutos em média, reduzindo na mesma quantidade seu lazer e os períodos de descanso e de cuidados.

As mulheres cujo tempo de trabalho é o mais longo encontram-se na Lituânia, na Suécia e na Eslovênia, e aquelas cujo tempo é o mais curto encontram-se na Bélgica, na Alemanha e na Itália. É neste último país que as mulheres dedicam mais tempo às tarefas domésticas, seguidas de perto pela Estônia e por outros países do leste. O contraste é acentuado na Espanha e na Itália. Em relação aos outros países, os homens têm os tempos de trabalho remunerados mais longos e são os mais "preguiçosos" em casa, enquanto para as mulheres ocorre exatamente o inverso.

É preciso observar que essas cifras se referem ao conjunto da população, e portanto os minutos trabalhados em média são calculados igualmente para as pessoas que não exercem atividade profissional. Para depurar nossa comparação, reproduzimos na tabela 4 os minutos dedicados ao trabalho remunerado e não-remunerado entre a população ativa ocupada (sempre de 20 a 74 anos).

Tabela 4

Número de minutos passados no trabalho semanalmente, por tipo de trabalho (população empregada, 20-74 anos — 2000)

	Mulheres			Homens		
	Emprego remunerado	Trabalho doméstico	Total	Emprego remunerado	Trabalho doméstico	Total
Lituânia	349	204	553	388	99	487
Polônia	277	238	515	362	113	474
Eslovênia	250	264	514	311	144	455
Hungria	275	234	509	320	129	449
Itália	275	231	506	370	70	440
Espanha	285	209	494	363	80	443
Estônia	248	244	492	295	140	435
França	270	220	490	342	113	455
Bélgica	228	232	460	298	135	433
Finlândia	247	201	448	324	119	443
Suécia	235	212	447	310	143	453
Grã-Bretanha	234	208	442	333	114	447
Noruega	208	206	414	286	132	418
Alemanha	213	191	404	294	112	407
Média não ponderada	257	221	478	328	117	446

Fonte: Eurostat, Harmonised European Time Use Surveys, 2000.
Nota: *Países classificados segundo o total para as mulheres.*

Essa tabela sintetiza o que é chamado de acúmulo de tarefas pelas mulheres, a dupla jornada de trabalho, o *double burden* ou *double shift*. Os investimentos temporais dos homens e das mulheres, evidentemente mais próximos que na tabela anterior, nem por isso são similares.

Homens e mulheres trabalham mais mediante remuneração que em seu domicílio em todos os países, mas para as mulheres a diferença é pequena entre os dois tipos de tempo (na Bélgica e na Eslovênia, seu tempo de trabalho remunerado é menor que seu tempo de trabalho doméstico). Em contrapartida, a duração total de trabalho é muito próxima entre homens e mulheres na Alemanha, Noruega, Grã-Bretanha, Suécia e Finlândia, mas com diferenças sexuais muito nítidas entre tempo de trabalho remunerado e não-remunerado.

Enquanto na maior parte dos países europeus a atividade feminina remunerada tornou-se a norma, é espantoso constatar até que ponto a divisão das tarefas domésticas e familiares permanece desigual entre os homens e as mulheres.

As políticas de redução generalizada do tempo de trabalho implantadas em certos países mostraram que diminuir conjuntamente o tempo consagrado pelos homens e pelas mulheres ao trabalho remunerado não é suficiente, visto que as representações associadas ao papel tradicional das mulheres na esfera doméstica constituem um dos principais freios a uma divisão igualitária das tarefas nos casais (Seifert, 1997; Estrade, Méda e Orain, 2001).

Assim, a questão das políticas familiares é crucial, mas, também nesse âmbito, a maneira como os homens e as mulheres incorporam medidas neutras em relação ao gênero revela a impregnação da divisão tradicional do trabalho doméstico.

O caso da Suécia, geralmente apresentado como exemplo, mostra bem que, apesar de uma política voluntarista (licença parental bem remunerada, flexível, longa, podendo ser partilhada entre os pais, fracionada etc.), são sempre as mães que assumem mais a tarefa de cuidar dos filhos pequenos. E isso incide nas trajetórias de emprego de mulheres que, sem dúvida, têm a possibilidade de adaptar com relativa facilidade seu tempo de trabalho, mas cuja atividade em tempo parcial, por mais regulada e protegida que seja, incide inevitavelmente sobre as perspectivas de evolução das carreiras e sobre a concentração da atividade feminina em um número restrito de empregos (Marc e Zajdela, 2006).

Ora, é justamente a concentração da atividade das européias em um número limitado de empregos, em outras palavras, o caráter não-misto dos empregos, que está no centro das desigualdades, principalmente salariais, observadas entre os homens e as mulheres no mercado de trabalho.

Referências bibliográficas

DE HENAU, J.; MEULDERS, D.; D'Orchay, S. *Maybe baby!* The comparative effectiveness of public policies to fight motherhood-induced employment penalties and decreasing fertility in the former EU-15. 2006. (Working Paper Dulbea, Research series, n. 06-02).

ESTRADE, M.-A.; MÉDA, D.; ORAIN, R. Les effets de la réduction du temps de travail sur les modes de vie des salariés: qu'en pensent les salariés un an après? *Premières Synthèses*, Dares, v. 21, n. 1, mai 2001.

MARC, C.; ZAJDELA, H. Articuler travail et famille en France et en Suède. *Connaissance de L'Emploi*, Centre d'Études de l'Emploi, n. 28, 2006.

MARUANI, M.; MEULDERS. D. Chômage, sous-emploi et précarité. In: MARUANI, M. (Dir.). *Femmes, genre et société*. L'état des savoirs. Paris: La Découverte, 2005. p. 227-236.

PUECH, I. *Dérégulation des temps de travail et recompositions du marché du travail:* inégalités entre les sexes, disparités entre femmes. Trois figures du salariat féminin du secteur tertiaire. 2005a. Thesis — Université Paris 8, soutenue le 27 octobre 2005.

______. Le non-partage du travail domestique. In: MARUANI, M. (Dir.). *Femmes, genre et sociétés*. L'état des saviors. Paris: La Découverte, 2005b. p. 176-183.

SEIFERT, H. Conséquences d'une réduction massive du temps de travail sur la division sexuée du travail familial: le cas de Volkswagen. *Les Cahiers du Mage*, n. 2, p. 81-89, 1997.

SILVERA, R. Les femmes et la diversification du temps de travail: nouveaux enjeux, nouveaux risques. *Revue Française des Affaires Sociales*, n. 3, p. 71-98, juil./sept. 1998.

SÖRENSEN, K.; BERGQVIST, C. Gender and the social democratic welfare regime. *Work Life in Transition*, Stockholm, n. 5, 2002.

VAGUER, C.; VAN BASTELAER, A. Heures supplémentaires. *Statistiques en Bref*, n. 11, 2004.

12

Percepções e práticas de gênero em perspectiva comparada

Clara Araújo*
Felícia Picanço*
Celi Scalon*

Quais as tendências internacionais atuais quanto ao maior equilíbrio entre mulheres e homens na divisão e conciliação entre vida familiar e trabalho doméstico? Quais os impactos das características culturais, sociais e econômicas sobre as percepções de gênero? Em que medida tais percepções influenciam a divisão das tarefas domésticas e as tomadas de decisão entre os sexos? E como isso reflete na satisfação com a vida cotidiana e com essa conciliação? Será que tais percepções e tipos de divisão de trabalho guardam uma identidade de gênero que se sobrepõe às variações entre países?

Todas essas perguntas são relevantes para entender tanto as relações de gênero quanto a dinâmica das interações sociais contemporâneas, e por isso partimos de dados estatísticos internacionais para comparar gênero e conciliação entre trabalho pago e vida familiar. O texto tem como objetivo analisar as aproximações e distâncias entre homens e mulheres vivendo conjugalmente, nos países e entre os países, em relação a três aspectos: percepções sobre os papéis de gênero; divisão de tarefas e tomada de decisões na vida familiar (práticas); e avaliação sobre a conciliação entre o trabalho pago e a vida doméstica.

A fonte de dados é o *survey* Gênero, Família e Trabalho realizado pelo International Social Science Program (ISSP), no período 2002/03 em cerca de

* Sociólogas, Universidade do Estado do Rio de Janeiro (Uerj).

30 países. Entre eles, foram selecionados Brasil, Chile, Estados Unidos, Espanha, Suécia e Japão, com base nos seguintes critérios: interesse em comparar contextos com distintas características políticas, socioeconômicas, culturais e regionais; a disponibilidade de dados comparativos resultantes dos *surveys* focados no tema específico e recortado por condição conjugal; e a possibilidade de compreender, ainda que de modo geral, as interseções entre gênero e as diversidades culturais, contextuais e familiares entre casais.

Assim, partindo de contextos diferentes, pretende-se verificar padrões, recorrências e o peso do gênero nas relações de casal. Nessa perspectiva, levamos em consideração alguns indicadores internacionais construídos pelas Nações Unidas para a mensuração de desigualdades: Human Development Index (IDH), Gender Development Index (GDI) e Gender Empowerment Index (GEM).[1] Embora exista uma relação entre desenvolvimento socioeconômico e igualdade de gênero, ela não é direta. Há variações em função de aspectos culturais e políticos.

Quanto aos contextos sociopolíticos, foram privilegiados os modelos de democracia liberais, conservadores e socialdemocratas e suas combinações em diferentes graus: os sistemas tradicionalmente mais estáveis ou em processo de estabilização, as características gerais da provisão pública para o cuidado das crianças, a religião predominante e aspectos culturais gerais das relações de gênero (tradições mais ou menos hierarquizadas ou igualitaristas).

Com base nas perguntas do questionário, foram construídos índices que orientam a análise dos aspectos que nos interessam aqui:

- para avaliar as *percepções sobre os papéis de gênero*, consideramos um conjunto de perguntas sobre os papéis atribuídos a homens e mulheres quanto à maternidade, ao provimento econômico e ao trabalho doméstico; o índice expressa o grau de percepção mais ou menos tradicional: quanto mais próximo de 0, mais tradicionais são as percepções;
- no que se refere às *práticas*, o índice visa mensurar a percepção sobre a distribuição das tarefas domésticas e o exercício do poder de decisão dentro da família: quanto mais próximo de 0, menos igualitárias são as práticas;

[1] Para mais detalhes sobre os índices, ver o site <www.undp.org>.

- quanto à *satisfação com a conjugação vida familiar e trabalho pago*, pretende-se captar avaliações mais ou menos positivas sobre a conciliação entre ambos: quanto mais próximo de 0 é o índice, mais negativa é a avaliação.

As singularidades e semelhanças entre os países escolhidos permitem analisar as aproximações e distâncias dos índices entre os sexos dentro dos países e entre os países. Desse modo, esperamos contribuir com os estudos comparados sobre os temas da divisão do trabalho, conciliação trabalho pago e vida familiar e percepções de gênero, porém, com o olhar voltado aos possíveis impactos da conjugalidade.

Reflexões sobre práticas familiares

É consenso na interpretação sobre a vida contemporânea que o ingresso das mulheres no mercado de trabalho, seu maior acesso à escolaridade, bem como o processo de individuação nas relações sociais foram decisivos para redefinir o lugar das mulheres na sociedade e na família. Autores como Therborn (2006), Norris e Inglehart (2003), Castells (2000), Crompton (1999), Giddens (1994) e Esping-Andersen (1990), entre outros, chamaram a atenção para as mudanças e permanências. Algumas dessas análises buscam identificar o papel dos aspectos político, econômico, social e/ou cultural nas novas configurações e na persistência de desigualdades.

Sobre as mudanças, vários autores evidenciam a diversificação dos arranjos e tamanho das famílias, o enfraquecimento do patriarcado e o surgimento de relações mais horizontalizadas, baseadas na dimensão afetiva e não tanto na obediência e/ou nas convicções religiosas. Quanto às permanências, destaca-se a persistência de desigualdades e assimetrias de gênero nas formas de organização de vida familiar, sobretudo na distribuição das tarefas domésticas, no envolvimento e na responsabilidade pelos cuidados interpessoais dos seus membros e na tomada de decisões.

São alterações marcadas por conflitos, tensões e formas de conciliação entre as diversas atividades dos homens e mulheres, dentro e fora da vida doméstica, definidas pelas especificidades de cada contexto e pelas mediações que eles apresentam. Três eixos centrais, sem serem excludentes, parecem-nos relevantes para refletir sobre os dados da pesquisa.

O primeiro eixo discute a interpretação das mudanças dos padrões de relações familiares e conjugais de gênero como uma tendência linear. Há transformações importantes no perfil das famílias, como o enfraquecimento do patriarcado, sobretudo no que diz respeito à hierarquia de direitos e à moldagem da organização familiar tendo em vista um mundo orientado cada vez mais pela dinâmica da vida na esfera pública.

No entanto, Therborn (2006) ressalta que as organizações familiares e as dinâmicas conjugais não são uniformes, e sim complexas e diversificadas, e que não podem ser entendidas como processos lineares em que se associa o "moderno" aos padrões ocidentais. Ele mostra as variações de grau e a diversidade, bem como as recorrências das características familiares e do tratamento conferido às mulheres, seja ao longo da história ou dentro dos mesmos períodos históricos (análise sincrônica).

O segundo eixo, não dissociado do primeiro, focaliza a identificação e compreensão de fatores políticos, socioeconômicos e culturais que interagem nas configurações dos papéis de gênero, nas tensões e nas formas de conciliação. Norris e Inglehart (2003), em um estudo sobre 50 países, investigaram os fatores que contribuem para o desenvolvimento dos valores que promovem a igualdade de gênero. Eles procuraram incorporar aspectos estruturais e culturais, mediante variáveis como idade, educação, rendimento, participação no mercado de trabalho, freqüência à religião, conjugalidade, presença de filhos, IDH e o nível de democracia, para analisar as variações no que se refere à igualdade de gênero entre sociedades e entre homens e mulheres.

Esse estudo inspira parte da análise aqui proposta. Dois itens serão destacados: o lugar e o peso conferidos à cultura, isto é, em que medida os traços culturais da sociedade impactam a tendência à igualdade de gênero, e o conceito de desalinhamento de gênero como referência para compreender o grau da igualdade de gênero nos países.

A noção de desalinhamento de gênero sugere que existe *a priori* um equilíbrio e, portanto, um alinhamento esperado linear e progressivo — a igualdade de gênero. Assim, os países se distinguiriam quanto ao grau de aproximação ou distanciamento do modelo moderno de igualdade de gênero. Se, por um lado, a idéia de desalinhamento permite a comparação a partir de alguns parâmetros, por outro dificulta compreender a convivência entre dimensões (por exemplo, participação política, divisão das tarefas domésticas etc.) com diferentes graus de igualdade e desigualdade de gênero.

O terceiro eixo enfatiza as condições socioeconômicas e o modelo político dos diversos países (maior ou menor grau de presença e regulação do Estado), especificamente quanto às políticas públicas de suporte à vida familiar e mercado de trabalho, para analisar as características das articulações entre Estado, mercado e família. Nesse eixo, vale destacar as contribuições de Esping-Andersen e Crompton.

Esping-Andersen (1990) mostrou que países com diferentes regimes (mais ou menos conservadores ou liberais) atribuem pesos distintos ao suporte do Estado ao indivíduo e à família e, como conseqüência, incorporam a força de trabalho feminina de forma diferenciada, bem como determinam suas oportunidades no mercado de trabalho.

Crompton (1999), ao comparar os países industrializados, contribui com dois elementos interessantes. Primeiro, ele constrói quatro modelos de conjugalidade: o do homem provedor e da mulher cuidadora; o dual, de homem provedor e da mulher provedora e cuidadora meio expediente; o dual de homem e mulher provedores, com o Estado ou mercado como cuidadores; e o dual mais igualitário de homem e mulher provedores e cuidadores com a eventual participação do Estado. Segundo, conclui que países mais socialdemocratas teriam mediações mais fortes do Estado, países mais liberais e conservadores com o mercado, enquanto países mais precários em termos socioeconômicos e de políticas públicas teriam a família como fonte primária de provimento e articulação da organização da vida cotidiana.

Os três eixos expõem, portanto, conjuntos de questões acerca das mediações entre vida familiar, trabalho doméstico e trabalho pago para mulheres e homens. Em síntese, podemos considerar hipóteses as conclusões dos estudos aqui mencionados:

- mesmo com a diversidade de arranjos familiares e de organização das famílias em relação ao trabalho doméstico, há uma recorrência das desvantagens femininas;
- o grau de desenvolvimento socioeconômico é importante, mas não determinante sobre variáveis culturais, e por isso não se pode afirmar que quanto maior o desenvolvimento socioeconômico, maior a igualdade de gênero;
- embora a desigualdade de gênero seja uma constante, sua magnitude varia de acordo com as configurações socioeconômicas e culturais dos países.

Os eixos e hipóteses acima apresentados orientarão a análise dos três aspectos escolhidos: percepções de papéis, práticas e avaliação sobre a satisfação.

A metodologia e os países em foco

A partir dos dados do *survey* internacional do ISSP, selecionamos um subconjunto formado apenas por homens e mulheres que declararam estar vivendo uma relação conjugal.[2] Essa opção foi feita porque no Japão a pesquisa foi realizada apenas com mulheres cônjuges.

O que podemos dizer em relação à condição de atividade das mulheres que vivem conjugalmente a partir dos dados da pesquisa? Essa condição varia de forma muito significativa, indicando diferenças importantes entre os países.

O maior percentual de mulheres ativas encontra-se na Suécia (72,6%), seguindo-se os Estados Unidos (64,1%) e, bem mais distante, o Japão (49,8%), a Espanha (44,7%), o Chile (37,5%) e o Brasil (36,3%).[3] Entre as mulheres ativas, as espanholas apresentaram maior índice de desempregadas (16,1%), seguidas das brasileiras (9,9%), americanas (5,1%), suecas (4,6%) e chilenas (4,4%).

Cada país tem suas próprias leis sobre as jornadas de trabalho, e por isso as diferenças encontradas quanto ao tempo gasto no trabalho pago podem refletir essas especificidades. De qualquer forma, é importante tornar visível o tempo gasto no trabalho pago entre as mulheres consideradas.

Assim, o Japão e a Suécia são os países que apresentam os maiores percentuais de mulheres que trabalham até 39 horas semanais, respectivamente 54,9% e 53,3%. Em seguida vêm a Espanha (49%), os Estados Unidos (41,9%), o Brasil (38,7%) e o Chile (37,1%). Nota-se, então, que os dois países latino-americanos, ainda que tenham menos mulheres em atividade, elas trabalham mais tempo.

[2] Nos Estados Unidos a subamostra era composta por 270 homens (42,2%) e 370 mulheres (57,8%); na Suécia, por 368 homens (46,7%) e 420 mulheres (53,3%); no Japão, por 528 homens (46,6%) e 604 mulheres (53,4%); na Espanha, por 727 homens (47,8%) e 793 mulheres (52,2%); no Chile, por 435 homens (47,4%) e 483 mulheres (52,6%); e no Brasil, por 572 homens (49,1%) e 592 mulheres (50,9%).

[3] Ressalta-se que na pesquisa do ISSP a situação atual do entrevistado tem como categorias de resposta principais: empregadas, desempregadas, estudantes, aposentadas. Por isso, os dados aqui expostos não são comparáveis com os indicadores de inserção das mulheres cônjuges nos países, dadas as diferentes formas de mensuração.

Consideradas as inativas, o Chile é o país com maior percentual de mulheres "do lar" (91,1%), seguido de Espanha (79,4%), Japão (72,5%), Brasil (70,5%) e Estados Unidos (70%). Na Suécia, visto que grande parte das inativas é aposentada (47%), apenas 3,5% são "do lar". Essas diferenças podem ser fundamentais para compreender as percepções, práticas e satisfação com a conciliação entre trabalho e vida familiar, sintetizadas na tabela e analisadas nos itens que se seguem.

	Posição no IDH	Percepções	Posição	Prática	Posição	Satisfação	Posição
EUA	8º	0,6199	2º	0,5176	2º	0,6580	4º
Suécia	2º	0,6886	1º	0,5465	1º	0,6695	3º
Japão	9º	0,5944	4º	0,3327	6º	0,7392	1º
Espanha	20º	0,6152	3º	0,4239	4º	0,6810	2º
Chile	43º	0,4845	6º	0,4241	3º	0,5574	6º
Brasil	72º	0,5027	5º	0,3782	5º	0,6385	5º

É na Suécia que os indivíduos têm percepções mais igualitárias, seguindo-se Estados Unidos, Espanha, Japão, Brasil e Chile. Os contextos mais favoráveis para as percepções mais igualitárias são aqueles que apresentam melhores índices de desenvolvimento humano.[4] No entanto, não se trata de uma relação direta. Por exemplo, o Japão, em 2004, era o país com o 9º IDH mais elevado do mundo, mas o índice de percepção estava abaixo da Espanha, cujo IDH era o 20º. Chile e Brasil espelham o lado negativo da associação, ou seja, são países com os piores IDHs e com percepções menos igualitárias dos papéis de gênero.

A Suécia é igualmente o país que apresenta as práticas mais igualitárias, seguida de Estados Unidos, Chile, Espanha, Brasil e Japão. A mudança de ordem das práticas, comparada à ordem das percepções, segundo os países, indica a menor associação entre IDH e práticas. Além disso, a magnitude do índice e a aproximação entre Suécia e Estados Unidos mostram que esses dois países correspondem mais a um modelo dual de homens e mulheres provedores e cuidadores, mas com a mediação do Estado ou do mercado, visto que são os que apresentam os maiores percentuais de mulheres empregadas.

[4] Uma indicação que também pode ser dada pelo valor da correlação entre percepções e IDH: 0,868.

Dos vários fatores que interagem para a construção da divisão do trabalho doméstico, a condição de atividade das mulheres é fundamental. A aproximação entre Espanha, Chile, Brasil e Japão no que se refere às práticas pode estar relacionada ao fato de que nesses quatro países mais de 50% das mulheres são inativas, e com isso tendem a assumir muito mais as tarefas cotidianas.

O desenvolvimento medido pelo IDH indica países em melhor situação socioeconômica e, portanto, com melhores condições de vida e de acesso a bens para um contingente mais amplo da população. Mas, assim como nas percepções, isso não quer dizer que as práticas sejam mais igualitárias. Embora Suécia e Estados Unidos detenham os índices mais elevados de práticas igualitárias e estejam mais bem posicionados no IDH, o Japão, novamente, surge como um caso exemplar. O país tem um IDH bastante elevado, porém, as práticas são menos igualitárias.

Espanha, Chile e Brasil destacam-se pela distância dos mais bem colocados. O caso da Espanha é o que mais chama a atenção, porque embora a diferença entre seu IDH e o dos outros países europeus não seja tão grande, ele é próximo ao do Chile, o que talvez se explique pelas condições relativamente mais precárias de serviços públicos. Já Brasil e Chile tendem a refletir conservadorismo e a precariedade de sua infra-estrutura.

Qual a relação entre percepções e práticas? Há coerência entre os países? Sem dúvida, a coerência aqui é mediada por outros fatores. Não basta ter percepções mais igualitárias, mas é preciso que se disponha de suportes e mediações eficazes, de tempo disponível para cuidados com os dependentes e para a execução das tarefas domésticas, e que valores mais igualitários sejam disseminados. O índice de percepções mede maior ou menor adesão aos papéis tradicionais. Assim, mesmo que homens e mulheres tenham percepções menos tradicionais, se seus contextos não permitirem delegar parte dos cuidados ou reduzir o tempo das tarefas, a tendência é que as mulheres as executem.

A Suécia é o país que apresenta maior coerência, isto é, alto valor do índice de percepções de papéis e das práticas, o que significa percepções mais igualitárias nas duas dimensões. Os americanos e espanhóis são tão "modernos" quanto os suecos nas percepções de papéis, mas estão distantes no que se refere às práticas. Isso indica que existem mais elementos que sustentam práticas mais igualitárias, além do pensar de forma menos tradicional.

O caso do Japão, altamente desenvolvido, é fundamental para entender esse enigma das negociações entre características sociais, econômicas e culturais, aparatos, valores e práticas: suas percepções são mais próximas às da Espanha, mas as práticas se distanciam muito, aproximando-o dos seus opostos do globo, Chile e Brasil. Quanto a esses dois países, também se observa uma inversão: o Brasil, que tem uma posição ligeiramente menos tradicional que o Chile nos valores, apresenta menor coerência entre as percepções e as práticas.

E como fica a satisfação com a conciliação entre trabalho e vida familiar? O Japão, apesar de ter o maior índice de desigualdade na prática, é o país com a média mais elevada de satisfação, seguido de Espanha, Suécia, Estados Unidos, Brasil e Chile. Mesmo considerando a percepção de desigualdade nas práticas, os japoneses e espanhóis são os mais satisfeitos com a conciliação, à frente dos Estados Unidos e da Suécia. Uma hipótese explicativa é que melhores condições de vida e percepções mais igualitárias de papéis se revertem em uma cobrança/vontade maior de divisão de tarefas e, portanto, em expectativa de vida familiar mais compartilhada, o que gera maior satisfação.

O desamparo brasileiro no que diz respeito a mediações mais estruturadas, seja através do Estado, seja do mercado, faz com que a satisfação com a conciliação seja muito mais baixa, embora não tão baixa quanto a do Chile, país onde muitas mulheres que trabalham enfrentam jornadas elevadas e onde o conservadorismo dos valores se mostrou mais expressivo. Nesses casos, condições materiais de vida familiar e de trabalho tendem a responder pelo grau de satisfação encontrado.

Os exemplos do Japão e da Espanha, de um lado, e do Chile e Brasil, de outro, mostram que aderir a papéis mais tradicionais pode conduzir tanto a avaliações mais positivas da conciliação, como nos dois primeiros, sobretudo o Japão, quanto a avaliações mais negativas, como nos segundos, possivelmente por motivos distintos.

A comparação entre os países mostra ainda que ter práticas mais igualitárias não implica uma avaliação mais positiva da conciliação. Assim como na percepção de papéis, práticas menos igualitárias conduzem tanto a avaliações mais positivas da conciliação quanto a avaliações mais negativas. O meio termo aqui é dado pelos países com práticas mais igualitárias, o que sugere que práticas mais igualitárias estariam associadas a valores igualitaristas mais consolidados e a expectativas/cobranças de maior igualdade, ou, em outros termos, à menor aceitação dos papéis tais como se encontram.

Diferenças entre os sexos dentro dos países e entre os países

Duas dimensões serão observadas. A primeira é a comparação entre os índices dos homens e das mulheres em cada país para avaliar se eles estão próximos ou distantes quanto à percepção dos papéis, das práticas e da satisfação com a conciliação. A segunda é o tamanho dessa distância entre os países para determinar o que pesa mais, o gênero ou os contextos nacionais. Por exemplo, os homens e mulheres brasileiros são mais próximos ou mais distantes que os homens e as mulheres chilenos? Para tanto, recorreu-se mais uma vez à representação gráfica.

Em todos os países estudados, as mulheres tendem a ter percepções mais igualitárias do que os homens. As maiores distâncias estão nos Estados Unidos e no Brasil e as menores no Chile, no Japão e na Espanha. Ainda que nos Estados Unidos homens e mulheres tenham percepções mais igualitárias que os homens e as mulheres do Brasil, a distância entre os homens americanos em relação às mulheres americanas é semelhante à distância entre homens brasileiros e mulheres brasileiras.

Nota-se, então, que as diferenças de percepções entre homens e mulheres não estão relacionadas ao fato de ser um país com percepções mais ou menos igualitárias. Outros elementos explicam as distâncias nas percepções por gênero dentro de cada país. Sem desconsiderar o fato de se estar tratando de valores, parece que o que aproxima os casos brasileiro e americano é a ausência de políticas públicas e estatais de suporte nos cuidados com as crianças. Mesmo sendo o Brasil mais conservador e os Estados Unidos mais igualitários, os dois países se defrontam com a ausência de suporte estatal. Assim, da parte dos homens, a maior carga de trabalho doméstico pode acarretar uma acomodação nos seus valores e percepções de papéis, ou seja, à idéia de que os cuidados com a vida doméstica cabem às mulheres.

No entanto, a comparação entre os países revela que os homens no Japão, na Espanha, nos Estados Unidos e na Suécia têm índices de percepções igualitárias mais elevados que as mulheres no Brasil e no Chile. Isso significa que as percepções não são determinadas apenas pelo gênero, mas também pelo contexto, e que as mulheres não são universalmente mais igualitárias nas suas percepções de papéis. Em suma, as percepções por sexo não são independentes das condições socioeconômicas.

Quando se consideram as declarações das pessoas sobre o que fazem, um primeiro aspecto a destacar é o da inversão das posições de homens e de mulheres. Enquanto nas percepções de papéis, isto é, quanto aos valores, as mulheres sistematicamente se revelam menos tradicionais, nesse caso, em todos os países, as declarações dos homens sobre a forma como encaram os cuidados e as tomadas de decisão os colocam em posição mais igualitária que as mulheres. Essa distância quanto à declaração sobre o que fazem é maior do que em relação ao que pensam, o que indica que mulheres e homens podem até ter percepções mais próximas, mas percebem e/ou vivenciam suas práticas de forma diferenciada.

Nos Estados Unidos, a distância é maior, seguindo-se Brasil, Chile e Espanha. A aproximação entre Estados Unidos e esses três países permite argumentar que para as mulheres brasileiras, chilenas e espanholas a distribuição das práticas pode aparecer mais desigual pela ausência de suporte e mediações públicas. Para as americanas, o mercado é o mediador, e embora reduzam o tempo dedicado a cuidar e executar tarefas, consideram que essas responsabilidades competem mais a elas. Isso pode explicar por que uma percepção mais igualitária e maior atividade no mercado fazem com que essa desigualdade se apresente com magnitude elevada.

É muito interessante notar que tanto no país com o melhor índice de práticas mais igualitárias, a Suécia, quanto no país onde as práticas são percebidas como mais desiguais, o Japão, a distância entre homens e mulheres são as menores, o que indica que ambos os sexos reconhecem de forma mais próxima a tendência à maior igualdade e à maior desigualdade nas práticas. Ou seja, teríamos dois modelos distintos em países com condições socioeconômicas não tão distantes: o modelo de uma domesticidade mais compartilhada, homem e mulher provedores e cuidadores, e o modelo mais tradicional, homem provedor e mulher cuidadora.

Quanto à satisfação, era esperado que os homens se sentissem mais satisfeitos com a conciliação porque também percebem suas práticas como mais iguais. Somente nos Estados Unidos, as mulheres estão mais satisfeitas do que os homens. A maior distância entre homens e mulheres está presente na Espanha, seguida do Chile e Suécia. No Brasil, Estados Unidos e Japão a distância entre homens e mulheres é muito menor.

Para compreender melhor as diferenças encontradas na satisfação de homens e mulheres, optou-se por analisá-las em conjunto com as diferenças encontradas nas demais dimensões (percepções de papéis e práticas). Para isso, as diferenças entre os homens e as mulheres em cada país e em cada dimensão (percepções de papéis, práticas e avaliação de satisfação) foram calculadas e hierarquizadas na figura (da maior diferença, posição 6 na figura, para a menor, posição 1).

A Espanha, onde existe a maior distância entre os homens e mulheres quanto à satisfação com a conciliação, é também o país com a segunda maior distância dos sexos quanto às práticas e a terceira quanto às percepções de papéis. Isso indica que as mulheres têm representações de papéis de gênero menos tradicionais, percebem suas práticas de forma bem desigual e não contam com um eficiente aparato estatal de suporte à vida doméstica. Logo, a tendência é uma baixa satisfação com a conciliação.

No Chile, onde a distância entre homens e mulheres quanto à satisfação é a segunda maior, ambos estão mais próximos quanto à percepção dos papéis, mas não às práticas. Estas são vistas de forma diferente: as mulheres percebem mais desigualdades que os homens, o que explica que a satisfação seja avaliada de forma tão diferenciada.

É interessante notar que na Suécia e Brasil, as distâncias entre as percepções de homens e mulheres quanto à satisfação com a conciliação família-trabalho não são grandes. No pólo tradicional — Brasil —, homens e mulheres se distanciam no que se refere à percepção dos papéis e das práticas, mas se aproximam quanto à percepção sobre satisfação, muito provavelmente porque as expectativas de partilha ou de resolução sejam baixas. No pólo mais moderno — a Suécia —, homens e mulheres percebem os papéis e práticas de forma mais próxima, mas se distanciam quanto à satisfação, possivelmente porque as expectativas das mulheres suecas sejam maiores.

No Japão a maior aproximação dos homens e mulheres se dá em todas as dimensões analisadas. Isso pode ser explicado pelos traços culturais de aceitação tácita aos papéis mais tradicionais. A maior diferença entre homens e mulheres quanto às percepções de papéis e práticas encontra-se nos Estados Unidos. No entanto, homens e mulheres avaliam sua satisfação de maneira quase idêntica. É provável que, mesmo percebendo as desigualdades, isso não pese no dia-a-dia na conciliação, por fatores como, por exemplo, a diferença entre as jornadas de trabalho e as soluções via mercado para o suporte à vida doméstica.

Posições das diferenças entre homens e mulheres

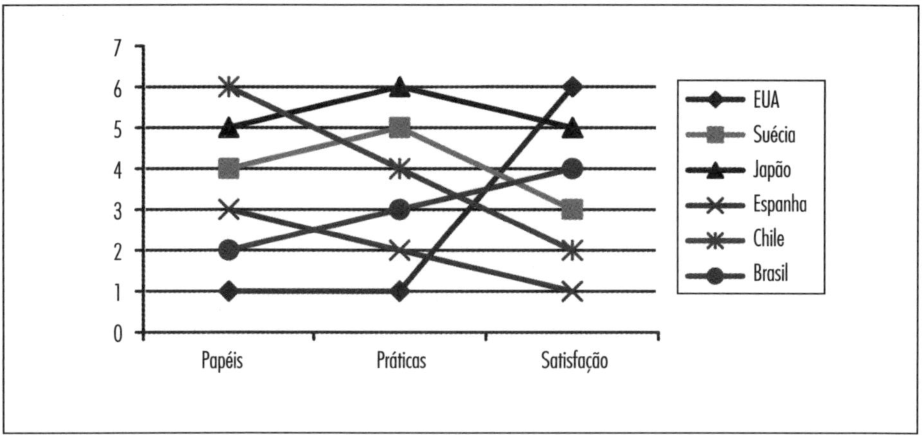

Considerações finais

Embora os elementos que compõem as representações sociais dos papéis de homens e mulheres sobre trabalho pago, trabalho doméstico e satisfação possam variar de uma cultura para outra, na comparação entre os países e sexos persistem diferenças nas opiniões. A magnitude das diferenças, por sua vez, é variável.

A associação entre maior igualdade de gênero e desenvolvimento socioeconômico, destacada por Norris e Inglehart, mostrou-se relevante para as percepções e as práticas. Em outras palavras, renda, emprego e, sobretudo, escolaridade, além de outros aspectos, contam, e muito, para o que pensam os indivíduos e para suas atitudes. Mas não é possível deduzir daí uma relação de causa e efeito, pois ficou clara a mediação de outros aspectos, também destacados por esses autores. Enquanto a Suécia é o país que apresenta graus mais elevados de igualdade nas percepções e nas práticas, o Japão tem índices distintos, o que sugere que a cultura tende a ser dimensão importante. O Brasil e o Chile têm IDHs mais baixos e estão em posições próximas quanto às percepções de papéis, mas distantes quanto às práticas.

As comparações por sexo também merecem destaque, pois sugerem que não há coerência nas formas de perceber, experimentar e avaliar a satisfação. Em todos os países, as mulheres têm valores mais igualitários e os homens percebem as práticas como mais igualitárias, ou seja, acham que dividem mais as tarefas. E, com exceção dos Estados Unidos, os homens estão mais satisfeitos com a conciliação trabalho e vida familiar. Há, portanto, um descompasso entre intenção, gesto e satisfação.

Do ponto de vista dos modelos de conjugalidade apresentados na introdução (Crompton, 1999), é possível vislumbrar modelos transicionais distintos na sua intensidade. O índice das percepções e das práticas parece indicar situações em que Suécia e Estados Unidos se aproximam de um modelo dual de homens e mulheres provedores com a participação do Estado ou do mercado como cuidador.

Na Suécia, homens e mulheres estão mais próximos quanto à percepção e à prática: ambos são provedores e cuidadores com apoio estatal. Desse modo, é possível pensar num modelo mais igualitário que aponta para uma domesticidade compartilhada, isto é, com maior proximidade entre práticas e percepções e maior equilíbrio no que se refere à distribuição familiar do trabalho.

O caso dos Estados Unidos sugere ainda maior permanência de um modelo mais dual de homem provedor e mulher provedora e cuidadora,[5] dada que a diferença entre homens e mulheres quanto às práticas é a maior, isto é, os homens dizem que as práticas são mais igualitárias e as mulheres estão distantes dessa opinião, o que sugere que o mercado entra como principal intermediário, mas ainda estruturado com base no princípio da domesticidade feminina.

Na Espanha, a percepção de desequilíbrio das práticas é uma das mais elevadas entre os sexos. Isso pode revelar as tensões da transição, mitigada pela sua inserção num contexto (europeu) mais aberto ao debate e à valorização de igualdade de gênero, convivendo com valores ainda marcados pelos papéis tradicionais e uma certa carência de políticas públicas comparativamente aos outros países europeus. Além disso, é um dos países em que o ritmo do ingresso de mulheres no mercado de trabalho mais cresceu nas últimas décadas. Poderíamos pensar então em um modelo de transição, de homens provedores e de mulheres provedoras e cuidadoras, ou seja, em uma domesticidade feminina ainda forte.

[5] Gornick e Meyers (2004) mostram que a saída para a mulher americana média tem sido o crescente emprego das imigrantes, ampliando-se o contingente de mulheres que se tornam empregadas domésticas, ainda que na condição de diaristas.

No Japão, homens e mulheres avaliam as práticas como muito desiguais, mas percebem os papéis também dessa forma, e as diferenças entre os sexos quanto à percepção e à prática são mínimas. Desse modo, sugere-se a existência de um modelo dual homem provedor e mulher *part-time* provedora e cuidadora, ainda que marcado por tensões geradas pelo processo de modernização que afeta o modelo tradicional de conjugalidade.

Brasil e Chile expressam o que observamos acima sobre os limites dos modelos diante dos contextos e diversidades. Em geral, as percepções se aproximam do modelo homem provedor e mulher cuidadora. Os papéis ainda são marcados pela dualidade tradicional. Contudo, quando observamos o número efetivo de horas que as mulheres dedicam ao trabalho pago e a proporção das ativas, torna-se necessário pensar em dois modelos convivendo juntos: o de homem provedor e mulher cuidadora e o de homens e mulheres provedores e de mulher cuidadora.

Vale destacar que o trabalho pago, embora precário, não é predominantemente *part-time*, e que o trabalho doméstico, embora também precário e marcado por longas jornadas, é realizado de forma quase exclusiva pelas mulheres. Nesses casos, além da precariedade econômica, que tende a dificultar mediações via mercado para a maior parte das trabalhadoras, a ausência de políticas públicas transfere as atividades da vida cotidiana para arranjos familiares e domésticos. Isso provavelmente também contribui para a precariedade e condiciona as chances das mulheres no trabalho pago.

De modo geral, as associações apontadas no início foram parcialmente confirmadas, dentro das possibilidades deste trabalho. Contudo, a idéia de desalinhamento de gênero nos parece frágil para definir e sintetizar relações marcadas por desigualdades estruturantes das sociedades, que se mantêm mesmo quando outras condições são alcançadas.

As análises da "satisfação" apontam alguns aspectos interessantes. Embora sejam construções subjetivas e culturais, as condições sociais e econômicas influenciam essa percepção. Os países com melhores posições no IDH são também os que apresentam maior grau de satisfação, e aqueles com piores posições, o menor grau. Se os traços culturais fossem determinantes, encontraríamos Japão e Chile com índices elevados de satisfação, pois ambos têm percepções de papéis mais tradicionais e práticas desiguais.

Brasil e Chile retratam as condições mais adversas em termos socioeconômicos: a precariedade das condições de vida e trabalho, o peso da cultura, ainda marcada por forte referência ao modelo homem provedor e mulher cuidadora, e a prática doméstica ainda centrada nas mulheres — o que explica que sejam os países com os mais baixos índices de satisfação.

Por fim, cabe uma reflexão sobre o último eixo teórico discutido, isto é, os impactos dos modelos de Estado, com sua maior ou menor ênfase nas políticas públicas, sobre os modelos organizacionais de conjugalidade e família. A constância dos índices de igualdade nos valores e nas práticas na Suécia e suas proximidades por sexo sugerem que os perfis do Estado e das políticas públicas podem ser fundamentais na construção de um modelo mais compartilhado no provimento e nas atribuições familiares, e mais decisivos do que o desenvolvimento socioeconômico *stricto sensu*.

Indicadores de distanciamento na percepção por sexo entre as práticas de países como o Brasil, a Espanha e os Estados Unidos, assim como a baixa satisfação dos americanos, também nos fornecem pistas para pensar a ausência do Estado e a dependência do mercado. Além disso, a não tão baixa insatisfação dos brasileiros, assim como dos espanhóis, remete-nos à importância de considerarmos os valores de gênero e a diversidade do *ethos* cultural.

Contudo, embora os dados apontem para graus diversificados de transições na dinâmica de conciliação entre trabalho pago e vida familiar, observamos a prevalência do padrão mulher principal cuidadora e a maior insatisfação feminina com a conciliação. Os resultados nos desafiam a pensar na construção de outros paradigmas de conciliação entre trabalho pago e vida privada e familiar. Estes passariam também por rearticular o lugar da convivência privada, do cuidado e do trabalho como esferas igualmente relevantes da vida e das relações sociais, portanto, não sujeitas apenas ao mercado ou ao Estado como alternativas aos encargos familiares — o que poderia redefinir igualmente a noção de tempo de vida social na sociedade contemporânea.

Referências bibliográficas

CASTELLS, M. *O poder da identidade*. Rio de Janeiro: Paz e Terra, 2000.

CROMPTON, R. *Restructuring gender relations and employment*: the decline of the male breadwinner. Oxford: Oxford University Press, 1999.

ESPING-ANDERSEN, G. *The three worlds of welfare capitalism*. Princeton: Princeton University Press, 1990.

GIDDENS, A. *As conseqüências da modernidade*. São Paulo: Edunesp, 1994.

GORNICK, J.; MEYERS, M. Wefare regimes in relation to paid work and care. In: GIELE, J.; HOLST, E. (Eds.). *Changing life patterns in Western industrial societies*. Netherlands: Elsevier Science Press, 2004.

NORRIS, P.; INGLEHART, R. *Rising tide*: gender equality & culture change around the world. New York: Cambridge University Press, 2003.

THERBORN, G. *Sexo e poder*. São Paulo: Contexto, 2006.

13

Entre vida doméstica e vida profissional. Engenheiras no Brasil e na França

Isabel Georges*

Este capítulo indaga sobre as relações entre vida doméstica e vida profissional a partir do estudo de uma profissão prestigiada, feminizada recentemente, a dos engenheiros do setor de telecomunicações no Brasil e na França. Longe de pretender uma comparação sistemática da profissão de engenheira nos dois países (Lombardi, 2003, 2005), o uso da comparação internacional possibilita ampliar os quadros de referência e enriquece a reflexão ao desnaturalizar os contextos nacionais (Lallement e Spurk, 2003; Vigour, 2005). Nesse sentido, não poderia ser um estudo aprofundado de um caso nacional, como o da feminização do grupo de engenheiros na França (particularmente, Marry, 2004) ou do grupo socioprofissional dos executivos (Boltanski, 1982; Bouffartigue et al., 2001; Pochic, 2001).

Propomos uma pesquisa exploratória dos modos de construção das carreiras, supostamente ascendentes, dessas mulheres pelo prisma revelador das relações sociais de sexo (Hirata e Kergoat, 1998, 2007). A articulação entre espaço privado e espaço público (Cabanes, 2006), a questão da negociação da mobilidade geográfica dentro dos casais e sua influência sobre as carreiras masculinas e femininas estão na essência das relações de gênero (Pochic, 2005).

* Socióloga, Institut de Recherche pour le Développement.

Princípio antigo de organização das carreiras da função pública, incluídas as de baixo escalão (Join-Lambert, 2001; Georges, 2007a), a mobilidade geográfica constitui mais uma vez um aspecto central das transformações dos modos de gestão das carreiras no quadro da reorganização produtiva, principalmente nas empresas multinacionais. Trata-se de um elemento-chave para a análise da articulação entre as carreiras femininas e masculinas no mundo contemporâneo (Bertaux-Wiame, 2003; Bertaux-Wiame e Tripier, 2006).

No Brasil e na França, as taxas de feminização da profissão de engenheiro são muito próximas (13,5% e 14%, respectivamente),[1] e as áreas de especialização das mulheres se assemelham. São muito poucas as que optam por especializações consideradas mais "técnicas", como a mecânica, a eletrônica ou a informática.[2]

A despeito dessas semelhanças, as condições de exercício da atividade no que se refere à divisão social e sexual do trabalho de "cuidar" — cuja responsabilidade compete quase sempre às mulheres — divergem profundamente. O peso do trabalho invisível, mas remunerado, das empregadas domésticas no Brasil[3] não tem uma medida comum com a França,[4] embora a taxa de escolarização das crianças pequenas (menos de cinco anos) seja extremamente baixa no país, apenas 10,2%[5] contra 100% das crianças com mais de três anos na França.[6]

Como se constroem as relações de gênero entre a vida profissional e doméstica dessas mulheres nos dois contextos "societários" (Maurice, Sellier e Silvestre, 1982)? Em outras palavras, em que medida "o apoio à carreira", nesse

[1] Fontes: Ministério do Trabalho e Emprego/Rais, 2000; Insee, Enquête Emploi, mars 2001, in Lombardi, 2003, tableau 2.

[2] Essa semelhança não se limita aos casos francês e brasileiro, como mostrou um dos principais resultados do *workshop* Les Cadres et Ingénieurs au Regard du Genre, que ocorreu em 20 de junho de 2003, organizado pelo GDR Cadres e o GDR-E Mage em Paris, sob a responsabilidade de J. Laufer e C. Marry (cf. *Les Cahiers du GDR Cadres*, n. 5 e *Les Documents de Travail du GDRE-Mage*, n. 7).

[3] No Brasil, as empregadas domésticas representam em torno de 20% da população ativa feminina, o que corresponde a cerca de 6,5 milhões de pessoas. Fonte: Pnad, 2004, Instituto Brasileiro de Geografia e Estatística (IBGE).

[4] Na França, o número de assalariadas trabalhando no domicílio de particulares é de 1,1 milhão, segundo um estudo da Dares (Direction de l'Animation de la Recherche, des Études et de la Statistique) (Chol, 2007), que abrange uma grande diversidade de empregos (Puech, 2007).

[5] Fonte: Sociedade Civil do Bem-Estar Familiar no Brasil, Pesquisa Nacional sobre Demografia e Saúde/PNDS, 1996 (Rio de Janeiro: Unfa/Unicef/Bemfam, 1997:37.

[6] Fonte: Ministère de l'Éducation Nationale, Depp, 2005.

caso não o das esposas à carreira do marido (Pahl e Pahl, 1971; Pochic, 2003), mas o das empregadas domésticas ao patrão (ou melhor, à patroa) transforma as possibilidades de carreira das engenheiras brasileiras em relação às suas homólogas francesas? Qual o impacto dessas "novas classes servis" (Sassen, 2006) — ainda que elas nunca tenham desaparecido no Brasil — sobre as carreiras das engenheiras no país? Qual o efeito dessas formas diferentes de divisão social e sexual do trabalho sobre o "teto de vidro" das carreiras femininas, particularmente em termos de mobilidade geográfica (diária, temporária, ao longo de toda carreira)? Essas são apenas algumas pistas para a reflexão.

Método e condições de pesquisa

A pesquisa de campo, incluindo observação e entrevistas semidirigidas (realizadas principalmente em 2004) sobre as trajetórias familiar e profissional, foi realizada no âmbito de uma pesquisa de pós-doutorado, *Travail et emploi: comparaisons internationales de trajectoires d'activité féminine (Allemagne, France, Brésil)*,[7] que tem como objeto central as relações com o trabalho e o emprego de mulheres em funções subalternas no setor de telecomunicações e de telemarketing e a construção de suas trajetórias socioprofissionais no mesmo nível hierárquico, mas entre atividades diversas (Georges, 2005a, 2005b, 2006).

Nessa perspectiva, a comparação com as carreiras profissionais ascendentes de engenheiras serve de "parâmetro", isto é, ajuda a compreender melhor o que está em jogo nessas carreiras "atípicas" na base da pirâmide. Entre as diversas situações das engenheiras entrevistadas (10 por país), optamos por centrar a análise naquelas que têm filhos pequenos.

No Brasil, negociei as entradas no terreno das engenheiras a partir de três pontos de contato: ex-alunos de engenharia das telecomunicações da Pontifícia Universidade Católica de São Paulo (PUC-SP); a associação profissional dos engenheiros (Instituto de Engenharia de São Paulo); colegas do Cebrap

[7] Como pesquisadora associada ao Centro Brasileiro de Análise e de Planejamento de São Paulo (Cebrap) e ao Institut de Recherche sur les Sociétés Contemporaines — Cultures et Sociétés Urbaines de Paris (Iresco-CSU), obtive, para a realização dessa pesquisa (2001-05), um financiamento da Fundação de Amparo à Pesquisa do Estado de São Paulo (Fapesp) através do Programa de Políticas Públicas da instituição (ver Guimarães e Leite, 2003).

que tinham realizado pesquisas no setor de telecomunicações.[8] Nas empresas onde fiz várias entrevistas, os contatos seguintes foram estabelecidos pelo "efeito bola-de-neve".

Na França, beneficiei-me em parte de relações pessoais estabelecidas ao longo de minha pesquisa de doutorado sobre as transformações do trabalho e do emprego das operadoras de telefone na França e na Alemanha, durante o período de privatização das duas empresas nacionais de telecomunicações (Georges, 2007a). Contudo, a negociação das entradas no terreno foi mais longa do que o previsto, devido sobretudo às idas e vindas necessárias em razão da sobrecarga de trabalho dessa categoria. Consegui as entrevistas, mais uma vez, através de três canais principais: a encarregada do "projeto mistura" dentro da antiga operadora pública de telecomunicações, a associação das engenheiras e as engenheiras do centro de pesquisa da antiga operadora, com quem havia mantido contato.[9]

As condições de acesso à profissão: o peso da origem social

Trabalhos recentes mostram formas de inserção de homens e de mulheres cada vez mais semelhantes. A atividade feminina torna-se bipolar (Bruschini e Lombardi, 2000). No Brasil, sobretudo as mulheres jovens e com curso superior (de engenharia, medicina, arquitetura ou direito), que representam 16% da população ativa feminina em 1991, têm carreiras profissionais similares às dos homens, mas o salário é sempre inferior. Categorias pouco valorizadas, como as empregadas domésticas, situam-se no outro extremo da pirâmide social, e se caracterizam pelo baixo nível de qualificação, pela predominância do trabalho informal e pela precariedade das condições de trabalho (Georges, 2007b; Vidal, 2007) — o que possibilita a realização dessas carreiras femininas.

No Brasil, o grupo de engenheiras apresenta uma homogeneidade social maior que na França: para poder exercer a profissão, é necessário ter o título

---

[8] Gostaria de agradecer particularmente à Flávia Consoni por sua ajuda.

[9] E às quais agradeço aqui por sua disponibilidade. É preciso salientar, porém, que o peso relativamente importante desse terceiro grupo dentro da população entrevistada pode ter desviado um pouco o resultado da pesquisa, a saber, a orientação de mulheres (com encargos familiares) para funções de pesquisa (e de ensino) em razão de uma autonomia de tempo relativamente maior, embora essa característica do trabalho tenda a desaparecer em decorrência das mudanças pós-privatização.

de engenheiro, o que não é o caso dos engenheiros técnicos comerciais na França. Contudo, no setor de telecomunicações, há uma grande diversidade de títulos de engenheiro: além de engenheiros de telecomunicações, atuam nessa área engenheiros eletrônicos, de produção e de informática, diferentemente da França.

Existe a possibilidade de começar uma carreira nesse setor trabalhando como técnico (a aprendizagem na prática) e estudar simultaneamente até tirar o diploma, que sanciona o acesso ao grau de engenheiro. Nesse sentido, pode-se falar de etapas na carreira de aprendiz-engenheiro dentro da empresa: de "técnico", ele passa ao nível de engenheiro "júnior", até chegar ao nível de engenheiro "pleno".

Para mulheres de origem social mais modesta, essa é a única maneira de seguir um curso de engenharia. Além desse investimento importante (trabalho assalariado junto com ensino superior), exige-se um nível social mínimo (para escapar de encargos com os pais, visto que o auxílio familiar ainda é o sistema de solidariedade mais difundido). Outra condição é retardar o casamento e deixar para mais tarde o primeiro filho, como no caso de Adriana:

> (Empresa T) Adriana nasceu em 1968, em Belo Horizonte. O pai é diretor de imagens de televisão, a mãe dona de casa com atividades ocasionais (auxiliar médica etc.), quatro filhos. Ensino médio em um colégio católico privado em sua cidade. Início da vida ativa antes de terminar a escola (funcionária de banco meio período). Mudança para São Paulo (1989) e primeira carreira profissional em uma concessionária de automóveis (de recepcionista a gerente). Em 1995, início do curso de engenharia elétrica na PUC e trabalho como estagiária em uma empresa do setor de telecomunicações desde 1999. No ano seguinte, conclui o curso e obtém o título de engenheira (registro no Conselho Regional de Engenharia e de Arquitetura — Crea). Contratação definitiva pelo empregador atual e duplicação do salário (passa de cerca de R$ 1.600 para R$ 2.800). Magistério em eletrônica na Universidade de São Paulo atualmente. Adquiriu casa própria (a crédito). Aos 36 anos (2004), ainda solteira, é engenheira "plena" em uma multinacional do ramo de telecomunicações no setor de P&D. Diz ela:
>
> Sou uma pessoa... Adoro ser completamente independente. Gosto muito de trabalhar, de estudar [...] de estar muito ocupada. O dia cheio de coisas para fazer. Acho que um filho ia mudar um monte de coisas. [...] Não sei se eu gostaria

de me comprometer [...], de me comprometer em uma vida em comum. [...] Nesta multinacional, eu gostaria de me tornar uma executiva [...]. Deixei isso claro desde o início.

Na França, a heterogeneidade social do grupo socioprofissional dos engenheiros é bem grande, articulada em torno do triângulo diploma, posto de trabalho (classificação na empresa) e conteúdo do trabalho. Três grupos principais se destacam: os engenheiros no título e no cargo; os engenheiros no cargo (por promoção interna, geralmente técnicos comerciais); e os engenheiros no grau (na escala interna da empresa).

Estudei principalmente as mulheres que fazem parte do primeiro e do terceiro grupos. Além dessa primeira diferenciação geral, existe uma grande diversidade interna em termos de prestígio, segundo o tipo de escolaridade, de escola e de diploma. Para completar, o conteúdo do trabalho das engenheiras varia significativamente em função do gênero, com uma concentração importante de mulheres nas funções técnicas comerciais, de marketing e de recursos humanos.[10]

A construção de relações sociais de sexo entre vida doméstica e profissional: rumo a uma convergência relativa

Em um primeiro momento, a repartição dos papéis sociais em relação às diferentes etapas da trajetória profissional e reprodutiva revelou uma concentração importante de mulheres mais jovens com filhos pequenos em cargos operacionais e/ou de executivas principiantes, assim como de mulheres mais velhas em cargos com mais responsabilidades, horários de trabalho mais longos e obrigações de viagem freqüentes.

Para além dessas aproximações, o que mostra a comparação das trajetórias socioprofissionais das engenheiras nos dois países?

No Brasil, entre as seis mulheres mais jovens (entre 26 e 36 anos) de nível executivo,[11] três eram solteiras e três casadas. Destas últimas, apenas uma

[10] Do mesmo modo que os quadros formados na escola de comércio (HEC e Essec, em particular), que concorrem para o acesso aos mesmos postos que os engenheiros(as).

[11] O estatuto francês de "executivo" ("cadre") não é equivalente no Brasil. Adotamos essa terminologia por comodidade, para diferenciar as funções de responsabilidade (nível de gerência).

tinha filhos pequenos. Entre as quatro engenheiras com uma certa idade (mais de 40 anos), quase todas ocupavam um cargo de responsabilidade hierárquica, em funções de direção, principalmente em empresas multinacionais. Entre essas quatro mulheres, duas eram separadas e responsáveis pelos filhos (dois no máximo) e duas casadas (com um filho ou sem nenhum).

Na França, entre as seis mulheres entrevistadas em idade de procriar (entre 32 e 37 anos), apenas uma era solteira e não tinha filhos (de origem tunisiana). Todas as outras engenheiras eram casadas (ou viviam maritalmente) e somente uma delas não tinha filhos (originária da Romênia). Entre as três mulheres que já tinham conseguido uma mobilidade hierárquica importante, duas eram casadas, com filhos ainda relativamente pequenos, e uma era separada, com filhos no início da idade adulta.

Apesar da importância numérica relativamente baixa, esse ponto de comparação parece indicar uma tendência: o preço "social" que as mulheres brasileiras têm de pagar em termos de projeto de vida parece superior ao das francesas. As brasileiras tendem a casar mais tarde (ou a permanecer solteiras), a limitar o número de filhos (e/ou retardar a vinda do primeiro), ao contrário do que se poderia supor pela facilidade de acesso à mão-de-obra para realizar as tarefas domésticas e ficar com as crianças (uma parte do trabalho de "cuidar"). Mesmo com a forte presença do trabalho doméstico remunerado,[12] a divisão social e sexual tradicional do trabalho parece resistir mais no Brasil.

Quais são então os mecanismos que contribuem para que se mantenha uma repartição tradicional dos papéis sociais?

A comparação das trajetórias socioprofissionais de duas engenheiras (a brasileira Fernanda e a francesa Cécile), socialmente equiparáveis (as duas têm título de engenheira, são casadas com engenheiros, oriundas de famílias burguesas, católicas praticantes, conservadoras e com filhos pequenos) revela uma semelhança surpreendente dos discursos sobre sua relação com o trabalho profissional e doméstico.

A carreira e as palavras de Fernanda (a seguir), a única engenheira brasileira mais jovem com filhos pequenos e de origem social mais elevada, mostram principalmente a forte interiorização do papel de esposa e de mãe de

[12] Pode-se perguntar, aliás, se a importância do trabalho doméstico remunerado não contribui apenas para reforçar a divisão desigual das tarefas domésticas, educativas e de "cuidar" entre os sexos, visto que se trata de uma estratégia de evitar conflitos nos casais de classe média, mantendo o *status quo*.

família, a autolimitação nas "escolhas profissionais" e a prioridade atribuída à carreira do cônjuge.

> (Empresa U) Fernanda nasceu em 1973 no Rio de Janeiro. Pai oficial da Marinha aposentado, mãe professora de matemática do ensino público. Todos os filhos (dois meninos e uma menina) estudaram em colégio católico privado. Fernanda começa o curso de engenharia das telecomunicações na Universidade Federal Fluminense em 1991. Percurso sem incidentes, forma-se em 1997. Especialização em engenharia informática na PUC a partir de 1998 e estágios em empresa (serviço de pós-venda, formação técnica). Aprovada em concurso da antiga empresa estatal de telecomunicações do Rio de Janeiro (1998). Como engenheiro "júnior" recebe um salário de cerca de R$ 2.300. Promoção ao cargo de engenheiro "pleno". Privatização da empresa; troca do empregador por uma multinacional do setor, salário um pouco maior, mesmas vantagens salariais (1999). Casamento com um colega da universidade, engenheiro civil, gerente de eventos em uma empresa de estruturas metálicas, que mudou para São Paulo em troca de uma promoção hierárquica (2000). Ela continua trabalhando para o mesmo empregador no Rio de Janeiro durante um ano. Mudança para São Paulo (2001), para um cargo equivalente na mesma empresa (que ocupa até hoje). Diz ela:
>
> Sou engenheira, gosto muito do que faço, e tudo mais, mas é diferente da visão dele, você compreende. Ele [seu marido] investe muito na carreira, enquanto eu posso mudar de lugar, posso vir para cá, posso mudar de setor, não tenho muita ambição. Fazer carreira, virar chefe, assumir a direção, ele já fez isso, então é diferente.
>
> Nascimento de sua filha e licença-maternidade (2002); em 2004, nova gravidez. Ela quer continuar trabalhando, mas limita seus horários de trabalho. Escolha das tarefas e da extensão de seus encargos em função da possibilidade de manter horários fixos (nada de deslocamentos externos, aos canteiros etc., por causa da imprevisibilidade de horários). Sua filha mais velha está na escola maternal (tempo integral) e ela tem uma empregada doméstica, mas reivindica para si cuidar da filha:
>
> Com a chegada dos filhos, a gente muda muito, precisa trabalhar mais porque as despesas aumentam [...], mas nossa disponibilidade de horário [diminui]. Já é difícil respeitar os horários de trabalho; se tiver de ficar até mais tarde é complicado.

Ela ressalta a compreensão de sua superior hierárquica por sua situação de mãe de família.

A carreira de Cécile (a seguir) mostra claramente que o título de engenheira — mesmo de uma grande faculdade como a École Polytechnique Féminine[13] — não protege da discriminação sexual dentro da empresa. Mesmo no caso dessa carreira "a dois" (casal de engenheiros), as exigências da esfera profissional colidem com as da esfera extraprofissional. A utilização pelo empregador de horários de trabalho que se estendem até tarde como garantia do envolvimento profissional, de um lado, e a não-divisão das tarefas domésticas, de outro, constituem os dois pilares do "teto de vidro". Contudo, o tipo de negociação conjugal nessa carreira "a dois", que aparece em trechos da entrevista, permite entrever um compromisso fundado em uma divisão de papéis no tempo, isto é, a aceitação do papel de mãe (e esposa) em um determinado momento do ciclo de vida.

No caso específico, essa relativa estagnação profissional é tanto mais carregada de tensão na medida em que a orientação de Cécile para o ofício de engenheira corresponde a um forte compromisso, pelo que representa em termos de mobilidade social entre gerações. Ela é a filha mais velha, a mais cobrada, a que abre caminho para os irmãos. Como seu nível inicial na empresa é de "executiva", e levando em conta seus encargos familiares, as possibilidades de promoção diminuem rapidamente. É interessante observar que ela sofre mais pressões na empresa por parte de sua superior hierárquica que sua homóloga brasileira.

> (Empresa 2) Cécile nasceu em 1970, em La Roche-s-Yonne (Vendée). Filha mais velha, dois irmãos engenheiros (nascidos em 1973 e 1977), um formado pela École Nationale Supérieure de Physique de Marseille (ENSPM) e o outro pela École Supérieure d'Ingénieurs en Génie Electrique de Rouen (Esigelec) (executivos na antiga operadora pública de telecomunicações, como a irmã). Pai representante comercial, mãe empregada (seguridade social, secretariado médico). Formada em um colégio católico privado (Bac C), na sua cidade (1988). Após uma hesitação inicial (outra opção: área de comércio), curso de engenharia (Éco-

[13] A propósito da história recente de masculinização dessa faculdade, cf. Stevanovic (2003).

le Polytechnique Féminine — EPF). Durante o curso de engenharia de produção (1988-93), pago com dificuldade pelos pais, é interna. Diz ela:

Acho que nunca tive problemas de menina, mas porque que estava cercada de meninas não-complicadas, não "verdadeiras garotas", falando de meninos o tempo todo. [....] Tínhamos má reputação. [...] Isso por causa das meninas que não tinham mais nada para fazer, que vinham de longe para se casar com um rapaz da Polytechnique ou da Centrale. [...] Tudo isso era difícil de assumir. [...] Quanto a essa má percepção, a gente chega a se armar, depois fica mais forte, porque consegue provar que a gente não é simplesmente uma menina para um rapaz dessas escolas.

Diplôme d'Études Supérieures Spécialisées (DESS) de administração de empresas na Sorbonne (1995). Estágio de fim de curso em uma empresa do setor armamentista. Primeiro emprego como chefe de projeto de marketing em uma empresa terceirizada do setor de telecomunicações (1996):

Era uma oportunidade, sem nenhuma experiência nas telecomunicações, também para ter um ofício técnico.

Casamento contra a vontade dos pais com um francês de origem libanesa (1998), engenheiro formado pelo Institut Universitaire de Technologie de Compiègne (consultor). Reorganização interna de sua empresa (1998), promoção a "chefe de grupo" na nova filial (2001), um ano depois do nascimento do filho:

Tornei-me "gerente", apesar... Tinha sido escolhida contra dois rapazes, apesar de meu filho, porque era melhor que eles. Estava muito orgulhosa, consegui administrar bem. E meu chefe, na verdade, ele se adaptou a mim. Ou seja, em vez de me chamar às 18 horas, ele me chamava às 17 horas, quando havia necessidade. E se tinha alguma coisa muito urgente, eu trabalhava em casa à noite. Não tenho uma má lembrança desse ano.

Ao retornar da licença-maternidade de seu segundo filho (2003), foi rebaixada:

Meu novo chefe, porém, me advertiu com relação aos meus horários. [...] Ele me dizia que estava chateado por não me dar um cargo à minha altura. Porque sou uma pessoa bastante experiente, de fato. [...] Portanto, eu disse que era normal, que a equipe teve de passar sem mim durante sete meses, que eu não estava absolutamente contrariada [...]. Mas ele me disse: "É preciso ver em função de suas capacidades, porque você tem um *limited time*". E então eu disse a mim mesma: "Opa, mas é preciso prestar atenção nisso". Porque não se julga o trabalho de uma pessoa pelo tempo de presença, realmente não. [...] Acho que algumas pessoas ficam incomodadas quando você sai às 18 horas ou às 18:30, aqui na França, pelo menos. [...] Antes [de ter tido filhos], nunca saía antes das 20 horas. [...] Quando não tinha filhos, trabalhava até as 20, 21 horas. Às vezes é extremamente frustrante ter de sair. Porque ainda tenho trabalho e gostaria de terminar as coisas.

Quanto às suas expectativas profissionais e à divisão do trabalho doméstico, ela comenta:

No fim de semana, ele [seu marido] reveza comigo, mas não tem divisão à noite, isso é certo. [...] Acho que isso seria [um assunto a discutir] se eu fosse mais carreirista. Tenho um nível de reconhecimento em meu trabalho, da parte de meus superiores, o que é muito bom, que ainda me satisfaz, acho que ainda tenho muita coisa a fazer. Realmente vai ser [um problema] quando eu quiser avançar no nível profissional. Porque creio que tenho um potencial que ainda não utilizei. [...] Há uma entidade aqui que seria muito, muito boa para mim, mas não vou fazer isso, por causa dos deslocamentos. Portanto, atualmente, faço concessões. [...] De minha parte, acredito muito no renascimento da mulher no mundo profissional quando seus filhos têm 15 anos, quando eles de fato adquirem autonomia, portanto, por volta dos 40, 45 anos.

Em 2004, aos 34 anos, ela é responsável pelo projeto de marketing em uma filial da antiga operadora pública de telecomunicações em Paris.

A comparação das duas trajetórias socioprofissionais mostra que Fernanda tem uma origem social relativamente mais elevada que Cécile. Aliás, e não por acaso, é a única entre as brasileiras entrevistadas que é casada e tem filhos pequenos. Nos dois casos, o nível inicial na empresa — o ponto de partida da carreira — já é elevado, e por isso não há tanta "necessidade" de uma grande mobilidade hierárquica, ao contrário das carreiras das engenheiras que se formam (na prática) e trabalham simultaneamente.

O caso de Fernanda é um exemplo típico da associação muito comum entre mobilidade hierárquica ascendente do cônjuge, ligada à mobilidade geográfica "imposta", e limitação à ascensão da esposa. A trajetória de Cécile ilustra o caso do maior risco profissional do cônjuge (além de sua origem estrangeira), associado a uma maior estabilidade profissional da esposa.

Além desses mecanismos "transnacionais" relativos à interação entre as trajetórias socioprofissionais dos dois membros do casal, as duas mulheres parecem ter interiorizado seu papel na divisão social e sexual do trabalho a ponto de limitar seus deslocamentos geográficos cotidianos, assim como seus horários e encargos profissionais em função dessa responsabilidade, independentemente do modo de guarda dos filhos.

Constata-se, assim, uma forte correlação entre a divisão social e sexual do trabalho (Hirata e Kergoat, 2007) e a codificação das normas profissionais no mundo empresarial, estranhamente similares nos dois países, mas muito diferentes — e independentemente das formas da divisão do trabalho de "cuidar" entre mulheres de meios sociais e de origens diversas.

Contudo, a relativa estagnação da carreira de Fernanda parece estar mais associada a mecanismos de autolimitação e de interiorização de seu papel de mãe (tanto mais na medida em que ela dispõe de escola maternal e de uma empregada doméstica para assumir uma parte das tarefas de cuidar e de educar). No caso de Cécile, as restrições ligadas ao universo do trabalho parecem mais limitadoras.

Conclusão

No conjunto, foi possível observar uma forte inter-relação entre a origem social, o gênero e o momento no ciclo de vida, constatação feita em análises anteriores de trajetórias socioprofissionais femininas (Georges e Guimarães, 2005).

Ao contrário do que parece sugerir o peso do trabalho doméstico assalariado no Brasil, e sobretudo o recurso sistemático a essa forma de divisão do trabalho entre classes sociais, exclusivamente entre mulheres, pelas categorias sociais analisadas, as engenheiras brasileiras em idade reprodutiva tinham menos tendência a se casar, ou a viver maritalmente, e menos ainda a ter filhos. Além disso, o acesso a esse estatuto profissional parece exigir uma origem social comparativamente mais elevada.

Inversamente, a interiorização do papel de mãe e de esposa parece ser mais forte no Brasil, mesmo entre as engenheiras ativas. Na França, ter uma vida conjugal e familiar parece ser a regra na mesma faixa etária, embora as restrições relativas ao universo profissional ainda sejam muito fortes.

A comparação internacional revela o jogo complexo entre as projeções das mulheres e as representações dos papéis sociais que regem o mundo do trabalho. Para além dessas diferenças das normas sociais, e em nível social comparável, a semelhança dos discursos das mulheres, das formas de interiorização da divisão social e sexual do trabalho e dos mecanismos de exclusão profissional das mulheres na empresa é surpreendente.

Mais particularmente, elas exteriorizam de forma similar, nesse momento de seu ciclo de vida, a falta de vontade de "fazer carreira", que garante ao mesmo tempo a paz conjugal e a imposição como norma "universal" do novo trabalhador precarizado, disponível para a empresa para além dos limites de tempo e de espaço do universo profissional e privado.

Será que é (ainda) o gênero feminino que paga pela destinação tradicional das mulheres ao espaço privado o preço da globalização das trocas e da produção e da reorganização produtiva?

A despeito do caráter limitado deste estudo qualitativo de modos de construção das carreiras de mulheres engenheiras na França e no Brasil, que certamente exigiria uma verificação mais sistemática a partir de uma amostra representativa de diferentes subgrupos de engenheiras, assim como observações *in situ* de práticas de enquadramento profissional nas empresas, pudemos mostrar o funcionamento de alguns mecanismos recorrentes.

Assim, a definição globalizada do "profissionalismo" no mundo empresarial, que passa pela disponibilidade temporária e espacial em função apenas dos imprevistos do trabalho, pouco compatível com compromissos extraprofissionais, preserva o monopólio masculino sobre a ascensão hierárquica e o acesso aos postos de responsabilidade, e constitui o reverso do "teto de vidro" das carreiras femininas, para além das diferenças nacionais.

Referências bibliográficas

BERTAUX-WIAME, I. Parcours professionnels, mobilité géographique. In: *Journées de Sociologie du Travail*, 9. *Actes*... Paris, déc. 2003.

______; TRIPIER, P. (Dir.). Les intermittents du foyer. Couples et mobilité professionnelle. *Cahiers du Genre*, n. 41, 2006.

BOLTANSKI, L. *Les cadres*. La formation d'un groupe social. Paris: Minuit, 1982.

BOUFFARTIGUE, P. et al. *Cadres*: la grande rupture. Paris: La Découverte, 2001. (Coll. Recherches).

BRUSCHINI, C.; LOMBARDI, M. L. A bipolaridade do trabalho feminino no Brasil contemporâneo. *Cadernos de Pesquisa*, n. 110, p. 67-104, jul. 2000.

CABANES, R. Espaço privado e espaço público: o jogo de suas relações. In: CABANES, R.; TELLES, V. S. (Orgs.). *Nas tramas da cidade*. São Paulo: Humanitas/IRD, 2006. p. 389-428.

CHOL, A. Les services à la personne en 2005: poussée des entreprises privées. *Premières Synthèses*, v. 20, n. 1, mai 2007.

DURU-BELLAT, M. et al. La dynamique des scolarités des filles: le double handicap questionné. *Revue Française de Sociologie*, v. 42, n. 2, p. 251-280, 2001.

GEORGES, I. *Trabalho e emprego*: comparação internacional entre trajetórias de atividade feminina (Alemanha, França, Brasil). São Paulo: Fapesp, 2005a. (Relatório final de pesquisa).

______. Trajectoires professionnelles et savoirs scolaires. Le cas du télé-marketing au Brésil. *Les Cahiers de la Recherche sur l'Éducation et les Savoirs*, n. 4, p. 139-162, 2005b.

______. Relations salariales et pratiques d'insertion: les centres d'appel au Brésil. *Cahiers du Genre*, n. 41, p. 195-217, 2006.

______. *Les opératrices du téléphone en France et en Allemagne*. La face cachée d'un métier relationnel. Paris: L'Harmattan, 2007a.

______. La société globale de la connaissance vue par le bas: le cas des employé(e)s domestiques au Brésil (São Paulo). In: JOURNÉES INTERNATIONALES DE SOCIOLOGIE DU TRAVAIL, RESTRUCTURATIONS PRODUCTIVES, PRÉCARISATION, VALEURS. 11., Londres, 2007b. London School of Economics, London Metropolitain University, 20-22 jun. 2007b.

______; GUIMARÃES, N. A. Entradas e saídas: divergências de gênero nas experiências do trabalho e do desemprego entre chefias nos serviços. In: ENCONTRO ANUAL DA ANPOCS. 29., 2005, Caxambu, 2005.

GUIMARÃES, N. A.; LEITE, M. P. (Orgs.). *Gestão local, empregabilidade e eqüidade de gênero e raça*: um experimento de política pública na região ABC paulista. São Paulo: Fapesp, 2003. (Relatório final de pesquisa).

HIRATA, H.; KERGOAT, D. La division du travail revisitée. In: MARUANI, M. (Dir.). *Les nouvelles frontières de l'inégalité, hommes et femmes sur le marché du travail*. Paris: La Découverte, 1998. p. 93-104.

_______. Division sexuelle du travail professionnel et domestique. Évolution de la problématique et paradigmes de la "conciliation". Comparaison France, Brésil, Japon. In: COLÓQUIO MAGE-CNRS/FUNDAÇÃO CARLOS CHAGAS, Mercado de trabalho e gênero: comparações internacionais Brasil-França. São Paulo/Rio de Janeiro, abr. 2007.

JOIN-LAMBERT, O. *Le receveur des postes, entre l'État et l'usager (1944-1973)*. Paris: Belin, 2001.

LALLEMENT, M.; SPURK, J. *Stratégies de la comparaison internationale*. Paris: CNRS, 2003.

LES CAHIERS DU GDR CADRES. n. 5, *Les documents de travail du GDRE-Mage*, n. 7, Les cadres et ingénieurs au regard du genre. Actes de la Journée du 20 juin 2003.

LOMBARDI, M.-R. Femmes ingénieurs au Brésil et en France. *Les Cahiers du GDR Cadres*, n. 5, p. 95-109, 2003.

______. *Perseverança e resistência:* a engenharia como profissão feminina. 2005. Tese (Doutorado em Educação) — Departamento de Ciências Sociais Aplicadas à Educação, Universidade Estadual de Campinas, Campinas.

MARRY, C. *Les femmes ingénieurs*. Une révolution respectueuse. Paris: Belin, 2004.

MAURICE, M.; SELLIER, F.; SILVESTRE, J.-J. *Politique d'éducation et organisation industrielle en France et en Allemagne*. Paris: PUF, 1982.

PAHL, J.-M.; PAHL, R. E. *Managers and their wifes*: a study of career and family relationship in the middle class. London: Allen Lane, The Penguin Press, 1971.

POCHIC, S. *Les cadres à l'épreuve de l'employabilité*. Le chômage des cadres en France dans les années 1990. 2001. Tese (Doutorado em Sociologia) — Université d'Aix-Marseille.

______. Le chômage des cadres: un révélateur des tensions entre carrière et vie privée. *Cahiers GDR Cadres*, n. 5, p. 23-37, juin 2003.

______. Faire carrière: l'apport d'une approche en termes de genre. *Formation Emploi*, n. 91, p. 75-93, juil./sept. 2005.

PUECH, I. "Prendre soin" du domicile: parcours de femmes de ménage en France et en Belgique. *Retraite et Société*, 2007.

SASSEN, S. Vers une analyse alternative de la mondialisation: les circuits de survie et leurs acteurs. *Cahiers du Genre*. Travail et mondialisation, Confrontations Nord/Sud, n. 40, p. 67-89, 2006.

STEVANOVIC, B. *La mixité dans les écoles d'ingénieurs*: le cas paradoxal de l'ex-École Polytechnicienne Féminine. 2003. Tese (Doutorado em Ciências da Educação) — Université de Nanterre, Paris.

VIDAL, D. *Les bonnes de Rio*. Emploi domestique et société démocratique au Brésil. Villeneuve d'Ascq: Presses Universitaires du Septentrion, 2007.

VIGOUR, C. *La comparaison dans les sciences sociales*. Paris: La Découverte, 2005.

Anexo

Entrevistas realizadas com engenheiras por nível hierárquico e título no Brasil.

Nível hierárquico/ empresa de telecomunicações	Administração superior	Engenheira	Técnica	Total
Empresa T		3		3
Empresa U		1	1	2
Empresa V	1			1
Empresa W		1		1
Empresa X	1			1
Empresa Y	1			1
Empresa Z	1			1
Total	4	5	1	10

Entrevistas realizadas com engenheiras por nível hierárquico e título na França.

Nível hierárquico/ empresa de telecomunicações	Administração superior	Nível operacional	Total
Empresa 1 (antiga, estável)	2	4	6
Empresa 2 (filial)	1	1	2
Empresa 3 (operadora concorrente)	0	1	1
Total	3	6	9

14

Divisão sexual do trabalho profissional e doméstico: Brasil, França, Japão*

Helena Hirata**
Danièle Kergoat**

O termo "divisão sexual do trabalho" recobre duas acepções de conteúdos distintos na França. Trata-se, de um lado, de uma acepção sociográfica: estuda-se a distribuição diferencial de homens e mulheres no mercado de trabalho, nos ofícios e nas profissões, e as variações no tempo e no espaço dessa distribuição; e analisa-se como ela se associa à repartição desigual do trabalho doméstico entre os sexos.

Esse tipo de análise foi e continua sendo indispensável: por exemplo, a construção de indicadores confiáveis para medir a igualdade profissional homens/mulheres é um verdadeiro desafio político na França. Mas, a nosso ver, falar em termos de divisão sexual do trabalho deveria permitir ir bem além da simples constatação de desigualdades. E aqui se chega à segunda acepção, para a qual falar em termos de divisão sexual do trabalho é: primeiro, mostrar que essas desigualdades são sistemáticas e, segundo, articular essa descrição do real como uma reflexão sobre os processos mediante os quais a sociedade utiliza essa diferenciação para hierarquizar as atividades, e portanto os sexos; em suma, para criar um sistema de gênero.

---

* A primeira parte foi redigida par Danièle Kergoat e a segunda por Helena Hirata.

** Sociólogas, GTM-CNRS.

Duas razões obrigam a fazer essa distinção: a primeira é que, desde o nascimento do conceito, há cerca de 30 anos, observa-se uma tensão entre, de um lado, análises que pensam mais em termos de constatação de desigualdades entre homens e mulheres, e de acúmulo, de soma dessas desigualdades (cf. a noção atual de conciliação de tarefas), e, de outro, análises que procuram remontar à nascente dessas desigualdades e, portanto, compreender a natureza do sistema que dá origem a elas. Subentende-se que é nesse quadro de reflexão que nos inscrevemos.

A segunda é que, sempre que se tenta fazer um balanço da divisão sexual do trabalho em nossas sociedades, chega-se à mesma constatação em forma de paradoxo: nessa matéria, tudo muda, mas nada muda. Por isso, nesta exposição, procuraremos desconstruir esse paradoxo.

O conceito de divisão sexual do trabalho já tem uma longa história. Para mostrar isso, começaremos por esboçar rapidamente a gênese dessa noção no contexto francês, citando o ramo de pesquisas que o reivindicam. Depois, proporemos nossa própria definição do conceito, que nos servirá para analisar a evolução atual das modalidades da divisão sexual do trabalho. Em seguida, retornaremos de forma mais precisa aos modelos que organizam as relações entre esferas doméstica e profissional.

A gênese do conceito

Embora a divisão sexual do trabalho tenha sido objeto de trabalhos precursores em diversos países, foi na França, no início dos anos 1970, sob o impulso do movimento feminista, que surgiu uma onda de trabalhos que rapidamente assentariam as bases teóricas desse conceito. Primeiro na etnologia (Mathieu, 1991, Tabet, 1998), depois na sociologia e na história.

Foi com a tomada de consciência de uma opressão específica que teve início o movimento das mulheres: torna-se então coletivamente evidente que uma enorme massa de trabalho é efetuada gratuitamente pelas mulheres, que esse trabalho é invisível, que é realizado não para elas mesmas, mas para outros, e sempre em nome da natureza, do amor e do dever materno. A denúncia se desdobrou em uma dupla dimensão: "estamos cheias" (era a expressão consagrada) de fazer o que deveria ser chamado de "trabalho", de deixar que tudo se passe como se sua atribuição às mulheres, e apenas a elas, fosse natural, e que ele não seja visto, nem reconhecido.

Em pouquíssimo tempo, surgiram as primeiras análises dessa forma de trabalho nas ciências sociais. Foi o caso, para citar apenas dois *corpus* teóricos, do "modo de produção doméstico" (Delphy, 1998) e do "trabalho doméstico" (Chabaud Rychter, Fougeyrollas-Schwebel e Sonthonnax, 1985). Pouco a pouco, as análises passaram a abordar o trabalho doméstico como atividade de trabalho tanto quanto o trabalho profissional. Isso permitiu considerar simultaneamente as atividades desenvolvidas na esfera doméstica e na esfera profissional, o que abriu caminho para se pensar em termos de divisão sexual do trabalho.

Assim, inicialmente, a divisão sexual do trabalho tinha o estatuto de articulação de duas esferas. Porém, essa noção de articulação logo se mostrou insuficiente, o que nos levou a passar a um segundo nível de análise: a conceitualização dessa relação social recorrente entre o grupo dos homens e o das mulheres. Essa foi a origem daquilo que nós, franceses, chamamos de "relações sociais de sexo". Na França, essa teorização é indissociável da idéia de divisão sexual do trabalho.

Essa nova maneira de pensar o trabalho teve muitas conseqüências. Por uma espécie de efeito bumerangue, depois que "a família", na forma de entidade natural, biológica, se esfacelou para surgir prioritariamente como lugar de exercício de um trabalho, foi a vez de implodir a esfera do trabalho assalariado, pensado até então apenas em torno do trabalho produtivo e da figura do trabalhador masculino, qualificado, branco.

Esse duplo movimento deu lugar a uma safra de trabalhos que utilizaram a abordagem em termos de divisão sexual do trabalho para repensar o trabalho e suas categorias, suas formas históricas e geográficas, a inter-relação de múltiplas divisões do trabalho socialmente produzido. Seguiu-se um questionamento radical da sociologia da família e do paradigma funcionalista. No que se refere à sociologia do trabalho,[1] essas reflexões permitiram retomar noções e conceitos como de qualificação, produtividade, mobilidade social e, mais recentemente, de competência, e abriram novos campos de pesquisa: relação de serviço e, hoje, trabalho de *care*, locais de trabalho mistos, acesso das mulheres às profissões intelectuais de nível superior, temporalidades sexuadas etc.

[1] Sobre esse longo trabalho de desconstrução e de reconstrução, pode-se reportar ao artigo de Hirata e Kergoat (2005).

Contudo, simultaneamente a esse trabalho de construção teórica, entrou em declínio a força subversiva do conceito de divisão sexual do trabalho. Agora, o termo é usual no discurso acadêmico das ciências humanas, em particular na sociologia. Mas, de maneira geral, ainda é desprovido de qualquer conotação conceitual, e limita-se a remeter a uma abordagem que descreve os fatos, constata as desigualdades, mas não organiza esses dados de forma coerente. O trabalho doméstico, que já foi objeto de numerosos trabalhos, quase não é mais estudado; mais precisamente, ele é mencionado apenas em termos de "dupla jornada", de "acúmulo" ou de "conciliação de tarefas", como se fosse apenas um apêndice do trabalho assalariado.

Uma definição do conceito

É, portanto, na perspectiva dinâmica inicial que gostaríamos de situar nosso referencial teórico.

A divisão sexual do trabalho é a forma de divisão do trabalho social decorrente das relações sociais entre os sexos; mais do que isso, é um fator prioritário para a sobrevivência da relação social entre os sexos. Essa forma é modulada histórica e societalmente. Tem como características a designação prioritária dos homens à esfera produtiva e das mulheres à esfera reprodutiva e, simultaneamente, a apropriação pelos homens das funções com maior valor social adicionado (políticos, religiosos, militares etc.).

Sobre essa definição, todo mundo, ou quase, está de acordo. Contudo, do nosso ponto de vista, era necessário ir mais longe no plano conceitual. Por isso, propusemos fazer uma distinção muito precisa entre os princípios da divisão sexual do trabalho e suas modalidades. Essa forma particular da divisão social do trabalho tem dois princípios organizadores: o princípio de separação (há trabalhos de homens e trabalhos de mulheres) e o princípio hierárquico (um trabalho de homem "vale" mais que um trabalho de mulher).

Esses princípios são válidos para todas as sociedades conhecidas, no tempo e no espaço. Isso não significa, no entanto, que a divisão sexual do trabalho seja um dado imutável. Ao contrário, ela tem inclusive uma incrível plasticidade: suas modalidades[2] concretas variam bastante no tempo e no espaço, como

[2] Por "modalidades", entendemos, por exemplo, a concepção do trabalho reprodutivo, o lugar das mulheres no trabalho mercantil etc.

demonstraram fartamente etnólogos e historiadores. O que é estável não são as situações, e sim a distância entre os grupos de sexo. Portanto, essa análise deve tratar dessa distância, tanto quanto das "condições", pois, se é inegável que a condição feminina melhorou, pelo menos na sociedade francesa, a distância continua intransponível.

Essa distinção entre princípios e modalidades e a insistência sobre a noção de distância é que permitem desconstruir o paradoxo de que falávamos no início: tudo muda, mas nada muda.

As novas configurações da divisão sexual do trabalho

Como já dissemos, a divisão sexual do trabalho tem uma incrível plasticidade. É nessa perspectiva que gostaríamos de mencionar algumas das configurações que assume a divisão sexual do trabalho nesse período de fortes turbulências.

1. Trata-se antes de tudo da aparição e do desenvolvimento, com a precarização e a flexibilização do emprego, de "nomadismos sexuados": nomadismo no tempo para as mulheres (é a explosão do trabalho em tempo parcial geralmente associado a períodos de trabalho dispersos no dia e na semana); nomadismo no espaço para os homens (provisório, canteiros de obras públicas e do setor nuclear para os operários, banalização e aumento dos deslocamentos profissionais na Europa e em todo o mundo para funcionários de nível superior). Constata-se que a divisão sexual do trabalho amolda as formas do trabalho e do emprego e, reciprocamente, que a flexibilização pode reforçar as formas mais estereotipadas das relações sociais de sexo.
2. O segundo exemplo é o da dualização do emprego feminino, que ilustra bem o cruzamento das relações sociais. Desde o início dos anos 1980, o número de mulheres contabilizadas pelo Institut National de la Statistique et des Études Économiques (Insee, Enquêtes Emploi, 2003) como "altas funcionárias e profissões intelectuais de nível superior" mais do que dobrou; cerca de 10% das mulheres ativas são classificadas hoje nessa categoria. Portanto, simultaneamente à precarização e à pobreza de um número crescente de mulheres (elas representam 46% da população ativa, mas são 52% dos desempregados e 79% dos baixos salários), constata-se o aumento dos capitais econômicos, culturais e sociais de uma proporção não-desprezível

de mulheres ativas. Assiste-se assim ao aparecimento, pela primeira vez na história do capitalismo, de uma camada de mulheres cujos interesses diretos (não mediados como antes pelos homens: pai, esposo, amante) opõem-se frontalmente aos interesses daquelas que foram atingidas pela generalização do tempo parcial, pelos empregos em serviços muito mal remunerados e não reconhecidos socialmente e, de maneira mais geral, pela precariedade.

Mas a análise não pode parar por aqui, e esse será o objeto de nosso terceiro ponto.[3]

3. As mulheres das sociedades do norte trabalham cada vez mais e, com uma freqüência cada vez maior, são altas funcionárias e investem em suas carreiras. Para isso, e visto que o trabalho doméstico nem sempre é levado em conta nas sociedades mercantis, e que o envolvimento pessoal é cada vez mais solicitado, quando não exigido, pelas novas formas de gestão de empresas, elas precisam externalizar "seu" trabalho doméstico. E podem então recorrer à enorme reserva de mulheres precárias pobres, francesas ou imigrantes.

Essa demanda, maciça no âmbito europeu, criou um enorme alento para as mulheres migrantes que chegam aos países do norte com a esperança de conseguir um emprego em serviços (cuidar de crianças, faxina, cuidar de pessoas idosas etc.). Essas mulheres, muitas vezes diplomadas, entram em concorrência direta com as precárias dos países de origem que, por sua vez, têm pouco estudo.

Duas relações sociais entre mulheres, inéditas historicamente, estabelecem-se dessa maneira: uma relação de classe entre as mulheres do norte, empregadas, e essa nova classe servil; uma relação de concorrência entre mulheres, todas precárias, mas precárias de maneira diferente, dos países do norte e dos países do sul e, depois, de "cores" diferentes com a chegada a esse mercado de mulheres dos países do Oriente.

As relações étnicas começam assim a ser remodeladas pelas migrações femininas e da explosão dos serviços a particulares.

As relações de gênero também se apresentam de uma forma inédita: a externalização do trabalho doméstico tem uma função de apaziguamento das

[3] Esse aspecto foi desenvolvido pela primeira vez em Hirata e Kergoat (2005).

tensões nos casais burgueses dos países do norte (e em muitos casais urbanos dos países do sul, mas, nesse caso, trata-se de movimentos migratórios internos) e permite igualmente uma maior flexibilidade das mulheres em relação à demanda de envolvimento das empresas.

Em um nível mais macro, isso permite às sociedades do norte se pouparem de uma reflexão sobre o trabalho doméstico. Mas essa pacificação das relações sociais nos casais e nas empresas não ajuda em nada a avançar na luta pela igualdade. Ao contrário, ela tem uma função mais regressiva a esse respeito, pois funciona no nível do mascaramento e da negação.

Ao mesmo tempo, as relações de classe são exacerbadas, numericamente, pela maior quantidade de indivíduos, homens e mulheres, engajados nesse tipo de relação e, concretamente, pelo contato físico — por meio do trabalho doméstico — entre mulheres precárias (econômica e/ou legalmente) e mulheres ricas.

Para resumir, pode-se dizer que os pontos fortes dessas novas modalidades da divisão sexual do trabalho são os seguintes:

- a reorganização simultânea do trabalho no campo assalariado e no campo doméstico, o que remete, no que diz respeito a este último, à externalização do trabalho doméstico, mas também à nova divisão do trabalho doméstico (o maior envolvimento de certos pais é acompanhado de um envolvimento quase exclusivo no trabalho parental);
- o duplo movimento, de um lado, de mascaramento, de atenuação das tensões nos casais burgueses e; de outro, de acentuação das clivagens objetivas entre mulheres: ao mesmo tempo em que aumenta o número de mulheres de categorias intelectuais de nível superior, aumenta o de mulheres precárias (desemprego, flexibilidade, feminização das correntes migratórias).

Mas é preciso voltar agora à teorização concorrente, a da divisão sexual do trabalho como vínculo social, pois é ela que fundamenta a tese, que hoje adquiriu o estatuto de política — e de política européia, a partir da cúpula de Luxemburgo em 1997 (cf. Fagnani e Letablier, 2005:171) —, da conciliação vida familiar/vida profissional. Essa política é fortemente sexuada, visto que define implicitamente um único ator (ou atriz) dessa conciliação, as mulheres, e consagra o *status quo* segundo o qual homens e mulheres não são iguais perante o trabalho profissional. Na própria essência dessa política aninha-se um paradoxo: a vontade de chegar à igualdade pela promoção da conciliação (*Nouvelles Questions Féministes*, 2004:8).

Os limites societais da conciliação e da delegação: comparação Brasil, França, Japão

É a partir dessas declarações preliminares que discutiremos os modelos de articulação vida profissional/vida familiar, à luz dos resultados de nossas pesquisas comparativas, particularmente sobre o desemprego, realizadas entre 2001 e 2004,[4] e mais particularmente de uma pesquisa no Japão em outubro de 2003.

Os modelos em questão

A abordagem em termos de complementaridade entre os sexos insere-se na tradição funcionalista da complementaridade de papéis e remete a uma conceitualização em termos de vínculo social. Ela é coerente com a idéia de uma repartição entre mulheres e homens do trabalho profissional e doméstico e, dentro do primeiro, a repartição entre tipos e modalidades de empregos que permitem a reprodução dos papéis sexuados. Podem-se distinguir:

- o *modelo tradicional* — papel na família e papel doméstico assegurados inteiramente pelas mulheres e papel de provedor conferido aos homens;
- o *modelo de conciliação* — atribui quase que exclusivamente às mulheres a função de conciliar, o que leva Fagnani e Letablier (2005) a qualificar esse modelo de "maternalista". Hoje, na França, certas pesquisadoras propõem substituir "conciliação", ou mesmo "articulação", por "conflito", "tensão", "contradição" para ressaltar a natureza essencialmente conflituosa da incumbência simultânea pelas mulheres das responsabilidades profissionais e familiares;
- o *paradigma da parceria*, que presume a igualdades de estatutos sociais entre os sexos, preconizado na Quarta Conferência Mundial sobre as Mulheres organizada pela ONU em Pequim (1995). Ele considera mulheres e homens

[4] Cf. uma apresentação dos resultados dessas pesquisas em Kase e Sugita (2006). Essa análise inspira-se igualmente em um texto de discussão de Hirata e Kergoat (2005) sobre esses resultados. As entrevistas foram realizadas junto a quatro grupos-alvo: mães, operárias da produção, jovens (mulheres e homens) e funcionários de nível médio (mulheres e homens).

como parceiros e suas relações em termos de igualdade, e não de poder. Esse paradigma poderia nutrir uma prática de repartição das tarefas domésticas dentro do casal — no nível individual —, porém, como mostraram algumas pesquisas (conforme a seguir), a realidade das práticas sociais estava distante desse modelo;

- o *modelo da delegação* — desenvolvemos aqui a hipótese da emergência de um quarto modelo que substitui ou se sobrepõe ao modelo da conciliação. O aparecimento desse modelo se deve à polarização do emprego das mulheres e ao aumento do número de mulheres altas funcionárias e em profissões intelectuais de nível superior. Isso foi possível graças à expansão acelerada dos empregos em serviços nos países capitalistas ocidentais, desenvolvidos e em vias de desenvolvimento (Sorj, 2004), que trazem "soluções" alternativas ao antagonismo entre responsabilidades familiares e profissionais.

Na França, o desenvolvimento do modelo da "delegação"

O limite da repartição do trabalho doméstico entre cônjuges permanece muito assimétrico na França, segundo as pesquisas Emploi du Temps (1986, 1999) do Insee (Brousse, 1999). As mulheres, que têm ao mesmo tempo a necessidade e os meios de delegar a outras mulheres as tarefas domésticas e familiares, recorreram a esse meio de escapar à atribuição a elas das tarefas domésticas. É o que se chama de serviços "de proximidade": a delegação crescente do trabalho doméstico e de cuidado dos filhos a outras mulheres que são remuneradas para realizá-los. Na França, de acordo com o Insee, 1,2 milhão de pessoas trabalham de forma remunerada em serviços domésticos e de cuidado. Ou seja, 10% das mulheres ocupadas, o que representa, em termos absolutos, mais que o número de operários industriais e equivale ao de mulheres altas funcionárias e de profissões intelectuais de nível superior.

A prática da delegação foi facilitada, por outro lado, por um conjunto de políticas públicas, políticas visando desenvolver esse tipo de empregos e políticas de igualdade entre homens e mulheres no trabalho. A importância das políticas públicas (políticas familiares e de emprego) para o conjunto de mulheres e, em particular, para as desempregadas, é uma característica da França, que a distingue do Japão e do Brasil. De fato, uma pesquisa sobre o desemprego das mulheres nesses três países mostrou que apenas na França as políticas públicas protegem as mulheres em dificuldade, especialmente as desempregadas com filhos.

Nesse contexto, parece confirmar-se a tese de Maruani (2003) sobre o acúmulo como o modelo atual de atividade feminina na França contra o modelo da escolha (entre trabalho profissional, cuidado e educação dos filhos) ou da alternância (trabalho, interrupção, retomada da atividade profissional). Contudo, medidas como o auxílio parental de educação (APE) fizeram do modelo da alternância, nos últimos anos, o mais atrativo para as mulheres de renda mais baixa.

De fato, a adoção de políticas familiares como a APE em um momento particular da conjuntura econômica, na França, pode seduzir mulheres em situação difícil no emprego ou na família. Aliás, esse tipo de medidas vem confirmar as análises que apontam a interdependência (Devreux, 2000:70; Fagnani e Letablier, 2005) entre políticas familiares e políticas de emprego. A análise de políticas européias que preconizam medidas que permitam a conciliação entre vida profissional e vida familiar para facilitar o acesso das mulheres ao emprego (Fagnani e Letablier, 2005:171) mostra que essa interdependência é encontrada igualmente no âmbito europeu.

A política familiar francesa em vigor, política de conciliação destinada a facilitar a articulação entre trabalho e vida familiar (Fagnani e Letablier, 2005:167) continua excluindo os homens dessa problemática, e persiste em uma via resolutamente "maternalista". É nesse contexto de não-repartição das tarefas domésticas dentro do casal que a emergência do modelo da delegação também se torna atual.

No Japão, os limites da conciliação

O caso do Japão mostra como os limites da conciliação variam de um espaço societal a outro. As mulheres japonesas utilizam o termo "conciliação" em suas entrevistas (*ryoritsu*), dando a ele uma conotação muito mais dramática que na França ou no Brasil, visto que seu emprego e sua carreira são mais imediatamente ameaçados pela chegada de um filho.

A carga doméstica é muito mais pesada para as mulheres japonesas do que para suas homólogas francesas: enquanto na França as mulheres casadas com filhos realizam 4h36min diárias de trabalho doméstico e os homens 2h13min (Brousse, 1999), no Japão, de acordo com o Ministério de Assuntos Sociais e do Bem-Estar de 2002, as mulheres casadas com filhos realizam 4h30min diárias de trabalho doméstico e os homens apenas 0h20min. O recurso aos serviços domésticos remunerados é fortemente limitado pelas normas sociais dominantes, segundo as quais compete às mães de família cuidar dos filhos e da casa. No caso do Japão, é preciso escolher — e isso é muito difícil — entre a maternidade e a carreira, porque "é impossível conciliar" (*ryoritsu dekinakata*).

Uma pesquisa de campo realizada no Japão em outubro de 2003 mostrou que, às vezes, há grandes obstáculos à introdução do modelo da delegação e mesmo do modelo da conciliação entre vida familiar e vida profissional (em tempo integral) no Japão. A interrupção da atividade com o primeiro filho ainda é a regra no país (a taxa de atividade das mulheres com filhos de zero a três anos é de apenas 28%),[5] o que contrasta com a situação francesa, em que 80% das mulheres com um filho continuam ativas, segundo a pesquisa do Insee. O que mudou nos anos recentes no Japão é que essa interrupção é de curta duração, e as mães voltam ao mercado de trabalho para procurar um emprego em tempo parcial mesmo quando os filhos ainda são bebês (menos de um ano).

Entre os principais obstáculos destacam-se a falta de equipamentos coletivos, a ausência de políticas públicas de estímulo ao trabalho das mulheres em tempo integral e a existência, em contrapartida, de políticas de estímulo à inatividade das esposas ou ao trabalho em tempo parcial. Mas é fundamental lembrar também, e talvez isso seja o mais importante, as relações sociais (na família, no casal, na sociedade) e as normas sociais que continuam negando qualquer legitimidade ao estatuto de trabalhadoras em tempo integral de mulheres com filhos — e portanto qualquer possibilidade de carreira.

Pode-se concluir, assim, que os limites à conciliação levam as mulheres japonesas a voltar ao modelo tradicional, no qual o trabalho doméstico e o cuidado dos filhos são da alçada exclusiva das mulheres. Aquelas que têm acesso a um emprego em tempo parcial conciliam a integralidade do trabalho doméstico e dos cuidados com um trabalho sem responsabilidade. De fato, o emprego em

[5] Dados para 2001 segundo o Serviço de Estatísticas do governo japonês citados por Sugiyama, apud Garcia dos Santos (2008).

tempo parcial japonês é medido mais em termos de conteúdo da atividade, sem responsabilidades e sem possibilidades de carreira, do que em termos de redução efetiva das horas trabalhadas. As trabalhadoras em tempo parcial no Japão trabalham cerca de uma hora a menos por dia, no início ou no fim da noite.

Pode-se dizer que o Japão é um caso paradigmático dos limites à conciliação de papéis do ponto de vista das normas, mas também das práticas sociais. As poucas alternativas propostas, tanto pelas políticas públicas quanto pelos movimentos sociais, são seguramente um dos principais fatores explicativos dessa especificidade nacional.

No Brasil, acúmulo de tarefas e a prática de "se virar"

No caso do Brasil, onde há uma polarização mais forte entre as classes sociais que no Japão e na França, a delegação de tarefas domésticas às empregadas e às faxineiras, e mesmo às babás, é comum nas camadas mais favorecidas, nas camadas médias e mesmo populares.

Não há no Brasil pesquisas de emprego do tempo como na França ou no Japão, mas, segundo uma pesquisa da Fundação Perseu Abramo sobre uma amostra representativa de 2 mil pessoas, o tempo consagrado pelos homens e pelas mulheres ao trabalho doméstico se situaria entre os dois outros países, mas com uma especificidade: a presença maciça de empregadas domésticas e faxineiras nas casas, que muda a situação em matéria de divisão sexual do trabalho doméstico. Quase 20% das mulheres ativas ocupadas no Brasil são empregadas domésticas ou diaristas, o que significa que um quinto das mulheres (7 milhões) que trabalham o fazem em atividades de serviços a particulares. Essas cifras contrastam com os 10% de mulheres nas atividades de serviço na França (1 milhão), segundo a pesquisa de emprego de 2005.

Contudo, o acúmulo de tarefas domésticas e profissionais é a regra para uma parte das camadas populares mais pobres e para o conjunto das trabalhadoras precárias, que exercem atividades remuneradas informais (sem proteção nem direitos sociais) ou estão desempregadas. Elas "se viram"[6] para enfrentar a procura de emprego, as atividades de cuidado dos filhos e de outros membros

[6] As entrevistas com as mães a que nos referimos aqui foram realizadas por Liliana Segnini.

da família, freqüentemente ampliada, e diversas atividades profissionais, em geral "bicos".

Elas se viram acumulando empregos precários e intermitentes, atividades informais mal remuneradas, muitas vezes realizadas em casa (preparam alimentos para vender em escritórios ou na rua, passam roupa, fazem consertos, costuram etc.), trabalho doméstico e cuidado dos filhos. Esse "modelo" diferencia essas mães, principalmente as desempregadas, de suas homólogas japonesas. De fato, no Brasil, o acúmulo de tarefas e as práticas de conciliação ocorrem no contexto de uma rede informal de solidariedade bastante ampla que inclui família ampliada, vizinhos, amigos etc.

França, Japão, Brasil: configurações e relações sociais

O que se depreende dessa comparação França-Japão-Brasil?

Em primeiro lugar, os três países conhecem uma evolução das modalidades de articulação entre vida familiar e vida profissional que resulta do crescimento da atividade assalariada das mulheres. Essa evolução varia segundo os países conforme a configuração dos atores institucionais.[7]

Assim, na França, as políticas públicas estão em primeiro plano: tanto na resposta às situações de privação de emprego por medidas voltadas às populações-alvo quanto na promoção da conciliação das atividades domésticas e profissionais exclusivamente para as mulheres. Essas políticas estão ligadas ao objetivo da promoção da igualdade, que faz parte das políticas européias de *gender mainstreaming*. Inversamente, no Japão, as políticas públicas destinadas a promover a conciliação são ditadas mais pela preocupação com a queda da fecundidade do que pelo interesse em promover a igualdade entre homens e mulheres.[8] Já no Brasil, onde a questão da queda da fecundidade, crucial no Japão, está ausente, não se vê emergirem políticas familiares *stricto sensu*.

Em segundo lugar, a comparação internacional permitiu captar um elemento mais importante que a configuração de atores institucionais, que são as normas sociais, fortemente arraigadas.

---

[7] Remetemos à discussão de Dubar, Gadéa e Rolle (2003) no colóquio internacional sobre o desemprego, citado anteriormente, para a idéia de "configurações de atores institucionais".

[8] Sobre as diferenças nacionais França-Japão no que se refere à promoção da igualdade, cf. Garcia dos Santos e Ogaki (2007, 2008).

Na França, a norma social do emprego em tempo integral leva as mulheres com filhos à delegação. No Japão, a norma social de interrupção do trabalho assalariado em tempo integral leva as mulheres, atualmente, à busca de um trabalho em tempo parcial quando do nascimento do primeiro filho (há 20 anos levava à inatividade total). Essas normas, no Japão, criam um obstáculo intransponível à conciliação e à delegação. No Brasil, a norma social do emprego em tempo integral está plenamente estabelecida para as altas funcionárias e para as profissões intelectuais de nível superior. As mulheres das camadas operárias e populares "se viram", tanto no âmbito profissional, pela aceitação de atividades, informações e de empregos precários, quanto no âmbito doméstico, deixando a outros membros da família (filhos mais velhos) e às vizinhas as tarefas ligadas às crianças em idade pré-escolar.

Pode-se concluir que, mais do que as políticas públicas e a configuração dos atores institucionais, o peso das relações sociais, das práticas sociais e das normas sociais dominantes sobre as mães trabalhadoras parece determinante.

Referências bibliográficas

BROUSSE, C. La répartition du travail domestique entre conjoints reste très largement spécialisée et inégale. In: *France, portrait social 1999-2000*. Paris: Insee, 1999. p.135-151.

CHABAUD-RYCHTER, D.; FOUGEYROLLAS-SCHWEBEL, D.; SONTHONNAX, F. *Espace et temps du travail domestique*. Paris: Klincksieck, 1985.

DELPHY, C. *L'ennemi principal*. Paris: Syllepse, 1998.

DEVREUX, A.-M. Famille. In: HIRATA, H. et al. (Coords.). *Dictionnaire critique du féminisme*. Paris: PUF, 2000. p. 66-71.

DUBAR, C.; GADÉA, C.; ROLLE, C. Pour une analyse comparée des configurations: réflexions sur le cas de la formation continue. In: LALLEMENT, M.; SPURK, J. *Stratégies de la comparaison internationale*. Paris: CNRS, 2003. p. 57-69.

FAGNANI, J.; LETABLIER, M.-T. La politique familiale française. In: MARUANI, M. (Dir.). *Femmes, genre et sociétés.* L'état des savoirs. Paris: La Découverte, 2005. p. 167-75.

FOUGEYROLLES-SCHWEBEL, D. De la réclusion au cloisonnement. Travail domestique et salariat. In: DEFALVARD, H.; GUIENNE, V. *Le partage du travail.* Bilan et perspectives. Paris: Desclée de Brouwer, 1998. p. 157-168.

GARCIA DOS SANTOS, Y. Trajectoires vers la monoparentalité et relations parentales en France, au Brésil et au Japon. Communication au Séminaire GTM, 31 mar. 2008. 20 p.

______; OGAKI, F. Compte-rendu du Séminaire franco-japonais, Paris, 19-20 nov. 2007.

______; ______. *Promotion du travail des femmes et conciliation de la vie professionnelle et familiale*, Paris: Délégation aux Affaires Européennes et Internationales, Ministère du Travail et Ministère de la Santé, 2008. CD-ROM.

HIRATA, H. (Coord.). Chômage et mobilité professionnelle. In: Colloque Changements institutionnels et trajectoires biographiques. Comparaison internationale Brésil, France, Japon. *Actes...* fév. 2005.

______; KERGOAT, D. Les paradigmes sociologiques à l'épreuve des catégories de sexe: quel renouvellement de l'épistémologie du travail? In: DURAND, J. P.; LINHART, D. *Les ressorts de la mobilisation au travail.* Paris: Octarès, 2005. p. 263-272.

______; ZARIFIAN, P. Travail (le concept de). In: HIRATA, H. et al. (Coord.). *Dictionnaire critique du féminisme.* Paris: PUF, 2000. p. 230-235.

KASE, K.; SUGITA, K. *The unemployed and unemployment in an international perspective.* Comparative Studies of Japan, France and Brazil. University of Tokyo, n. 19, 2006. (ISS Research Series).

KERGOAT, D. La division du travail entre les sexes. In: KERGOAT, J. et al. *Le monde du travail.* Paris: La Découverte, 1998. p. 319-327.

MATHIEU, N.-C. *L'anatomie politique.* Catégorisations et idéologies du sexe. Paris: Côté-femmes, 1991.

MARUANI, M. *Travail et emploi des femmes*. Paris: La Découverte, 2003.

FAMILLE-TRAVAIL: une perspective radicale. *Nouvelles Questions Féministes*. v. 23, n. 3, 2003.

SORJ, B. *Reconciling work and family*: issues and policies in Brazil. Genève: International Labour Office (ILO), 2004. (Conditions of Work and Employment Series, 8).

TABET. P. *La construction sociale de l'inégalité des sexes*: des outils et des corps. Paris: L'Harmattan, 1998.

15

Regimes de trabalho, uso do tempo e desigualdade entre homens e mulheres

CLAUDIO SALVADORI DEDECCA*

Tempo — s.m 1. a sucessão dos anos, dias, horas etc. que envolve, para o homem, a noção do presente, passado e futuro; 2. momento ou ocasião apropriada (ou disponível) para que uma coisa se realize; 3. época; (...)

(Dicionário Aurélio)

Este ensaio explora uma dimensão do trabalho pouco analisada nas ciências sociais: sua diversidade e sua apropriação do tempo disponível das pessoas.

Em geral, o trabalho é reduzido à dimensão puramente econômica, isto é, àquilo que se refere à sua contribuição para o produto da sociedade. Ser ativo economicamente exige contribuir para a produção de bens ou serviços transacionados na esfera mercantil da sociedade capitalista. Porém, essa sociedade não se reproduz baseada somente nesses tipos de bens ou serviços. Sua existência depende de outros tipos de produção que não são destinados à esfera mercantil.

Cotidianamente, homens e mulheres desempenham atividades, isto é, trabalho, tanto na esfera mercantil quanto na não-mercantil. A maioria dessas atividades contribui social e economicamente para o funcionamento estável e contínuo da sociedade. Quando algumas das atividades não são realizadas, observam-se falhas no funcionamento da sociedade.

Se o trabalho nas atividades de produção e distribuição de alimentos não se encontra devidamente estabelecido, a sociedade terá problemas para suprir suas necessidades alimentares. Por outro lado, se o trabalho de preparação e

---

* Economista, Universidade Estadual de Campinas.

convencimento dos filhos para a escola não for feito pelas famílias, a sociedade viverá problemas no sistema educacional.

Entretanto, a sociedade valoriza a forma de trabalho destinada ao mercado e dá pouca atenção àquela que não é orientada a ele, ainda que esta última seja fundamental para estabelecer a disciplina cotidiana do trabalho para o mercado, o que determina a centralidade desse processo na organização do tempo pela sociedade (Thompson, 1967).

Ademais, mesmo o trabalho voltado para o mercado se realiza sob diversas formas, convivendo com uma diversidade importante de regimes de jornada de trabalho. O mesmo ocorre com aquele de natureza não-mercantil.

Ao longo do século XX, as sociedades capitalistas ampliaram a regulação sobre a jornada de trabalho para o mercado e as políticas públicas de proteção social, com o objetivo de sincronizar as jornadas de trabalho mercantil e não-mercantil que a maioria das pessoas adultas realiza cotidiana e simultaneamente.

Nas últimas décadas, tanto a regulação pública quanto as políticas sociais têm conhecido movimentos de retrocesso, e observa-se uma crescente perda de sincronismo entre as jornadas de trabalho. Este capítulo explora esse tema e busca apontar, a partir da experiência brasileira, a existência de regimes de trabalho e de jornadas de trabalho que hoje impõem intensa atividade para as pessoas, particularmente para as mulheres.

A diferenciação de regimes de trabalho e de jornadas de trabalho entre homens e mulheres expressa uma dimensão da enorme desigualdade da sociedade brasileira, que infelizmente não aparece de modo explícito e nem é reconhecida.

Capitalismo e tempo de trabalho

Se fosse realizada uma enquete junto à população sobre o entendimento da palavra tempo, é provável que a maioria das pessoas respondesse algo parecido com a definição reproduzida em destaque no início deste capítulo. Uma visão naturalizada e simplificada deve estar inscrita nas pessoas, como outras questões presentes no cotidiano da vida humana.

É possível argumentar que o tempo reflete a diversidade de experiências que ocupam nossas vidas entre o nascimento e a morte, sendo que nem todas foram, são ou serão consideradas relevantes por nós. Portanto, algumas delas são "apagadas" da memória de vida, sendo as restantes as que permitem reconstituir nossa trajetória individual. Esta possibilita articular o momento passado ao presente e ambos orientam nossas decisões ou desejos para o futuro. A noção de trajetória é intrínseca à de tempo e ambas se inscrevem na construção de nossa memória em suas diversas dimensões. Quando nossa memória falha, nós também desconstruímos nossa noção de tempo.

Essa abordagem foi recentemente explorada por Eco (2005), em *A misteriosa chama da Rainha Loana*. Um homem de 60 anos sofre um acidente e perde a memória. Ao sair do estado de coma, desconhece sua própria pessoa, a mulher, as filhas e netas, os amigos e amigas e sua atividade de trabalho. Perde, portanto, a memória de suas experiências ao longo da vida, necessitando realizar um processo de aprendizado para poder restabelecer as referências passadas que ordenam sua condição presente e orientar as decisões ou desejos futuros.

Essa situação mostra que o tempo de nossas vidas nada possui de natural, mas é um processo que construímos como parte de nossa trajetória pessoal, dentro das condições de sociabilidade com as quais convivemos. Portanto, a noção de tempo é abstrata e depende das características de nossa organização social.

Poucas são as pessoas que na vida adulta acham natural dormir até a hora do almoço nos chamados dias úteis. E eles são vistos assim porque naturalizamos o trabalho no período diurno e concentrado em certos dias da semana. Mesmo que se esteja ampliando o trabalho aos domingos, ele não aparece, ao menos até o momento, como natural para as pessoas que o realizam. No Novo ou no Velho Testamento, o domingo é considerado dia de descanso em razão da atividade realizada para a reprodução da vida nos seis dias anteriores.

Ademais, o almoço serve para repormos parte da nossa energia gasta com as atividades que ocuparam nosso tempo na parte da manhã. Isto é, aparece como uma decisão de uso específico do tempo e supõe que tenhamos gasto energia em alguma atividade anterior.

É inevitável que o dia passe, independentemente da nossa vontade. Não conseguimos bloquear o tempo. Ao contrário, justamente porque ele corre alheio à nossa decisão é que nos preocupamos em aproveitá-lo da melhor maneira possível a nosso favor, buscando organizar nossas atividades segundo nossos objetivos. Assim, a questão relevante é como organizamos e usamos o tempo. Porém, a decisão sobre seu uso não é autônoma, ao contrário, ela muitas vezes é constrangida por determinações da organização social ou econômica.

Como afirmou Elias (1989) com muita propriedade:

> A palavra "tempo" é o símbolo de uma relação que um grupo humano (isto é, um grupo de seres vivos com a faculdade biológica de se pôr em acordo e sintetizar) estabelece entre dois ou mais processos, dentre os quais tomam um como quadro de referência ou medida dos demais.

Algumas pessoas têm autonomia para decidir trabalhar ou não, e quando trabalhar, pensando trabalho no sentido tradicional, isto é, de caráter econômico. Porém, a grande maioria não tem esse poder de decisão, devendo se submeter às oportunidades de trabalho existentes e aos horários por elas definidos.

Ademais, algumas atividades complementares ao trabalho não podem ser autonomamente definidas. Por exemplo, o tempo que se gasta com transporte entre o local de moradia e o de trabalho, ou quanto tempo despendemos com o almoço.

As restrições ao processo de decisão do uso do tempo extrapolam as atividades do mercado de trabalho ou da atividade produtiva. Há um conjunto de atividades que é preciso realizar no âmbito dos domicílios e que são fundamentais para a organização e o funcionamento familiar. Tendo filhos em idade escolar, somos obrigados a levantar cedo e prepará-los para a atividade. A alimentação, a roupa, a higiene e outras necessidades devem ser organizadas no âmbito da família, levando a que os adultos se ocupem dessas responsabilidades. Se existem idosos ou doentes crônicos na família, cabe aos demais membros assumir seu cuidado.

Percebe-se, dessa maneira, que o uso do tempo se relaciona à gestão de diversos processos sociais e econômicos que fazem parte de nossa vida, mas nem sempre são decididos por nós. Mesmo naqueles sobre os quais temos poder de decisão, é preciso levar em conta as restrições decorrentes dos demais processos.

A noção geral de tempo é, portanto, insuficiente para tratar dos processos relevantes que ele envolve. O tratamento dos processos refere-se ao modo como usamos o tempo, considerando as limitações sociais e econômicas, bem como as de caráter individual. Por exemplo, as diferenças pessoais na organização das atividades ou as horas diárias de sono de que necessitamos.

Assim, a complexidade de tratar o tema tempo remete-se à forma de sua apropriação, que deve levar em conta a diversidade de processos que somos obrigados a pilotar nas 24 horas do dia, nos 30 dias do mês e nos 365 dias do ano. A valorização de um ou outro processo social ou econômico depende da importância ou dependência que lhe damos ou que temos.

Cotidianamente, procuramos reduzir nossa situação de subordinação a certos processos e ampliar nossa autonomia em relação a outros, segundo nossa valorização ou necessidade.

A linearidade do relógio se desfaz, como construção cartesiana da noção de tempo, quando o focamos a partir das formas de sua utilização (Dedecca, 2005). Ao longo do dia, da semana, do mês ou do ano, somos obrigados sistematicamente a gerenciar diversos processos de acordo com nossas necessidades ou obrigações, dentro da extensão temporal que não controlamos ou definimos.

Mas por que somos obrigados a gerenciar diversos processos? Porque eles são decisivos para nossa sobrevivência pessoal ou coletiva. Vamos ao mercado de trabalho porque a ética social se funda no trabalho e por meio dele obtemos nosso reconhecimento junto à coletividade que nos cerca; e porque necessitamos da remuneração que conseguimos com ele para sobreviver.

Por outro lado, organizamos outros processos que são decisivos para as nossas necessidades pessoais ou familiares. Contudo, eles extrapolam essa dimensão, pois sua organização é fundamental para o funcionamento da sociedade. As crianças não chegam adequadamente à escola se as famílias não realizam as atividades complementares. O mesmo ocorre com o indivíduo adulto que participa do mercado de trabalho.

De fato, temos pouca autonomia sobre a decisão da maioria dos processos que ocupam nosso dia e, portanto, sobre o tempo que eles consomem. Em geral, a eles nos subordinamos, organizando-os dentro de limites estritos sobre os quais não decidimos.

É justamente por essa razão que convivemos com a generalização de um dia semanal de descanso. O domingo aparece, ou deveria aparecer, como um período caracterizado pela autonomia individual quanto à utilização do tempo disponível naquelas 24 horas.

O grau de valorização é diferente para cada processo. E, em decorrência, os processos não podem ser valorizados homogeneamente, estabelecendo-se, inclusive, uma subordinação entre eles. Reduzimos o tempo destinado ao cuidado dos filhos se necessitamos destinar mais tempo ao mercado de trabalho com o objetivo de aumentar o rendimento auferido ou por causa da ameaça de desemprego. Conseqüentemente, podemos reduzir as horas de sono ou de descanso para não diminuir o tempo destinado ao cuidado dos filhos, compensando a pressão exercida pelo mercado de trabalho.

Ademais, muitas vezes organizamos processos distintos ao mesmo tempo. No trabalho, continuamos resolvendo questões relativas à organização de processos no âmbito familiar ou pessoal. E quando estamos em casa organizando os processos familiares ou pessoais, podemos ser chamados a dar encaminhamento, mesmo a distância, a processos vinculados ao mercado de trabalho. Há, portanto, a superposição de processos que não reitera a visão natural que temos sobre o tempo (Adam, 1990).

Em suma, devemos considerar ao menos três dimensões do uso do tempo no que se refere à organização dos processos: a valorização, a subordinação e a superposição. A regulação dessas dimensões depende fundamentalmente da forma como a sociedade se organiza.

Durante o século XX, a organização da sociedade traduziu-se em regulação da jornada de trabalho no mercado, estabelecendo sua crescente padronização. Observou-se a predominância da jornada de trabalho diurno, realizada entre 7 horas e 18 horas, de segunda a sexta-feira. Somente em situações reconhecidas como socialmente necessárias, permitia-se o trabalho noturno ou nos fins de semana. São exemplos os hospitais, as empresas de distribuição de energia elétrica ou água e as empresas siderúrgicas.

A padronização da jornada de trabalho era reforçada pelas características predominantes de organização do processo produtivo e do trabalho, que, muitas vezes, diferenciava o local de trabalho daquele de moradia (Dedecca, 1999). Essa padronização encontrou maior difusão nos países desenvolvidos, mas também foi se consolidando com o avanço da industrialização nos países em desenvolvimento.

Contudo, o esgotamento do crescimento do pós-guerra, acompanhado do enfraquecimento das fronteiras nacionais e da reorganização do processo de produção e trabalho, a partir da incorporação de mudanças técnicas e sociais baseadas na tecnologia da informação, enfraqueceu a regulação pública sobre a jornada de trabalho, permitindo sua flexibilização com o rompimento progressivo da padronização.

Por outro lado, as novas tecnologias permitiram uma flexibilização do próprio local de trabalho e da atividade econômica, abrindo a possibilidade de que o trabalho passasse a ser realizado nas moradias ou mesmo nas ruas, obscurecendo a fronteira entre trabalho e lazer/família. Não é mais necessário sair de casa para trabalhar ou ser chamado a trabalhar. Não existe mais a obrigatoriedade do trabalho ser realizado em um local próprio, como as fábricas e os escritórios.[1]

As mudanças organizacionais recentes, com o enfraquecimento da regulação sobre a jornada de trabalho, têm modificado a valorização dos processos na sociedade. Existem evidências de ampliação do tempo de trabalho para reprodução econômica, rompendo a tendência de redução da jornada observada durante boa parte do século XX (Fisher e Layte, 2002). Ampliam-se relações de subordinação e de superposição existentes entre eles e com isso se intensificam as tensões entre processos, reiterando sua subordinação, reforçada pelo enfraquecimento da regulação pública sobre a jornada de trabalho (Chiesi, 1989).

O avanço em direção à sociedade da informação transforma os processos produtivos e de trabalho, mas também a organização da vida pessoal e familiar. Pesquisas realizadas nos países desenvolvidos mostram que as horas despendidas na internet superam as de leitura ou de convívio social, perdendo somente para o tempo gasto assistindo à televisão. Ademais, o ingresso crescente de computadores e da internet nos domicílios obscurece as fronteiras entre as atividades de organização do domicílio e aquelas orientadas para o processo produtivo.

Perde-se progressivamente a noção da extensão do trabalho no mercado e do trabalho para a reprodução pessoal ou domiciliar, que neste capítulo será denominada reprodução social, isto é, aquele tipo de trabalho necessário para

---

[1] A constituição de espaços específicos para a organização e realização da produção e, portanto, do trabalho, foi uma das características fundamentais da sociedade capitalista já estabelecida pela primeira revolução industrial e amplificada pela segunda revolução. A construção de grandes edifícios foi uma marca das grandes corporações. Um exemplo a ser resgatado é a construção da torre pela Sears, em Chicago, que durante muito tempo foi a mais alta do mundo e que era ocupada diariamente por quase 20 mil funcionários administrativos. O processo de reestruturação das empresas, observado a partir dos anos 1980, tornou desnecessária e custosa a manutenção das grandes estruturas físicas e funcionais. Na década de 1990, a Sears foi obrigada a vender a torre (por US$ 1 bilhão) para um fundo de investimentos e a transferir sua sede para o subúrbio de Chicago, reduzindo significativamente a área ocupada e o número de funcionários.

a reprodução da sociedade, mas que não se realiza para o mercado e cujo valor econômico não é reconhecido.

É visível a crescente intensificação do uso do tempo, que se traduz em uma tensão progressiva sobre os processos social e econômico para reduzir o tempo gasto com cada um deles (figura 1). Estudos mostram que as pessoas, cada vez mais, se vêem incapazes de dar conta do conjunto de atividades que lhes são demandadas a cada dia, e por isso, como afirma Schor (1991), sentem a necessidade de um 13º mês no ano.

Infelizmente, a tendência recente não reitera as esperanças de que, em face da modernização tecnológica, se estaria construindo uma sociedade do ócio ou do tempo livre. É cada vez maior a extensão e a intensidade do uso do tempo disponível em razão das pressões sobre o trabalho no mercado e extramercado (Fisher e Layte, 2002).

A única coisa que se pode dizer é que há sinais visíveis de distribuição desigual do tempo na sociedade. Por um lado, as pessoas empregadas sofrem a intensificação do uso de seu tempo, por outro, as que estão desempregadas convivem com uma ociosidade forçada de seu uso. Racionaliza-se a apropriação do tempo de uns e abandona-se a possibilidade de utilização social e econômica do tempo de outros.

Figura 1
Evolução do uso do tempo da população com mais de 16 anos (países desenvolvidos — 1960-95)

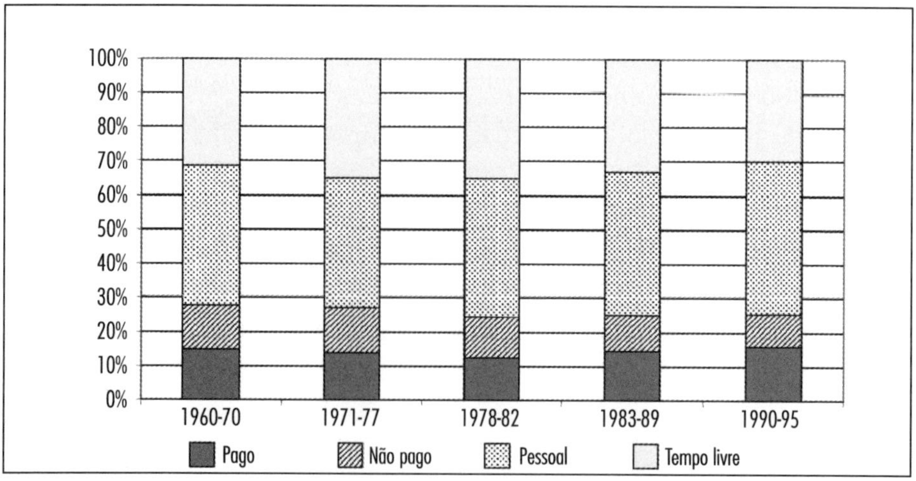

Fonte: Fisher e Layte, 2002.

Essa desigualdade adquire uma dimensão específica quando se analisa o uso do tempo segundo o sexo. Seja em sociedades desenvolvidas, seja em sociedades em desenvolvimento, o trabalho para a reprodução social é preferencialmente de responsabilidade das mulheres. Ademais, o mercado reitera a discriminação das mulheres, ou por não disporem de força física, ou em razão dos períodos de licença-maternidade ou de ausência para cuidado dos filhos.

A dificuldade de inserção nos mercados nacionais de trabalho traduz-se, muitas vezes, em acesso a ocupações de baixa remuneração, caracterizadas por jornadas de trabalho extensivas e/ou intensivas, que, para as mulheres, são complementadas por jornadas de trabalho para a reprodução social, também extensivas e/ou intensivas. A maior participação das mulheres no mercado de trabalho implica, portanto, ampliação das suas responsabilidades, estabelecendo, desse modo, a dupla jornada de trabalho, tão denunciada pelo movimento feminista.

Durante os anos de crescimento, o avanço da regulação pública sobre a jornada no mercado de trabalho nos países desenvolvidos foi acompanhado da ampliação das políticas sociais — como implementação de creches, educação em tempo integral, entre outras — e de direitos de proteção ao trabalho, que possibilitaram reduzir as atividades de organização e reprodução no interior das famílias e domicílios.

Em certa medida, a padronização da jornada no mercado de trabalho e as políticas sociais induziram alterações nas relações entre homens e mulheres quanto às responsabilidades familiares, levando a que os primeiros assumissem parte delas. Mesmo assim, não foi superada a desigualdade na distribuição do tempo disponível (figura 2).

Esse movimento não foi estabelecido nos países em desenvolvimento, e tampouco se observa sua reversão nos países desenvolvidos a partir do final dos anos 1970. A deterioração da regulação pública do mercado de trabalho e o enfraquecimento das políticas sociais, devido à reforma do Estado e das novas diretrizes que as orientam, restabeleceram a tendência de elevação e intensificação da jornada no mercado de trabalho, bem como a estabilidade da jornada destinada à reprodução social.

Figura 2
Jornadas médias semanais para o mercado de trabalho e para a reprodução social segundo o sexo (países selecionados — 2001-03)

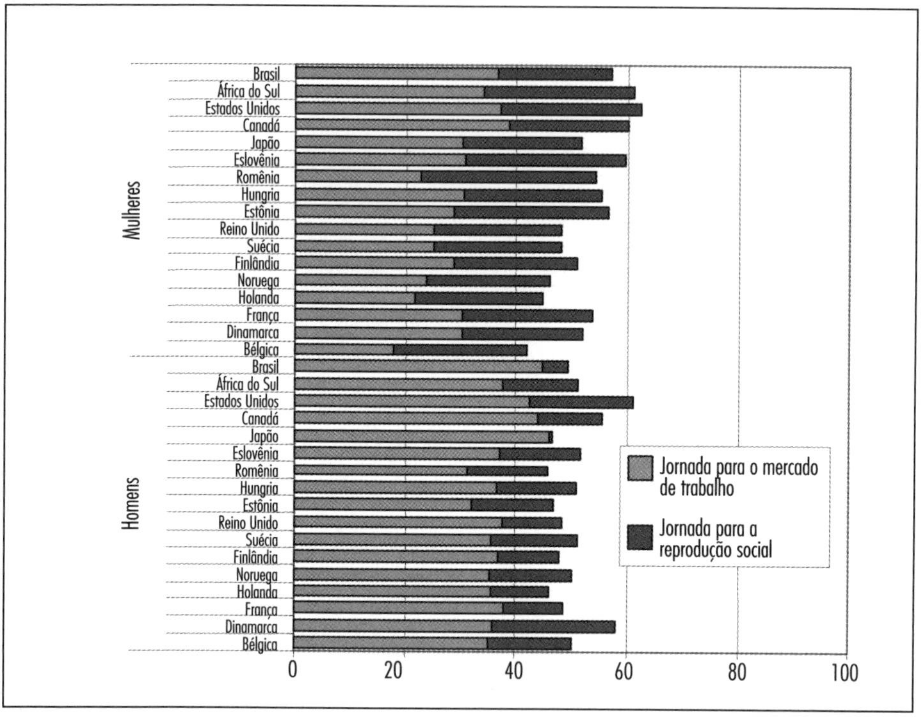

Fontes: Pnad (2002), Survey on Time Use and Leisure Activities (2001), Eurostat (2003), Time Use Survey (2003) e Time Use of Canadians (1998).

Regimes de trabalho e jornada de trabalho

Até aqui, enfocou-se o caráter complexo que caracteriza o uso do tempo na sociedade capitalista, procurando-se explicitar que a visão natural sobre sua apropriação, de natureza cartesiana, pouca relação guarda com os processos econômicos e sociais que cotidianamente somos obrigados a administrar. Mostrou-se ainda que, nas últimas décadas, a crise econômica, a reorganização das empresas, a incorporação intensa de tecnologias da informação vêm rompendo a relação entre produção e local específico para a realização do trabalho. Essa mudança, em um contexto de enfraquecimento da regulação pública, reitera a complexidade do uso do tempo, seja na coordenação de processos, seja na intensificação crescente que caracteriza cada um deles.

O resultado é a ampliação do tempo destinado à reprodução econômica e social, com restrição crescente do tempo livre. Esse movimento atinge diferenciadamente homens e mulheres, reafirmando a desigualdade estrutural entre sexos em termos de extensão da jornada total de trabalho.

A partir dessa análise, seria importante construir ou buscar apontar a existência de regimes diferenciados de apropriação do tempo, privilegiando as diferenças entre sexo. Mas por que falar de regimes de uso do tempo?

Como já foi dito, as fronteiras entre trabalho para a reprodução econômica e trabalho para a reprodução social encontram-se progressivamente obscurecidas em razão da quebra da relação direta, anteriormente predominante, entre produção e local específico de trabalho.

Ampliam-se os contingentes de trabalhadores com jornadas flexíveis de trabalho que realizam suas atividades em locais não definidos ou não especificamente construídos. São exemplos os vendedores ou prestadores de serviços em domicílio, os trabalhadores em atividade *office home* e os trabalhadores domiciliares subcontratados.

Amplia-se também a heterogeneidade das relações de trabalho, tendo a forma de trabalho assalariado convencional perdido espaço para as demais. Cada uma das formas de relações de trabalho se associa a um regime específico de jornada de trabalho, estabelecendo-se, portanto, uma maior heterogeneidade do uso do tempo de trabalho. A tendência de consolidação de uma jornada padrão de trabalho determinada socialmente é substituída por outra, marcada por regimes diversos de jornada de trabalho definidos economicamente.

A Pnad do IBGE dá sustentação a esse argumento. Os dados analisados da Pnad abarcam somente o conjunto de ocupados que declaram realizar afazeres domésticos, segundo a metodologia adotada pela pesquisa.

Em um primeiro momento, focaremos somente a jornada no mercado de trabalho, isto é, aquela destinada à reprodução econômica. A Pnad mostra grandes diferenças nas jornadas semanais de trabalho tanto entre posições na ocupação quanto entre homens e mulheres.

O emprego doméstico, preponderantemente feminino, caracteriza-se por uma jornada de trabalho média de 50 horas semanais, contra jornadas de 39 a 44 horas para as demais formas de trabalho assalariado, enquanto a ocupação de empregador é marcada por uma jornada de 50 horas para os homens e de 47 para as mulheres.

Evidencia-se, portanto, a existência de padrões distintos de jornada de trabalho para cada tipo de relação de trabalho. No caso das mulheres, ocupar um emprego público aumenta a possibilidade de uma jornada menor comparativamente àquela oferecida pelo emprego doméstico.

A diversidade dos padrões de jornada de trabalho ganha evidência quando analisados segundo o local de atividade. Os homens tendem a realizar jornadas maiores que as mulheres, independentemente do local de atividade. Mesmo assim, é importante assinalar a forte diferenciação observada para essa variável.

Figura 3

Jornada semanal média no trabalho principal, segundo sexo e posição na ocupação (Brasil — 2005)

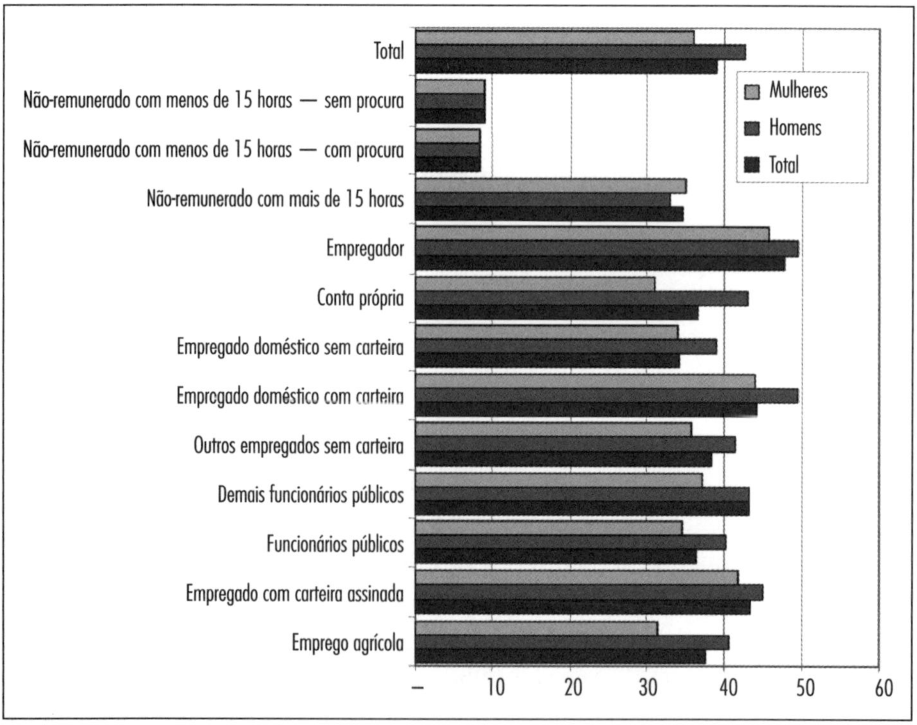

Fonte: Pnad, 2005.

Os trabalhadores com local específico para a realização do trabalho cumprem as jornadas mais longas, mas elas são mais reguladas e fiscalizadas socialmente. Já para os que trabalham em vias públicas, as jornadas dependem das tarefas a serem cumpridas no dia, como é o caso dos motoqueiros, ou da renda mínima esperada, como é o caso dos taxistas. Suas jornadas de trabalho tendem a ser, ao contrário, flexíveis e pouco reguladas ou fiscalizadas socialmente. Essa é também a situação dos que trabalham em um local definido pelo contratante ou empregador, como é o caso dos empregados domésticos e dos prestadores de serviços em domicílio.

Em suma, o crescimento do trabalho não assalariado tende a amplificar as formas de jornada de trabalho com baixa possibilidade de regulação social, isto é, a heterogeneidade dos regimes de jornada de trabalho para a reprodução econômica.

Figura 4

Jornada semanal média no trabalho principal segundo sexo e local de realização do trabalho (Brasil — 2005)

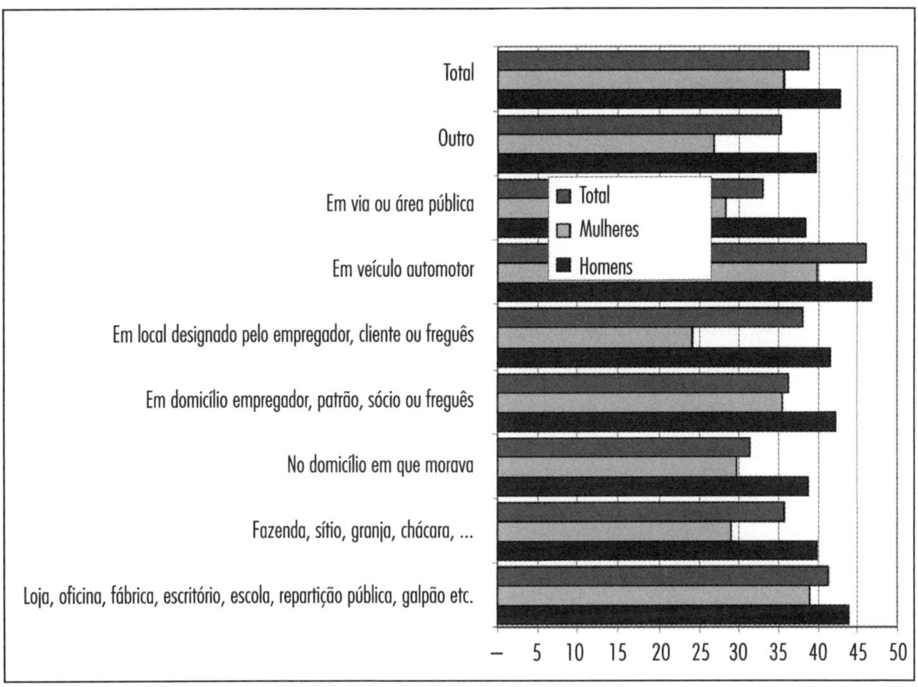

Fonte: Pnad, 2005.

Ocorre que a atividade de trabalho não se resume à jornada realizada para reprodução econômica. Todo um outro conjunto de atividades relevantes para a reprodução social e econômica da sociedade é realizado fora do mercado de trabalho, isto é, no âmbito dos domicílios.

A Pnad levanta informações sobre a extensão desse tipo de trabalho, qualificado de afazeres domésticos.[2] Neste capítulo, preferimos denominá-lo trabalho para a reprodução social em razão de seus resultados não se esgotarem no âmbito da família ou do domicílio. Afinal, as crianças não chegariam à escola se as famílias não realizassem as atividades complementares. Do mesmo modo, o sistema público de atendimento à saúde teria uma demanda maior se as famílias não adotassem medidas de higiene e de proteção à saúde de seus membros.

O ponto de vista aqui defendido refere-se à existência de conexões entre as formas de trabalho, que, apesar de complementares, caracterizam-se pela subordinação do trabalho para a reprodução social ao trabalho para a reprodução econômica. Portanto, é preciso estar atento para a extensão dos tipos de jornada de trabalho, como também para a regulação social que incide sobre elas. Na ausência de regulação social, é muito provável que a complementaridade se transforme em maior subordinação, avançando sobre o tempo livre das pessoas e das famílias.

Os dados da Pnad oferecem um retrato geral do uso do tempo no Brasil. Como já esclarecido anteriormente, o capítulo explora somente as informações sobre pessoas ocupadas que declaram afazeres domésticos — aproximadamente 90% das mulheres e 47% dos homens. Evidencia-se, prontamente, uma face da desigualdade entre sexos na distribuição das responsabilidades familiares. Porém, nossa preocupação é apontar as diferenças de regimes de jornada de trabalho, incluindo tanto aquela para a reprodução econômica quanto aquela para a reprodução social.

Em 2005, a jornada semanal total dos ocupados em afazeres domésticos era de 57 horas para as mulheres e de 52 horas para os homens. No caso dos homens, 43 horas eram destinadas à reprodução econômica e nove horas à reprodução social, e das mulheres, respectivamente 21 horas e 36 horas. Essa

---

[2] A Pnad também levanta informação quanto ao tempo gasto com locomoção entre moradia e trabalho. Neste capítulo não se tratará desse tema, apesar da inegável importância que ele tem para o uso cotidiano do tempo das pessoas, em especial nos grandes centros urbanos.

composição da jornada total de trabalho pode ser observada para todas as posições na ocupação segundo sexo.

Figura 5

Jornada semanal total segundo sexo, posição na ocupação e tipo de trabalho (Brasil — 2005)

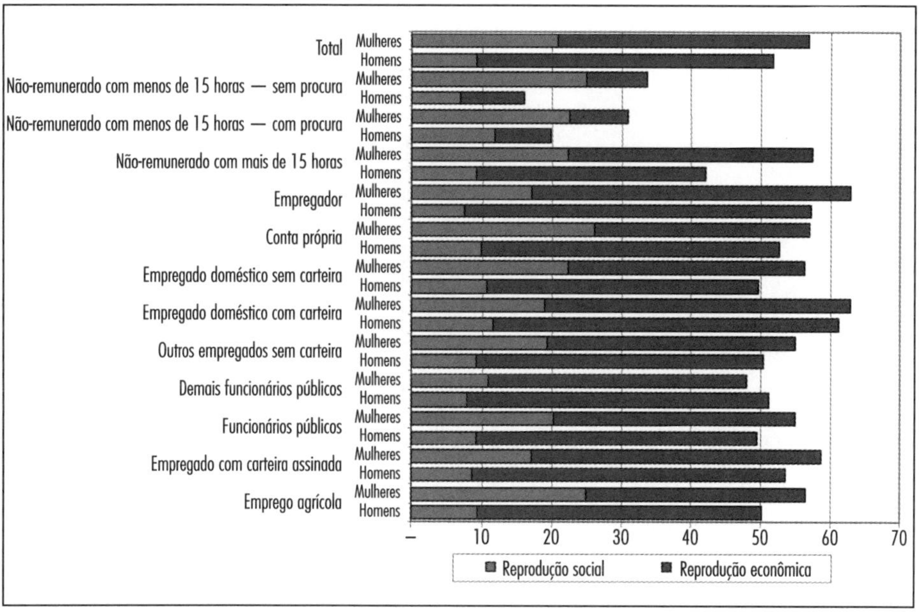

Fonte: Pnad, 2005.

Da análise dessas informações, emerge como dimensão relevante da desigualdade no uso do tempo uma associação entre jornada de trabalho mais extensa para a reprodução econômica e relativamente mais reduzida para a reprodução social no caso das mulheres. Há sinais de que o mercado de trabalho reduz a jornada de reprodução social na medida em que esse tipo de trabalho é subordinado ao trabalho para a reprodução econômica.

A situação do emprego doméstico sustenta esse argumento. As mulheres ocupadas com carteira de trabalho assinada cumprem uma jornada maior para a reprodução econômica do que para a reprodução social, comparativamente à situação observada para aquelas ocupadas sem carteira. Isto é, a mulher com menor jornada no mercado é obrigada a exercer uma jornada mais ampla no domicílio, enquanto aquela com jornada maior no mercado é constrangida a realizar uma jornada mais reduzida para a reprodução social.

Analisando as informações sintetizadas na figura 5, é possível perceber que a jornada total de trabalho das mulheres, exclusive na forma de trabalho não-remunerado com menos de 15 horas, tende a se situar entre 55 e 62 horas semanais. Em grande medida, as diferenças de jornada de trabalho para a reprodução econômica apresentam variação menor, sinalizando a tendência da jornada de trabalho para a reprodução social ser a variável de ajuste.

Isso significa que quanto maior a jornada para a reprodução econômica, maior a possibilidade de uma jornada total de trabalho mais elevada para as mulheres, mesmo que aquela para a reprodução social seja um pouco mais reduzida relativamente.

Aqui retomamos o tema dos regimes de jornada de trabalho. As evidências oferecidas pelos resultados da Pnad sinalizam a existência de diferenciações importantes de jornadas de trabalho totais entre homens e mulheres, considerada a diversidade de relações de trabalho que caracteriza a ocupação.

Havendo clara diferenciação quanto à abrangência da regulação social sobre os tipos de relações de trabalho no que se refere à determinação da jornada de trabalho, pode-se argumentar sobre a existência de regimes de jornada total de trabalho. Isto é, a maior ou menor flexibilidade da jornada para a reprodução econômica tende a estabelecer uma relação específica com a jornada de trabalho para a reprodução social.

Tomando-se o caso do emprego doméstico sem carteira, tem-se uma relação de trabalho com baixa incidência da regulação pública, que deve se traduzir em razoável flexibilidade da jornada de trabalho para a reprodução econômica e que se articula a uma jornada elevada para a reprodução social. As mulheres que exercem esse tipo de ocupação tendem a conviver com um regime precário de uso do tempo, independentemente do tipo de jornada.

Como pista para um estudo mais aprofundado dos regimes de trabalho, apresenta-se uma sugestão de tipologia que os associa à precariedade segundo o grau de regulação social da jornada de trabalho. Quanto maior a flexibilidade da jornada, maior a precariedade, em razão da baixa incidência da regulação pública. O grau de precariedade da regulação social tende a ser amplificado pela pressão sobre o trabalho para a reprodução social.

Regime de trabalho segundo a precariedade da regulação social sobre a jornada de trabalho

	Loja, oficina, escritório, escola, repartição pública, galpão etc.	Fazenda, sítio, granja, chácara...	No domicílio em que morava	Em domicílio de empregador, patrão, sócio ou freguês	Em local designado pelo empregador, cliente ou freguês	Em veículo automotor	Em via ou área pública
Emprego agrícola		XX	XXX	XXX	XXXX		
Empregado com carteira assinada	X	XX		XXX	XX	XXX	
Funcionário público	X						
Demais funcionários públicos	X						
Outros empregados sem carteira	XX	XXX		XXX	XXX	XXX	
Empregado doméstico com carteira				XXX	XXX		
Empregado doméstico sem carteira				XXXX	XXXX		
Conta própria		XXXX	XX	XX	XXX	XXX	XXX
Empregador	XX	XX	XX	XX	XX	XX	XX
Não-remunerado com mais de 15 horas	XXX	XXX	XXX	XXX	XXX	XXX	XXXX

Observações finais

Quanto mais intensa a transformação da estrutura ocupacional para ocupações com relações de trabalho com baixa incidência da regulação pública, maior tenderá a ser a precariedade do regime de jornada de trabalho, tanto para a reprodução econômica quanto para a reprodução social.

Este capítulo não tem a pretensão de apresentar argumentos conclusivos sobre os regimes de trabalho e as jornadas de trabalho prevalecentes hoje na sociedade brasileira. O tema ainda encontra incipiente desenvolvimento analítico e metodológico para que seja objeto de avaliações mais conclusivas.

Ademais, é muito limitada a base de informações que alimenta a discussão sobre o tema.

A análise realizada teve a preocupação de apresentar pistas para o desenvolvimento de estudos sobre a organização do trabalho e suas implicações sobre a própria estruturação do tempo disponível de trabalho das pessoas.

O foco na experiência brasileira mostra uma situação alarmante quanto à jornada total de trabalho, seja em termos da sua extensão, seja da acentuada desigualdade entre homens e mulheres quanto à sua realização.

Ademais, observa-se uma heterogeneidade da estrutura ocupacional que aponta para uma diferenciação em termos do grau de regulação da jornada de trabalho para a reprodução econômica que explicita a existência de diversos regimes de trabalho e de jornada de trabalho.

A ampliação das formas de trabalho com uma incidência ainda mais baixa da regulação pública sobre a jornada de trabalho tenderá a agravar o quadro de precariedade já existente no mercado de trabalho, bem como deverá acentuar a desigualdade entre homens e mulheres em termos de jornada total de trabalho.

É preciso aprofundar os estudos sobre a organização da jornada total de trabalho com o objetivo de atacar uma dimensão da desigualdade que aparece de modo velado na sociedade brasileira. Se a desigualdade de rendimento constituía a face mais visível do problema, é igualmente importante a face menos visível relacionada à existência de fortes discrepâncias em termos de jornadas total de trabalho entre homens e mulheres.

Atacar a desigualdade e a precariedade estrutural presente em nossa sociedade passa por conseguir estabelecer não apenas uma distribuição mais justa do tempo total de trabalho entre homens e mulheres, como também maior eqüidade entre as jornadas de trabalho para reprodução econômica e social.

Referências bibliográficas

ADAM, B. *Time and social theory*. Oxford: Polity Press, 1990.

CHIESI, A. M. *Sincronismi sociali*. L'organizzacione temporale della societá come problema sistemico e negociale. Bologna: Il Mulino, 1989.

DEDECCA, C. S. Reorganização econômica e trabalho no capitalismo avançado. Campinas: Instituto de Economia da Unicamp, 1999.

______. Sobre tempos e gênero na sociedade brasileira. In: DEDECCA, C. S. *Trabalho e gênero no Brasil*. Formas, tempo e contribuições socioeconômicas. Brasília: Unifem, 2005.

ECO, U. *A misteriosa chama da Rainha Loana*. São Paulo: Record, 2005.

ELIAS, N. *Sobre el tiempo*. Mexico DF: Fondo de Cultura Econômica, 1989.

FISHER, K.; LAYTE, R. *Measuring work-life balance and degrees of sociability*: a focus on the value of time use data in the assessment of quality of life. Essex: European Panel Analysis Group, 2002. (EAPG Working Papers, n. 32).

SCHOR, J. *The overworked American, the unexpected decline of leisure*. New York: Basic Books, 1991.

THOMPSON, E. P. Time, work-discipline, and industrial capitalism. *Past and Present*, Oxford, n. 36, 1967.

16

Modelos de feminização das profissões na França e na Grã-Bretanha

NICKY LE FEUVRE*

A maior parte das pesquisas sociológicas sobre a feminização das profissões "superiores"[1] chama a atenção para os avanços notáveis alcançados pelas mulheres ao longo dos últimos 20 anos, antes de assinalar o caráter ambíguo dessa penetração, particularmente em razão dos lugares específicos ocupados pelas mulheres na hierarquia interna dos grupos profissionais. As diversas pesquisas que tivemos a oportunidade de desenvolver sobre esse tema visam avaliar o sentido preciso da chegada progressiva das mulheres aos antigos "bastiões masculinos", em um contexto histórico marcado pela adoção de algumas ações públicas de promoção da igualdade profissional. A maioria desses dispositivos traduz — mais ou menos explicitamente — o postulado segundo o qual o caráter misto que se observa no interior dessas profissões constitui um indicador empírico confiável do nível de igualdade alcançado. Portanto, os atores públicos têm como objetivo principal ampliar o lugar das mulheres nos setores de atividade nos quais elas permanecem "sub-representadas".

Tal objetivo político merece que se detenha um instante nele, visto que repousa sobre um postulado pouco estudado até hoje. De fato, parece legíti-

* Socióloga, Université de Toulouse-Le Mirail.

[1] Esse termo é utilizado para designar os grupos profissionais caracterizados por um nível relativamente elevado de prestígio e/ou de remuneração.

mo se perguntar em que medida a feminização dos antigos "bastiões masculinos" contribui para transformar os fundamentos materiais e ideais do sistema sexo/gênero, compreendido aqui como fenômeno estruturante de práticas e de representações sociais (Fortino, 2002). A resposta a essa pergunta requer a elaboração de um modelo teórico que permita explicar mecanismos de reprodução/recomposição da desigualdade de sexo operantes nas sociedades ocidentais contemporâneas. Neste capítulo, procuraremos ilustrar a necessidade de integrar a pluralidade de lógicas que operam no aumento das taxas de feminização desses grupos profissionais à interpretação sociológica — e política — desse fenômeno.

Um esboço teórico para a análise da feminização das profissões superiores em uma perspectiva comparativa

O sistema sexo/gênero repousa sobre dois princípios distintos, mas articulados (Kergoat, 2000). De um lado, o princípio da diferenciação relativamente arbitrária das categorias de sexo, que se pode associar à idéia do "tabu da semelhança" (Mathieu, 1991). De outro lado, o princípio da hierarquia das categorias sexuais assim diferenciadas, a "valência diferencial dos sexos" (Héritier, 1996). Parece necessário então examinar a feminização dos grupos profissionais em relação a esses dois princípios fundadores do sistema sexo/gênero.

Com a ajuda dos resultados de algumas pesquisas empíricas realizadas em uma perspectiva comparativa, propomos uma análise dos mecanismos precisos da entrada das mulheres nesses grupos profissionais em função do grau de diferenciação e de hierarquização que subentendem seus percursos profissionais e familiares (Le Feuvre, 2001).

A comparação franco-britânica é particularmente esclarecedora desse ponto de vista, na medida em que essas duas sociedades se caracterizam por histórias bem diferentes em matéria de incorporação das mulheres ao trabalho assalariado (Schweitzer, 2002; Tilly e Scott, 2006) e de regimes de proteção social (Lewis, 1993).

Trabalhar sobre os mesmos grupos profissionais em dois contextos societários diferentes permite identificar algumas pistas explicativas das diferenças de envergadura e de ritmo de feminização de diferentes escalões da hierarquia socioprofissional. Esse procedimento obriga-nos a reunir os diferentes níveis da realidade social (macro, meso e micro) para compreender de que modo eles intervêm na reprodução/reconfiguração do sistema sexo/gênero como fenômeno estruturante de práticas e de representações sociais.

A regulação macrossocial das relações sociais de sexo ou o "contrato de gênero"

Em um primeiro momento, examinamos, portanto, os efeitos das diferenças macrossociais nas trajetórias profissionais e familiares das mulheres em certas profissões superiores (advogadas, executivas de bancos, contadoras, médicas, farmacêuticas etc.).

A feminização desses grupos profissionais começou de maneira mais precoce na França que na Grã-Bretanha, onde as taxas de feminização permaneceram mais baixas por muito tempo. Os resultados das pesquisas realizadas nos anos 1990 confirmaram o papel essencial da "alavanca das qualificações" (Crompton e Sanderson, 1986).

De fato, a chegada das mulheres começou bem no momento em que o diploma substitui a cooptação direta como principal critério de recrutamento (Crompton, Hantrais e Walters, 1990; Le Feuvre e Walters, 1993). Nota-se que não apenas as exigências de certificação se impuseram mais cedo e de maneira mais uniforme na França que na Grã-Bretanha,[2] como elas se efetivam quando as mulheres já representam uma minoria importante nos cursos de formação correspondentes.

Mas, se a "alavanca das qualificações" ajuda a entender a chegada mais precoce das mulheres nesses espaços profissionais na França, ela não permite explicar os diferentes ritmos de crescimento das taxas de feminização desde a época das "pioneiras". Para isso, é preciso estudar a maneira como a divisão sexual do trabalho pesa sobre as modalidades específicas da feminização dos grupos profissionais.

Na França, onde a manutenção de uma atividade profissional contínua e em tempo integral pelas mulheres (mães) com diploma de ensino superior é socialmente mais aceitável e materialmente mais fácil de realizar, as mulheres

[2] Na Grã-Bretanha, por exemplo, a exigência prévia de uma formação universitária em direito para o ingresso na profissão de *solicitor* (advogado) só se tornou obrigatória em meados dos anos 1970.

não somente têm mais oportunidades de entrar nesses grupos profissionais que suas congêneres britânicas, como têm mais chances de permanecer neles ao longo de toda sua vida ativa.

Por outro lado, as mulheres britânicas, confrontadas permanentemente com a reprovação social que pesa sobre as mães de família ativas em tempo integral (Smeaton, 2006) e com a carência e o custo exorbitante dos serviços de creches (Chambaz, 2003), encontram mais obstáculos para a elaboração do "plano de carreira".[3]

Parece razoável postular que as mulheres britânicas terão, portanto, mais dificuldades de investir nessas carreiras contínuas e ascendentes do que suas congêneres francesas. Contudo, em meado dos anos 2000, as taxas de feminização desses grupos profissionais tinham evoluído bastante, às vezes de maneira surpreendente em relação às nossas hipóteses iniciais.

Assim, a taxa de feminização da profissão de contadora tornou-se idêntica nos dois países, e as mulheres representam agora 42% dos novos ingressantes na profissão. As mulheres representam hoje 43% dos advogados na Grã-Bretanha contra 49% na França. A feminização da farmácia progrediu nos dois países, mas de forma mais rápida na Grã-Bretanha do que na França: as mulheres representavam 52% dos farmacêuticos britânicos contra 66% na França. No setor bancário, as mulheres representam 38% dos executivos na França e mais de um terço na Grã-Bretanha. Elas compõem igualmente dois terços dos novos ingressantes em medicina nos dois países (Lapeyre e Le Feuvre, 2005).

Se então as diferenças em matéria de regulação macrossocial dos "arranjos de gênero" (Pfau-Effinger, 2004) têm efeitos sobre as margens de manobra de que as mulheres dispõem para assumir os escalões superiores do mercado de trabalho, a diminuição das diferenças entre os dois países ao longo dos últimos 15 anos já demonstra a insuficiência de uma abordagem exclusivamente macrossocial desse processo (Crompton e Lyonnette, 2006).

Com toda evidência, os modelos analíticos inspirados na tipologia dos regimes de proteção social (Esping-Andersen, 1990) não permitem captar de maneira satisfatória os mecanismos em ação na chegada das mulheres nesses antigos "bastiões masculinos". Não apenas essa penetração feminina não se

[3] Contexto societário que é descrito e decodificado com perfeição no romance de sucesso de Pearson (2002).

operou de maneira homogênea nos dois contextos societários, como também não corresponde a uma lógica de manutenção das defasagens entre países ligadas a "regimes" diferentes de proteção social (Merrien, 2002).

A regulação mesossocial dos grupos profissionais ou os "regimes de gênero"

A análise macrossocial deve ser complementada por um estudo das estruturas dos grupos profissionais em vias de feminização. Assim, essas profissões podem ser caracterizadas: por seu grau e ritmo de expansão ou de redução numérica; pelo grau de concorrência entre os práticos e os modos de regulação dessa concorrência (o Estado, o mercado, as instâncias profissionais); pelas fronteiras dos grupos profissionais e as estratégias de *closure* em torno de campos específicos de competências (Paradeise, 2003); pelas normas de duração do trabalho como assalariado ou liberal; pelo grau de especialização dos práticos e as possibilidades de mobilidade setorial e geográfica ao longo da carreira; pelos critérios explícitos e implícitos de progresso profissional; pelos níveis relativos de remuneração, de reconhecimento social e de "atratividade" etc.

A partir de características estruturais dos grupos profissionais, torna-se possível descrever com mais precisão o contexto específico em que se opera a feminização e compreender melhor quais são seus efeitos potenciais ao mesmo tempo sobre as práticas profissionais e sobre o "regime de gênero" específico a cada profissão em um dado contexto societário e histórico.

Nossas primeiras análises revelaram importantes diferenças de organização nos grupos profissionais estudados entre os dois países. Apesar de uma expansão demográfica às vezes exponencial desde os anos 1970, os contornos das profissões de advogado, de contabilista e de executivo de banco permanecem mais restritivos na França que na Grã-Bretanha, ao passo que a França nitidamente conta com mais médicos e farmacêuticos.

Nos dois países, a distribuição dos práticos entre o emprego assalariado e o exercício liberal também varia. Para dar apenas um exemplo, no início dos anos 1990, 41% dos contadores britânicos trabalhavam em estruturas com mais de 500 assalariados, 20% em escritórios com menos de 20 pessoas. Na França, 78% dos escritórios de contadores comportavam menos de 10 pessoas e 30% dos práticos atuavam nesse tipo de escritório, enquanto apenas 19% trabalhavam em escritórios com mais de 100 assalariados (Hantrais, 1995).

Distribuições similares marcavam a estrutura da profissão de advogado nos dois países (Le Feuvre e Walters, 1993). Regra geral, a estrutura do mercado de trabalho nessas profissões oferece mais empregos em grandes estruturas marcadas por carreiras de tipo burocrático na Grã-Bretanha, ao passo que o exercício liberal em escritórios (ou oficinas) de pequeno porte permanece a norma (sobretudo feminina) na França.

A análise de diferentes modalidades de prática nos dois países permitiu-nos aprofundar a análise dos efeitos de estruturação interna de grupos profissionais sobre as experiências das mulheres que atuam neles.

Carreiras "burocráticas" versus *carreiras "profissionais"*

Duas teses concorrentes foram elaboradas a esse respeito em pesquisas anteriores (Hantrais, 1995). Alguns autores afirmam que o desenvolvimento de postos assalariados no interior de grandes estruturas burocráticas pode favorecer a feminização, na medida em que essas estruturas oferecem um acesso mais fácil a todo um leque de direitos sociais (licença-maternidade, licença por filhos doentes, tempo parcial "escolhido" etc.), representativos da "cidadania de emprego", e que são mais difíceis de obter em pequenas unidades do exercício liberal (Holmwood e Siltanen, 1996).

Outros autores postularam, por outro lado, que, não obstante as tendências estruturais ao agrupamento de unidades de exercício e de concentração de partes de mercado, as mulheres nessas profissões continuariam a privilegiar o exercício liberal mais que o emprego assalariado (*practice careers* versus *bureaucratic careers*). Isso porque os critérios de progressão em uma carreira burocrática ainda estão muito calcados no modelo do *male breadwinner/female carer*, e supõem uma trajetória contínua de atividade em tempo integral, enquanto o exercício liberal permite interrupções de carreira e diferentes formas de arranjo pessoal do tempo de trabalho (Crompton, 2002), práticas que estão mais de acordo com a destinação prioritária das mulheres à esfera familiar.

Na França, essa segunda hipótese foi defendida por Charles Gadéa. Ele afirma que as mulheres contribuirão para a permanência das formas mais tradicionais de exercício nas profissões liberais, enquanto as carreiras de tipo burocrático — sinônimos de "modernização" desses grupos profissionais — serão cada vez mais privilegiadas pelos homens (Gadéa, 2001).

A perspectiva comparativa mostrou-se particularmente interessante para esclarecer esse debate. Tínhamos no estudo duas sociedades onde a manutenção da atividade em tempo integral de mulheres diplomadas era variável (elevada na França/relativamente baixa, mas em ascensão recente na Grã-Bretanha), e onde as possibilidades de exercer determinada profissão como assalariada ou como liberal eram igualmente variáveis (mais postos assalariados na Grã-Bretanha/mais unidades de pequeno porte e de exercício liberal na França).

Assim, se "a ordem de gênero" societária parecia *a priori* mais favorável ao ingresso das mulheres nas profissões superiores e ao seu progresso nesses setores de atividade na França, as condições de acesso à "cidadania de emprego" pareciam *a priori* mais favoráveis às mulheres na Grã-Bretanha (Hantrais e Walters, 1994).

Além disso, essas sociedades eram marcadas por uma integração diferenciada das políticas públicas de promoção da igualdade de oportunidades no mercado de trabalho (dispositivos relativamente freqüentes e visíveis na Grã-Bretanha no âmbito de grandes empresas na ausência de uma regulação nacional/poucas iniciativas locais por parte das empresas apesar de uma série de leis específicas na França) (Mazur, 2004). E por uma diferença importante no acesso aos direitos sociais nas grandes empresas (uniformização das condições de acesso aos direitos na França/variabilidade elevada dos direitos conforme o órgão empregador na Grã-Bretanha).

A experiência individual do gênero

Finalmente, as entrevistas feitas com mulheres no exercício dessas profissões permitiram compreender a maneira como os contextos societários e profissionais assim caracterizados se manifestam nas práticas e sistemas de representação dos indivíduos.

Historicamente, em qualquer país, essas profissões exigem uma "disponibilidade permanente". E a construção de uma carreira ascendente não depende apenas de longas horas de trabalho, mas requer igualmente uma mobilização coletiva — familiar e conjugal — em torno do "projeto profissional".

Na França, apesar das maiores facilidades sociais oferecidas às diplomadas quanto às condições de ingresso e de permanência no mercado de trabalho, elas têm dificuldade de competir com seus homólogos masculinos do ponto de vista da mobilização de um "terceiro ajudante". Por isso, elas geralmente estão em defasagem com relação ao "protótipo" dominante do sucesso profissional (Rhode, 2003; Wass e McNabb, 2006).

Na Grã-Bretanha, algumas pesquisas recentes assinalam a importância particular de uma ajuda ativa do cônjuge para que as mulheres (mães) se mantenham em atividade, enquanto a existência de dispositivos estatais de apoio à atividade contínua das mães francesas teria de algum modo liberado os homens de um maior investimento na gestão cotidiana da vida familiar (Gregory e Windebank, 2000).

Em razão dessas diferenças societárias, o *ethos* profissional fundado no modelo do *male breadwinner/female carer* não se sustenta exatamente da mesma maneira, e nem com os mesmos efeitos, nas duas sociedades estudadas aqui.

Considerando as interações entre "a ordem de gênero" dominante no nível macrossocial (reconhecendo as tensões e as evoluções que o perpassam em cada contexto societário) e as características estruturais e demográficas dos grupos profissionais estudados, postulamos a existência de uma variedade potencial de experiências de mulheres no interior de diferentes grupos profissionais em um mesmo contexto nacional, e também dentro de uma mesma profissão em dois contextos societários diferentes.

A articulação dos níveis de análise da regulação do sistema sexo/gênero

Nos dois países, identificamos diferentes lógicas operantes no processo de feminização desses antigos "bastiões masculinos". De forma simplificada,[4] podemos caracterizar:

- um processo que se apóia na permanência da destinação prioritária das mulheres à esfera doméstica, e que é acompanhada da elaboração de mo-

[4] Esses dois modelos típicos não esgotam as lógicas subjacentes ao processo de feminização das profissões superiores, mas eles são de longe os mais freqüentes nos casos que nos interessam aqui.

dos específicos de exercício profissional para as mulheres (o modelo da "feminitude");

- um processo que passa pelo alinhamento das mulheres às antigas normas masculinas de exercício profissional, e que requer um certo distanciamento em relação à destinação prioritária das mulheres à esfera doméstica e educativa, às atividades de *care* (o modelo da "virilitude") (Le Feuvre, 2001).

Ainda que esses modelos estejam bem presentes na população pesquisada nos dois países, eles não se manifestavam exatamente da mesma maneira. Vários fatores parecem desempenhar um papel na repartição dessas diferentes lógicas de feminização em cada contexto societário.

De um lado, fomos levadas a comparar os dispositivos públicos em matéria de promoção da igualdade profissional e, sobretudo, as condições concretas de implementação em cada país (Crompton e Le Feuvre, 2000). De outro, procuramos levar em conta normas (e práticas concretas) em matéria de divisão sexual de encargos domésticos e educativos nas famílias com uma mulher exercendo uma dessas profissões. Esses dois elementos suplementares de análise abrem novas pistas explicativas das diferenças e das semelhanças constatadas de um contexto societário a outro.

Assim, a filosofia universalista dos dispositivos legislativos de promoção da igualdade profissional na França tende a neutralizar os efeitos potencialmente positivos do "contrato de gênero" identificados no nível macrossocial. Nesse país, as mulheres inscritas em uma lógica de "carreira burocrática" manifestavam uma certa ambivalência em relação aos direitos de emprego, pois sabem perfeitamente que qualquer manifestação de uma "especificidade" em relação aos homens de sua geração pode lhes custar muito caro em termos de progresso na carreira.

As francesas que visam os escalões superiores de sua profissão sabem muito bem que é necessário "neutralizar" seu pertencimento sexual se quiserem ter alguma chance de seguir uma carreira ascendente (Laufer, 2001). Embora se beneficiem efetivamente de melhores dispositivos estatais em matéria de licenças parentais que suas congêneres britânicas, nas entrevistas oferecem inúmeros relatos de atos "heróicos" de sua parte no momento de ter filhos.

Algumas contam que saíram direto do escritório para a maternidade, outras falam da pilha de dossiês ao lado do berço do recém-nascido e do contato telefônico permanente que mantiveram com os clientes antes ou logo depois do parto, todas defendendo um período muito "encurtado" da interrupção de sua atividade profissional no momento de ter filhos.

No caso britânico, tais relatos são característicos apenas das "pioneiras" nas organizações burocráticas — as mulheres que haviam empreendido uma carreira antes da adoção sistemática das *equal opportunities* nas grandes empresas do país — e das que tinham optado pelo exercício liberal de sua profissão.

Entre as mais jovens executivas de grandes instituições bancárias, como também entre as jovens associadas a escritórios contábeis ou jurídicos, a idéia segundo a qual deveria ser possível beneficiar-se de diferentes percursos de promoção ou de progressão na carreira sem ter de "sacrificar" sua vida pessoal estava fortemente ancorada nos espíritos.[5] Por isso, a adoção de uma postura mais distanciada em relação ao emprego no momento de ter filhos não é absolutamente representada como um "suicídio profissional", tal como era descrita nas grandes empresas desses setores na França.

Assim, encontramos nas carreiras de tipo burocrático mais mulheres que correspondem ao modelo típico da "virilitude" na França, mas uma nítida diferenciação em função das gerações na Grã-Bretanha. Nesse país, as mulheres que investiram com êxito nesses grupos profissionais antes da implementação de políticas de igualdade tinham mais o perfil de "pioneiras", enquanto a presença feminina em escalões superiores do mercado de trabalho já se beneficiava de uma certa "banalização" na França (Marry, 2004).

Com estatuto profissional equivalente, as mulheres britânicas das primeiras gerações eram mais freqüentemente solteiras e sem filhos que suas homólogas francesas. No que se refere às normas dominantes da atividade feminina em vigor em seu país na época, elas transgrediram as normas sociais mais que suas congêneres francesas, enquanto a própria estrutura dos grupos profissionais (com uma predominância de estruturas de grande porte) lhes deixava menos possibilidades de diversificação das modalidades de exercício.

Ao contrário, as jovens mulheres britânicas pareciam ter assegurado uma certa "banalização" de sua presença, ainda que esta tenha se operado mediante a elaboração de percursos especificamente "femininos" de carreira (com a

[5] Essa idéia é igualmente explicitada nas brochuras de recrutamento difundidas quando das jornadas de portas abertas para diplomadas do ensino superior.

permanência da forte destinação das mulheres às atividades de *care* na esfera familiar), ou seja, mais sobre o modelo da "feminitude".

Do lado francês, a manutenção da atividade profissional em tempo integral das mães de família diplomadas tornou-se uma prática majoritária. Contudo, essa evolução não é acompanhada normalmente de um maior investimento dos pais de família na gestão cotidiana da casa (Eurostat, 2006).

Para evitar o alinhamento de suas práticas profissionais ao *ethos* masculino dessas profissões, as francesas que desejam manter uma presença considerada "conveniente" junto aos filhos tendem mais a optar pelo exercício liberal, geralmente em unidades de pequeno porte, ou mesmo no exercício individual. Embora seu tempo global de trabalho não seja necessariamente inferior ao de suas congêneres que trabalham em estruturas de tipo burocrático, elas se beneficiam de maior "soberania de tempo" nos momentos nevrálgicos de seu percurso pessoal e familiar (Crompton e Le Feuvre, 2003).

Desse ponto de vista, na França, o exercício liberal parece mais compatível com a elaboração de estratégias "especificamente femininas" de gestão da interface emprego-família que as posições de executiva ou de sócia em grandes estruturas de tipo burocrático.

Na Grã-Bretanha é bem diferente. Privadas de dispositivos da "cidadania de emprego", oferecidos agora em estruturas de emprego de tipo burocrático e em um contexto societário em que a interrupção da carreira e/ou o trabalho em tempo parcial ainda constituem normas dominantes de relação das mulheres (mães) no mercado de trabalho, as mulheres que optaram pelo exercício independente são aquelas cujas práticas profissionais estão mais firmemente calcadas nas normas masculinas em vigor. São igualmente aquelas que tiveram de defender mais avidamente suas escolhas pessoais de vida junto ao seu círculo de amigos e familiares.

Ao contrário das francesas que optaram pelo exercício liberal, as mulheres britânicas nessa situação têm preferência em relação aos homens do ponto de vista de seus capitais econômicos, sociais ou escolares (Ferrand, Imbert e Marry, 1999). Entre a população pesquisada, são as que se aproximam mais do modelo típico da "virilitude".

Assim, a partir dessa comparação entre países e entre grupos profissionais, é possível confirmar o interesse de uma distinção entre as profissões nas quais o ingresso de mulheres se operou segundo uma lógica de alinhamento destas com base no modelo "masculino" do sucesso profissional e as que incorporaram mulheres segundo perfis de atividade "especificamente femininos". Essa distinção nos permite voltar à questão do sentido da feminização das profissões ditas "superiores" no que diz respeito a um avanço em matéria de igualdade dos sexos.

Conclusões

A análise comparada dos processos de feminização dos antigos "bastiões masculinos" traz algumas informações novas quanto ao potencial de transformação do sistema sexo/gênero no interior das sociedades européias contemporâneas.

Com toda evidência, a taxa numérica de feminização dos grupos profissionais constitui um indicador empírico insuficiente para medir o grau de reconfiguração da relação social de sexo em curso. As mulheres podem se integrar nos antigos "bastiões masculinos" segundo diversas lógicas e nem todas têm as mesmas conseqüências em matéria de reprodução/reconfiguração dos dois pilares do sistema sexo/gênero, a saber, o princípio de diferenciação das categorias de sexo e o princípio de hierarquização destas últimas (Kergoat, 2000).

Obviamente, o contexto societário desempenha um papel importante na definição de lógicas segundo as quais as mulheres operam uma "penetração" numérica no interior desses grupos profissionais. Do mesmo modo, as possibilidades estruturais que cada grupo profissional oferece em matéria de organização das práticas profissionais em função das "imposições familiares" têm um papel determinante quanto ao sentido desse processo no que se refere às desigualdades de sexo.

Lá onde as mulheres integram as profissões superiores a partir de uma lógica de preservar sua destinação — exclusiva ou prioritária — à esfera familiar, os efeitos da feminização numérica sobre os fundamentos normativos do sistema sexo/gênero serão diferentes de quando elas são levadas, mesmo contra sua vontade, a manter certas distâncias das injunções de "disponibilidade" feminina em relação à família e/ou à carreira profissional do cônjuge (Molinier, 2003).

Assim, na França, a feminização de "nichos" profissionais, que oferecem às mulheres inúmeras possibilidades de desenvolver "carreiras profissionais" calcadas em seus calendários domésticos, constitui um fator menor de transformação dos fundamentos materiais e ideais do sistema sexo/gênero do que a feminização (mesmo a uma taxa menos elevada) de certas "carreiras burocráticas" nesse mesmo contexto nacional.

Essa lógica se inverte no caso da Grã-Bretanha. Nesse país, as mulheres que aderem mais estreitamente aos valores normativos do sistema sexo/gênero estão mais engajadas em carreiras de tipo burocrático, enquanto a contestação ativa ou o distanciamento imposto em relação a esse sistema se manifesta mais naquelas que adotam o exercício liberal.

Portanto, o "custo" da transgressão das normas dominantes de organização sexual da interface emprego-família não é idêntico para todas as mulheres que se investem nesses grupos profissionais. Esse custo pode variar ao mesmo tempo segundo o contexto societário, segundo o contexto profissional e, finalmente, segundo os modos individuais de adesão/distanciamento das próprias mulheres em relação às injunções normativas do sistema sexo/gênero.

Contudo, à medida que os níveis de feminização desses grupos profissionais se elevam, aparece uma forma de saturação numérica dos modos de exercício em que se pode investir sem questionar os princípios do sistema sexo/gênero. É em tal contexto que se pode perceber uma certa diversificação das experiências de mulheres (e de homens) dentro de diferentes "nichos" internos dessas profissões (Lapeyre e Le Feuvre, 2005).

Desde que as mulheres passam a ter condições de acesso a todos os setores desses grupos profissionais, a pressão pela transformação dos fundamentos materiais e simbólicos do sistema sexo/gênero aumenta bastante... É por essa razão que o caráter crescentemente misto dos antigos "bastiões masculinos" constitui de fato um desafio social e político fundamental, mas nem por isso representa, por si só, uma "solução" a considerar de maneira unívoca na luta contra as desigualdades de sexo nas sociedades contemporâneas.

Referências bibliográficas

CHAMBAZ, C. L'accueil des jeunes enfants au Royaume-Uni. *Etudes & Résultats*, n. 234, p. 1-8, 2003.

CROMPTON, R. Employment, flexible working and the family. *British Journal of Sociology*, n. 53, p. 537-558, 2002.

______; HANTRAIS, L.; WALTERS, P. Gender relations and employment. *British Journal of Sociology*, n. 41, p. 329-349, 1990.

______; LE FEUVRE, N. Gender, family and employment in comparative perspective. *Journal of European Social Policy*, n. 10, p. 334-348, 2000.

______; ______. Continuity and change in the gender segregation of the medical profession in Britain and France. *International Journal of Sociology and Social Policy*, n. 23, p. 36-58, 2003.

______; LYONNETTE, C. Some issues in cross-national comparative research methods. *Work, Employment & Society*, n. 20, p. 402-414, 2006.

______; SANDERSON, K. Credentials and careers. Some implications of the increase in professional qualifications amongst women. *Sociology*, n. 20, p. 25-42, 1986.

ESPING-ANDERSEN, G. *The three worlds of welfare capitalism*. Cambridge: Polity Press, 1990.

EUROSTAT. Comment se répartit le temps des Européennes et des Européens? *Statistiques en Bref*, p. 1-12, 2006.

FERRAND, M.; IMBERT, F.; MARRY, C. *L'excellence scolaire*: une affaire de famille. Paris: L'Harmattan, 1999.

FORTINO, S. *La mixité au travail*. Paris: La Dispute, 2002.

GADÉA, C. *La libéralité des professions libérales*: une question de genre? Comunicação ao Colóquio Internacional Le libere professioni e il nuovo secola. Bolonha, 6 abr. 2001.

GREGORY, A.; WINDEBANK, J. *Women's work in Britain and France*. London: Macmillan, 2000.

HANTRAIS, L. A comparative perspective on gender and accountancy. *The European Accounting Review*, n. 4, p. 197-215, 1995.

______; WALTERS, P. Making it in and making it out. Women in professional occupations in Britain and France. *Gender, Work and Organisations*, n. 1, p. 23-32, 1994.

HÉRITIER, F. *Masculin/féminin*: la pensée de la différence. Paris: Odile Jacob, 1996.

HOLMWOOD, J.; SILTANEN, J. Gender, the professions and employment citizenship. In: BOJE, T. P. (Ed.). *A changing Europe*: trends in welfare state and labour markets. New York: M. E. Sharpe, 1996.

KERGOAT, D. Division sexuelle du travail et rapports sociaux de sexe. In: HIRATA, H. et al. (Eds.). *Dictionnaire critique du féminisme*. Paris: Presses Universitaires de France, 2000.

LAPEYRE, N.; LE FEUVRE, N. Féminisation du corps médical et dynamiques professionnelles dans le champ de la santé. *Revue Française des Affaires Sociales*, n. 1, p. 59-81, 2005.

LAUFER, J. Les cadres au regard du genre. In: BOUFFARTIGUE, P. (Ed.) *Cadres, la grande rupture*. Paris: La Découverte, 2001.

LE FEUVRE, N. La féminisation de la profession médicale en France et en Grande-Bretagne. In: AÏACH, P. et al. (Eds.). *Femmes et hommes dans le champ de la santé*. Rennes: Ensp, 2001.

______; WALTERS, P. A. Egales en droit? La féminisation des professions juridiques en France et en Grande-Bretagne. *Sociétés Contemporaines*, n. 16, p. 41-62, 1993.

LEWIS, J. Gender and the development of welfare regimes. *Journal of European Social Policy*, n. 2, p. 159-173, 1993.

MARRY, C. *Les femmes ingénieurs*. Une révolution respectueuse. Paris: Belin, 2004.

MATHIEU, N.-C. *L'anatomie politique*. Catégorisations et idéologies du sexe. Paris: Editions Côté-femmes, 1991.

MAZUR, A. G. La France est-elle toujours le pays des réformes symboliques? *Travail, Genre et Sociétés*, n. 12, p. 173-181, 2004.

MERRIEN, F.-X. Etats-providence en devenir: Une relecture critique des recherches récentes. *Revue Française de Sociologie*, n. 43, p. 211-242, 2002.

MOLINIER, P. *L'énigme de la femme active*. Egoïsme, sexe et compassion. Paris: Payot, 2003.

PARADEISE, C. Comprendre les professions. *Sciences Humaines*, n. 139, p. 26-29, 2003.

PEARSON, A. *Je ne sais pas comment elle fait*. Paris: Plon, 2002.

PFAU-EFFINGER, B. Socio-historical paths of the male breadwinner model. *British Journal of Sociology*, n. 55, p. 377-399, 2004.

RHODE, D. L. Gender and the profession: an American perspectiv. In: SCHULTZ, U.; SHAW, G. (Eds.). *Women in the world's legal professions*. Oxford: Hart, 2003.

SCHWEITZER, S. *Les femmes ont toujours travaillé*. Paris: Odile Jacob, 2002.

SMEATON, D. Work return rates after childbirth in the UK. *Work, Employment & Society*, n. 20, p. 5-25, 2006.

TILLY, C.; SCOTT, S. W. *Women, work and family*. London: Meuthuen, 2006.

WASS, V.; McNABB, R. Pay, promotion and parenthood amongst women solicitors. *Work, Employment & Society*, n. 20, p. 289-308, 2006.

17

Emprego, tempo e gênero na Espanha

Carlos Prieto*

Provavelmente não é nenhum exagero afirmar que a "questão do gênero" na Espanha converteu-se nos últimos anos no problema social de maior envergadura política, pelo menos no plano da política institucional. São várias as leis cujo conteúdo gira em torno dela. Em particular, no dia 22 de março de 2007 aprovou-se a Lei Orgânica de Igualdade entre Homens e Mulheres, uma lei que, para a questão do gênero, seria algo parecido com o que é o Estatuto dos Trabalhadores para a "questão social".[1]

Se a promulgação dessa lei é uma tentativa de atenuar o problema da desigualdade de gênero em todas as suas dimensões (assumindo assim o princípio do *mainstreaming* da União Européia), obviamente é porque essa igualdade não existe. É dessa desigualdade que se trata neste capítulo, mas centrada no âmbito da vida trabalhista.

Interessa-nos mostrar e assinalar as profundas desigualdades entre homens e mulheres que caracterizam o regime de emprego espanhol. Porém, o

---

* Sociólogo, Universidade Complutense de Madrid.

[1] O art. 1º do anteprojeto da lei diz: "Esta lei tem como objetivo tornar efetivo o princípio de igualdade de tratamento e de oportunidades entre homens e mulheres, em particular mediante a eliminação da discriminação da mulher em quaisquer âmbitos da vida e, especialmente, nas esferas política, civil, trabalhista, econômica, social e cultural para, em extensão aos artigos 9.2 e 14 da Constituição, alcançar uma sociedade mais democrática, mais justa e mais consolidada".

que mais nos importa não é simplesmente mostrá-las — são incontáveis os textos que já fizeram isso —, e sim ir além delas e nos aproximarmos de sua compreensão da perspectiva de gênero, isto é, da formulação teórico-analítica para a quais as desigualdades e as diferenças entre gêneros só podem ser entendidas a partir das relações (assimétricas) de gênero.

A incorporação da perspectiva de gênero para a análise das diferenças e desigualdades no mundo do trabalho implica abordar o emprego como uma atividade realizada no espaço social do mercado (o trabalho remunerado/assalariado), mas cuja configuração e sentido plenos só podem ser compreendidos se considerarmos como um aspecto fundamental deles sua relação com o trabalho doméstico e a distribuição sexual de seu exercício.

Do ponto de vista metodológico, vamos argumentar a conexão entre desigualdades de gênero e relações assimétricas de gênero no trabalho profissional e doméstico utilizando a dimensão que melhor permite aproximar-se do modo como os dois trabalhos tomam forma e se articulam: a dimensão temporal.

Se o tempo é um aspecto da vida social inscrito no próprio ordenamento das relações entre atividades e sujeitos, ele adquire um significado e um valor especiais nos momentos históricos em que tal ordenamento sofre profundas mudanças, como ocorre atualmente nas relações entre trabalho profissional e vida doméstica e entre homens e mulheres que trabalham e cumprem as exigências desta última.

Considerando o que já foi dito, nossa exposição e análise das relações entre "emprego, tempo e gênero" na Espanha serão divididas em duas partes. Em primeiro lugar, apresentaremos os aspectos que melhor caracterizam o mercado de trabalho espanhol em termos de relações de gênero. Em segundo lugar, pretende-se oferecer alguns elementos que, mediante o recurso a uma reflexão societal comparativa, permitam tornar inteligível sua peculiaridade.

Homens e mulheres no mercado de trabalho espanhol: as novas fronteiras da desigualdade

Qualquer um que se aproxime do estudo do emprego na Espanha observará imediatamente as variadas e profundas mudanças que ele sofreu nas últimas décadas (em particular na última). A figura 1, que representa a evolução dos parâmetros mais gerais desde 1976 até hoje, destaca isso:

- entre 1986 e 2006, a população ativa aumentou 55%, e desde 1994, 35,6%;
- muito particularmente, entre 1994 e 2006 o número de ocupados cresceu mais de 70% (e a tendência se mantém);
- a taxa de desocupação, que em 1994 era de 24,5%, a mais elevada da Europa — e de toda a história da Espanha desde que se conhecem dados a respeito — cai para 8,1% em 2006.

Nenhum país europeu passou por mudanças tão intensas nesses anos: se de 1994 a 2005 o emprego cresceu 11,2% na União Européia, na Espanha o crescimento foi de 42%.

Por mais surpreendentes que pareçam, essas mudanças se apóiam e são a expressão de outras que afetam profundamente não apenas o emprego, mas a configuração social do emprego e da sociedade espanhola em seu conjunto. O aumento da atividade e do emprego é, em boa medida, a expressão de uma verdadeira mudança nos modelos de mobilização socioeconômica da população, que, além disso, teve como resultado uma modificação substancial de sua composição interna.

Figura 1

População economicamente ativa, emprego e taxa de desocupação (Espanha — 1976-2006)

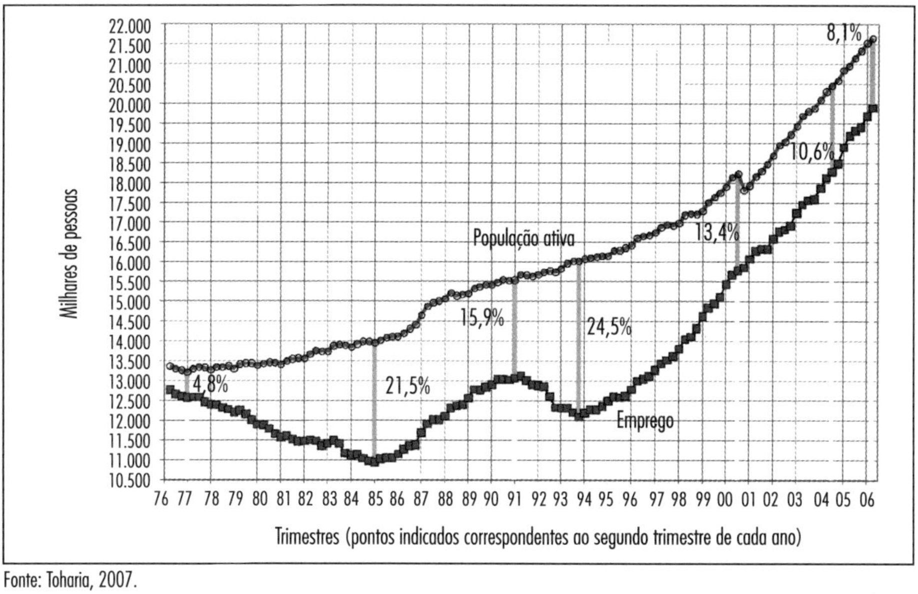

Fonte: Toharia, 2007.

Assim, do ponto de vista migratório, a Espanha, que se distinguira ao longo dos séculos (desde o início do século XVI!) por ser um país de emigração, a partir do início dos anos 1990, e sobretudo de 1995, assiste a uma imigração em massa de trabalhadores: os imigrantes extracomunitários ativos que, segundo dados da Encuesta de Población Activa (EPA), não foram mais que 115.500 em 1996, chegam em 2006 a 2.321.800 (essas cifras não consideram os imigrantes irregulares, cerca de 500 mil a mais). Desse modo, do aumento de 5,5 milhões da população ativa entre 1994 e 2006, quase 40% se deve à imigração.

Mulheres e homens no mercado de trabalho

Mas se o fenômeno da imigração é relevante, tanto em termos quantitativos quanto qualitativos, igualmente relevante, ou até mais, é o da mobilização trabalhista das mulheres ou, em outras palavras, o do substancial aumento de sua incorporação ao mercado de trabalho. Em 1986, a taxa de atividade entre a população feminina (com mais de 16 anos) era de 27% (30% entre a população feminina de 16 a 84 anos), percentagem que vinha se mantendo constante praticamente desde o início de 1970. A partir desse ano, começa uma disparada que não pára mais: hoje, a taxa de atividade é de 46,5% (figura 2).

Essa incorporação em massa das mulheres ao mercado de trabalho não tem nada de conjuntural. Como diz uma socióloga espanhola, as mulheres incorporam-se ao mercado "para ficar" (Poal Marcet, 1993). Trata-se, pois, de uma mudança em seus modelos de comportamento que expressam uma mudança no modo de ser: se antes as mulheres espanholas se definiam sobretudo como donas-de-casa, agora se definirão sobretudo, ou também, como trabalhadoras.

Dois indicadores empíricos avalizam essa interpretação:

- o aumento da incorporação das mulheres ao mundo do trabalho profissional ocorre em uma conjuntura trabalhista marcada por altas taxas de desocupação — global e, mais, feminino (figura 2), o que significa que na maioria dos casos as mulheres devem estar dispostas a entrar no emprego pelo caminho mais difícil, o da desocupação (ou do emprego precário);

- a ruptura do modelo "familista" anterior torna-se particularmente visível quando se observa a evolução das taxas de atividade entre as mulheres casadas em uma idade em que costumam ser mães (tabela 1): enquanto há 30 anos, o normal entre as mulheres casadas entre 30 e 34 anos era manter-se na esfera privada do doméstico (20% de atividade), hoje é o contrário (68,8% de atividade).

Figura 2

População economicamente ativa, emprego e taxa de desocupação, por sexo (Espanha — 1976-2006)

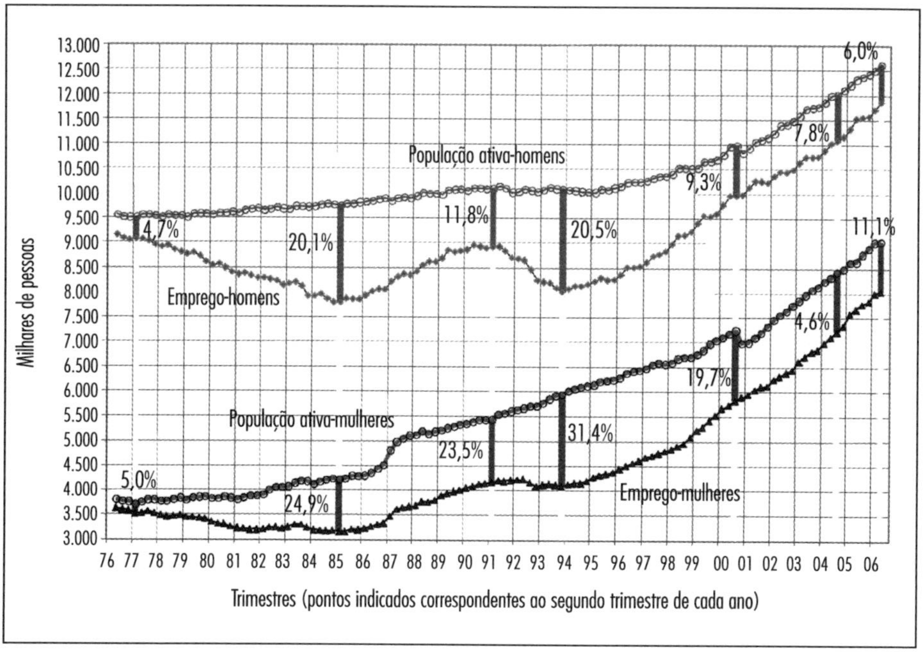

Fonte: Toharia (2007), curvas elaboradas a partir dos dados da EPA.

Tabela 1

Taxas de atividade das mulheres casadas, segundo grupos de idade (Espanha, 1976-2005 — %)

Grupos de idade	1976	1985	1995	1999	2005
30-34 anos	20,6	33,8	56,7	60,9	68,8
35-39 anos	22,8	27,8	54,3	59,0	63,6

Fonte: EPA.

O incremento da atividade das mulheres modificou profundamente a configuração social do mundo trabalhista. Ainda nos anos 1980 o mundo sociotrabalhista era um mundo predominantemente masculino (de 100 ativos apenas 30 eram mulheres). Atualmente, as mulheres, sem chegar à paridade, atingiram uma participação demográfica significativa (de 100 ativos, 41,4 são mulheres) (tabela 2).

Tabela 2
Participação das mulheres no total da força de trabalho mobilizada (Espanha — 1985-2005)

Participação	1985	1995	1999	2005
%	30,2	38,2	39,7	41,4
Total de ativos (em milhares)	13.250,0	15.564,9	16.323,7	20.839,6

Fonte: EPA.

É evidente que o salto de 30,2% de participação no espaço social do emprego para 41,4% constitui um verdadeiro avanço na equiparação entre mulheres e homens. No entanto, esse avanço ocorre em meio à aparição de novas formas de desigualdade trabalhista que discriminam negativamente as mulheres. Trata-se de um fenômeno que, em graus diversos, é observado em todos os países, e que Maruani e Rogerat (1998) qualificaram de "novas fronteiras da desigualdade", mas que na Espanha adquire traços particulares.[2]

Destacaremos os aspectos do emprego nos quais são mais evidentes essas "novas" desigualdades: o desemprego, a temporalidade contratual, a contratação em tempo parcial e a remuneração média salarial, sem esquecer o nível de atividade (tabela 3). Se admitimos, como parece coerente, que maiores níveis de mobilização trabalhista e menores níveis de desemprego, de contratação temporal e em tempo parcial e salários médios mais elevados denotam melhores condições de emprego, não há dúvida de que, na média, as mulheres tendem a ser discriminadas negativamente no mercado de trabalho espanhol.

[2] Para uma análise comparativa dessa questão entre países da União Européia, ver Maruani (2000).

Tabela 3

Indicadores selecionados de situações de emprego socialmente significativas, por sexo (Espanha — 2005)

Indicadores selecionados	Homens	Mulheres
Taxa de atividade[a]	82,2	59,3
Taxa de desemprego[b]	7,3	12,2
Taxa de temporalidade contratual[c]	31,6	35,5
Taxa de contratação em tempo parcial[d]	4,2	24,8
Salários em números-índice (2000)[e]	104,3	92,6

Fontes: Para os dados de emprego: EPA, 2º trimestre de 2005. Para salários: CES, 2003:132.
[a] Refere-se à população entre 16 e 64 anos.
[b] Percentagem de desocupados sobre o total de ativos.
[c] Percentagem de contratados temporais sobre o total de contratados.
[d] Percentagem de trabalhadores contratados em tempo parcial sobre o total de contratados.
[e] Posição do salário médio de homens e mulheres com relação ao salário médio (100).

Uma explicação simples dessa discriminação das mulheres consistiria em dizer, por exemplo, que as empresas, que são os agentes que têm a última palavra na hora de contratar ou não um trabalhador e de contratá-lo de uma ou de outra forma, estão contaminadas por uma cultura trabalhista androcêntrica: preferem contratar os trabalhadores do sexo masculino em vez das mulheres e contratá-los em melhores condições, e isso supostamente por julgarem que, em termos gerais e de um ponto de vista produtivo, eles são melhores trabalhadores que elas.

As pesquisas empíricas realizadas sobre o tema mostram que é exatamente assim que as empresas concebem a relação que homens e mulheres têm com o emprego (Gómez Esteban e Prieto, 1998). Contudo, a explicação do fenômeno não parece esgotar-se na consideração dos modelos de comportamento empresarial. Essas práticas empresariais situam-se em um contexto de relações de gênero que penetra todos os âmbitos sociais e que se faz particularmente presente dentro da instituição doméstico-familiar.

Concretamente, como demonstram as pesquisas realizadas nas últimas décadas sobre a questão — em particular aquelas que têm como pano de fundo um enfoque feminista[3] —, o modo mais adequado para conseguir entender

[3] Uma obra que pode ser considerada pioneira na Espanha e na qual se destaca a necessária conexão entre o espaço da produção e da "reprodução" é a de Borderías, Carrasco e Alemany (1993). Ver também Prieto (2007).

as diferenças e desigualdades no tratamento dos gêneros no espaço social do emprego é relacioná-las com as existentes no espaço doméstico-familiar. De certo modo, as relações de gênero neste último espelham as relações que se estabelecem no espaço do emprego, sem pretender, no nosso caso, que se trate de uma relação, por assim dizer, mecânica.

Portanto, para compreender a configuração do emprego, temos de mostrar a configuração das atividades e das relações familiares e o modo como se produz a conflituosa e tensa articulação social entre ambas (Carrasco et al., 2004).

Mulheres e homens no espaço doméstico-familiar

Um primeiro indicador da configuração das relações de gênero no espaço doméstico é o que nos informa sobre a distribuição sexual das atividades realizadas em seu interior, "atividades" que as estatísticas de emprego (o trabalho) oficiais incluem no capítulo de "inatividade" (econômica). Não apenas o nível de "inatividade" geral é muitíssimo mais elevado entre as mulheres (40,7%) do que entre os homens (17,8%), como também a "principal classe de inatividade"[4] no caso delas são "as tarefas do lar" (81,3% das mulheres entre 30 e 59 anos), enquanto no deles é de somente 13,7% (tabela 4).

Tabela 4
Taxas de inatividade total e proporção de inativos cuja principal causa são as "tarefas do lar", por sexo (Espanha, 2005 — %)

Taxas	Homens	Mulheres
Taxas de inatividade (população entre 16 e 64 anos)	17,8	40,7
"Tarefas do lar" como "principal inatividade" (inativos entre 30 e 59 anos)	13,7	81,3

Fonte: EPA, 2º trimestre de 2005.

Temos aqui um indicador que nos permite dar um primeiro passo para compreender a configuração das relações de gênero no âmbito do emprego

[4] Colocamos entre aspas porque é a expressão literal utilizada pela EPA.

mediante sua conexão com a que se dá no âmbito doméstico. Mas ele ainda fornece pouca informação sobre a participação dos sexos nas atividades domésticas e sua relação com a participação na atividade trabalhista: primeiro, porque o próprio fato de ser "ativo" ou "inativo" (ou ser inativo dedicado às "tarefas do lar") não diz nada sobre a intensidade com que se realizam as duas atividades; segundo, porque não se considera que a "atividade" ("trabalho profissional") e a "inatividade" do "trabalho doméstico" são excludentes entre si (uma mesma pessoa pode, ainda que em momentos diferentes, "trabalhar" e "cuidar").

No que se refere tanto à intensidade material de dedicação ao trabalho ou às tarefas quanto à possibilidade de que uma pessoa — homem ou mulher — possa conciliar as duas atividades e em que grau, dispõe-se de informação das pesquisas sobre o "uso ou emprego do tempo". O que nos dizem essas pesquisas acerca da questão de que estamos tratando? Recorreremos aos dados da Encuesta sobre el Empleo del Tiempo (EET) realizada pelo Instituto Nacional de Estadística em 2002/03 destacando os resultados que nos parecem mais relevantes (nos quais é preciso ter sempre presente a idéia de que nos referimos a médias estatísticas).[5]

O primeiro dado que oferecemos diz respeito à quantidade média de horas que ambos os sexos dedicam ao trabalho profissional e ao trabalho doméstico. De acordo com a informação anterior, os homens trabalham profissionalmente mais que as mulheres (tabela 5): em média, um homem trabalha por dia 3h37min e a mulher 1h44min, isto é, aproximadamente a metade.

Mas, quando se considera o tempo dedicado ao trabalho doméstico, as diferenças são bastante superiores e invertidas: nesse caso, as mulheres "trabalham" em um dia médio 4h24min e os homens, quase 3 horas a menos, isto é, um terço. No total, a "carga global" média de trabalho, que engloba o trabalho profissional e doméstico, das mulheres supera a dos homens em 20% em média.

---

[5] Tratamos dessa questão — juntamente com Callejo e Ramos — de forma um pouco mais ampla em Prieto (2007, cap. 2). É desse trabalho que procedem os dados utilizados aqui.

Tabela 5

Tempo médio dedicado, em um dia, aos trabalhos profissional e doméstico, por sexo (Espanha, 2002/03 — em horas e minutos)

Atividades	Ambos os sexos	Homens	Mulheres
Trabalho profissional	2:39	3:37	1:44
Trabalho doméstico	2:59	1:30	4:24
Total	5:38	5:07	6:08

Fonte: INE-EET, 2002/03.

Poderia imaginar-se que a distribuição desigual de tempos profissionais e domésticos tem sua origem no simples fato de que, por um lado, como já se destacou anteriormente, há muito menos mulheres ativas e ocupadas do que homens e, por outro, que as tarefas domésticas — realizadas pelas mulheres — são mais permanentes e rotineiras que as trabalhistas: costuma-se trabalhar profissionalmente cinco dias por semana e "domesticamente" sete.

Contudo, essa explicação não parece suficiente. Prova disso é que, embora em grau menor, as diferenças sexuais se mantêm quando observamos a intensidade com que homens e mulheres com contratos em tempo integral trabalham profissionalmente e em casa (tabela 6). Constata-se que as mulheres trabalham profissionalmente um pouco menos que os homens (18% menos), mas em casa trabalham mais que o dobro (2,3 vezes mais). Ocorre que as mulheres, apesar de trabalharem profissionalmente em tempo integral, dedicam à casa 3h21min, apenas um quarto a menos que a média geral, que é de 4h24min.

Tabela 6

Tempo médio dedicado, em um dia, aos trabalhos profissional e doméstico pelos contratados em tempo integral, por sexo (Espanha, 2002/03 — em horas e minutos)

Atividades	Homens	Mulheres
Trabalho profissional	6:11	5:05
Trabalho doméstico	1:25	3:21
Total	7:36	8:26

Fonte. INE-EET, 2002/03.

O mesmo acontece quando a situação trabalhista de homens e mulheres é de desocupação (tabela 7). Nesse caso, em que nem homens nem mulheres dedicam tempo ao trabalho profissional, eles não consagram mais do que 2h18min ao trabalho doméstico, enquanto que elas dedicam 5h49min, uma percentagem próxima à da mulher dona de casa.

Tabela 7

Tempo médio dedicado, em um dia, aos trabalhos profissional e doméstico pelos desocupados, por sexo (Espanha, 2002/03 — em horas e minutos)

Atividades	Homens	Mulheres
Trabalho profissional	0:39	0:14
Trabalho doméstico	2:18	5:49
Total	2:57	6:03

Fonte: INE-EET, 2002/03.

Destaca-se ainda que são as mulheres/mães e não os homens/pais que se ocupam dos cuidados que devem ser prestados de modo imperativo em qualquer família e que são bastante rígidos (não podem deixar de ser feitos), como é o caso, para dar alguns exemplos claros, de levar e buscar as crianças na escola ou na creche, cuidar deles durante as férias ou acompanhar os menores nas consultas médicas (tabela 8).

Em todos os casos, quer se trate de cuidados regulares (levar e buscar na escola, cuidar durante as férias escolares) ou irregulares (acompanhar em consultas médicas), portanto, em horários imprevistos que podem interferir no horário de trabalho, são sempre as mulheres-mães que se ocupam deles e, a grande distância, os homens-pais.

Não cremos que seja preciso oferecer mais argumentos empíricos para apoiar nossa argumentação. Trabalhem ou não profissionalmente, são as mulheres que se responsabilizam pelos (rígidos) cuidados impostos pelas obrigações familiares, muito mais que os homens. Por mais que se tenha avançado na igualdade de gênero em face do emprego e se deslocado as fronteiras da desigualdade (Maruani e Rogerat, 1998), essas fronteiras continuam existindo no país.

Tabela 8

Principais responsáveis pelos cuidados prestados aos filhos menores, segundo situações (Espanha, 2005 — %)

Situações	Mães	Pais	Outros
Responsáveis principais por levar e buscar os menores na escola	57,3	14,9	27,8
Responsáveis principais por levar e buscar os menores na escola, no caso de mulheres ocupadas com parceiros ocupados	51,1	21,5	27,4
Responsáveis principais por cuidar dos filhos durante as férias escolares	58,6	5,9	35,5
Responsáveis principais por acompanhar os menores nas consultas médicas	80,0	6,8	13,2
Responsáveis principais por acompanhar os menores nas consultas médicas, no caso de mulheres ocupadas com parceiros ocupados	86,2	4,7	9,7

Fonte: GPI Consultores, *Encuesta a población en edad laboral* (2005).

Os homens parecem ter ainda como principal destino o trabalho profissional (a tal ponto que, quando deixam de ser "ativos", sua "inatividade" raramente implica uma dedicação às "tarefas do lar"),[6] enquanto o das mulheres continua tendo um forte componente doméstico.

Ao que tudo indica, se eles gozam de condições trabalhistas (relativamente) privilegiadas com relação às mulheres, é porque são socialmente — e não apenas empresarialmente — considerados os verdadeiros trabalhadores. Embora tenham começado a se ocupar um pouco das atividades domésticas, essa dedicação é mínima em comparação com a das mulheres e com a que dedicam ao trabalho profissional.

No caso das mulheres espanholas ocorre — continua ocorrendo — o contrário. Embora já tenham fincado um pé no espaço social do trabalho profissional, o fato de continuarem se ocupando das atividades domésticas faz com que nem as empresas, nem o mercado, nem o Estado, nem os homens (e talvez nem algumas mulheres) as considerem trabalhadores de pleno direito. Desse ponto de vista, para aqueles, a posição inferior que as mulheres ocupam no mercado de trabalho com relação aos homens deveria ser entendida tanto — ou mais — em termos de diferença quanto de desigualdade.

[6] São raros os trabalhos cujo objeto de pesquisa tenha se centrado na figura dos "homens-donos-de-casa". Merla (2006), tomando como exemplo o caso belga, mostra as grandes dificuldades que eles encontram para ter uma vida "normal" na medida em que isso não é admitido por seu ambiente social.

Um modelo de Estado de bem-estar familista ou simples "acordo familista", resultado tenso e ambíguo de dinâmicas sociais contraditórias

Dispomos de informação suficiente acerca da particular posição das mulheres espanholas na configuração social do emprego e do espaço doméstico para sustentar que é profundamente desigual à dos homens, e isso — acrescentamos agora — na maioria dos países da União Européia.

Não gostaríamos de concluir este capítulo sem indicar, ainda que brevemente, algumas idéias que nos permitam entender a peculiaridade do caso espanhol. Um modo de nos aproximarmos de sua compreensão é abordar o tema em termos do Estado de bem-estar (ou de sociedade salarial) e recorrer à modelização que vem sendo feita e discutida a respeito há quase duas décadas.

Consideramos válidas — ou pelo menos suficientemente coerentes — a formulação original do sociólogo dinamarquês Esping-Andersen (2000) e as modificações introduzidas nela por Moreno (2000), Sainsbury (1999) e, muito particularmente, Flaquer (2004) para incorporar a dimensão de gênero e o papel da família.

Segundo ele, os modelos de Estados de bem-estar seriam os seguintes:

- o *socialdemocrata*, no qual o Estado assegura a todos os cidadãos altas contribuições econômicas e serviços públicos universais de alta qualidade em troca de um forte envolvimento deles na atividade;
- o *social-liberal*, no qual o Estado oferece aos seus cidadãos serviços públicos universais de baixa qualidade e contribuições econômicas universais reduzidas, e apenas no caso de necessidade comprovada;
- o *democrata-cristão*, no qual o Estado dá prioridade em suas contribuições aos seus cidadãos como trabalhadores e como responsáveis pela família;
- e, finalmente, o modelo que poderia ser chamado de *profissional-familiarista*, no qual o Estado, por um lado, dá prioridade em suas contribuições e serviços aos seus cidadãos como trabalhadores (como no caso anterior) e, por outro, atribui grandes responsabilidades sociais à família, mas sem que essa atribuição seja acompanhada do gasto público correspondente.

Cada um desses modelos supõe uma configuração particular da divisão da produção de bem-estar entre espaço social público e privado e da divisão sexual das atividades (trabalho profissional/trabalho doméstico) que o produzem. Cada modelo é representado aqui por um país europeu que responde às suas características: modelo socialdemocrata, a Suécia; o social-liberal, a Grã-Bretanha; o democrata-cristão, a França; e o profissional-familista, a Espanha.

Um primeiro dado que mostra com clareza a diferença na articulação societal dos dois espaços e dos dois tipos de atividades produtoras de bem-estar entre diversos países são as taxas de atividade econômica globais e diferençadas por gênero. As taxas de atividade que aparecem na tabela 9 indicam a parcela da população entre 15-16 e 65 anos que realiza ou procura realizar a atividade de trabalho profissional e, em negativo, a parcela que não o faz e que, presume-se, realiza outras atividades.

Observa-se que as taxas de atividade variam, como se poderia esperar, segundo os modelos de sociedade salarial correspondentes. As taxas mais altas correspondem ao modelo socialdemocrata (Suécia), cujas altas contribuições requerem uma alta taxa de emprego, e ao social-liberal (Grã-Bretanha), no qual a dependência do mercado para poder desfrutar de uma posição econômica média exige que se estenda ao máximo a atividade. A taxa mais baixa corresponde à Espanha, país que representa o modelo profissional-familista. E as taxas intermediárias à França, representante do modelo democrata-cristão no qual as prestações sociais são proporcionais à quantidade cotizada no exercício da atividade profissional.

Tabela 9

Taxas de atividade, segundo sexo (países selecionados, 2005 — %)

Sexo	Espanha	França	Grã-Bretanha	Suécia	UE/15
Total	69,7	69,5	75,3	78,7	71,-
Homens	80,9	75,1	81,9	80,9	78,9
Mulheres	58,3	64,1	68,8	76,3	63,2

Fonte: Eurostat, L'emploi en Europe 2006.

Mas tão significativo ou mais que as diferenças nas taxas globais de atividade é o fato de elas terem ligação com o gênero. A diferença entre a taxa masculina mais elevada (Grã-Bretanha) e a mais baixa (França) não chega nem a 7 pontos percentuais (a Espanha está ligeiramente acima da média). No caso das mulheres, a diferença é muito significativa: entre a da Espanha, que é a mais baixa, e a da Suécia, de 18 pontos.

A baixa taxa de atividade comparativamente a países europeus com outro modelo de Estado de bem-estar é acentuada — e esclarecida — pela distribuição sexual do tempo dedicado aos trabalhos profissional e doméstico (tabela 10): as mulheres espanholas são as que, em média, dedicam menos minutos da semana ao primeiro e mais ao segundo; no caso dos homens, as diferenças são mais significativas: trabalham profissionalmente um pouco mais que os de outros países, mas o tempo que dedicam ao trabalho doméstico é muito inferior.

Tabela 10

Média de minutos dedicados, por semana, aos trabalhos profissional e doméstico, pela população de 20 a 74 anos, por sexo (países selecionados — 2000)

Países	Mulheres			Homens		
	Trabalho profissional	Trabalho doméstico	Total	Trabalho profissional	Trabalho doméstico	Total
Espanha	126	295	421	261	97	358
França	137	270	407	228	142	370
Grã-Bretanha	144	255	399	250	138	389
Suécia	173	222	396	251	149	401

Fonte: Eurostat-Harmonised European Time Use Surveys 2000. Dados elaborados por De Henau e Puech (2007).

As taxas relativamente baixas de atividade das mulheres espanholas e o tempo relativamente elevado que dedicam ao trabalho doméstico condizem com uma série de dados que mostram a particular configuração das famílias espanholas. O contraste entre o tamanho médio das famílias na Espanha e nos demais países é nítido: qualquer que seja o modelo de Estado de bem-estar, o tamanho médio das famílias é muito parecido, oscilando entre 2,2 e 2,4 membros. A única exceção é o caso espanhol, cuja média é de 3,1 membros (tabela 11).

Tabela 11

Tamanho médio das famílias (países selecionados — 1999)

Países	Número de pessoas na família
Espanha	3,1
França	2,4
Suécia	2,2
Reino Unido	2,3
UE-15	2,3

Fonte: Eurostat.

Uma diferença tão contrastada não deixa de ser significativa. Mas o mais interessante é que, ao contrário do que se poderia pensar há 25 ou 30 anos, essa diferença de tamanho tem a ver cada vez menos com o número de filhos, já que a taxa de fertilidade espanhola é, já faz algum tempo, a mais baixa da Europa (tabela 12). Certamente, as famílias espanholas continuam mantendo filhos jovens (cujo número se reduz) no limite da idade adulta, mas ocorre também que elas se ocupam de seus membros idosos mais do que nos outros países; segundo dados da Eurostat, a Espanha é o país no qual mais pessoas idosas vivem com seus filhos.

Tabela 12

Taxas de fertilidade e população com mais de 80 anos que vive com seus filhos (países selecionados — 1999)

Indicadores	Espanha	França	Suécia	Grã-Bretanha	UE-15
Taxas de fertilidade (número médio de filhos por mulher)	1,19	1,77	1,50	1,70	1,45
População com mais de 80 anos com seus filhos (%)	13,00	5,00	2,00	7,00	8,00

Fonte. Eurostat.

A baixa taxa de atividade feminina e a correlativa ocupação exclusiva nas tarefas domésticas por parte das mulheres espanholas aponta para um modelo de sociedade salarial de caráter familiarista. Mas, para que o quadro esteja completo, é preciso destacar um componente fundamental desse modelo: o comprometimento relativamente baixo do Estado na atenção às necessidades da família, em promover a conciliação da vida familiar e trabalhista, e em facilitar a igualdade de oportunidades e de tratamento às mulheres no mercado de trabalho.

Nas tabelas 13 e 14 pode-se constatar que se o gasto social em percentagem do PIB na Espanha já é o mais baixo entre os países estudados, o gasto com as famílias é bem menor ainda.

Tabela 13
Proporção do PIB no gasto público social (países selecionados, 1990-99 — %)

Anos	Espanha	França	Grã-Bretanha	Suécia	UE-15
1990	19,9	27,9	23,0	33,1	25,5
1995	22,0	30,7	28,4	35,1	28,3
1999	20,0	30,3	26,9	32,9	27,6

Fonte: Eurostat.

Tabela 14
Proporção do PIB no gasto público social total e com família e filhos (países selecionados, 2001 — %)

Gastos	Espanha	França	Suécia	Grã-Bretanha	UE-15
Total	20,1	30,0	31,3	27,2	27,6
Com família/filhos	0,5	2,7	2,8	1,8	2,2

Fonte: Eurostat.

Essa pode ser a chave para entender a especificidade do regime sexuado do emprego na Espanha e que não se encontra nele mesmo, mas sim em sua articulação com a configuração sexuada da ordem doméstica: "fortes valores familiaristas associados a um baixo nível de individualização e ausência de uma política familiar explícita" (Flaquer, 2004:30).

Na Espanha e para a sociedade espanhola — do mesmo modo que nos países euromediterrâneos — a família é uma instituição social tão importante que, precisamente por isso, não é objeto de políticas públicas explícitas — o que seria uma desonra (e na cultura mediterrânea a honra é um princípio-chave na modelagem dos comportamentos sociais dos indivíduos).

O problema é se estamos diante de um verdadeiro modelo de Estado de bem-estar em que todos os componentes estejam articulados coerentemente — como pressupõe o próprio conceito de "modelo" — ou, pura e simplesmente, diante de um "ajuste" social caracterizado pela provisoriedade, a tensão e a ambigüidade, resultante da interação de dinâmicas sociais contraditórias que convivem na sociedade espanhola. Esta última é nossa opinião.

Referências bibliográficas

BORDERÍAS, C.; CARRASCO, C.; ALEMANY, C. (Orgs.). *Las mujeres y el trabajo*. Rupturas conceptuales. Barcelona/Madrid: Icaria/Fuhem, 1993.

CARRASCO, C. et al. *Trabajo con mirada de mujer*. Propuesta de una encuesta de población activa no androcéntrica. Madrid: Consejo Económico y Social, 2004.

CES (Consejo Económico y Social). *Segundo informe sobre la situación de las mujeres en la realidad sociolaboral española*. Madrid: CES, 2003.

ESPING-ANDERSEN, G. *Fundamentos sociales de las economías postindustriales*. Barcelona: Ariel, 2000.

FLAQUER, L. La articulación entre familia y Estado de bienestar en los países de la Europa del sur. *Papers*, n. 73, p. 27-58, 2004.

GÓMEZ ESTEBAN, C.; PRIETO, C. Testigas de cargo. Mujer y relación salarial hoy. *Cuadernos de Relaciones Laborales*, n. 12, p. 147-167, 1998.

MARUANI, M. *Travail et emploi des femmes*. París: La Découverte, 2000.

______; ROGERAT, C. *Les nouvelles frontières de l'inégalité*. París: La Découverte, 1998.

MERLA, L. No trabajo y me siento bien. Cambios en la división sexual del trabajo y dinámicas identitarias de padres en casa en Bélgica. *Cuadernos de Relaciones Laborales*, v. 24, n. 2, p. 111-127, 2006.

MORENO, L. *Ciudadanos precarios*. Madrid: Ariel, 2000.

POAL MARCET, G. *Entrar, quedarse, avanzar*: aspectos psicosociales de la relación mujer-mundo laboral. Madrid: Siglo XXI, 1993.

PRIETO, C. (Ed.). *Trabajo, género y tiempos*. Madrid: Editorial Hacer/Editorial Complutense, 2007.

______. (Ed). *Nuevos tiempos del trabajo*: entre la flexibilidad competitiva de las empresas y las relaciones de gênero. Madrid: Centro de Investigaciones Sociológicas. No prelo.

SAINSBURY, D. *Gender and welfares state regimes*. Oxford: Oxford University Press, 1999.

TOHARIA, L. Le marché du travail en Espagne, 1976-2006: du plein emploi au chômage massif et au "presque plein emploi". In: *Travail et emploi*. No prelo.

Parte III

Gênero, profissões e carreiras

18

Relações de gênero nas profissões artísticas: comparação Brasil-França

Liliana Segnini*

Este capítulo analisa as relações sociais observadas no mercado e na organização do trabalho em arte, com destaque para música e dança. Trata-se de um estudo comparativo Brasil-França que privilegia as categorias analíticas "divisão internacional do trabalho" e "relações de gênero". Para tanto, foram estudadas as características do mercado de trabalho em arte a partir de estatísticas nacionais dos dois países, as relações de gênero no trabalho nas duas atividades selecionadas e a vivência da maternidade por bailarinas e musicistas.

Pode-se considerar a arte — atividade que implica forte engajamento do artista — um trabalho e o artista um trabalhador, e, dessa forma, integrar a atividade artística na esfera do trabalho e dos constrangimentos singulares que a constituem (Rannou e Roharik, 2006). A arte, como salienta Becker já em seus primeiros e pioneiros trabalhos sobre o trabalho dos artistas, é uma atividade reconhecida, transmitida, apreendida, organizada, celebrada. Como toda atividade, obedece a regras, a imposições, insere-se em uma divisão do trabalho, em organizações, profissões, relações de emprego, carreiras profissionais (Becker, 2006:27).

No entanto, ao se avaliar o trabalho do artista, costuma-se privilegiar sua performance ou obra, expressões resultantes de processos de trabalho que

* Socióloga, Unicamp.

possibilitam a interpretação, a criação. Raramente se examinam e se contextualizam as relações de trabalho e profissionais implícitas nesses processos. Revela-se a obra, mas o trabalho que a elabora é quase sempre silenciado ou, pior ainda, ofuscado por idealizações (Segnini, 2006).

O reconhecimento do trabalho artístico

O que informam as estatísticas nacionais sobre as especificidades do trabalho artístico em música e dança? O que nos revelam sobre essas especificidades no contexto da sociedade salarial? E, sobretudo, qual é o lugar predominante de homens e mulheres no mercado de trabalho em arte e quais são os movimentos de diferenciação possíveis de observar em suas carreiras? Em que medida o mundo do espetáculo nos informa, com cores ainda mais vivas, sobre o complexo espetáculo do mundo do trabalho no presente?

Essas questões foram estimuladas pelo reconhecimento de que se a música e a dança significam arte, representam igualmente um trabalho, um ofício e, nesse sentido, inscrevem-se nas configurações constitutivas do contexto da sociedade salarial. A definição moderna do assalariamento implica condições e relações sociais, institucionalizadas pelo Estado e expressas no mercado de trabalho.

Castel reconhece que políticas públicas garantiram o reconhecimento, por meio da institucionalização das estatísticas nacionais sobre mercado de trabalho, das relações de trabalho (e de não-trabalho) e uma legislação específica regulamentando-as. Entre as condições selecionadas pelo autor, destacamos duas, que reproduzimos textualmente:

- a identificação precisa do que os estatísticos chamam de população ativa: identificar e mensurar aqueles que estão ocupados e aqueles que não o estão, as atividades intermitentes e as atividades em tempo integral, os empregos remunerados e os não-remunerados;
- a inscrição em um direito do trabalho que reconhece o trabalhador como membro de um coletivo dotado de um estatuto social, além da dimensão puramente individual do contrato de trabalho (Castel, 1998:420).

As análises estatísticas se fizeram necessárias, sobretudo em face da insuficiência de dados no Brasil sobre o conjunto de atividades selecionadas nesta pesquisa. Complementarmente, foram realizadas entrevistas com diretores artísticos e administrativos, coreógrafos e regentes, e artistas da música e da dança nos dois países, que se somaram às observações etnográficas de ensaios e de espetáculos ao vivo e possibilitaram maior compreensão do objeto.

As ocupações no campo do espetáculo e das artes

Os mercados de trabalho brasileiro e francês no campo do espetáculo e das artes convergem em termos de características sociais que os aproximam, mas os diferenciam quando comparados aos respectivos contextos nacionais. Os dados estatísticos selecionados são produzidos a partir das classificações ocupacionais nos dois países: a Classificação Brasileira de Ocupações (CBO, 2002), no Brasil, e o Répertoire Opérationnel des Métiers et des Emplois (Rome), na França. Nesta análise, destacaremos as ocupações em música e dança, objetos de nossa pesquisa.

Conhecer, sistematizar, classificar o mercado de trabalho de um país significa elaborar parâmetros que informam relações econômicas, políticas e sociais. Trata-se de uma das políticas públicas dentro do processo de consolidação do mercado de trabalho urbano e industrial, como afirma Castel (Segnini, 2006).

No Brasil, a composição das ocupações que constituem o mercado de trabalho dos profissionais dos espetáculos e das artes privilegiou a CBO 2002, descrição base das estatísticas nacionais. O grupo selecionado é constituído das seguintes ocupações: produtores de espetáculos, diretores de espetáculos e afins, cenógrafos, atores, artistas de dança (exceto popular), músicos compositores, arranjadores, regentes e musicólogos, músicos intérpretes.

Na França, são considerados para comparação dados estatísticos produzidos e analisados por instituições e pesquisadores franceses, consideradas diferentes bases de dados (Menger, 2005a; Coulangeon, 2004; Ravet, 2003, Rannou e Roharik, 2006; Lazzarato, 2006). A Rome agrupa o conjunto das ocupações de "artistas do espetáculo", subdividido em: artista dramático, artista da música e do canto, artista da dança, do circo e do *music hall*, produtores e diretores, apresentadores, apresentadores-modelos.

Portanto, já temos aqui uma dificuldade na comparação dos dois países: não falamos das mesmas ocupações nos dois grupos. Porém, vale destacar que música e dança, ocupações privilegiadas nesta análise, são consideradas nas duas classificações.

Duas outras dificuldades referem-se às diferenças históricas nas trajetórias dessas ocupações e à qualidade dos dados estatísticos produzidos nos dois países. A França tem uma longa tradição na produção de informações estatísticas, inclusive sobre cultura. O mesmo não ocorre no Brasil.

Ainda assim, é possível apontar algumas evidências para a construção dessa argumentação, a partir dos dados disponíveis. Entre elas destacaremos três aspectos que aproximam França e Brasil quando se observa o mercado de trabalho composto por artistas do espetáculo: o acelerado crescimento do número de artistas (música e dança, inclusive) nos dois países; o reduzido índice de trabalho formal e a predominância do trabalho intermitente, freqüentemente precário; e as diferenças de sexo que informam as bases estatísticas das relações de gênero em música e dança.

Um mercado de trabalho em permanente expansão

No Brasil, a população ocupada cresceu 16% entre 1992 e 2001, enquanto o grupo de profissionais dos espetáculos e das artes registrou um aumento de 67% no mesmo período (IBGE, 2006). Na França, enquanto a população ativa cresceu 7,3% nas duas últimas décadas do século XX, entre 1982 e 1999, as profissões artísticas apresentaram uma variação de 94%, para os artistas da música, a 244%, para atores e bailarinos (dados do Insee).[1]

Apesar do crescimento visivelmente maior desse grupo nos dois países, ainda é bastante restrita a participação dos profissionais dos espetáculos e das artes no total dos ocupados nos dois países. No Brasil, dos quase 83 milhões de ocupados, somente 215 mil (0,26%) inscrevem-se nesse grupo ocupacional, sendo 134.870 músicos e 7.039 bailarinos. Na França, dos 23 milhões de ocupados em 1999, 121 mil (0,52%) são efetivos na profissão artística, dos quais aproximadamente 30 mil músicos e 5 mil bailarinos (Rannou e Roharik, 2006).

[1] Censo populacional, população ativa (Menger, 2005b:147).

O mundo do espetáculo como espetáculo do mundo do trabalho

A organização predominante do trabalho nos espetáculos ao vivo — por projeto — e o crescimento do número de artistas muito acima do da população ocupada, nos dois países, contribuem para o crescimento das formas flexíveis, intermitentes de trabalho, freqüentemente precárias. Trata-se de uma das características, reiteradamente analisada por diversos autores, do mercado de trabalho em geral nas últimas décadas, ainda mais intensa entre os artistas. No entanto, é necessário salientar os diferentes sentidos que adquirem na comparação Brasil-França.

O trabalho com registro em carteira, considerado formal, no Brasil compreende 37,5% dos trabalhadores ocupados; em artes e espetáculos essa percentagem é reduzida para 11,5% (IBGE, 2004). Na França, o Contrat de Durée Indeterminée (CDI) também é restrito a um pequeno número de artistas permanentes — 145 bailarinos vinculados à Reunion des Operas de France —, entre os 5 mil em atividade no país (Rannou e Roharik, 2006) e de músicos de orquestras (5% do total) (Ravet, 2003; Coulangeon, 2004). O crescimento citado no setor refere-se, nos dois países, ao trabalho intermitente, realizado por projeto, de cachê em cachê.

As diferentes denominações, nas estatísticas brasileiras, para o trabalho sem vínculo empregatício — sem carteira e conta própria — somam 84,8% do trabalho do grupo dos espetáculos e das artes, enquanto para as outras ocupações no país representam 40% dos trabalhadores. Ocultam múltiplas formas de inserção no trabalho, entre as quais, destaca-se nas entrevistas o crescente número de "editais", "fazer um cachê". Trata-se de um trabalho que nem sempre é reconhecido como de qualidade para quem o executa, mas como uma forma de se manter na rede de relações que possibilitam acesso a outros trabalhos, com outros grupos, e quem sabe, amanhã, um desafio artístico mais interessante. Conseguir renda é uma das motivações fundamentais para tanto.

No entanto, uma inversão de nomenclatura, que expressa relações sociais e formas de compreendê-las, é observada quando se compara a participação dos artistas no trabalho em música e em dança por posição na ocupação com o conjunto de ocupações dos espetáculos e das artes. Os bailarinos trabalham predominantemente em grupos de dança, e se autodeclaram sem carteira assinada; os músicos procuram trabalho individualmente, com maior freqüência e se autodeclaram por conta própria. Essa situação é também freqüente para aqueles que complementam renda com cachês, pois já são membros permanentes de orquestras. O emprego permanente de músico está diretamente vinculado à existência de orquestras, conforme sublinham Ravet (2003) e Coulangeon (2004) a propósito de músicos franceses.

No Brasil, ao contrário da França, essa condição não significa evidência de contratos de trabalho estáveis. É necessário analisar caso a caso, como o do Teatro Municipal de São Paulo, cuja orquestra e balé foram objeto de análise nesta pesquisa (Segnini, 2006). "A orquestra é nosso cartão de visita", dizem os músicos no Brasil e na França, na procura de outros trabalhos temporários, editais, cachês. O telefone celular, nesse processo de busca de trabalho, é considerado um instrumento fundamental.

Os números do Relação Anual de Informações Sociais (Rais) do Ministério do Trabalho e Emprego, que informam sobre o mercado de trabalho formal, com registro em carteira, em dança e música, expressam o pequeno número de profissionais em nosso país nessa situação, divergindo dos dados da Pnad. Segundo a Rais, em 2004, somente 2.103 profissionais da dança trabalhavam com registro formal, dos quais 649 na região Sudeste. Quanto aos músicos, eram 4.066 profissionais inscritos em empregos formais, dos quais 2.556 na mesma região.

No entanto, ainda de acordo com os dados da Rais, no período de 2002 e 2004, há um aumento do emprego formal em dança, enquanto em música são suprimidos 2.089 postos de trabalho. Esse dado refere-se ao encerramento de orquestras, entre elas, a da Rádio e Televisão Cultura do Estado de São Paulo, por motivos políticos, apoiadas em argumentos financeiros.

No contexto da dança, ao contrário, 966 postos de trabalho com vínculo empregatício formal foram criados (o equivalente a contratos de duração indeterminada na França). Uma das hipóteses para explicar esse crescimento é a expansão dos postos de trabalho do bailarino docente no ensino superior.

Conforme dados do Ministério da Educação no Brasil, na década de 1990, as matrículas no ensino superior em dança cresceram de 352 para 4.002, sendo 2.893 (72%) em universidades públicas e 1.109 em universidades privadas. Movimento semelhante, com menor intensidade, é observado no ensino superior de música, sem provocar mudanças positivas na participação do músico no mercado formal de trabalho. No mesmo período, as matrículas no ensino superior de música cresceram de 3.324 para 4.144, sendo 83% no ensino público. O ensino da dança e da música no Brasil construiu um caminho na contracorrente do ensino superior no país, no qual foi registrado um crescimento de 250% das instituições privadas nos anos 1990.

O ensino da música ou da dança é uma das possibilidades de trabalho para o artista no universo de atividades que realiza mesmo inscrito em um emprego formal, sobretudo quando seus vínculos de trabalho são temporários. O ensino pode ser uma opção profissional, mas freqüentemente é descrito nas entrevistas como estratégia para obtenção de renda, possibilidade de projetos de longo prazo e constituição de redes de contato.

No período selecionado, 1989-2004, há um aumento da participação das mulheres nos contratos que caracterizam o emprego formal tanto em dança (de 62% para 68%), quanto em música (de 19% para 31%), conquista recente em um mercado formal em retração. A variação do número de homens na dança é pouco significativa, enquanto a participação das mulheres no campo da música vem crescendo gradualmente, mesmo que em lugares determinados, como nos instrumentos de cordas e na posição de músicas de fila (Segnini, 2006).

Trabalho artístico, trabalho flexível

A condição instável de trabalho e de carreira do artista é reconhecida historicamente, no Brasil e na França. Hoje, essa instabilidade é ainda maior, em decorrência do crescimento das formas precárias de trabalho no próprio mercado de trabalho de cada país, em face do contexto já referido. O trabalho artístico constitui "verdadeiros laboratórios de flexibilidade" (Menger, 2005a).

A flexibilidade no trabalho é um fenômeno social que se intensifica no contexto da globalização, inclusive no campo do trabalho artístico. Trata-se de uma noção altamente polissêmica, como afirma Hirata (2007), justificando:

> de início [anos 1980], com referência às mudanças na organização do trabalho e da produção (a fábrica flexível); em seguida, com referência ao mercado de trabalho (flexibilidade do emprego); enfim, ao tempo de trabalho (trabalho de meio período, de tempo parcial, anualização do tempo de trabalho ou "banco de horas", políticas de redução das horas trabalhadas).

No campo artístico, são observadas quase todas as formas flexíveis de emprego e trabalho analisadas por Hirata (Menger, 2005a).

> Que ironia que as artes que, desde há dois séculos, têm cultivado uma posição radical em relação a um mercado todo-poderoso apareçam como precursoras da flexibilidade, ou até da hiperflexibilidade.

No entanto, na França, a relação entre trabalho intermitente e direito vinculado ao trabalho expressa um estatuto jurídico singular, único, sem similar nos outros países. Movimentos sociais garantiram o reconhecimento legal (anexos 8 e 10 do regime de seguro-desemprego), desde 1964, de que a maioria dos artistas exerce seus trabalhos de forma intermitente, o que significa que existem freqüentemente períodos de não-trabalho. Para tanto, em linhas gerais, foi previsto originalmente um seguro-desemprego para os que comprovassem 507 horas de trabalho no decorrer do ano anterior, período que em janeiro de 2004 foi modificado para oito meses e meio.

O sistema de indenização previsto no estatuto dos intermitentes, na França, reconhece a instabilidade das relações de emprego nesse campo, sua organização por projeto, "contratos de duração indeterminada constantes", enfim, a permanente flexibilidade contratual. A relação de trabalho configura uma prestação de serviço que implica a participação em um espetáculo ao vivo, inclusive ensaios, filmagem ou gravação — relação interrompida logo depois de realizado o espetáculo (Menger, 2005).

São constantes as polêmicas referentes ao custo que esse direito representa para a Union Nationale Interprofissionnelle pour l'Emploi dans l'Industrie et le Commerce (Unedic), pois o número de profissionais com estatuto de intermitente cresce na França. Em 1974, o número de beneficiados pelo regime de intermitência era de 19.100 inscritos, e em 2004 chegou a 68.600 (L'Observatoire Anpe, 2005). Um déficit crônico no sistema de seguro-desemprego dessa categoria ameaça-o permanentemente. É grande a mobilização dos artistas em torno do movimento dos *intermittents du spetacle*, desde 2003. A tentativa de garantir os direitos já adquiridos constitui um dos mais relevantes movimentos sociais naquele país, desde então.

Os contratos de trabalho a partir dos anos 1990 têm sua duração diminuída e muitos artistas não alcançam o fatídico número de horas de trabalho exigidas para serem indenizados. Assim, observa-se o crescimento de 24% para 33% no grupo "sem indenização", ao mesmo tempo em que os artistas indenizados intermitentes do espetáculo decrescem de 57% para 49% (L'Observatoire Anpe, 2005).

É intensa a luta pelo cumprimento das horas exigidas, obrigando os artistas a se submeterem a trabalhos que muitas vezes não condizem com sua formação profissional, como ilustra bem o depoimento a seguir:

> Portanto, para os bailarinos é duro, porque como não há necessariamente muito trabalho neste momento, você é obrigado a fazer um monte de coisas. Veja o meu caso: terça-feira tenho um encontro na Ópera Garnier, pois vão faltar horas, e eu não tenho perspectiva. Fiz dois testes e não deu em nada. Eu teria outros testes em dança, talvez eu conseguisse alguma coisa, eu espero! Mas, lá, já perguntei na Ópera se eles tinham alguma coisa para mim, e eles disseram: "Não. Se você quiser, pode pedir para a figuração do balé". Então é isso, não se trata da Bastille, mas da Garnier. Então, terça-feira tenho um encontro na Garnier com a moça que cuida da figuração do balé. Você imagina? Mas, bom, se ela me oferecer um mês de trabalho, dois meses de trabalho, eu faço, certo?
>
> Bailarino francês que pretende se reinserir no regime dos intermitentes, 25 jan. 2006.

A produção dos espetáculos, no Brasil ou na França, organiza-se por projetos e exige uma constante reorganização dos fatores de produção; impõe uma flexibilidade máxima ao trabalhador artista ou técnico do espetáculo. A existência de um "exército artístico de reserva altamente qualificado" é precondição para a manutenção dessa forma de organização do espetáculo ao vivo. É necessário recrutá-lo de maneira rápida, por meio de redes de conhecimento e audições em que são identificados os melhores artistas para cada espetáculo, de acordo com diferentes possibilidades de remuneração — cachês (Menger, 2005b).

A análise dos dados sobre as formas predominantes que assumem os contratos de trabalho no Brasil não possibilita a comparação com o estatuto dos intermitentes do espetáculo na França. Os artistas brasileiros só podem ser comparados, em termos de estatuto jurídico, aos "sem indenização" na França, que cumprem contratos de curta duração, mas não asseguram os direitos previstos no estatuto jurídico de intermitentes do espetáculo.

Essa realidade atinge também músicos e bailarinos inscritos em teatros públicos, subsidiados pelo Estado, como os corpos denominados estáveis do Teatro Municipal de São Paulo: Orquestra Sinfônica Municipal, composta por 115 músicos; Balé da Cidade de São Paulo, com 38 bailarinos; Orquestra Experimental de Repertório; Coral Paulistano, 148 músicos cantores; Coral Lírico Municipal, 104 músicos cantores; e Quarteto de Cordas.

Desde 1988, substituem-se os artistas que se aposentam ou são demitidos por outros com contratos temporários. Atualmente, 60% dos contratos de trabalho dos músicos são renovados (ou não) a cada seis meses. Durante o mês de janeiro, férias de verão do Teatro Municipal de São Paulo, eles não recebem salário; os outros 40% dos componentes da orquestra ainda se inscrevem no contrato de trabalho de "admitidos", um direito adquirido antes do atual sistema e que garante estabilidade no trabalho. No balé, dos 38 artistas, somente duas bailarinas permanecem em contrato permanente, os demais são temporários.

Nesse sentido, as relações contratuais de trabalho — na música e na dança — estabelecem um diálogo estreito com o crescimento das formas precárias de trabalho, ao mesmo tempo em que reafirmam a exigência de formação permanente, do virtuosismo, de criatividade, segundo os depoimentos dos entrevistados. Hoje, apesar das condições precárias contratuais, essa orquestra é considerada "uma das melhores, senão a melhor orquestra de São Paulo" (músico instrumentista, contrabaixo, novembro de 2003). O Balé da Cidade também se distingue pela sua reconhecida qualidade artística e técnica em dança.

Relações de gênero por trás das pautas musicais e sapatilhas

De que forma as relações sociais de sexo tecem tramas sociais com as relações de trabalho e possibilitam diferenças, hierarquias, desigualdades no campo da música e da dança? A tentativa de responder a essa questão remete aos dados coletados por meio de entrevistas e observações de ensaios e espetáculos, na platéia ou nos bastidores. Assim, procuramos "levantar o véu da produção", tal como propôs Marx para compreender as relações sociais no trabalho; mas também realizar "uma tentativa de iluminar o destino das pessoas que produziam música e outras obras de arte no interior de uma estrutura social em transformação" (Elias, 1995:28).

O que foi possível perceber?

Antes de tudo, que existem constrangimentos impostos para ambos os sexos, sem distinção. O processo seletivo para ingressar e/ou permanecer no mercado de trabalho, em orquestras ou companhias de dança, exige competência demonstrada no momento da audição. Desse grupo de artistas, mais escolarizado que o conjunto dos ocupados nos dois países, são exigidos um longo percurso de formação profissional, a realização de audições em concursos competitivos durante toda a carreira, disciplina nos estudos individuais e coletivos e respeito à hierarquia. O que efetivamente caracteriza essa aprendizagem é que ela não se completa jamais. Cada espetáculo consiste em novos desafios, que podem ser superados em cursos específicos ou ensaios.

No entanto, existem diferenciações que se transformam em desigualdades se considerados os empregos para homens e mulheres em música ou em dança. Na dança, o número restrito de homens facilita seu ingresso e ascensão na carreira. Na música, ao contrário, o número menor de mulheres significa maiores dificuldades para elas, como se observa no Brasil e na França.

> Existe um número menor de bailarinos do que bailarinas... por essa razão, nós [bailarinos] encontramos mais trabalho, com mais facilidade... Para uma bailarina é mais difícil. Eu tiro meu chapéu, francamente, eu penso sempre nas bailarinas porque a dança é muito difícil, é necessário todo o tempo se preparar... para elas é ainda mais difícil porque elas têm filhos, elas têm que se virar. Além disso, com quarenta anos já não dançam mais.
>
> Bailarino intermitente do espetáculo, 25 mar. 2005

A reflexão acima, de um bailarino francês, é reafirmada, no Brasil, por bailarinas que também foram mães durante a carreira e se inscreveram em processos seletivos por meio de audições.

> É muito difícil porque é muita gente e nessa época eu estava um pouco fora de forma, a diretora não quis me pegar, mesmo assim sendo um elemento bom para a companhia, tudo, ela queria que eu entrasse em forma primeiro.
>
> Bailarina brasileira, contrato temporário de trabalho, 5 dez. 2005

No entanto, para os homens que desejam seguir a carreira em dança outros desafios são colocados, como, por exemplo, enfrentar preconceitos da própria família, de amigos, da sociedade, por ser uma profissão predominantemente feminina. Muitas vezes, adotam como estratégia desenvolver outras atividades enquanto se preparam para assumir o desejo de dançar. É o caso do bailarino contemporâneo que foi bancário, retardando sua formação profissional.

> Eu continuei a minha formação técnica, porque com três anos realmente minha formação era muito deficiente, então eu tinha que fazer aulas fora pra conti-

> nuar..., alcançar pelo menos o nível técnico das pessoas da companhia, não é? Então eu fazia aulas de contemporâneo, balé clássico fora do programa de aula da companhia... eu sentia que tinha uma deficiência técnica.
>
> Bailarino brasileiro, 2 set. 2004

> Mas eu não ousava fazer dança porque eu era menino, vivia na província, além disso... eu tinha algumas amigas que faziam curso de dança, então, um dia eu tinha ido ver e tudo, mas eu não ousava entrar lá. Eu era tímido demais, meus pais não eram particularmente interessados pela arte.
>
> Bailarino francês, jan. 2006

Trabalho artístico e ausência de direitos: paroxismo expressado na maternidade

No limite imposto por um capítulo, uma única dimensão é destacada que desafia as relações de gênero na articulação entre trabalho, família e direitos sociais: a maternidade.

No Brasil, de acordo com a Consolidação das Leis do Trabalho (CLT) ou com o Estatuto da Função Pública, a trabalhadora tem direito a quatro meses de licença-maternidade — que foi assegurado às bailarinas já nas décadas de 1970 e 1980, período de expansão dos direitos do funcionalismo público. Para elas, cujo corpo é o principal instrumento de trabalho, a gravidez significa restrições que não existem para os homens. Mas elas eram compensadas pelo direito a um suporte legal e social à maternidade.

> Do primeiro filho eu voltei muito fácil, é claro, fiquei afastada um ano... voltei quando ele tinha quatro, cinco meses, aquele momento maravilhoso, você até lamenta ter que voltar [a trabalhar]... a mãe que trabalha tem sempre um sentimento de culpa, não adianta... Mas eu voltei e, nossa!, foi brusca a minha volta, porque eu tive oficialmente quatro meses de licença, e no dia em que voltei havia uma bailarina esperando eu voltar para sair de licença... eu tive que substituí-la, assim, três, quatro dias depois. Foi uma loucura. Eu cheguei, fui ensaiar e fui viajar com o balé. Não vou esquecer isso nunca e, é claro, eu fiz. ...meu físico deve ter se ressentido muito... Foi uma revolução, porque eu estava amamentan-

> do, minha mãe foi comigo de carro... toda aquela tralha [carrinho, banheira] e eu lá com o bebê amamentando, eu lembro que vazava leite dançando.
>
> Bailarina do Balé da Cidade, 19 jun. 2004

Atualmente, a maternidade não é mais vista como direito do trabalho, pois ele não é previsto nos contratos temporários, mas como camaradagem, generosidade, compreensão da direção da companhia. Nessa condição, as mulheres-mães-artistas permanecem no teatro ocultas, sob a luz dos holofotes.

> Uma questão delicada por causa da nossa contratação, não tem direito a nada, então na época [da gravidez] foi realmente encoberta, eu não podia ir ao Teatro Municipal, ninguém podia ver que eu estava grávida, foi uma coisa bem delicada... Uma outra colega engravidou junto comigo, na mesma época. O diretor chegou para mim falou: olha, eu não tenho condições de manter as duas pessoas no ano que vem, então a gente vai ter que resolver. No fim deu tudo certo.
>
> Bailarina do Balé da Cidade, 27 ago. 2004

A expressão "deu tudo certo" resume relações de solidariedade por parte de mães artistas que por serem mais velhas tiveram acesso a esse direito em outra época. Mas significa também reconhecimento da qualidade técnica do trabalho dessas mulheres bailarinas.

> A gente não tinha um contrato [referindo-se a trabalho anterior ainda mais precário] assim como aqui no balé de três em três meses ou de seis em seis meses... Dancei grávida até sete meses, daí eu parei, tive meu filho e voltei. Fiquei 45 dias parada depois que eu tive ele... Na verdade, se fosse ver pelo tipo de contrato, eu não receberia [salário], porque parei de trabalhar, mas, claro que a direção era bastante leal e bastante honesta, e entendiam perfeitamente, tinham sido bailarinas também, duas das pessoas que estavam na direção, mulheres com filhos, e sabem que é um absurdo isso, uma bailarina também tem que ter o direito de ter uma vida particular, ela tem que se dedicar, mas também tem que ter a sua vida.
>
> Bailarina brasileira, 9 dez. 2005

No caso específico das instrumentistas, elas relatam acordos feitos com colegas: assumem um número de concertos maior durante a gravidez, substituindo-os, e em troca são substituídas por eles durante o breve período que se ausentam em "licença-maternidade".

> Continuam [a pagar] pelo seguinte... porque o naipe é coberto, a gente depende do nosso naipe... um esquema de revezamento, no meu caso, eu sabia que eu ia ter o neném mais perto dessa época, então eu quis trabalhar mais antes para poder ter mais folga mesmo agora, porque senão pesa muito, fica muito descompensado. Então eu no naipe de violoncelos era quem tinha menos folga, porque eu deixei mesmo para poder ter de fato folga agora, então agora eu estou de folga... Eu me lembro que eu fiquei tão mal uma época que teve demissões, eu estava grávida, ainda mais isso, eu estava grávida da Maria, ai que sensação horrível, nossa, de não saber o que fazer assim.
>
> Violoncelista, 2005

Na França, a legislação trabalhista também prevê o direito a quatro meses de licença-maternidade, inclusive para as artistas intermitentes do espetáculo. No entanto, alguns entraves são descritos ao cumprimento das necessárias 507 horas de trabalho para conseguir acesso ao referido estatuto.

> Na Ópera de Lyon, eles me disseram que a partir do momento em que uma bailarina decide ou começa a falar de filhos, ela é dispensada da companhia. Elas têm contrato anual, todo ano eles o renovam [no mês de junho]. Se você engravida no final do ano eles te dispensam [o contrato termina] em junho e, neste caso, você não pode mais ser intermitente porque você é contratado da prefeitura de Lyon. Você não tem nada... Para eles [os homens] a questão nem se coloca. É verdade.
>
> Bailarina francesa intermitente do espetáculo, abr. 2006

A questão do corpo na gravidez é retomada em diferentes entrevistas, freqüentemente no sentido de desmistificar os problemas que trazem para a mulher profissional em dança.

> Eu acho que não é fácil para nenhuma carreira [a gravidez]... antes tinha um mito... que bailarina não podia engravidar por causa do físico, por causa de voltar à forma depois, pelo tempo que perde, principalmente no bale clássico até hoje é muito pesado... Mas não procede, eu não sou a única na companhia, ago-

> ra tem várias mães, todas voltaram à forma numa rapidez... até melhor depois do que antes. Agora é difícil, quando a gente entra em turnê, viagens, tudo...
>
> Bailarina do Balé da Cidade, 27 ago. 2004

No entanto, ela mesma, após alguns momentos de entrevista, reafirma as dificuldades experimentadas nesses corpos de artistas na vivência da maternidade, e que são reconhecidas pelos colegas homens em face de uma profissão muito competitiva.

> Não é ele que engravida. Ele não tem a mudança no físico... a gente fica fora muito tempo. Mesmo quem dança até o sétimo mês de gravidez tem uma mudança física e retornar é muito difícil, o homem não tem isso.
>
> Bailarina do Balé da Cidade. 27 ago. 2004

> Eu tiro meu chapéu, francamente, para as mulheres, eu penso sempre nas bailarinas, a dança é uma coisa difícil, é preciso estar se debatendo todo o tempo... Nós [homens] não sabemos o que é a metamorfose da gravidez... eu te digo, se eu fosse mulher não sei se faria dança.
>
> Bailarino francês, 25 mar. 2006

A tensão entre maternidade e ausência de direitos, a exigência de um processo permanente de estudos e ensaios para manter a performance, seja em música ou dança, em contextos de trabalho altamente competitivos, desafia, mas não minimiza, o prazer da vivência da maternidade desejada.

> Eu fiquei tão enlouquecida com a gravidez... felicidade total! Então não estava nem ligando para o que pudesse me acontecer... eu sei que tem mulheres que ficam enlouquecidas com perder o lugar, com outras pessoas dançando no seu lugar.
>
> Bailarina do Balé da Cidade, 27 ago. 2004

Considerações finais

Neste capítulo, procuramos analisar o trabalho em arte salientando o papel do artista como trabalhador e a inscrição da atividade artística na esfera do trabalho e das imposições singulares que a constituem. O trabalho artístico se inscreve também (mas não só) na lógica de mercado, e essa vinculação expressa as configurações do próprio momento histórico.

A tensão entre arte, trabalho e profissão evidenciam que o trabalho que produz arte é submetido a controles criados na esfera da produção do valor, mesmo que esses controles sejam justificados em nome da "qualidade artística" e não do valor criado, de difícil mensuração — é verdade —, mas não deslocado da esfera ampliada de acumulação do capital. Assim, foi possível reafirmar a análise de Becker, já citada, segundo a qual o trabalho artístico, como toda a atividade, obedece a regras, a imposições, insere-se em uma divisão do trabalho, em organizações, profissões, relações de emprego, carreiras profissionais.

As estatísticas nacionais sobre mercado de trabalho expressam a trajetória histórica do assalariamento, razão pela qual foram consideradas para compreender, inicialmente, a configuração dos mercados artísticos tanto no Brasil quanto na França. Os mercados de trabalho no campo do espetáculo e das artes nos dois países convergem em termos de características sociais que os aproximam entre si e os diferenciam quando comparados aos respectivos contextos nacionais. Assim, foi possível observar em ambos acelerado crescimento do número de artistas (música e dança, inclusive), reduzido índice de trabalho formal e predominância do trabalho intermitente, freqüentemente precário.

Observamos em nossa pesquisa a instabilidade das relações de emprego nesse campo, sua organização por projeto, "contratos de duração indeterminada", mesmo que renovados constantemente. A relação de trabalho configura-se por uma prestação de serviço que implica a participação em um espetáculo ao vivo (inclusive ensaios), em uma filmagem ou gravação, e que é rompida logo que se realiza. Esse sistema reconhece igualmente que, no trabalho artístico, as atividades profissionais descontínuas implicam vários contratos de trabalho de curta duração estabelecidos com uma multiplicidade de empregadores.

No entanto, mesmo que em número reduzido, observam-se formas estáveis e permanentes de relações de trabalho nesse campo, sobretudo nos teatros públicos vinculados ao Estado. A pesquisa comparou as relações de trabalho e relações de gênero na Ópera de Paris e no Teatro Municipal de São Paulo (Segnini, 2006).

No Brasil, o trabalho artístico em um teatro vinculado ao poder público significa precariedade, que se traduz em contratos temporários, sem direitos sociais mínimos como, por exemplo, o direito à maternidade assistida, férias, 13º salário, conforme legislação vigente no país.

Na Ópera de Paris há diferenciação entre os artistas da dança e da música. Os primeiros pertencem ao corpo efetivo da função pública, inclusive com aposentadoria especial aos 40 anos. Os músicos são admitidos por meio de contratos de duração indeterminada (CDI), sem o estatuto de funcionários públicos, o que permite à direção demiti-los a qualquer momento (Segnini, 2006).

Na França, a "precariedade" do maior número de artistas que trabalham de forma intermitente é legislada — intermitentes do espetáculo —, o que lhes garante acesso a direitos sociais, como, por exemplo, o direito à licença-maternidade e ao seguro-desemprego. No entanto, não protegem de possíveis estratégias para minimizar o ônus — para o empregador e para o espetáculo — que pode significar a presença de uma mulher grávida em uma companhia de dança.

A ligação entre relações de trabalho, relações de gênero e direitos sociais informam sobre os desafios enfrentados pelas mulheres de forma intensa, momentos de paroxismo que a maternidade revela no campo do trabalho artístico.

Referências bibliográficas

BECKER, H. *Les mondes de l'art*. Paris: Flammarion, 2006.

CASTEL, R. *As metamorfoses da questão social*: uma crônica do salário. São Paulo: Vozes, 1998.

COULANGEON, P. L'expérience de la précarité dans les professions artistiques: le cas des musiciens interprètes. *Sociologie de l'art*, opus 5, nouvelle série Le Travail Artistique. Paris: L'Harmattan, 2004.

ELIAS, N. *Mozart*. Sociologie d'un génie. Paris: Le Seuil, 1995.

HIRATA, H. Flexibilidade, trabalho e gênero. In: HIRATA, H.; SEGNINI, L. (Orgs.). *Organização, trabalho e gênero*. São Paulo: Senac, 2007.

IBGE (Instituto Brasileiro de Geografia e Estatística). *Pesquisa Nacional por Amostra de Domicílio*. Rio de Janeiro: IBGE, 2006.

LAZARATO, M. *As revoluções do capitalismo*. São Paulo: Record, 2006.

MENGER, P. *Retrato do artista enquanto trabalhador*: metamorfoses do capitalismo. Lisboa: Roma, 2005a.

______. *Les intermittents du spectacle*: sociologie d'une exception. Paris: EHESS, 2005b.

RANNOU, J.; ROHARIK, I. *Les danseurs*. Un métier d'engagement. Paris: La Documentation Française, 2006.

RAVET, H. Professionnalisation féminine et féminisation d'une profession: les artistes interprètes de musique. *Travail, Genre et Societés*, n. 9, p. 173-195, 2003.

SEGNINI, L. Accords dissonants: rapports salariaux et rapports sociaux de sexe dans des orchestres. *Cahiers du Genre*, n. 40, p. 137-151, 2006.

19

Condições de trabalho na carreira docente: comparação Brasil-França*

Aparecida Neri de Souza**

Este capítulo analisa, em perspectiva comparada, as mudanças em curso nas relações e nas condições de trabalho de professores e professoras no Brasil e na França, na primeira metade da década de 2000. Para tanto, buscou-se interrogar as condições de trabalho na carreira docente a partir das trajetórias profissionais de professores e professoras do ensino médio que trabalham em escolas técnicas em São Paulo e liceus polivalentes na região de Paris.

Há que se destacar, de início, duas questões: a primeira refere-se à singularidade das configurações históricas e culturais de cada país e aos dados propriamente ditos como construções sociais, cuja significação varia de um país ao outro; a segunda refere-se à identificação das condições de trabalho dos professores, que não podem ser reduzidas aos particularismos de cada país.

O campo da pesquisa

O trabalho de campo foi realizado entre 2004 e 2006, em quatro instituições, duas no Brasil — Escola Técnica Estadual de São Paulo e o Colégio Técnico

* Pesquisa financiada pela Fapesp, com o projeto temático *Trabalho e formação profissional no campo da cultura: professores, bailarinos e músicos.*

** Socióloga, Universidade Estadual de Campinas.

de Campinas — e duas na França — Lycée Polyvalent de Clichy-sous-Bois e Lycée Polyvalent de Lognes. Consistiu em entrevistas com 60 professores (40 no Brasil e 20 na França), dos quais 35 professoras (23 no Brasil e 12 na França), observações intermitentes de aulas e reuniões e análise de documentos[1] e estatísticas produzidos por instituições públicas.

As duas escolas brasileiras são mantidas pelo governo do estado de São Paulo: a primeira, na cidade de São Paulo, é vinculada à Secretaria de Ciência, Tecnologia e Desenvolvimento Econômico, e a segunda, à Universidade Estadual de Campinas (Unicamp). Os dois liceus polivalentes franceses são mantidos pelo Ministério Nacional da Educação e ambos estão localizados na região parisiense, na Academia de Créteil.

A Escola Técnica Estadual de São Paulo, criada em 1950 para formar trabalhadores para a indústria, oferece atualmente cursos de formação geral dirigidos à continuidade dos estudos em nível superior e cursos técnicos em edificações, administração e gestão, eletrotécnica e ***design*** de móveis. Os cursos são semestrais e modulares. Os estudantes são oriundos das camadas populares da periferia da cidade e têm entre 15 e 60 anos. Os mais jovens são estudantes do ensino médio (formação geral) e os mais velhos do ensino técnico, e já estão inseridos no mercado de trabalho, empregados ou não. A escola possui cerca de 1.700 estudantes para 77 professores. Estes, em sua maioria, têm entre 30 e 50 anos (63%), estão no magistério há mais de 10 anos (80%), e cerca de 40% são mulheres.

O Colégio Técnico da Unicamp foi criado em 1970 também para formar trabalhadores para a indústria, e atualmente oferece cursos em enfermagem, alimentos, eletroeletrônica, automação mecânica, informática, plásticos, equipamentos médico-hospitalares, telecomunicações, meio ambiente e segurança do trabalho, além de especialização para técnicos em gestão de qualidade e produtividade, projetos mecânicos e materiais elétricos. Os cursos são anuais e integrados, proporcionando simultaneamente formação técnica e geral. A origem social dos alunos é bastante diferenciada: os do período diurno provêm das camadas médias e altas; os do noturno, das camadas médias-baixas e na sua maioria já estão inseridos no mercado de trabalho. A escola possui cerca de 2 mil estudantes para 97 professores. A maioria destes (76%) tem entre 40 e 55 anos e mais de 10 anos de trabalho como docentes (80%), sendo 50% professoras.

[1] Inclusive dossiês sobre a vida profissional dos professores.

Nota-se que, embora as mulheres representem 78,2% do total de professores brasileiros,[2] da educação infantil ao ensino superior, sua participação na educação profissional é menor que a média nacional. Essa diferenciação deve-se, em parte, às formas de recrutamento de professores para a educação profissional. Desde sua origem, tanto no Brasil quanto na França,[3] privilegiou-se a contratação daqueles inseridos no setor produtivo para as disciplinas técnicas, formados nos campos das engenharias e tecnologias, marcadamente masculinos.

O liceu polivalente em Lognes, vinculado à Academia de Créteil (Marne et Seine), foi criado recentemente, em 2001, para atender a uma demanda da população da região. Oferece cursos de formação geral e tecnológica em gestão e em bioquímica, mas, embora seja polivalente, não dispõe ainda de cursos profissionalizantes *stricto sensu*. Os alunos provêm das camadas médias (74%) e a maioria é descendente de vietnamitas. O liceu possui 800 estudantes para 70 professores. Um terço destes últimos tem menos de 30 anos, somente 5% deles exercem o ofício há mais de cinco anos e 55% são mulheres.

O liceu polivalente de Clichy-sous-Bois, vinculado à Academia de Créteil (Seine Saint Dennis), foi criado em 1989, em resposta à reivindicação da população local por mais escolas. Oferece cursos de formação geral e tecnológica em gestão e cursos técnicos em eletrotécnica, sistemas mecânicos automatizados, vendas, contabilidade e secretariado. A maioria dos alunos (70%) é oriunda das camadas desfavorecidas da população: operários, empregados no comércio e desempregados. São filhos de imigrantes de 29 nacionalidades diferentes, sobretudo do Marrocos, da Tunísia e da Turquia. Em 2005, o corpo docente era constituído de 113 professores para 1.057 alunos, dos quais 40% tinham menos de 30 anos, somente um terço estava há mais de cinco anos na profissão e 48% eram mulheres.

Tempo de ensino e de trabalho

O tempo de ensino refere-se à aula propriamente dita, à atividade perante a classe. O tempo de trabalho refere-se ao processo de trabalho, à mobiliza-

---

[2] O que corresponde a 3,7% do total da população ocupada no Brasil.

[3] Sobre os professores do ensino técnico na França, ver Tanguy (1991).

ção física e intelectual para o exercício da docência, na escola, no domicílio ou em lugares determinados para preparação de aulas, correções, estudos, reuniões etc.

No Brasil, o tempo de ensino é acrescido de um percentual (de 10% a 30%) para estudo, preparação e correção de exercícios dos alunos. De forma geral, os contratos são organizados com base na hora-aula semanal, independentemente do vínculo de emprego — temporário, eventual, CLT ou estatutário. Mesmo os contratos dos professores estatutários por jornada de trabalho — parcial ou completa ou integral — se organizam com base na hora-aula.

O emprego para professores no setor público, no Brasil, não é um trabalho de dedicação exclusiva, pois eles não são funcionários de Estado, como os professores franceses. Podem trabalhar uma parte do dia em uma escola pública estadual ou municipal e outra parte em uma escola privada, ou em duas escolas municipais — situação impensável caso fossem considerados um segmento profissional que exerce função de Estado.

Na Escola Técnica de São Paulo, 50% das professoras trabalham em dois ou mais empregos. Aquelas que ministram disciplinas de formação geral trabalham em duas ou mais escolas, com jornada de trabalho equivalente ou superior a 40 horas-aula semanais; as que trabalham na área técnica combinam o trabalho da docência com o emprego em empresa privada; as demais cumprem uma jornada completa de trabalho na mesma escola (equivalente a 33 horas de aulas semanais perante a classe).

Ao compararmos as jornadas de trabalho docente das professoras com as dos professores, verificamos que elas constroem suas carreiras como professoras, seja porque ministram aulas em jornada completa prioritariamente como docentes, seja porque ocupam postos de coordenação e direção nessa escola. Ao contrário, os homens (dois terços), que em sua maioria ministram aulas na área técnica, concebem a docência como trabalho de tempo parcial, transitório ou complementar; de forma geral, trabalham à noite na escola e durante o dia desenvolvem atividades de consultoria ou são empregados em empresas.[4]

No Colégio Técnico de Campinas, onde os professores recebem salários muito superiores (mais que o dobro) aos da Escola Técnica de São Paulo e

[4] Os dados referem-se aos dossiês da vida profissional, atualizados anualmente, que constituem documentos importantes para a avaliação, promoção na carreira e distribuição de aulas.

existe mobilidade na carreira baseada em diplomas (especialização, mestrado ou doutorado), somente 36% têm outros empregos, a maioria em escolas ou faculdades. Diferentemente da escola de São Paulo, os professores, de disciplinas técnicas e de formação geral, do colégio de Campinas constroem as carreiras no magistério e ocupam os postos de chefia e direção, enquanto às mulheres são destinadas as atividades de coordenação pedagógica dos cursos. Essa diferenciação entre as duas escolas permite-nos afirmar que as condições nas quais o trabalho docente se realiza interferem não apenas na construção de carreiras como na concepção de pertencimento à profissão.

Se o ensino é uma das poucas profissões que permite o acúmulo de dois empregos, ela também consente que um professor trabalhe em duas ou mais escolas para completar sua jornada de trabalho. Há um padrão laboral no trabalho docente que legitima diferentes arranjos contratuais e que, às vezes, confunde a flexibilização do trabalho no contexto contemporâneo com a concepção de *part-time-workers* (Beynon, 1999).

Tanto a pesquisa quanto as estatísticas oficiais informam que as professoras trabalham em tempo completo. Os dados disponibilizados pela Rais, produzida pelo Ministério do Trabalho e do Emprego, não só informavam que, no período compreendido entre 2001 e 2004, ambos os sexos trabalhavam no ensino de 31 a 40 horas semanais em média, mas que as professoras representavam dois terços do total dos docentes com jornadas acima de 30 horas.

Essa constatação sobre o tempo de trabalho das professoras brasileiras desconstrói a concepção de que a docência é uma profissão de mulheres pela possibilidade de cumprir jornadas parciais que permitem combinar os tempos de trabalho nos espaços público e privado.

O professor francês teria dificuldades de imaginar seu trabalho fragmentado em horas-aula, visto que seu contrato é para um posto de trabalho em uma escola. Cada posto de trabalho implica um determinado número de horas de aula por semana: se for um professor *certifié*, pode ministrar 18 aulas semanais; se for *agrégé*, 15 aulas semanais; e se lecionar em escolas técnicas ou profissionalizantes ou se for professor de educação física poderá dar 21 aulas. Assim, a pesquisa não encontrou na França diferenças de jornada de trabalho de professores ou professoras com o mesmo estatuto, embora seja possível, excepcionalmente, reduzir a jornada de trabalho para 12 horas semanais.

O tempo de trabalho, tanto no Brasil quanto na França, é difícil de mensurar, pois a maioria dos professores trabalha também em casa, seja preparando as aulas ou estudando, seja corrigindo exercícios, redações ou provas. Trata-se de uma profissão, segundo as professoras, de tempo integral, que ocupa não só o espaço público como o privado. O tempo da atividade produtiva remunerada está longe de ser impermeável ao tempo da vida privada — afazeres domésticos, os filhos, lazer, descanso. Para as professoras, o trabalho de ensinar é um trabalho que se faz o tempo todo.

O tempo do trabalho docente parece romper com o tempo medido pelo relógio: linear, mensurável, previsível (Bruni, 1991). Nesse sentido, não estaria submetido às mesmas temporalidades da produtividade. Também na articulação entre a vida privada e a profissional, há que se destacar as condições em que o trabalho se realiza. As condições de trabalho mais favoráveis produzem reflexos na vida profissional e na vida privada, seja na construção de representações sobre o ofício de professor, seja na construção das carreiras e das trajetórias profissionais.

A seguir, apresentamos os depoimentos de duas professoras, uma francesa e uma brasileira, com a mesma idade, embora a primeira esteja há mais tempo na profissão. Ambas evidenciam que o trabalho docente invade a vida privada, o suposto tempo livre, e que é muito difícil mensurá-lo. É inerente à profissão o estudo que não pode ser capturado pela quantificação do tempo de trabalho.

Eis o relato da professora francesa:

> Dou 15 horas de aulas, às vezes 16, quando há horas suplementares. Não tenho reuniões toda semana, e com meus colegas é totalmente informal. Bom, em casa, o que é que eu preciso fazer? Tenho provas para corrigir. Não consigo muito bem ter uma avaliação do meu tempo. Durante as férias de Natal, fiquei corrigindo 40 horas [o *BAC blanc*]. Trabalho mais que a metade em casa, porque tenho a preparação das aulas e depois, tenho as correções de provas... porque sou professora, leio muitas coisas. Eu não leria a mesma coisa se não fosse professora. Durante 20 anos li o *Le Monde* todos os dias. Saio de férias com os jornais que não li! Então, vamos dizer, não é para mim, é para o meu trabalho. E acho que não tenho tempo para ler o suficiente, e para ser uma boa professora eu devia ler o tempo todo... não consigo quantificar, mas isso faz parte do trabalho. Este ano, é um programa novo, portanto eu não sei de cor, sou obrigada a pesquisar o tempo todo... Faço o trabalho doméstico, naturalmente, vou ao cinema, vou assistir a concertos, vou ao coral, faço ginástica, mas não vou com muita fre-

qüência a Paris, prefiro ficar aqui, porque é muito mais cômodo para mim. E é bem mais barato.

Professora de história e geografia, representante sindical, 57 anos, entrevista em 20 abr. 2005

A professora brasileira valoriza o fato de poder escolher as aulas e períodos com tranqüilidade por ter sido classificada em primeiro lugar na distribuição de aulas:

> Não existe cargo de engenheira na escola técnica, eu fiquei 10 anos por aí [sem promoção]. No meio do caminho fiz o esquema [formação de professores para o ensino técnico] em 1989, já começava a ficar difícil voltar para o mercado... então resolvi continuar dando aulas. Eu moro perto, então, de repente... Essa história de salário não ser muito bom é compensada por eu morar perto. Há outras compensações. Quando eu trabalhei na fábrica, na zona leste, eu saía de casa às 6 horas, deixava meu filho na minha mãe, ficava uma hora e meia andando de carro, e à tarde era outra viagem... pega o filho... se chove, o trânsito pára... Quando meus filhos eram pequenos, se eu precisasse levar meus filhos ao dentista, era preciso combinar horário para sair, era uma confusão de horário, de serviço atrasado, de vistoria a ser adiada, uma pressão muito grande. E a escola lhe dá oportunidades, você pode trabalhar um dia à noite, folgo no período da manhã, posso fazer supermercado, levar criança ao médico, participar de reuniões de pais na escola e trabalhar em outros horários. Foi mais fácil ficar no magistério... Eu tenho, em média, 24 aulas, já tive 26 aulas [perante a classe].
>
> Professora de eletrotécnica, 55 anos, 24 abr. 2004

O tempo de trabalho das professoras é definido em torno de dois eixos. O primeiro, estritamente normativo, determina o tempo de serviço medido em horas de aula. O tempo de serviço semanal, conforme o estatuto e as disciplinas, pode ser modulado em função de tarefas ou atividades fora da sala de aula. O segundo eixo não permite delimitar claramente o tempo profissional, pois não é codificado, depende de concepção, de práticas profissionais e das representações construídas sobre o ofício, é dificilmente mensurável devido ao fato de que pouco aparece, é realizado fora da escola, quase sempre em casa, por isso pouco avaliado e controlado pelos que administram o sistema escolar.

O segundo eixo apresenta um outro problema: o conhecimento e reconhecimento desse tempo são pequenos ou quase nulos para as famílias ou para o público, e mesmo as professoras não conseguem mensurá-lo. A articulação com o domínio privado coloca tensões permanentes na vida cotidiana das professoras, que continuam submetidas às atribuições e às imposições domésticas (Pélage e Roger, 1999).

O estatuto profissional e a estabilidade no emprego

A distinção do estatuto profissional — funcionário ou empregado sob contrato — apresenta reflexos importantes nas condições e estabilidade de emprego dos professores e professoras. A estabilidade no emprego varia segundo o estatuto. As condições em que as professoras são empregadas e em que trabalham variam segundo o país.

No Brasil, mais precisamente em São Paulo, desde a década de 1980, os professores são contratuais, regidos por uma legislação geral do trabalho em condições de emprego próximas àquelas em vigor para o setor privado. Esses contratos de direito privado, base do emprego de professores nas duas escolas estudadas em São Paulo, estão ancorados nas disposições gerais da legislação do trabalho (CLT).

Na escola que integra a rede estadual de escolas técnicas, os professores e professoras não têm estabilidade no emprego, e os contratos variam entre duas e 33 horas de aula por semana. Ainda que contratos sejam por tempo indeterminado, eles podem ser demitidos no final de um semestre se não lhes atribuírem aulas para o período seguinte, ainda que o empregador seja o governo do estado de São Paulo.

O critério para distribuição de aulas para as disciplinas técnicas e gerais é a avaliação realizada anualmente com base na assiduidade, no tempo de trabalho no magistério, na participação em atividades suplementares e voluntárias (não-pagas) e na participação em programas de formação continuada. Na área técnica, as professoras estão no topo das avaliações, e dessa forma podem escolher o período (manhã, tarde ou noite) e o número de aulas a serem ministradas.

Embora elas tenham uma formação universitária no campo da engenharia, administração de empresas ou arquitetura, para construir uma carreira docente fizeram um segundo curso superior na área do magistério, além de participarem de programas de formação continuada. As condições em que o trabalho das professoras se realiza, em contextos de intensa competição, informam racionalidades nas relações de trabalho, nas quais a individualização não somente atinge os contratos de trabalho (a distribuição das aulas e tempos) como também as avaliações predominantemente quantitativas e o engajamento individual dessas docentes nos projetos escolares. Essas estratégias, consentidas, de gestão do trabalho acompanham o enfraquecimento das ações coletivas (Linhart, 2007).

No Colégio Técnico de Campinas, a construção de carreiras não leva em conta a formação específica para o magistério, mas sim os diplomas conquistados em cursos de especialização, mestrado e doutoramento. Nesse sentido, as diferenças de percursos de formação universitária entre os homens e mulheres são pequenas (apenas um terço não tem especialização).[5] Entretanto, as trajetórias profissionais são muito diferenciadas quanto à mobilidade nas carreiras: os homens recebem salários maiores e ocupam os postos de direção. Note-se que, desde a fundação do colégio, não houve nenhuma diretora.

Nos dois liceus franceses, os professores têm estatuto de funcionários de Estado, engajados no quadro regulamentar da função pública, distinta da legislação das relações contratuais. Entretanto, há professores com contratos especiais (*vacataires, sous contrat*). No liceu de Lognes eram quatro os professores com contratos com duração determinada e no de Clichy-sous-Bois, cerca de um terço deles. Os contratos precários atingem mais as mulheres, em especial as jovens professoras que trabalham em escolas da Academia de Créteil (assim como de Versailles e Lille).

Se os professores que trabalham em escolas técnicas no estado de São Paulo perderam o estatuto de funcionários e a estabilidade no emprego — uma das principais motivações para o acesso ao emprego no setor público —, quais são os elementos ou condições de atração para essa profissão?

As entrevistas indicam que o magistério apresenta-se como uma saída para a recomposição das trajetórias de engenheiros, assim como de outros

[5] Dos 97 professores do Colégio Técnico de Campinas (dos quais 49,5% são mulheres), 52% dos homens e 48% das mulheres cursaram pós-graduação *lato sensu*; entretanto 52,50% das mulheres têm cursos de mestrado e doutorado contra 47,5% dos homens. Isso nos permite afirmar que há pouca diferença no percurso de formação profissional e as carreiras construídas no masculino se justificam pelas relações de gênero.

profissionais que se encontram fora de atividade na sua área. O desemprego e a precarização do trabalho, duas conseqüências da reestruturação das atividades produtivas nos decênios de 1980 e 1990, contribuíram para que o magistério ganhasse proeminência na recomposição dessas trajetórias. A dimensão simbólica do pertencimento profissional é reconstruída. Para as professoras, além da recomposição das trajetórias em face da reestruturação das atividades produtivas, a possibilidade de articular trajetórias profissionais e pessoais (a maternagem) é fundamental para o engajamento na profissão docente.

As formas de adaptação, de consentimento e de resistência desenvolvidas pelas professoras engendram contradições e tensões que obrigam à construção de articulações entre a vida profissional e a vida privada. A noção de tempo de/no trabalho e a divisão entre espaço público/escola e espaço privado/casa são categorias analíticas que permitem a compreensão do trabalho das professoras.

Acesso à profissão

Na França, o concurso público é realizado no decorrer da formação inicial, mas os professores são confirmados no posto de trabalho ao final dessa formação, após um estágio e avaliação da perfomance profissional. A avaliação pode recomendar o prolongamento da formação até a confirmação do professor no posto de trabalho ou mesmo a recusa. Já no Brasil, o concurso público é realizado após a formação inicial e de forma descentralizada (por instância da federação), e não há processo de avaliação que confirme a contratação do docente.

Na França, o processo de recrutamento e seleção de professores é nacional, as vagas são distribuídas não somente pela classificação nos exames, mas também por critérios que envolvem tempo de experiência, situação familiar (casamento e filhos) etc. Aos jovens são destinadas as escolas menos concorridas, isto é, localizadas em região com falta de docentes. Cros e Obin (2004) estimam que 60% dos que saem dos Institut Universitaire de Formation des Maîtres (IUFM) vão para postos de trabalho considerados difíceis, e desse total um terço é nomeado para duas das 30 academias localizadas na periferia de Paris.

A má reputação da Academia de Créteil, segundo esses mesmos autores, tem um papel importante no comportamento dos professores, pois, somente após alguns anos, considerados difíceis, eles retornam à região ou ao posto de trabalho pretendido e se estabilizam. As tensões entre a dimensão da performance profissional e a dimensão social (a precarização social) caracterizam essas escolas consideradas "difíceis", como os dois liceus estudados. Pesquisa do Ministério da Educação Nacional da França informa que a idade média dos professores que solicitam a transferência de escolas é 30 anos, e todos têm menos de quatro anos de trabalho.

O concurso pode ser realizado para um posto de trabalho vago ou para substituição de professores numa região (Titulaires sur Zone de Remplacement — TZR). O dispositivo de contratação para uma zona de substituição não extinguiu os contratos temporários, embora fosse sua intenção.

O depoimento a seguir é bastante ilustrativo:

> Como não havia nenhum liceu com posto livre, eu me encontrei numa TZR, isto é, sou titular de uma zona de substituição. Isso quer dizer que estou trabalhando numa zona da Academia 77, departamento 77, para substituir professores doentes, em licença-maternidade etc. Sou professora titular que recebo se trabalhar ou não, e quando há necessidade sou enviada a essa ou àquela escola. Nós nos movimentamos muito. No próximo ano pedirei novamente minha transferência. Essa condição de TZR possibilita juntar muitos pontos, assim poderei ir para a academia que quiser. Não é agradável essa situação. Os professores respondem às necessidades da educação nacional. Como principiante, você consegue um posto de trabalho aonde ninguém quer ir. E como os jovens não têm pontos, não têm nada, eles podem ir para as academias onde não há necessidade de muitos pontos. É a Academia de Créteil. Toda França vem para a Academia de Créteil. E aqui estou eu.
>
> Professora de bioquímica em Lognes, 30 anos

Se muitos professores buscam a transferência de escolas, há outros que permanecem na região, atraídos pela possibilidade de articular a vida profissional com a vida familiar e a educação de filhos em cidades tranqüilas na periferia de Paris. É o caso de uma das professoras entrevistadas, já antiga no magistério. A escolha da Academia de Créteil foi motivada pela proximidade com o trabalho do companheiro e um bom lugar para educar os filhos: "nem burguês como o oeste da região parisiense, nem completamente operário como o norte, mas um lugar com misturas sociais" (professora de francês, Lycée Emily Brontë).

À semelhança da França, no processo de escolha de aulas e escolas em São Paulo, aos jovens, em especial mulheres, são destinados os postos de trabalho na periferia urbana, em contextos sociais precarizados, com dificuldades de acesso e com alta rotatividade de profissionais. As tensões que se estabelecem no exercício do ofício nessas escolas, constantemente anunciadas pela imprensa, têm levado ao aumento do absenteísmo de professoras, assim como às agressões físicas por parte dos alunos às professoras, em geral jovens e com pouca experiência na profissão.

Entretanto, nas escolas técnicas, o processo é bastante diverso. Elas são consideradas, por diferentes avaliações governamentais, instituições educacionais de boa qualidade e como tal disputadas pelas famílias de diferentes estratos sociais. Essa disputa, por meio de exames de ingresso, tornou-as bastante seletivas e atraiu um conjunto de professores também com maior qualificação e/ou experiência profissional e idade superior à média dos professores brasileiros.

As duas escolas estudadas realizam concursos públicos com prova didática, de argüição e de títulos. Entretanto, a Escola Técnica de São Paulo recruta e seleciona para um banco de reserva de professores e o Colégio Técnico de Campinas para um posto de trabalho vago.

Os professores das escolas pesquisadas, no Brasil e na França, afirmam que as motivações para a escolha da profissão foi o gosto pela disciplina que ensinam (uma disciplina universitária ou uma especialidade técnica). O desejo de se ocupar de jovens, o aspecto relacional do ofício é invocado por aqueles que tiveram experiências educacionais. Mas somente os professores e professoras franceses afirmaram que a autonomia e a liberdade no exercício do ofício os levaram a essa profissão. No Brasil, as professoras ressaltam as circunstâncias sociais e econômicas como trajetórias de escolarização que levam à docência e horários que permitem conjugar o trabalho nos espaços público e privado como mobilizadoras do acesso à profissão. Para os homens, o desemprego é apontado como fator mais relevante.

Considerações finais

Na vivência cotidiana das relações de trabalho, as professoras não apenas vão construindo as representações sobre a profissão, como também tecendo a noção de pertencimento a esse grupo profissional. O trabalho é vivenciado como uma afirmação da existência individual e da identidade social (Souza Lobo, 1991). As representações, como elaborações subjetivas sobre as condições materiais de existência, evidenciam diferentes concepções sobre o trabalho docente.

Na Escola Técnica de São Paulo, as professoras consideram o ensino uma profissão (elas não são mais engenheiras, são professoras) e os professores uma atividade complementar à profissão de engenheiro. Se os salários baixos, os contratos flexíveis, a possibilidade de desemprego ao final de cada semestre, as avaliações pautadas no engajamento individual aos projetos da escola contribuem para organizar a concepção de transitoriedade para os homens, esses mesmos fatores induzem as professoras a construir a carreira no magistério. Embora sejam cerca de 40% nessa escola, são elas que ministram o maior número de aulas, trabalham em um ou mais períodos para aumentar os salários, envolvem-se individualmente nos projetos e atividades voluntárias e buscam a formação continuada para se classificar melhor no processo de distribuição de aulas, e se candidatam aos postos de coordenação e direção para ascender na carreira.

No Colégio Técnico de Campinas, tanto para os professores quanto para as professoras, o ensino (como a pesquisa) integra diferentes profissões. Embora numericamente não haja diferenças substantivas entre os dois sexos, são os homens que constroem as carreiras ascendentes.

Há que se destacar que as professoras das escolas técnicas formadas nas engenharias representam a minoria. Elas são altamente qualificadas nas duas escolas estudadas, mas seus pares não as reconhecem como "teóricas", pois não teriam prática do trabalho na produção, que é o que legitima a formação de técnicos. E as professoras das disciplinas de formação geral as consideram como "técnicas", que não teriam a formação humanística necessária à docência, ainda que elas tenham buscado uma segunda formação universitária para permanecer na docência.

Na França, tanto os professores quanto as professoras compreendem o ensino como constituinte da profissão docente, do mesmo modo que os professores do Colégio Técnico de Campinas. Em Lognes, 55% são mulheres e a quase totalidade tem menos de cinco anos de trabalho na profissão docente. Isso mostra que às jovens professoras são destinadas as escolas em contextos sociais mais precarizados, dificultando a construção de carreiras ascendentes.

Em Clichy-sous-Bois a situação é muito semelhante: 48% são professoras com pouca experiência na profissão.

A concepção de pertencimento ao grupo profissional informa a construção de carreiras, assim como na vivência das condições de trabalho se insere o significado da profissão. Onde as condições de trabalho são mais precarizadas (a Escola Técnica de São Paulo) as mulheres ocuparam os espaços institucionais e construíram percursos profissionais ascendentes. Se as condições socioeconômicas informam as representações sobre a docência, elas também iluminam as motivações para o ingresso na profissão.

Se para os professores e professoras brasileiros as condições socioeconômicas foram fundamentais para a escolha profissional e se no desenvolvimento de suas carreiras não conseguiram superar essas condições, eles constroem estratégias de permanência no ofício. A afirmação de que as motivações para a escolha profissional foi o gosto pelo campo de conhecimento ou o desejo de se relacionar com os jovens é uma das estratégias construídas para ocultar as contradições que, se apresentam no desenvolvimento de carreiras no campo do ensino.

Os professores franceses, ainda que também não possam controlar as contradições nas condições de trabalho, atribuem sentidos à escolha afirmando que, apesar de ser um trabalho árduo, traz em si mesmo a recompensa: a autonomia e a liberdade profissional.

Referências bibliográficas

BEYNON, H. As práticas do trabalho em mutação. In: ANTUNES, R. et al. *Neoliberalismo, trabalho e sindicatos*. São Paulo: Boitempo, 1999.

BRUNI, J. C. Tempo e trabalho intelectual. *Tempo Social*, v. 3, n. 1-2, p. 155-168, 1991.

CROS, F.; OBIN, J. P. *Attirer, former et retenir des enseignants de qualité*. Rapport de base national (France) pour l'OCDE. Paris: La Documentation Française, 2004.

JOURNAL OFFICIEL E BULLETIN OFFICIEL DE L'ÉDUCATION NATIONALE (BO). Disponível em: <www.education.gouv.fr/bo/>.

LINHART, Danièle. *A desmedida do capital*. São Paulo: Boitempo, 2007.

MUCCHIELI, L.; LE GOAZIOU, V. *Quand les banlieues brûlent...* Paris: La Découverte, 2006.

PÉLAGE, A.; ROGER, J. L. Le temps de travail comme levier de la recomposition du métier d'enseignant au secondaire. *Sociologia del Lavoro*, Bologna, n. 74-75, 1999.

SOUZA LOBO, E. Os caminhos da sociologia no Brasil: modos de vida e experiência. *Tempo Social*, v. 4, n. 1-2, p. 7-15, 1º sem. 1994.

TANGUY, L. *L'enseignement professionnel en France*. Des ouvriers aux techniciens. Paris: PUF, 1991.

20

As mulheres e o acesso às profissões superiores. Uma comparação européia, séculos XIX e XX

SYLVIE SCHWEITZER*

As mulheres sempre tiveram seu lugar no mercado de trabalho, mas ele se restringiu, e ainda se restringe em grande parte, a qualificações e ofícios específicos, freqüentemente mal remunerados e dominados por uma hierarquia masculina. Esse lugar subordinado organizou-se em uma discriminação antiga, quer se tratasse do acesso às instituições de ensino e de formação, tanto clássicas quanto técnicas, ou de proibições legais à participação das mulheres em certos setores de emprego mais qualificados. Somente no final do século XIX concebeu-se a presença de mulheres nas instituições de formação superior, seguida das reivindicações destas para negociar seus diplomas no mercado de trabalho.

Uma comparação do acesso das mulheres às profissões mais diplomadas nos diferentes países da Europa mostra grandes concordâncias cronológicas articuladas em momentos fortes seguidos de estagnação. Ela resiste a explicações que evocam a variedade de culturas nacionais, em particular religiosas, que oporiam, por exemplo, os países de tradição católica dominante àqueles de cultura protestante, ou os países do norte da Europa aos do sul, ou que se apóiam em cronologias de regimes políticos, como os momentos de unificação

* Historiadora, Université Lumière-Lyon II.

territorial na Itália (1870) e na Alemanha (1871) ou da sucessão de repúblicas na França (1870, para a III República, por exemplo).

Se o estudo das diferenças nacionais se justifica no âmbito da história do direito de voto ou, atualmente, da percentagem de mulheres nas instâncias eleitas, o mesmo não ocorre para o mercado de trabalho: pensando em termos do campo transnacional, os momentos fortes que aparecem (1860-80, 1914-20, 1965-75 e o início do século XXI) devem ser colocados em paralelo com as grandes mudanças econômicas e sociais européias, mudanças que recompõem os sistemas de produção e os Estados, os grupos sociais e as profissões, as leis e as representações de gênero.

Os momentos de industrialização, de fato, levaram à renovação e à ampliação dos ensinos e das formações superiores, em particular técnicas, e também traçaram os contornos dos ofícios, antigo e novos, profissionalizando-os. A cada renovação dos sistemas de formação e de profissionalização, os feministas, mulheres e homens, encontraram espaços de contestação para renegociar as exclusões, reduzir os espaços de dominação masculina e dar lugar progressivamente às mulheres.

Os anos 1880: a abertura

No início do século XIX, embora na maioria dos países ocidentais a agricultura continuasse predominando, a indústria ganhava terreno com a "Revolução Industrial", primeira fase da industrialização: carvão e estrada de ferro, máquinas a vapor e indústrias têxteis e de mineração floresceram em novas unidades de produção que requeriam engenheiros, juristas de negócios, especialistas em comércio, mas também operárias e operários.

A Grã-Bretanha, a França, o norte da Península Ibérica, os territórios germânicos foram então precursores, e o lugar das mulheres no trabalho assalariado, que possibilita a autonomia individual, começou a causar controvérsia. Paralelamente, os empregos femininos na economia tradicional — trabalho rural, em domicílio, independente, solitário ou em associação com um homem — permaneceram indiscutidos (Blunden, 1982; Scott, 1991; Schweitzer, 2002).

Por outro lado, as meninas participaram da aprendizagem de saberes elementares, ainda que os Estados investissem menos rapidamente nelas do que na aprendizagem dos meninos: a escola primária para meninas, na França, assim como na Espanha e na Bélgica, só se tornou obrigatória por volta de 1850, 20 anos depois que para os seus irmãos (Mialaret e Vial, 1981; Lelièvre e Lelièvre, 1991).

Quanto ao ensino superior, essa fase econômica contentava-se cada vez menos com as formações empíricas, e sonhava, por exemplo, em formar seus engenheiros civis. Pode-se mencionar aqui a criação da Escola Central de Artes e Manufatura na França (1832), a extensão da rede de Escolas de Artes e Ofícios, a abertura do Instituto Técnico de Estocolmo (1827), das Escolas Técnicas de Milão (1838) e Veneza (1842) (Day, 1991; Boyer, 1981; Ravaglioli, 1981).

Na passagem do século, nos anos 1895-1914, instalou-se a segunda industrialização, com seu séqüito de novas tecnologias motrizes do século XX, de grandes indústrias mecânicas, químicas, alimentares e de transporte renovadas, mas também de setores econômicos como os bancos e os grandes e pequenos comércios das cidades em plena expansão. Agora a administração também se ampliava com a extensão das prerrogativas dos Estados, seja nas comunicações, no ensino, na gestão dos impérios coloniais ou ainda nos exércitos e no fisco (Caron, 1997). A população ativa, masculina e feminina, já era tão numerosa no setor terciário quanto no secundário, e vários ofícios estavam em vias de profissionalização e de regulamentação (Marchand e Thélot, 1997).

O mercado de trabalho requeria competências técnicas novas e normalizações profissionais, que afetavam os ofícios masculinos, mas também femininos (ofícios de cuidados, do ensino) (Schweitzer, 2002; Clark, 2003; Malatesta, 2006). A modernização econômica impulsionou inúmeras reformas em todos os níveis do ensino, a começar pelo ensino secundário masculino. Assim, nas décadas de 1860 e 1870, a maioria dos países da Europa, em detrimento das humanidades tradicionais, criou cursos ditos "modernos", que privilegiavam as ciências e as línguas vivas contra o latim e o grego.

Foram reorganizados então os *Realschulen* prussianos (1859), as *public* e *high schools* inglesas (1868) e os *lycées* franceses com o ensino especial, futuro curso científico (1865). Então, nos *lycées* franceses e belgas, nos *gymnasiums* alemães, finlandeses, suecos, holandeses, nas *high schools* inglesas, os jovens podiam optar entre dois diplomas de secundário, e as humanidades clássicas perderam a hegemonia (Mialaret e Vial, 1981).

Nesse contexto, o lugar das mulheres foi discutido, como tinha sido, sem sucesso, quando das grandes mudanças políticas e sociais desde o final do século XVIII (Riot-Sarcey, 2002; Godineau, 2003). A sociedade se indagava sobre a utilidade de instruir as moças do mesmo modo que os rapazes, mas decidiu em favor da permanência das desigualdades.

Ainda que nos anos 1880, e depois de muita tergiversação, as jovens tenham obtido a criação de estabelecimentos de ensino secundário — *lycées* franceses e belgas, *gymnasiums* alemães ou *pedagogeia* gregas — seus ensinos não correspondiam aos dos meninos e, portanto, não abriam para todo o espectro dos estudos universitários: as jovens européias não preparavam nem o *baccalauréat* francês, nem o *Abitur* alemão ou o *laurea* italiano, que possibilitavam o acesso ao conjunto dos cursos superiores (Mayeur, 1993; Bakker e Van Essen, 1999; Albisetti, 2000; Prost, 2004; Cacouault-Bitaud, 2007).

Contudo, as discussões foram intensas e sustentadas por obras polêmicas, como a de John Stuart Mill, escrita em colaboração com sua mulher, Harriet Taylor Mill, lançada em 1869, *The subjection of women*. Nela se defende a total igualdade entre as meninas e os meninos, seja nos estudos ou nas profissões (Schweitzer, 2004).

Revisão dos estudos secundários dos jovens, abertura de estabelecimentos secundários para as meninas: essas modernizações foram complementadas pelas das instituições de ensino superior. A Europa das últimas décadas do século XIX adensa sua rede de universidades e de escolas superiores.

Na Grã-Bretanha, são abertos os *campi* de Manchester (1880), Cardiff (1883).

Na França, a III República inspira-se no modelo alemão e humboldtiano: as reformas pedagógicas foram substanciais, as universidades como Lyon, Lille, Nancy, Grenoble criaram institutos de ciências aplicadas acessíveis mediante o *baccalauréat* em ciências, mas também o *brevet supérieur*. Às vésperas da I Guerra Mundial já eram 24, formando engenheiros e técnicos de altíssimo nível, além da Escola Superior de Física e Química Industrial de Paris (1882) e da Escola Superior de Eletricidade (1894).

Na Alemanha, apareceram as *Technische hochschulen*, enquanto a Grécia inaugurava sua Escola Politécnica no início do século XX (Grelon, 1989; Marry, 2004; Chatzis, 2000).

Do lado das humanidades, também houve renovação: a filosofia se abriu para a sociologia, à psicologia experimental ou à filosofia das ciências; a geografia se separou da história, Émile Durkheim obteve uma cadeira de sociologia em Bordeaux (1887), Pierre Janet uma cadeira de psicologia experimental na Sorbonne (1898). Quanto aos futuros altos funcionários, desde 1872, eles podiam ser formados pelo Instituto de Ciências Políticas de Paris (Verger, 1986; Charle, 1994).

Nessas escolas e cursos renovados, as mulheres reclamavam sua admissão. E ainda que o direito de seguir os cursos fosse obtido antes do direito de freqüentar todas as bibliotecas, as universidades francesas, inglesas e belgas se abriram às candidatas a diplomas em 1880, seguindo os exemplos da Finlândia, da Suécia, da Dinamarca e da Itália (entre 1873 e 1978), mas se antecipando ao Império Alemão (1901)[1] (Anderson, 2004; Rogers, 2004; Rennes, 2007).

As escolas de medicina foram as primeiras a diplomar mulheres (em geral estrangeiras, originárias particularmente do Leste europeu e do Império Russo) na década de 1880: em 1877, o Conselho Acadêmico de Londres aceitou mulheres na Escola de Medicina assim como a Itália, e em 1882 foi recebida a primeira externa em Paris, enquanto a Alemanha só o faria em 1899. Isso se dá, também aqui, em um contexto de modernização das práticas, tanto no que se refere às descobertas médicas (vacinação, pasteurização etc.) quanto à extensão das demandas de cuidados com o desenvolvimento de sociedades de ajuda mútua, a assistência médica, a reforma dos hospitais ou da própria profissão, como na França em 1892 (Joël, 1988; Faure, 1994; Malatesta, 2007).

Paralelamente, as jovens mulheres se inscreviam nas faculdades de letras, que ofereciam também os ensinos de história, línguas e psicologia, todas disciplinas necessárias à formação de professores.

Nos ofícios jurídicos, apesar de se manifestarem resistências para abri-los às mulheres, as cronologias nacionais se organizam em dois momentos: o direito de se inscrever na Ordem dos Advogados data de 1897 na Suécia e 1900 na França, enquanto as inglesas, belgas, alemãs, portuguesas e italianas tiveram de esperar até depois da I Guerra Mundial (1918-22). O exemplo dos advogados mostra que os "avanços" ou os "atrasos" nacionais não se verificaram sempre nos mesmos países: se os suecos costumam ser pioneiros, a libe-

[1] Os países não-centralizados como a Grã-Bretanha ou o Império Alemão concederam esses direitos de maneira mais dispersa que os países centralizados como a França.

ralidade do sistema inglês não é sistemática. Porém, o direito de defender uma causa não implica o de julgar, ligado, por sua vez, ao direito de voto (Boigeol, 2001; Malatesta, 2007).

Os anos 1920: a progressão

Durante e após a I Guerra Mundial, organizaram-se grandes transformações nas indústrias, assim como na essência do setor terciário e das profissões de assalariados, incluídos aquelas e aqueles ligados à nova mecanização, seja na linha de montagem de grandes indústrias mecânicas, seja em escritórios (Kaelble, 1988; Gardey, 2001; Downs, 2002; Schweitzer, 2002).

Politicamente, várias nações concederam o direito de voto às mulheres, homologando com isso as mudanças sociais registradas desde o final do século XIX, mas reconhecendo também o papel desempenhado por muitas mulheres durante o período do conflito, em particular no mercado de trabalho. E não apenas como operárias nas indústrias bélicas, mas igualmente como dirigentes de explorações agrícolas, como médicas e enfermeiras nos hospitais, como substitutas de seus cônjuges nos cartórios e na direção de empresas de todo porte (Rennes, 2007).

Ainda que se avalize então a idéia de que as mulheres podem e inclusive devem ocupar os novos ofícios pouco qualificados e mal remunerados, seja na indústria ou nos escritórios, os da administração como os das empresas, elas conquistaram novos lugares na função pública, na Justiça, e mesmo no quadro religioso reformado.

Essa progressão foi facilitada pela abertura do horizonte de seus estudos secundários. Sobretudo, e desde antes da guerra, as meninas conseguiram em toda parte autorização para freqüentar os estabelecimentos secundários de meninos para preparar o *baccalauréat* ou seus equivalentes europeus: o *Education Act* inglês, por exemplo, autoriza-as a isso em 1902, um decreto se segue para as francesas em 1905, assim como para as gregas em 1907 e as alemãs em 1908, enquanto nos Países Baixos, a prática dessa co-educação já era difundida desde os anos 1880 (Van Essen, 2004).

Mas essa educação mista, sendo ainda muito reduzida, não durou muito e, terminada a I Guerra, as sociedades ocidentais optaram por uma reforma dos colégios de meninas adequando seus programas aos dos meninos. Em

1924, as jovens francesas podiam preparar seu exame de conclusão do secundário em seus colégios, em 1929 as gregas podiam fazer o mesmo, assim como as belgas e as alemãs (Chatzis, 2000; Rogers, 2004).

As jovens se apresentaram tanto aos exames literários quanto científicos, embora privilegiassem os primeiros. Ao mesmo tempo, houve uma abertura para os ofícios mais técnicos com escolas de engenharia mistas: em 1917 na França (com a Escola Central de Artes e Manufaturas e depois outras), em 1919 na Bélgica, na Áustria e na Grã-Bretanha, e em 1920 na Grécia e na Suécia (Marry, 2004).

Com a possibilidade de obter os diplomas de conclusão do ensino secundário, a progressão das jovens no ensino superior foi espetacular e inexorável: enquanto em 1913 elas constituíam 9,4% dos efetivos nas universidades francesas, em 1934 essa taxa se elevou a 29,6%. Na Alemanha, as percentagens variaram de 5,5% a 14%, na Itália, de 5,8% a 12,9%, na Inglaterra de 15% (1901) a 23,1% (Gerbod, 1981; Baudelot e Establet, 1992; Goodman e Martin, 2000; Dyhouse, 2002). Contudo, o número de universitárias, assim como o de universitários, ainda era limitado nos anos 1920-30: apenas 5% da faixa etária correspondente tinha acesso ao ensino superior.

A questão do lugar das mulheres nos segmentos mais qualificados do mercado de trabalho pode se resolver também na especificidade dos cursos: foram criadas assim escolas superiores não-mistas, como a HEC Jeunes Filles — Escola de Altos Estudos Comerciais para Moças (1916) e a Escola Politécnica Feminina (1925) na França, cujas carreiras não são simétricas às de seus irmãos (Marry, 2004).

Do mesmo modo, a função pública mantinha concursos reservados às mulheres, como na inspetoria do trabalho, como as *inspectrices du travail* francesas, as *Fabrikinspectorinnen* alemãs e as *Ladies inspectors* inglesas. Contudo, é também nesses anos 1920 que, nas administrações, as funcionárias mais diplomadas reivindicaram o acesso a cargos de comando, como o de redator ou de chefe-de-gabinete nos ministérios franceses (Clark, 2003; Beau e Schweitzer, 2006).

Estamos longe, portanto, das interpretações historiográficas segundo as quais as burguesias não desejavam instruir suas filhas, preferindo mantê-las na quase ignorância para que se dedicassem aos seus maridos e filhos: na medida em que as oportunidades existiam, quer se tratasse da expansão da rede territorial de instituições de ensino ou de autorizações legais, as meninas abriam passagem, certamente com o aval dos pais.

Assim, não se pode afirmar que as jovens não são nem formadas, nem ativas. Porém, a segmentação sexuada do mercado de trabalho resiste, e a feminização ali, embora se realize com toda certeza, ainda é lenta, sobretudo quando se compara essa história com a dos últimos 30 anos do século XX.

Os anos 1970: o caráter misto

Iniciada nos anos 1970, a terceira industrialização assistiu à extensão dos momentos de crise, mas também da globalização e da divisão internacional do trabalho, renovou as fontes de energia, os meios de transporte e de comunicação. Nos países ocidentais, ela foi precedida de um período de crescimento e de diversificação do consumo e de profundas mudanças do mercado de trabalho com o assalariamento crescente de muitos setores (Caron, 1997).

Mais uma vez, essas mudanças encontraram eco em reformas dos sistemas de ensino, tanto para a faixa de 10-18 anos com o "colégio único" misto, quanto para as instituições universitárias, bastante expandidas para permitir a multiplicação do número de inscritos. Nesse contexto, as mulheres, novamente, reivindicaram uma revisão de seus lugares, seja nos espaços públicos ou nos espaços privados. O período de isolamento em setores caracterizados do mercado de trabalho chegou ao fim, elas tinham acesso em massa aos espaços de formação ampliados, em particular no ensino superior, e fizeram uma revolução silenciosa e eficaz.

O fato de as instituições de ensino terem se tornado mistas tem conseqüências na história do acesso das mulheres aos ofícios mais qualificados. No ensino secundário, permitiu confrontar suas performances escolares com as dos meninos. Se as reformas que se seguiram à I Guerra Mundial lhes deram acesso ao ensino superior, os estabelecimentos escolares mistos decorrem de uma lógica realmente emancipadora. Pois, uma coisa é permitir às meninas instruir-se e ter um ofício, outra coisa é confrontar seu nível escolar com o de seus irmãos, no mínimo para verificar os discursos sobre sua "natureza" oposta à "cultura" dos homens (Laqueur, 1992; Gardey e Löwy, 2000; Löwy, 2007; Rennes, 2007).

Em um contexto secular em que se atribuem às meninas incompetências "naturais", e portanto irremediáveis, particularmente no registro das ciências ou da capacidade de trabalho, esse confronto foi redentor. Ainda que muitos professores e professoras continuem afirmando que "os meninos compreendem enquanto as meninas aprendem", estas últimas geralmente têm as melhores notas: como convencê-las agora de que elas são menos "inteligentes" que os meninos?

Também aqui, não se pode deixar de assinalar que a implantação do ensino misto foi, ao mesmo tempo, tardia e homogênea nos territórios europeus. Na França, a Lei Haby, adotada no conjunto dos estabelecimentos, data de 1974, mesmo ano em que foi implantado na Alemanha, enquanto na Grécia, por exemplo, isso só ocorreu em 1979, no mesmo momento em que na Suécia (Rogers, 2004; Boyer, 1981).

Ao mesmo tempo, as sociedades ocidentais ampliaram o ensino superior, em particular adensando a rede territorial. Na França, como em outros lugares, a crise de maio de 1968 se apóia nos novos *campi*, como o de Nanterre. Entre 1960 e 1967, os efetivos de universitários e universitárias multiplicou-se por 2,5, distribuindo-se em 20 novas instituições. As taxas de escolarização de jovens dos dois sexos na faixa etária de 20-24 anos em 1970 chegaram a 19,4% na França, a 22,3% na Inglaterra e a 29,4% na Alemanha.

Seja como estudantes ou como professoras, as mulheres encontraram seu lugar nessas reorganizações geográficas, acadêmicas (instalação de três ciclos de estudos permitindo saídas em todos os níveis) e nos novos cursos de sociologia, psicologia e antropologia (Prost, 2004).

Paralelamente, estabeleceram-se outras práticas, como as contratações mistas para a função pública. Embora as constituições de diversas repúblicas ocidentais no período que se seguiu à II Guerra Mundial tenham proclamado a igualdade do direito ao trabalho entre homens e mulheres, os Estados não seguiram isso à risca, incluída a França. O Estatuto da Função Pública, pensado sob o regime de Vichy e concluído pela IV República em 1946, embora afirme que "nenhuma distinção é feita entre os sexos", é derrogatório: até 1974, grande parte dos concursos para contratação ainda não era mista, mesmo para o ensino secundário (Verneuil, 2005). Na Inspetoria do Trabalho, por exemplo, quando em 1975 foi feita a fusão de três setores (Trabalho, Agricultura e Transportes), as desigualdades eram gritantes: nem a Agricultura, nem os Transportes comportavam mulheres de categoria A, e até então o acesso à função de inspetor lhes era barrado (Beau e Schweitzer, 2007).

Além disso, as mulheres foram por muito tempo impedidas do porte de armas e do uniforme e, portanto, se mantiveram ausentes das funções graduadas da Polícia e das Forças Armadas, lugares de exercício da cidadania e da soberania pública. Na França, a lei que exclui as mulheres da defesa da nação e da vigilância do território data de 1793, e essa barreira só foi eliminada dois séculos mais tarde, com uma lei de 1972 sobre a autorização do porte de galões, tanto nas Forças Armadas quanto na Polícia, e a abertura da Escola Politécnica.

Parece muito sintomático da evolução das normas sociais que o acesso das mulheres a essa escola militar prestigiada não tenha suscitado nem emoção, nem discussão (Reynaud, 1988; Marry, 2004; Pruvost, 2007). Seja como for, em um primeiro momento, criaram-se sistemas de cotas por toda parte: o Exército limitou o acesso de mulheres a 8%, a Polícia Militar a 5%, e as comissárias não podiam ultrapassar 30% dos efetivos. As cotas só serão suprimidas por um decreto de fevereiro de 1998 tanto para as escolas de formação quanto para os recrutamentos profissionais. Incontestavelmente, as Forças Armadas foram o último e emblemático bastião da resistência ao acesso de mulheres às formações superiores que implicam o comando sobre homens.

O exemplo dos recrutamentos de funcionários faz sentido justamente porque se supõe que o Estado aplique as leis votadas pelos representantes do povo. Quando de um recente levantamento sobre os altos funcionários na França, a relatora assinalava que era muito difundida ali a idéia de que a ausência de mulheres corresponderia ao desinteresse delas pelos cargos de comando (Colmou, 1999). De resto, sabe-se que no setor privado o tratamento reservado às mulheres é ainda menos favorável no que se refere aos postos de altos riscos e responsabilidades. Sua fraca presença nas instâncias de decisão econômica nos estados-maiores das grandes empresas, por exemplo, é marcante (Fouquet, 2005).

Entretanto, os primeiros anos do século XXI são o palco de transformações cujas conseqüências, sem dúvida, ainda estão por vir. No contexto de uma nova ampliação do papel do ensino superior, da multiplicação de instituições de formação e do crescimento da certificação escolar dos jovens europeus em geral, as mulheres expandiram sua presença por toda parte. Valendo-se da igualdade adquirida, visto que hoje nenhuma profissão ou responsabilidade lhes é vetada — de chefe de Estado a comissária de polícia, passando por maestrina ou leiloeira —, elas são também majoritárias nos diferentes percursos do ensino superior e, nas gerações mais jovens, nas profissões às quais esses estudos dão acesso.

E é notável que essa progressão se faça, dessa vez, a passos firmes: 65% de mulheres nas faculdades de medicina e de direito, 82% nas promoções da Escola Nacional da Magistratura, 65% na Escola de Comissários de Polícia, 80% na categoria A na função pública...

Uma única exceção, observável mais uma vez em escala européia, é sua fraca presença nas escolas de engenheiros mais técnicas, como as escolas de artes e ofícios, a escola politécnica ou seus equivalentes em outros países da Europa. Embora as jovens tenham avançado nesse campo, elas ainda estão longe de alcançar a paridade com os homens: na politécnica, elas representavam 2% dos efetivos em 1972 contra 15% em 2002. Porém, a história das evoluções das últimas décadas incita ao otimismo e a imaginar processos de recuperação, mas sem se apoiar apenas nos modelos estatísticos tradicionais, modelos que mostrariam, por exemplo, que a paridade na politécnica só poderia ser alcançada em 2100 (Chauvel, 2004).

Considerações finais

Não se pretendeu afirmar aqui que o caráter misto das formações e das profissões é sinônimo de igualdade entre os homens e as mulheres, mas apenas mostrar que, há 150 anos, os momentos de transformações econômicas e sociais permitiram às mulheres ocupar um lugar no mundo do ensino superior e das profissões mais qualificadas. No que se refere às carreiras que elas desenvolvem ali, existe realmente um "teto de vidro" que, no nível mais elevado de responsabilidades, torna difícil, ou mesmo impossível, a paridade profissional independente de leis que o impõem ou imporiam.

Nos ofícios que se tornaram mistos recentemente e em todos os registros (dos gabinetes de negócios internacionais à decisão política ou à direção de orquestra), os homens organizam "nichos" que ainda preservam a segregação. Mas não se pode continuar imaginando que se as mulheres chegam a altos níveis de responsabilidade é porque os homens os abandonaram: a retrospectiva e a comparação mostram que, ao contrário, trata-se de um investimento ativo das mulheres, e não de uma retirada passiva dos homens.

A última etapa de transformação social será, portanto, a que se inicia hoje, tão lenta, é verdade, quanto as anteriores: a repartição mista, e se possível igualitária, das tarefas do âmbito dos espaços privados (Ferrand, 2003). De fato, se as mulheres finalmente conseguiram autorização para assumir as esferas antes concebidas como masculinas, os homens resistem a investir nas esferas tradicionalmente femininas, sejam ofícios ou tarefas materiais cotidianas.

Esses espaços específicos, como a técnica e a política do lado masculino, e os cuidados, o *care*, do lado feminino, talvez constituam, aliás, uma das chaves que permita compreender por que certos ofícios, como a engenharia, ainda resistem, enquanto desde o final do século XIX, em toda a parte, as mulheres são admitidas nas faculdades de medicina.

Referências bibliográficas

ALBISETTI, J. Un-learned lessons from the New World? English views of American coeducation and women's colleges, 1865-1910. *History of Education*, n. 29, p. 473-489, 2000.

ANDERSON, R. D. *European universities from Enlightenment to 1914*. Oxford: Oxford University Press, 2004.

BAKKER, N.; VAN ESSEN, M. No matter of principles. The unproblematic character of coeducation in girl's secondary schooling in the Netherlands, 1870-1930. *History of Education Quarterly,* n. 39, p. 454-475, 1999.

BAUDELOT, C; ESTABLET, R. *Allez les filles!* Paris: Seuil, 1992.

BEAU, A.-S.; SCHWEITZER, S. L'inspection du travail au féminin, 1892-1974. In: CHATRIOT, A.; JOIN-LAMBERT, O.; VIET, V. (Dir.). *Les politiques du travail (1906-2006)*. Acteurs, institutions, réseaux. Rennes: Presses Universitaires, 2007.

BLUNDEN, K. *Le travail et la vertu*. Femmes au foyer: une mystification de la Révolution Industrielle. Paris: Payot, 1982.

BOIGEOL, A. Les femmes et les cours. La difficile mise en œuvre de l'égalité des sexes dans l'accès à la magistrature. *Genèses*, n. 22, p. 107-129, 1996.

______. Le genre comme ressource dans l'accès des femmes au "gouvernement du barreau": l'exemple du barreau de Paris. *Genèses*, n. 67, p. 66-88, 2007.

BOYER, R. L'éducation dans le monde scandinave. In: MIALARET, G.; VIAL, J. *Histoire mondiale de l'éducation, 1815-1914*. v. 3. *Histoire mondiale de l'éducation, 1945 à nos jours*. v. 4. Paris: PUF, 1981.

CACOUAULT-BITAUD, M. *Professeurs... mais femmes*: carrières et vie privée des enseignantes du secondaire au XXe siècle. Paris: La Découverte, 2007.

CARON, F. *Les deux révolutions industrielles du XXe siècle*. Paris: Albin Michel, 1997.

CAUVIN, M. L'éducation dans les pays de langue germanique. In: MIALARET, G.; VIAL, J. *Histoire mondiale de l'éducation, 1815-1914*. v. 3. *Histoire mondiale de l'éducation, 1945 à nos jours*. v. 4. Paris: PUF, 1981.

CHARLE, C. *La République des universitaires, 1870-1940*. Paris: Seuil, 1994.

______. *Histoire des universities*. Paris: PUF, 2007.

CHATZIS, C. Les femmes ingénieurs en Grèce (1923-1996): la féminisation croissante d'une profession en crise. *Travail, Genre et Société*, n. 4, p. 93-115, 2000.

CHAUVEL, L. Vers l'égalité de genre: les tendances générationnelles sont-elles irréversibles? *Revue de l'OFCE*, n. 90, n. 4, p. 69-84, 2003.

CLARK, L. *The rise of professional women in France*. Gender and public administration since 1830. Cambridge: Cambridge University Press, 2003.

COLMOU, A.-M. *L'encadrement supérieur de la fonction publique*: vers l'égalité entre hommes et femmes. Paris: La Documentation Française, 1999.

DAY, C. R. *Les écoles d'arts et métiers, l'enseignement technique en France, XIXe-XXe siècles*. Paris: Belin, 1991.

DYHOUSE, C. Going to university in England between the wars: access and funding. *History of Education*, n. 31, p. 1-14, 2002.

FAURE, O. *Histoire sociale de la médecine, XVIIIe-XXe siècles*. Paris: Anthropos, 1994.

FERRAND, M. *Féminin/masculin*. Paris: La Découverte/Repères, 2003.

FOUQUET, A. Les femmes chefs d'entreprise: le cas français. *Travail, Genre et Société*, n. 13, p. 31-50, 2005.

GARDEY, D. *La dactylographe et l'expéditionnaire*. Histoire des employés de bureau (1890-1930). Paris: Belin 2001.

______; LÖWY, I. (Dirs.). *L'invention du naturel*. Les sciences et la fabrication du féminin et du masculin Paris: Archives Contemporaines, 2000.

GERBOD, P. L'enseignement supérieur et la recherche scientifique. In: MIALARET, G.; VIAL, J. *Histoire mondiale de l'éducation, 1815-1914*. v. 3. *Histoire mondiale de l'éducation, 1945 à nos jours*. v. 4. Paris: PUF, 1981.

GOODMAN, J.; MARTIN, J. Breaking boundaries: gender, politics and the experience of education. *History of Education*, n. 29, p. 383-388, 2000.

GRELON, A. Les universités et la formation des ingénieurs en France, 1870-1914. *Formation-Emploi*, n. 27-28, p. 65-88, 1989.

JOËL, C. *Les filles d'Esculape*. Les femmes à la conquête du pouvoir medical. Paris: Robert Laffont, 1988.

KAELBLE, H. *Vers une société européenne, une histoire sociale de l'Europe, 1880-1980*. Paris: Belin, 1988.

LAQUEUR, T. *La fabrique du sexe*. Essai sur le corps et le genre en Occident. Paris: Gallimard, 1992.

LELIÈVRE, F.; LELIÈVRE, C. *Histoire de la scolarisation des filles*. Paris: Nathan, 1991.

LÖWY, I. *L'emprise du genre, masculinité, féminité, inégalité*. Paris: La Dispute, 2006.

MALATESTA, M. *Professionisti e gentiluomini*. Storia delle professioni nell'Europa contemporeana. Turin: Einaudi, 2006.

MARCHAND, O.; THÉLOT, C. *Le travail en France, 1800-2000*. Paris: Nathan, 1997.

MARRY, C. La féminisation de la profession d'ingénieur en France et en Allemagne. In: BOUFFARTIGUE, P. *Cadres*: la grande rupture. Paris: La Découverte, 2001.

______. *Les femmes ingénieurs*. Une révolution respectueuse. Paris: Belin, 2004.

MAYEUR, F. *L'enseignement secondaire des jeunes filles sous la Troisième République*. Paris: FNSP, 1993.

MIALARET, G.; VIAL, J. *Histoire mondiale de l'éducation, 1815-1914*. v. 3. *Histoire mondiale de l'éducation, 1945 à nos jours*. v. 4. Paris: PUF, 1981.

PROST, A. *Histoire générale de l'enseignement et de l'éducation en France*. L'École et la famille dans une société en mutation, 1930-1980. Paris: Nouvelle Libraire de France, 1981.

______. *Éducation, société et politiques*. Une histoire de l'enseignement de 1945 à nos jours. Paris: Seuil, 1997.

______ (Dir.). *Histoire de l'enseignement en France*. De 1930 à nos jours. Paris: Perrin, 2004.

PRUVOST, G. Anatomie politique, professionnelle et médiatique des femmes dans la police. *Cahiers du Genre*, n. 42, p. 43-60, 2007.

RAVAGLIOLI, F. L'éducation dans la péninsule italienne. In: MIALARET, G.; VIAL, J. *Histoire mondiale de l'éducation, 1815-1914*. v. 3. *Histoire mondiale de l'éducation, 1945 à nos jours*. v. 4. Paris: PUF, 1981.

RENNES, J. *Le mérite et la nature*. Une controverse républicaine: l'accès des femmes aux professions de prestige, 1880-1940 Paris: Fayard, 2007.

REYNAUD, E. *Les femmes, la violence et l'armée*. Essai sur la féminisation des armies. Fondation pour les Études de Défense Nationale, 1988.

ROGERS, R. (Dir.). *La mixité dans l'éducation*. Enjeux passés et presents. Lyon: ENS, 2004.

SCHWEITZER, S. *Les femmes ont toujours travaillé*. Une histoire du travail des femmes, XIXe-XXe siècles. Paris: Odile Jacob, 2002.

SCOTT, J. W. La Travailleuse. In: FRAISSE, G.; PERROT, M. (Dirs.). *Histoire des femmes en Occident*. Paris: Plon, 1991. v. 4.

STUART MILL, J. *L'asservissement des femmes*. Paris: Payot, 2005. (prefácio de Sylvie Schweitzer).

VAN ESSEN, M. *Pas de débat, pas de problème?* La mixité en éducation physique dans l'enseignement secondaire aux Pays-Bas. In: ROGERS, R. (Dir.). *La mixité dans l'éducation*. Enjeux passés et presents. Lyon: ENS, 2004. p. 131-148.

VERGER, J. (Dir.). *Histoire des universités en France*. Paris: Privat, 1986.

VERNEUIL, Y. *Les agrégés*. Histoire d'une exception française. Paris: Belin, 2005.

21

Engenheira e gerente: desafios enfrentados por mulheres em posições de comando na área tecnológica*

Maria Rosa Lombardi**

A maior presença de mulheres engenheiras hoje, comparativamente há 35 anos, vem alterando os contornos da divisão sexual do trabalho na engenharia brasileira na direção do aumento da participação feminina em um maior número de especialidades, áreas de trabalho e atividades profissionais. No entanto, diversos estudos indicam a persistência de várias ordens de impedimentos a uma maior integração das mulheres na profissão.

Uma das razões, sempre invocadas quando se trata de procurar entender o limitado interesse das mulheres pela engenharia, remete às origens militares desta, ao exercício de funções de comando e às duras condições de trabalho (Wajcman, 1996; Terra da Silva, 1992; Silva Telles, 1984; Marry, 2002). Outra razão lembra que o maior poder de abstração (e as disciplinas matemática e física, especialmente) é associado ao masculino, enquanto o gosto pela experimentação (e a química) seria associado ao feminino e às qualidades da paciência e perseverança, remetendo a questão à esfera das representações sociais de gênero (Marry, 2002). Uma terceira razão identifica os conflitos e as

* Artigo publicado na revista *Tecnologia e Sociedade*, periódico técnico-científico do Programa de Pós-Graduação em Tecnologia da Universidade Tecnológica Federal do Paraná, Curitiba (UTFPR), n. 3, p. 63-86, 2º sem. 2006.

** Socióloga, Fundação Carlos Chagas.

dificuldades de adaptação das mulheres em culturas profissionais masculinas como motivo de exclusão da engenharia.

Do nosso ponto de vista, não menos desprezível para manter a sub-representação das mulheres na engenharia é a existência de discriminação de gênero nos ambientes de trabalho, que se manifesta de variadas formas. No exercício profissional, por exemplo, na medida em que se atribuem às mulheres determinadas áreas de trabalho e certas atividades profissionais em detrimento de outras. Mas, talvez, uma das maiores barreiras encontradas pelas engenheiras em suas carreiras seja chegar a postos de comando nas organizações.

Essa limitação ascensional, é verdade, verifica-se para as trabalhadoras de maneira geral. Mesmo que as mulheres venham assumindo cargos de responsabilidade na gerência e na diretoria das empresas, é rara sua presença no topo da hierarquia empresarial, processo designado "teto de vidro" (Laufer e Fouquet, 1997; Bruschini e Puppin, 2004).

Parte desses obstáculos inscreve-se na própria condição feminina, como é entendida e vivida na nossa sociedade, que atribui à mulher a quase integral responsabilidade pelo cuidado da família e dos filhos. Outros obstáculos provêm da própria empresa e dos comportamentos esperados por parte de quem pretende ascender na hierarquia, que são seguir o modelo masculino de disponibilidade de tempo e dedicação exclusiva à carreira. Outro impedimento residiria em uma certa resistência, demonstrada por algumas mulheres, a enfrentar ambientes de trabalho competitivos e a assumir o desafio da direção de equipes.

Este capítulo discute essas questões, analisando-as do ponto de vista das relações sociais de sexo. Para tanto, recorremos a depoimentos de engenheiros, recolhidos em entrevistas realizadas em estudo recente,[1] selecionando para análise os que desempenharam, em algum momento das trajetórias profissionais, funções de alta gerência ou diretoria. Partindo dessas

[1] Trata-se de estudo realizado em 2003 e 2004, denominado *Perseverança e resistência: a engenharia como profissão feminina*, e apresentado como tese de doutorado, em 2005, na Faculdade de Educação da Universidade Estadual de Campinas, São Paulo. Foram feitas 33 entrevistas pessoais com engenheiros (7) e engenheiras (26), das quais 25 no Brasil e oito na França.

vivências, pretende-se iluminar alguns diferenciais de gênero, identificados no processo de inserção e progressão dos engenheiros naqueles cargos.

Gerência no feminino e no masculino: diferenciais de gênero e dificuldades encontradas

A grande maioria dos engenheiros e engenheiras entrevistados assumiu algum cargo de comando em sua trajetória profissional, desde responsável por um serviço ou área até diretor ou superintendente. De uma forma geral, os engenheiros não mencionaram barreiras ou dificuldades para ascender a postos de comando, passando a impressão de que esse percurso era esperado, por eles e por seus empregadores.

Como afirma Fortino (2002), o padrão de ascensão masculino, diferentemente do feminino, tende a se dar de forma linear. Os profissionais galgam sucessivos postos na hierarquia, processo que costuma acontecer por cooptação, quer dizer, por convite dos pares, trajetória considerada "natural" para um homem.

De fato, dois engenheiros entrevistados, Francisco, engenheiro mecânico e também sindicalista, 45 anos, e Marcos, engenheiro de produção, 46 anos, referiram-se à influência da indicação dos pares na sua trajetória profissional, seja convidando-os a se integrarem a grupos de especialistas, seja para assumirem cargos de responsabilidade em empresas e instituições diversas.

Marcos, que na época da pesquisa era diretor-geral de empresa multinacional da área de softwares de logística industrial, conta com naturalidade como, no decorrer de sua carreira, recebeu sucessivos convites para assumir cargos importantes.

> Recebi um convite em fins de 1993, minha vida mudou de novo, fui para a W, empresa de softwares de gestão empresarial, [produtos] parecidos com os da empresa em que trabalhei antes... me convidaram para cuidar da área comercial e me nomearam gerente da empresa no Brasil... em 1999 fui convidado para ser gerente da empresa Z, multinacional de consultoria especializada em softwares... como o responsável geral do Brasil... em 2003 recebi um novo convite de outra multinacional de softwares de logística que até então estava atuando na América Latina só através de revendedores e queria impulsionar negócios. Me convidaram para ser o responsável dessa empresa na AL.

Francisco, por sua vez, menciona convites de colegas que lhe permitiram dar seqüência à trajetória de especialista na área de transporte coletivo eletrificado, atuando em grandes empresas públicas e privadas, na montagem de equipes de trólebus:

> Fui chamado para trabalhar na empresa M, sou oriundo do grupo do trólebus, na época em que a gestão começou a trazer a engenharia de manutenção para dentro da empresa, que não existia... entrei em 1984 para formar a equipe de trólebus... a gestão seguinte caçou todo o pessoal técnico.... mas um colega me convidou para montar a rede de trólebus que hoje é a Empresa Metropolitana de Transportes Urbanos (EMTU).

Como comenta ainda Fortino, na obra já citada, as carreiras das mulheres tendem a não ser lineares, apresentando longos períodos de estagnação e algumas arrancadas abruptas em direção a posições mais elevadas, sendo menos comum a menção da presença de um grupo de referência profissional que as tenha convidado para integrá-lo como especialista ou para dirigir empresas.

Em seus relatos, é comum aparecer a figura de um homem excepcional, que confiou nelas em um determinado momento da carreira e as indicou para um posto de comando. São, em geral, eventos únicos nas suas carreiras e, talvez, por isso mesmo, as mulheres não os percebam como cooptação. Muitas vezes, entendem o processo como uma gentileza, especialmente dirigida a elas, e pela qual serão sempre reconhecidas. Em sua ascensão, porém, o fato recorrente é a necessidade de estarem sempre provando competência profissional. E esse é um diferencial de gênero, pois os homens não precisam passar por essa prova continuamente.

No caso das carreiras das engenheiras, encontramos vários elementos identificados por Fortino. Por exemplo, para Chantal e Rose, as engenheiras mais velhas da amostra, ambas com 55 anos na época da pesquisa, foi fundamental a presença de um homem, hierarquicamente superior, que confiou nelas e lhes deu chances de progredir. Outros fatores contribuíram para dificultar, em diversos graus, a ascensão das engenheiras, além do fator geracional, como mencionamos acima, quais sejam, a área de trabalho, as estratégias empresariais e o grau de interesse das próprias engenheiras em assumir esses postos.

Isabelle, engenheira de produção francesa, 45 anos, é um exemplo de estratégia empresarial que coloca obstáculos à ascensão das mulheres, não valorizando devidamente um trabalho de assistência técnica especializada ao cliente. Na multinacional francesa do ramo químico, fabricante de equipamentos de proteção individual em que trabalhava, Isabelle montou o serviço de assistência técnica ao cliente, pelo qual era responsável, contando com reduzido número de auxiliares.

Suas funções exigiam competências técnicas específicas para discutir sobre problemas de alergia com médicos, conhecimentos de química e de operações químicas, legislação de segurança, saber explicar noções técnicas do produto, formar pessoas, explicando o produto para distribuidores e vendedores, diretamente, no mundo todo, escrever artigos informativos em revistas especializadas, falar várias línguas, ser, enfim, "muito polivalente".

Ela era mundialmente reconhecida como *expert* na sua área, mas, apesar disso, nas suas palavras, sofria "pelo não-reconhecimento oficial do meu trabalho na empresa", não conseguindo vê-lo suficientemente valorizado, a ponto de conduzi-la à diretoria.

> Numa empresa como esta, há maiores perspectivas para uma mulher da área de finanças e marketing do que para uma mulher engenheira se tornar diretora. Quero transformar meu serviço numa diretoria, desagregá-lo do marketing, mas isso tem sido difícil. Acho que é porque sou mulher, pois os colegas homens em serviços similares em outras empresas já ascenderam a postos de diretoria. É frustrante porque todo o meu trabalho é considerado um "serviço" como outros, comercial, administrativo etc.

Chantal, engenheira, 55 anos, diretora de alto escalão do banco F, um grande banco privado francês, no qual trabalha há 30 anos, mostra-se bastante consciente dos limites que a organização lhe impôs. Da mesma forma, entende que isso se deve muito a uma questão geracional, pois, como primeira mulher a se tornar diretora, enfrentou uma resistência maior do que as engenheiras enfrentam hoje.

> Quando entrei na empresa, já entrei numa posição de gerência, e no banco F há um sistema de promoção que vai da classe 5 à 8 e, em seguida os níveis "fora de classificação", destinados aos gerentes e diretores de alto escalão. Eu galguei até a classe 8 onde me deixaram por 12 anos sem promoção. Recentemente, obtive meu "bastão de marechal", significando que é o máximo que vou obter na hierarquia, dali será muito difícil passar. No ano passado, fui reconhecida como

> "fora de classificação" e comecei a entrar na carreira dos gerentes de alto nível do banco, mas na base da escala dessa categoria, e ainda não tive o aumento de salário correspondente. É uma promoção honorífica, não terei mais nada até a aposentadoria... Durante toda minha carreira solicitei várias vezes transferência para setores operacionais como, por exemplo, gerência de agência, e também pedi para trabalhar no exterior, mas tudo foi negado. Sobretudo quando pedi transferência para o estrangeiro, me perguntaram: "E seu marido?". Respondi: "Ele vem comigo, não tem problema", mas esse era um padrão muito diferente do aceito pelo banco para uma mulher... Acho que é uma luta de poder dos homens e, como há poucas mulheres que poderiam promover outras mulheres na empresa, é preciso que os homens aceitem promover uma mulher. Tive muita sorte de encontrar um chefe que confiou em mim e me ajudou a progredir quando eu era jovem... Enquanto fui a única mulher na direção me consideravam como uma secretária, ajudando os homens em problemas de logística... Mas o "teto de vidro" é real: os homens têm sempre a possibilidade de progredir na carreira e as mulheres param num certo patamar.

Note-se que essa engenheira afrontou, por diversas vezes, os padrões de gênero. Mas suas posições estavam muito à frente do seu tempo, não sendo aceitas pelo banco, que preferiu promover os engenheiros do sexo masculino e deixá-la, por uma década, na mesma posição. Além disso, como ela mesma conta, enquanto foi a única mulher diretora, atribuíam-lhe tarefas de logística, para apoiar, como uma secretária de altíssimo nível, o grupo de homens.

O importante papel socioprofissional dos "clubinhos" masculinos

Antonieta, engenheira de produção, 47 anos, trabalhava num grande banco privado no Brasil, comandando uma equipe de planejamento e controle de 20 homens. Mesmo considerando positivamente seu posto, ela se reconhece "numa posição abaixo da diretoria". Da mesma maneira que Chantal, afirma haver diferenças entre as carreiras masculinas e femininas no banco.

Como gerente na área bancária, na qual construiu sua carreira profissional, essa engenheira reconhece a existência dos "clubinhos" masculinos, cuja função seria defender as melhores posições para o grupo de homens. Eles não teriam muita "predisposição para ouvir as mulheres, falam mais alto nas reuniões, então você tem que brigar para falar". A não ser que elas se façam ouvir, como uma colega sua que "entrou com os dois pés na porta de quem tinha que tomar a decisão de promovê-la e hoje ela é diretora".

Antonieta pretende um posto mais alto, na diretoria do banco e para isso está disposta a brigar por ele, de forma mais explícita: "Acho que daqui para a frente a coisa tem que ser mais na linguagem masculina... senão, se você continuar trabalhando e não disser nada, pra que (eles vão) arcar com esse ônus?".

Amália, engenheira de minas, 53 anos, também se refere ao "clubinho masculino" na sua área de trabalho, "um mundo masculino". O "clubinho", como espaço informal de trocas entre os engenheiros, cobre também a importante função de fórum de discussão técnica, como detectou Mellström (1995) na pesquisa realizada em uma indústria automobilística sueca. Nos espaços de informalidade como os almoços, as pausas para café nos corredores do departamento de projetos, desenho e desenvolvimento daquela indústria, muitas questões e problemas de trabalho que envolviam soluções técnicas eram discutidos ao lado de esportes etc.

Uma engenheira é normalmente alijada da convivência nesses espaços masculinos, correndo o risco de ser excluída também da discussão técnica. Amália explica por que é diferente ser mulher num grupo de homens, sobretudo se ela está em altos postos:

> Acho que em todos os lugares é sempre diferente ser mulher... o mundo masculino tem um conjunto de regras. Eu sinto mais nos primeiros contatos... num primeiro momento eles seguram a linguagem, não falam palavrão e como nos altos postos [a maioria] são homens, eles se permitem essas atividades... as mulheres quando estão em altos postos são seriíssimas... os homens brincam, falam dos *hobbies*, as mulheres estão sempre mais preocupadas nessa posição, que sempre é excepcional, ainda não está incorporada... então, não vou no mesmo banheiro, não torço para o mesmo time, faz diferença, não é a mesma coisa.

Cláudia, engenheira civil e sindicalista, 48 anos, na época da pesquisa situada no alto escalão de uma empresa da área de saneamento, revela um pouco mais sobre os mecanismos masculinos de cooptação que observou no seu percurso e avança, desvendando também o lado das mulheres. Segundo ela, a mulher em geral, prefere não se expor demais nas disputas por cargos, preservando-se e, ao mesmo tempo, conformando-se com o fato de não ter altos cargos.

Mas, em sua opinião, é necessário que as mulheres lutem para chegar a esses cargos e usem todas as suas habilidades, com esse objetivo:

> A escolha, é "naturalmente" uma ação entre amigos, puxam alguns colegas da turma, neguinho depois sai de noite e vai tomar seu chopinho... constrói uma teia... é entre eles, um código meio masculino, acho que a mulher incomoda em algumas coisas. Principalmente nesse meu mundo, da área da engenharia... as mulheres são extremamente responsáveis, não deixam uma tarefa para trás... Elas se conformam com algumas coisas, como não ter cargos... se tiverem que disputar abertamente, elas se recolhem um pouco... eu procuro sempre puxar as engenheiras (para cargos de chefia)... você pode ser mulher e ajuntar um jeito mais combativo, senão ela fica sempre riscada de algumas posições. Informalmente, na maior parte das famílias, a mulher é quem manda, quem pilota. A questão é quando esse mundo formal vai se aproximar do informal... Acho que devíamos usar todas as nossas habilidades para pilotar processos e menos para servir processos.

A engenheira gerente e sua posição no grupo majoritariamente masculino

Cláudia relembra comportamentos masculinos que a incomodaram na sua trajetória na empresa, por exemplo, quando, já chefe de divisão, seu diretor pediu "para recolher as xícaras de café", ou seus colegas a indicavam para "secretariar" a reunião. São indícios das concepções de gênero no mundo profissional, reflexo da posição da mulher na sociedade, que geram comportamentos automáticos, inconscientes. Em suas palavras:

> Há os preconceitos de sempre, as loiras burras, as gostosas, as inteligentes feias, a gente tem que lutar... hoje todo mundo já me conhece, é mais fácil... O dia em que tomei posse na Associação dos Engenheiros da empresa [como presidente], estava todo mundo conversando, não tinha café, me pediram para passar um... era a única mulher. É ato falho mesmo. Como marido com computador, quando você faz uma pergunta, ele começa com aquelas perguntas básicas: pôs na tomada? apertou o *on*?... como se você tivesse um chip faltando porque é mulher.

Para Aurélia, engenheira civil e docente, 53 anos, contudo, esses atos falhos não seriam inocentes, mas uma forma de reafirmar a posição subordinada das mulheres no grupo.

> Se tiver uma reunião de professores e tiver uma mulher, aquela vai ser escolhida para secretariar a reunião; agora, se for um cargo de comando, a mulher é esquecida, ela tem que falar "eu quero" e assim mesmo, às vezes, eles dizem "não dá". Então eu percebi essas coisas, mas eles sempre arranjam um jeito de falar que a pessoa é incompetente, por trás... eles falam muito por trás.

Outra questão lembrada por Cláudia é a maior disponibilidade que os cargos de alto escalão exigem tanto dos homens quanto das mulheres. E, no caso delas, a família e os filhos continuam sendo um obstáculo. Cláudia acredita que é necessário fazer escolhas e estar consciente delas. No "mundo executivo", estender o expediente até mais tarde ou viajar com certa freqüência são comportamentos esperados.

> Porque no fundo você tem que fazer escolhas... o chefe fica até 9 horas, se eu tivesse que ir para casa, preparar jantar, cuidar de filho... é lógico que eu tenho minhas obrigações e eu procuro manter, não ser como eles, porque eu não quero ser um "homem inteligente"... Poder ser sutil, ter algumas habilidades femininas, acho que você promove mais conversa, acho que isso foi um dos atributos pelos quais o atual chefe me pegou, ser mais criativa, saber lidar com pessoas... Mas vejo o perfil das mulheres que estão em altos cargos atualmente, não têm filhos... as mais novas acho que conseguirão fazer as mesmas coisas sem ter que abdicar de tudo isso.

Cláudia e outras engenheiras apontam sua capacidade relacional ou a sensibilidade e a habilidade para lidar com as pessoas, para estabelecer relacionamentos com os subordinados, assim como sua criatividade, como aspectos que foram relevantes em sua promoção a gerentes e diretoras. Seriam qualidades desejáveis para gerir os conflitos humanos nas equipes, indicadas atualmente por alguns consultores empresariais como uma das vantagens da gerência feminina em face da masculina.

Marina, engenheira eletrônica e consultora autônoma, 44 anos, compartilha dessa opinião quando afirma que, em uma determinada época de sua trajetória profissional, decidiu que, se chegasse a postos de comando, chegaria "sendo mulher", ou seja, diferenciando-se do padrão, "agindo como uma mulher numa profissão que é a engenharia".

Beatriz, engenheira química, 45 anos, gerente de pesquisas de produtos em multinacional do ramo químico, considera que, além das capacidades técnicas e da competência recorrentemente comprovada, sua habilidade nos relacionamentos e sua capacidade de conciliação contaram pontos para que assumisse postos de gerência na empresa durante 12 anos. Mas esses atributos relacionais acabaram se transformando em obstáculo à continuidade de sua progressão hierárquica, à sua promoção a um posto na diretoria da empresa, quando ela foi tachada de conciliar "em excesso".

> Senti [dificuldades na ascensão na empresa] sim... não sei, a gente tem que provar mais, mostrar mais, ser mais completa para merecer aquela posição... Acho que a mulher... é... mais da concordância. Isso é uma coisa que tem me prejudicado às vezes. Os homens acham que a gente deveria ser mais combativa, então às vezes eu ouço: "você é muito da conciliação", e algumas vezes você tem que ser mais brigona, assertiva... Talvez se fosse um homem mais conciliador não seria visto dessa maneira... a gente é avaliada por homens, à luz do que é valor para os homens... acho que tem que ser criada uma nova mentalidade nas empresas, tem muitas mulheres em cargos de chefia, executivas... as organizações vão ter que se moldar, essas réguas foram aplicadas no passado, hoje em dia a régua é outra. A régua é outra e a gente continua medindo as pessoas com aquela mesma régua.

Beatriz toca num ponto crucial, qual seja, a empresa é um espaço masculino. E são esses valores que têm orientado a avaliação de desempenho dos empregados, desfavorecendo, assim, o contingente cada vez maior de trabalhadoras, bem como o crescente grupo de mulheres gerentes e diretoras. Como bem diz Beatriz, "a régua é outra e a gente continua medindo as pessoas com aquela [antiga] régua".

Redefinindo a gerência no feminino

Haveria um modo feminino de gerenciar, diferente do masculino? As entrevistadas revelaram a ambigüidade da situação em suas avaliações. Beatriz acredita que é possível chegar a uma fórmula mais feminina, baseada em um relacionamento mais próximo e caloroso com os subordinados. Ela acredita nessa fórmula e a contrapõe ao estilo "duro e masculino" de chefiar ambientes em que "não se sabe da família dos outros, mal e mal sabem quantos filhos têm...".

Antonieta também acredita que é possível amenizar o ambiente de trabalho, diminuindo a tensão e o estresse dos funcionários por meio de um bom relacionamento. Contudo, concorda que as mulheres não "dulcificaram" a gestão das empresas pela impossibilidade de "quebrar alguns paradigmas no trabalho", em outras palavras, em função da própria organização do trabalho.

> No geral é muito tranqüilo [o relacionamento com os subordinados homens]. Acho que as mulheres não dulcificaram a gestão das empresas, realmente, é uma coisa difícil quebrar alguns paradigmas, o trabalho tem que ser feito, tem hora, você tem prazos, não dá para amolecer, mas dá para conduzir isso de uma forma mais amena para as pessoas... Consigo ser bem-sucedida, as pessoas trabalham com um razoável conforto, [mesmo] com todo o estresse que tem a atividade. Mais humanamente.

Os desafios que os postos de comando implicam são grandes, e para as mulheres, ainda maiores, pois somente com a repetição da experiência elas podem encontrar um jeito próprio de comandar, sentindo-se mais confortáveis naquelas funções. Nesse sentido, a fala de Márcia, engenheira civil, 50 anos, que na época da pesquisa era chefe de departamento em empresa de saneamento, é bastante esclarecedora.

> [ser gerente é] lidar com pessoas com diferentes idades, culturas... uma gerência depois da outra, venho tentando mudar... a forma de tratar as pessoas, a forma de conduzir a equipe, tentar administrar minha ansiedade sem descarregar na equipe... eu tenho uma coisa... não consigo manter a distância por ser gerente, ou estou lidando com a pessoa [inteira] ou não estou... isso nem sempre é bem-visto. Tem pessoas que acham que você tem que manter uma certa disciplina, uma certa distância... uma coisa mais impessoal... para mim é impossível... acho que é a minha forma [de gerenciar].

Os depoimentos analisados permitem concluir que gerentes, diretores e chefes, de uma forma geral, não podem escapar das pressões que a organização do trabalho lhes impõe e que eles transferem aos seus subordinados. Nesse sentido, os estilos de gerência feminina e masculina não se diferenciariam.

O mesmo foi detectado por Wajcman (1998) em pesquisa junto a gerentes de alto escalão de empresas multinacionais de setores tecnológicos avançados, como petrolífero, químico e de informática, que haviam implementado políticas de igualdade de gênero. Segundo ela, o fato de os estilos de gerência não diferirem segundo o sexo do gerente se deve a que esses estilos são moldados mais pelas organizações do que pelas pessoas. Isso porque as normas de desempenho e de conduta para posições de gerência de alto nível permanecem masculinas, e as mulheres que quiseram ocupar essas posições tiveram de adotá-las.

Existe, porém, um pequeno espaço de manobra para a construção de um ambiente de trabalho mais descontraído e mais humano. Saber, como diz Marlaine, engenheira topógrafa francesa, 40 anos, "integrar a cabeça e o coração", "expondo seus sentimentos, mas levando os negócios de forma tão objetiva como os homens".

Essa questão tem sido recolocada em outros estudos, como o realizado por Bruschini e Puppin (2004) com executivas brasileiras que trabalhavam em empresas de diferentes setores de atividade. Também entre uma parcela dessas mulheres emergiu uma compreensão da chefia feminina segundo a qual não se desconsidera a racionalidade, a disciplina no trabalho e a cobrança de performance dos subordinados, mas se inclui a possibilidade de desenvolver um relacionamento mais caloroso e empático com os subordinados.

Dessa forma, as gerentes e diretoras enfrentariam um duplo desafio: provar que são capazes de comandar equipes e, dentro das possibilidades estabelecidas pela organização do trabalho, encontrar um jeito próprio de gerenciar mais feminino. Em outras palavras, por se sentirem desconfortáveis como mulheres no desempenho das funções tradicionalmente atribuídas aos homens, uma parte das gerentes e diretoras tem a oportunidade de, em vez de negar a própria feminilidade, suprimindo-a, valorizá-la como marca da diferença. E, assim fazendo, estariam contribuindo para a reflexão coletiva sobre os modos de gerenciar em seus locais de trabalho (Laufer, 1982).

Gerente engenheira, subordinados engenheiros: conflitos e desafios

Os conflitos que se estabelecem na relação chefe-subordinado parecem potencializar-se quando se trata de uma mulher no comando de um grupo de homens. Marlaine, por exemplo, uma jovem engenheira que vinha da área de software, foi contratada para gerenciar uma equipe de cinco engenheiros, todos com mais de 15 anos de experiência e especializados em hardware. Resultado: um conflito que durou cinco anos e só teve um "final feliz" porque ela conseguiu encontrar um nicho de atuação que liberava os subordinados das questões relacionais com os clientes, dos problemas do pós-venda. Além disso, ela não competia com eles na área técnica:

> Anteriormente não havia uma instância de poder entre esses engenheiros e o dono da empresa. Foi o conflito total. Durante cinco anos eles resistiram à minha presença e aos poucos eu fui adquirindo força para reagir... Os engenheiros me viam como competidora... a saída que encontrei foi me aliar aos clientes. Fazia, então, um tampão entre o cliente e a equipe técnica, salvaguardando a equipe dos problemas do cliente. Quando eles perceberam que poderiam deixar comigo essa função, as coisas correram melhor. Eram serviços pós-venda. Deixei a competência técnica aos homens e me desenvolvi como consultora do cliente, sua advogada perante a empresa.

Situação semelhante relatou Luzimar, engenheira eletrônica, 52 anos, que trabalhava em uma montadora de veículos na França, ao assumir um cargo de chefe do serviço de engenharia, posição prestigiada e cobiçada pelos colegas engenheiros, agora seus subordinados: "Os conflitos vinham da parte de outros colegas que se consideravam mais bem posicionados para assumir o cargo".

Ciúme da boa performance, da competência técnica, competição pelo cargo ocupado, não-aceitação da gerência feminina por parte dos colegas homens: todos esses ingredientes reaparecem nas experiências de Marina, engenheira eletrônica, 44 anos, na época da pesquisa trabalhando como consultora autônoma para várias empresas nas quais, invariavelmente "trabalha muito", empresas que a chamam para resolver um problema técnico ou gerencial. A seguir, apresentamos trechos de seu depoimento:

> Em 1996, na primeira experiência como gerente, numa empresa de multimídia, eram só homens, uns quatro, depois chegou a 12... um pessoal da matemática, preguiçosos, acomodados, medrosos. ...fiquei até 1998. Saí porque estava trabalhando muito, mas teve uma época legal, eu era apresentada como diretora de

engenharia... Mas depois acho que criou um ciúme entre eu e o Ângelo, então tinha uma visão Marina e uma visão Ângelo [de trabalhar]. Ângelo não era engenheiro, Marina era, e eu estava organizando muita coisa... tinha um ciúme... [outra vez] me convidaram para ser gerente como prestadora de serviços... fiquei três meses porque a dona me disse que eu ia ser diretora-geral e isso não aconteceu. Lá entrei num projeto para gerenciar, dar uma organizada e para isso tive que comprar umas brigas e tinha um homem lá que queria o meu cargo... armaram um grupo de homens para me derrubar.

Considerações finais

Entre todas as barreiras encontradas pelas engenheiras no exercício da sua profissão, talvez uma das maiores tenha sido assumir postos de comando. Essa dificuldade, que atinge a maioria das mulheres, parece potencializar-se no caso das engenheiras. Se a mulher ainda é a exceção na engenharia, daí decorre que a regra é encontrar equipes de profissionais masculinas. Chefiar essas equipes, segundo os relatos analisados neste capítulo, apresentou múltiplos desafios para algumas engenheiras, que, não raro, tiveram que ser suficientemente criativas e hábeis para lidar com situações de conflito aberto.

O primeiro desafio diz respeito às possibilidades de as engenheiras chegarem aos cargos de comando, que são menores do que as dos seus colegas. Duas ordens de fatores parecem contribuir para a persistência dessa barreira ascensional.

De um lado, está o importante papel do grupo de profissionais do sexo masculino (o "clubinho"), mais numeroso e mais antigo na engenharia, que funcionaria como repositório de futuros gerentes e diretores das empresas, baseando-se em relações de confiança e solidariedade construídas, muitas vezes desde a escola, mas também no trabalho e, principalmente, fora dele, em encontros informais. Dada a inexistência de "clubinhos" femininos, a ascensão das engenheiras tenderia a ser um processo de cooptação que depende de um chefe, geralmente um homem, que acredite e confie nelas, a ponto de lhes dar essa chance.

De outro, as mulheres apresentariam algumas resistências a assumir tais postos, seja porque não têm a disponibilidade de tempo e dedicação exigida pelos cargos e pelas empresas, em razão da presença de família e de filhos, seja porque preferem se preservar a enfrentar a acirrada competição por esses cargos.

O segundo desafio residiria na necessidade das engenheiras de provar continuamente a competência profissional para se auto-afirmarem perante si mesmas e perante o grupo de homens, majoritário na engenharia. Além disso, expostas a confrontos muitas vezes abertos com seus subordinados, as engenheiras gerentes ou diretoras tiveram de encontrar uma brecha para continuar no posto, de tal maneira que a convivência com os subordinados fosse possível. Em geral, essa acomodação se deu quando a gerente passou a se dedicar a atividades consideradas de cunho mais relacional — embora essas também sejam eminentemente técnicas e não menos importantes que outras —, deixando a parte do trabalho considerada mais nobre e prestigiosa para os homens.

O fato é que o comando feminino de maneira geral, e na área tecnológica em particular, é fato bastante recente nas organizações. Até o momento, ele requer, de um lado, a aceitação dos padrões masculinos de carreira esperados pelas empresas por parte das mulheres que desejem desempenhá-lo, e de outro, a aceitação e a legitimação da autoridade técnica feminina por parte dos homens.

Após o primeiro impacto nos postos de comando, as entrevistadas admitem que, se não é possível deixar de cobrar dos subordinados resultados e prazos — limites impostos pela própria organização do trabalho, a cujas exigências gerentes de ambos os sexos devem se submeter —, é possível tornar o ambiente de trabalho mais amigável.

E essa não é uma questão menos importante para as engenheiras gerentes, pois pressupõe encontrar uma forma mais confortável de estar nos cargos de comando, respeitando sua identidade de gênero. Gerenciar no feminino parece significar, então, tornar o ambiente de trabalho mais caloroso e menos tenso, sem descuidar dos objetivos a atingir.

Referências bibliográficas

BEAUD, S.; WEBER, F. *Guide de l'enquête de terrain*. Produire et analiser les données ethnographiques. Paris: La Découverte, 2003.

BRUSCHINI, M. C. A.; PUPPIN, A. B. Trabalho das mulheres executivas no Brasil no final do século XX. *Cadernos de Pesquisa*, Campinas, v. 34, n. 121, p. 105-138, jan./abr. 2004.

FORTINO, S. *La mixité au travail*. Paris: La Dispute, 2002.

LAUFER, J. H. *La feminité neutralisée?* Les femmes cadres dans l'entreprise. Paris: Flammarion, 1982.

LAUFER, J.; FOUQUET, A. *Effet de plafonnement de carrière des femmes cadres et accès des femmes à la décision dans la sphère économique*. Relatório final de pesquisa realizada sob a Convention d'Étude avec le Service des Droits des Femmes, Ministère du Travail et des Affaires Sociales, Paris, nov. 1997.

MARRY, C. *L'excellence scolaire des filles*: une révolution respectueuse? Le cas des diplômées des grandes écoles scientifiques d'ingénieurs. Notes pour l'habilitation à diriger les recherches en sociologie, Université de Versailles-Saint-Quentin, avr. 2002. ms.

MELLSTRÖM, U. Engineering lives: technology, time and space in a male-centred world. *Linköping Studies in Arts and Science*, n. 128, 1995.

SILVA TELLES, P. C. *História da engenharia no Brasil* — séculos XVI a XIX. Rio de Janeiro: LTC, 1984. v. 1.

TERRA DA SILVA, M. *A engenheira, um estudo da divisão sexual do trabalho*. 1992. Dissertação (Mestrado) — Escola de Administração de Empresas de São Paulo, Fundação Getulio Vargas, São Paulo.

WAJCMAN, J. *Feminism confronts technology*. Pennsylvania: The Pennsylvania State University Press, 1996.

______. *Managing like a man:* women and men in corporate management. Pennsylvania: The Pennsylvania State University Press, 1998.

22

As carreiras das mulheres no mundo acadêmico. O exemplo da biologia

Catherine Marry*

Sob o impulso das políticas públicas européias e nacionais em favor da igualdade de oportunidades entre os sexos, foram publicados vários relatórios oficiais, nos anos 2000, mostrando que o mundo acadêmico não escapa ao fenômeno descrito há muito tempo a propósito do setor privado: o do "teto de vidro" (*glass celling*) ou desaparecimento das mulheres à medida que se avança em direção às altas esferas do poder, do prestígio e das remunerações. Essas constatações põem em dúvida o pressuposto segundo o qual o mundo acadêmico garantiria maior igualdade de carreira entre homens e mulheres em razão de seu modo de recrutamento por concurso mais "meritocrático" e universal.

Pesquisas recentes permitem verificar melhor essas constatações e discutir as interpretações tradicionais da literatura sobre o tema.

Este capítulo apresenta os resultados de pesquisas realizadas na França sobre as carreiras das biólogas de duas grandes instituições de pesquisa: o Centre National de la Recherche Scientifique (CNRS) e o Institut de Recherche Agronomique (Inra). O exemplo da biologia pareceu-nos particularmente interessante de explorar. De fato, as mulheres investiram nessa disciplina já de longa data, e algumas tiveram êxitos notáveis. Entretanto, a preeminência masculina nas posições elevadas mantém-se com vigor ao longo das décadas.

* Socióloga, Centre Maurice Halbwachs/CNRS.

Após uma rápida exposição da literatura francesa e estrangeira consagrada a essas questões, apresentarei o dispositivo de pesquisas e uma seleção de resultados em torno de duas hipóteses recorrentes na literatura, principalmente anglo-saxônica: de um lado, a da menor produtividade científica das mulheres, de outro, a do papel dos encargos familiares nessa produtividade.

Duas grandes abordagens das desigualdades sexuadas de carreira

No conjunto um pouco disparatado, mas cada vez mais rico, de pesquisas sobre as carreiras acadêmicas de homens e de mulheres, propomos distinguir duas grandes abordagens ou modelos de interpretação da sub-representação das mulheres nas posições de poder (segregação vertical) e de sua manutenção em certos segmentos da prática do ofício, geralmente menos visíveis e reconhecidos, tais como as funções administrativas mais ingratas e invisíveis (segregação horizontal).

Essa é uma clivagem reducionista, e a maior parte dos trabalhos recentes tende a combinar essas abordagens e a explorar o que existe entre elas. Mesmo assim é útil para compreender as evoluções dos debates internos ao campo.

Da perspectiva das mulheres

Uma primeira abordagem focaliza as mulheres ou, para utilizar uma categoria dos economistas, a oferta de trabalho. As palavras-chave aqui são auto-seleção e auto-exclusão. Suas carreiras menores são atribuídas prioritariamente à especificidade sexual da socialização, familiar e escolar, e ao peso dos estereótipos.

A segunda abordagem situa-se do lado da "demanda", isto é, das organizações e do mercado, de sua história, de seu funcionamento (procedimentos de recrutamento, de promoção, de tomada de decisões coletivas), de suas lutas internas e externas ou das interações cotidianas no trabalho. É a história de mundos profissionais que por muito tempo excluíram totalmente as mulheres e que ainda as mantêm à margem, de forma sutil e freqüentemente à revelia de todos os protagonistas. As palavras-chave aqui são exclusão e "mecanismos ocultos da dominação masculina" (Beaufaÿs e Krais, 2005).

Dentro da primeira abordagem, pode-se estabelecer uma outra distinção entre duas interpretações da auto-exclusão das mulheres das opções e dos âmbitos de estudos e de emprego mais rentáveis.

Uma primeira variante postula que sua menor ambição profissional estaria ligada à socialização primária e à interiorização das normas e valores que convêm ao seu sexo. Seu hábito de modéstia, ou mesmo de autodepreciação e de atenção ao outro, as afastariam das disputas acadêmicas e das lutas de poder. Esse hábito as conduziria a investir mais que os homens no ensino e em funções administrativas pouco visíveis, em detrimento da pesquisa ou da coordenação de grandes equipes.

As qualidades esperadas das mulheres — submissão, docilidade, atenção aos outros — parecem, de fato, contraditórias com as representações das imposições profissionais do trabalho científico, que exigiria disponibilidade de tempo e psíquica. A socialização familiar e escolar dos homens, ao contrário, estaria em continuidade com a socialização profissional. Eles são formados desde a primeira infância e reforçados pelos professores à evidência do investimento escolar e profissional, à interiorização de qualidades "masculinas" de autocontrole, de gosto pelo poder e pela competição.

Esse investimento na carreira é facilitado pela transferência às mulheres (a esposa ou assistentes igualmente devotadas, ou que se supõe que sejam, nas organizações: secretárias, enfermeiras) das contingências domésticas. Para eles, paternidade e carreira se reforçam: um bom esposo, um bom pai, um bom patrão é também um bom *breadwinner* (Gadéa e Marry, 2000). Para elas, ao contrário, casamento, maternidade e carreira não combinam muito.

Uma segunda variante atribui o menor engajamento das mulheres nos âmbitos profissionais onde a concorrência com os homens é mais acirrada a uma antecipação refletida e racional das restrições familiares que de fato pesam sempre sobre elas. Elas desejariam evitar o custo psíquico ligado aos obstáculos que teriam de superar para ser aceitas em um mundo dominado pelos homens (Duru-Bellat, 1990).[1] Responder indefinidamente aos desafios de competência e de disponibilidade para provar sua legitimidade, ao mesmo tempo preservando o papel esperado da mulher para prevenir as suspeitas de virilização, representa na verdade um custo elevado que poucas mulheres podem ou querem pagar.

Essas duas variantes da análise da autocensura das mulheres se completam. Pode-se supor, de fato, a propósito do mundo acadêmico (assim como do

[1] Para uma síntese das análises sociológicas e psicológicas do "custo da transgressão", cf. a palavra "transgressão" no glossário de Löwy e Marry (2007).

mundo artístico), que o mais valorizado (ou mesmo exigido), a saber, "realizar uma obra", sempre esbarra, para uma mulher, em um duplo impedimento simbólico e prático (Molinier, 2003).

Impedimento simbólico na medida em que as representações que continuam a postular a inferioridade intelectual das mulheres (outrora para o grego, hoje para a matemática) se renovam sob formas cada vez mais sofisticadas: o sucesso recente de livros sobre o "sexo do cérebro" testemunha isso. A despeito dos êxitos escolares das meninas, supostamente apenas os homens criam, enquanto as mulheres procriam...

Impedimento prático, pois, de fato, o investimento exigido é muito grande e requer disponibilidade por um longo período. Para realizar uma obra, é preciso não apenas dispor de uma "sala individual", mas também estar completamente desligado, no plano material e psíquico, das preocupações administrativas. Nas ciências experimentais, como a biologia, que requerem longas horas de presença no laboratório e freqüentes viagens ao exterior, essas restrições de disponibilidade fora de casa são particularmente fortes.

Um dos limites dessa abordagem é dar pouca atenção às trajetórias dos homens, sobretudo na diversidade de suas origens sociais e de suas culturas profissionais. A hipótese de uma continuidade para eles entre sua socialização primária e aquela adquirida no ofício e na carreira é mais postulada que demonstrada. Além disso, essa abordagem, em suas duas variantes, é menos atenta à análise das evoluções estruturais que afetam ao mesmo tempo a socialização (das meninas e dos meninos) e os mundos profissionais em que elas se inserem. A segunda abordagem desenvolveu-se em parte com base nessas críticas feitas à primeira.

Da perspectiva da história das profissões

Essa segunda abordagem, iniciada por historiadores, filósofos e retomada por sociólogos, examina as causas dos bloqueios de carreira das mulheres do lado da história e do funcionamento das instituições ou profissões. Um conjunto de trabalhos se preocupou inicialmente em tirar do esquecimento as pioneiras — no fim do século XIX e início do século XX (Rogers, 2004). Essas histórias particulares estão ligadas à história mais geral das profissões: sua gênese, sua institucionalização, suas crises, seus conflitos internos.

Essa história varia segundo os países e as disciplinas: as faculdades de medicina e de ciências se abriram mais rápido às mulheres que as de direito e de farmácia. No entanto, é na medicina que as mulheres parecem ter mais dificuldades atualmente para chegar ao cargo de professor a despeito da forte feminização da população de estudantes e de auxiliares de ensino.

Essas carreiras refreadas são atribuídas por Marie-Françoise Fave-Bonnet (1999) à sua dificuldade de levar a cabo uma *thèse d'État* ou uma HDR (*habilitation à diriger des recherches*). Esse diploma universitário não é exigido legalmente para o acesso a um cargo de diretor ou diretora de pesquisa em uma instituição nacional de pesquisa, mas tende a ser nos próximos anos.

Ostentar o título de ex-aluno de uma grande *école* é outro trunfo importante para obter essas promoções (Zarca, 2006), e as mulheres (tanto no Inra como no CNRS) contam menos com isso, o que não é difícil entender: por muito tempo elas foram barradas — a maior escola de agronomia, a de Paris-Grignon, só permitiu a entrada de mulheres em 1917 — ou ficaram estritas a escolas "de meninas", sem dúvida prestigiadas, mas menos que as dos meninos (Ferrand, Imbert e Marry, 1999).

Se as duas abordagens podem ser complementares, a abordagem sócio-histórica é um requisito indispensável. É importante de fato ter a medida de todas as barreiras e resistências ao acesso das mulheres ao ensino superior e às instituições acadêmicas antes de analisar as eventuais diferenças entre os percursos dos homens e os das mulheres, e o sentido que eles e elas atribuem a isso (Le Feuvre, Membrado e Rieu, 1999; Marry, 2004). Essa postura investigativa predomina nos trabalhos sociológicos recentes sobre a feminização das profissões (Lapeyre, 2006; Pruvost, 2007) como também nos de historiadores em torno da história da mistura de sexos nos ensinos médio e superior (Rogers, 2004).

Uma questão em suspenso: as mulheres são menos produtivas que os homens? Se a resposta é sim, isso se deve aos encargos familiares?

Os trabalhos americanos indagam há muito tempo sobre a menor produtividade científica das mulheres, medida pelo número de publicações e de citações nas revistas "reconhecidas" na disciplina (Cole e Cole, 1973). Nos trabalhos dos anos 1970, essa menor produtividade é atribuída à assimetria dos encargos familiares, contraditória com a suposta devoção à ciência. Zuckerman e colaboradores (1992) contestam essa explicação. Sua pesquisa junto a cientistas eminentes mostra que mulheres e homens superestimam a incompatibilidade dos encargos familiares com um intenso trabalho científico.

Bochow e Joas (1987:146) confirmaram esse resultado para os professores do *Mittelbau* (assistentes, substitutos) na Alemanha. Eles mostram que essa relação é identificada apenas para os homens: com a experiência profissional controlada, os pais de família publicam muito mais do que os que não têm filhos, enquanto entre as mulheres não há diferença de produtividade conforme tenham filho ou não.

Porém, na média, as mulheres são menos representadas nos grupos dos que publicam mais. É o caso, por exemplo, na elite da cancerologia francesa que tem apenas 17% de mulheres entre os "multipublicadores" (Lazega et al., 2004). Xie e Shauman (2004) mostram, para uma população representativa de professores universitários nos Estados Unidos, que o estatuto familiar (casamento, presença de filhos) não tem uma influência significativa na produtividade, quando são controladas as principais variáveis explicativas, a saber, a antigüidade, o tempo empregado entre a obtenção do *bachelor degree* e o PhD, e o tipo de instituição a que pertence (grau de prestígio, parte correspondente a horas de ensino e de pesquisa).

Na França, Turner (2003), em sua tese de economia sobre a produção científica de pesquisadores de uma seção de física do CNRS, constata uma produtividade um pouco inferior das mulheres (em termos de número de artigos por ano) relativizando seus resultados pela observação da inexistência de diferença de qualidade, medida pela nota anual média de impacto. Em compensação, os artigos das mulheres são menos citados.

Essas diferenças de produtividade são explicadas, em uma outra contribuição da obra coordenada por Zuckerman, Cole e Bruer (Cole e Burton, 1992), por um mecanismo cumulativo de "pequenas" discriminações. A exemplo do que mostraram dois pesquisadores suecos, Wenneras e Wold (1997), a propósito de candidatos a uma alocação de bolsa pós-doutorado em biologia, os pesquisadores americanos constatam que as doutorandas, em todas as disciplinas, e em todas as gerações, são preteridas, com dossiê igual, em relação aos candidatos masculinos, no acesso aos melhores postos das universidades mais prestigiadas.

Ora, esses lugares são os que oferecem os recursos materiais e relacionais mais ricos para participar da competição científica e "ganhar prêmios". Depois desses primeiros anos, entra em ação o que o sociólogo Merton (1968) chama de "efeito Mateus": no mundo acadêmico como em toda parte, só se empresta aos ricos; quando mais se publica, mais se é citado, solicitado e reputado "brilhante". Para as mulheres, geralmente ocorre o efeito inverso. A historiadora feminista das ciências, Rossiter (1982, 2003), qualifica-o ironicamente de "efeito Matilda".

Os resultados de pesquisas recentes realizadas na França sobre as carreiras de pesquisadores e professores-pesquisadores permitem renovar o debate sobre a produtividade científica, e sugerem deslocar a atenção das mulheres e de sua família para os mecanismos institucionais e as culturas disciplinares que geram (ou não) a discriminação sexual. A atenção dirigida aos modos e aos processos de avaliação entre pares: comissões de especialistas, comissões do comitê nacional do CNRS, *jurys d'agrégation* do ensino superior, abre a "caixa-preta" da organização científica.

As pesquisas e os resultados apresentados aqui se referem a uma das três áreas disciplinares exploradas, a das ciências da vida.

O dispositivo das pesquisas

Tomamos como base duas operações de pesquisa.

A primeira, coordenada por Catherine Marry, foi encomendada pela Mission pour la Place des Femmes au CNRS, uma instância encarregada de promover maior igualdade entre homens e mulheres no interior do órgão. A atenção foi direcionada a uma seção de biologia agrupando 382 pesquisadores, dos quais 42% eram mulheres, e na passagem do grau de encarregado de pesquisa de 1ª classe (CR1) ao de diretora de pesquisa de 2ª classe (DR2). Ela se opera, por volta dos 40, ao final de uma triagem muito seletiva feita por uma comissão de colegas composta de 21 pesquisadores da mesma disciplina, sendo dois terços eleitos e um terço nomeado (Marry, 2005).

A segunda pesquisa refere-se às carreiras de 605 pesquisadores em ciências da vida do Inra, dos quais 37% são mulheres. Ela faz parte de um projeto mais amplo sobre as carreiras de professores-pesquisadores em três disciplinas: biologia, história e administração. Christine Musselin, socióloga do CNRS e Vincent Mangematin, economista do Inra, assumiram a responsabilidade científica (Carrere et al., 2006).

O dispositivo de pesquisa é parecido nos dois casos e compreende três partes: uma parte de estatísticas sexuais sobre as carreiras; uma parte de entrevistas com membros das comissões de "colegas" que avaliam e selecionam os pesquisadores; e uma parte de entrevistas biográficas com pesquisadores e pesquisadoras que tenham conseguido ou não ser promovidos.

Alguns resultados e discussão de hipóteses

Um desmentido ao argumento do viveiro ou da recuperação inelutável das mulheres

Os progressos da feminização do recrutamento não se traduzem em uma feminização equivalente dos cargos mais elevados. A biologia foi investida de longa data por mulheres e algumas alcançaram êxitos notáveis. Porém, ao longo dos anos, a vantagem masculina, longe de inflectir, tende a se reforçar (Crance, 2002). Assim, é difícil sustentar o argumento do viveiro.

A pesquisa no Inra mostra que as oportunidades de ser promovidas ao grau de diretora de pesquisa para as pesquisadoras contratadas nos anos 1980-90 são pouco superiores às que tiveram as gerações que as antecederam; e ao longo de seu percurso, essas oportunidades são menores que as de seus colegas masculinos (Sabatier, Carrere e Mangematin, 2006).

Pode-se sugerir a hipótese de que isso tem a ver com o caráter cada vez mais seletivo e atrativo das grandes instituições de pesquisa em relação à universidade. A situação era totalmente inversa nos primeiros tempos da instituição (em 1938/39) e até o final dos anos 1950. O CNRS atraía então mais mulheres que homens, pois estes últimos eram muito mais seduzidos pelas "sereias e os salários da universidade" (Sonnet, 2004).

Nos anos que se seguiram à massificação do ensino superior, as condições de trabalho dos professores universitários se degradaram, e pode-se supor que as candidaturas masculinas se voltem de preferência para as grandes instituições de pesquisa. De fato, observa-se uma forte redução da presença de mulheres entre os pesquisadores em ciências da vida no CNRS ao longo do último quarto de século (de 50% em 1974 para 39% em 2003), enquanto as contratações para os cargos de auxiliares de ensino abrem um espaço cada vez maior às mulheres, refletindo a feminização dos doutores em ciências da vida (de 50% para 53%).

Entretanto, um ponto comum ao conjunto das instâncias acadêmicas é o desaparecimento das mulheres das promoções internas com o passar do tempo. Assim, metade da população total de pesquisadores masculinos é constituída de diretores de pesquisa, contra apenas 29% das pesquisadoras em ciências da vida. A distância entre a base e o topo é ainda mais evidente na universidade, onde as mulheres representam em 2005 apenas 13% dos professores nas disciplinas de saúde para 50% de auxiliares de ensino.

As mulheres são promovidas com menos freqüência aos cargos de direção

No CNRS, o concurso que permite ascender ao grau de diretor de pesquisa é muito seletivo para os dois sexos, e mais ainda para as mulheres: durante todo o período da gestão 2001-04 da seção, a parcela de laureadas entre as candidatas é quase duas vezes inferior à taxa masculina (13% contra 24%). Elas representam quase um candidato sobre dois (46%), mas somente um terço dos laureados (32%).

O exame dos dossiês permite identificar as etapas em que se estabelece a vantagem masculina: as candidatas defenderam sua tese com a mesma idade que os candidatos (por volta dos 30 anos); acusam um leve atraso na passagem ao CR1 (34,4 anos *versus* 33,3 anos); a defasagem aumenta quando se considera o tempo transcorrido entre a defesa da tese e a primeira candidatura ao concurso DR2 (17 anos para as mulheres, 15 anos para os homens); e atinge seu apogeu na idade respectiva dos laureados e das laureadas no DR (40,8 anos e 43,6 anos).

No Inra, as mulheres representam 37,4% da população de pesquisadores. Apenas 15% passaram a DR contra 42,7% dos homens, e elas tiveram de esperar mais tempo para isso (11,1 contra 10,5 anos). Embora provenham em menor número de uma grande *école* (17,5% contra 25,6%), elas realizaram um pós-doutorado com mais freqüência (17,6% contra 12,6 %) e não se destaca nenhuma diferença no escore de suas publicações nem em suas incursões no exterior.

Análises econométricas mostram que, para dossiês e percursos iguais, uma mulher tem 15% de chances a menos de passar a DR que um homem com um perfil equivalente. Esse resultado confirma aqueles estabelecidos por Wenneras e Wold (1997): as mulheres devem demonstrar maior excelência científica para ser reconhecidas e promovidas.

Uma discriminação indireta: a preferência pelos "meteoros"

Será que diante disso se pode falar de discriminação manifesta em relação às mulheres ou se deve atribuir sua candidatura mais tardia e menos coroada de êxito a mecanismos de autocensura (menor confiança em si) e às dificuldades que elas encontram para atender às exigências do concurso?

As entrevistas com membros da seção do CNRS que avaliaram os candidatos descartam a hipótese de uma discriminação manifesta. Os critérios de "qualidade" ou de "excelência científica", assim como da capacidade de comandar uma equipe são os primeiros apontados, e a seção atuou de forma consensual com base em critérios relativamente transparentes.

Constata-se, porém, que critérios aparentemente neutros, como o da idade, agem claramente em prejuízo das mulheres. A seção manifesta uma nítida preferência pelos percursos "meteóricos". Essa concepção da excelência científica, que privilegia a rapidez e pune as hesitações, as bifurcações, as mudanças mais ou menos involuntárias e todas as formas de percursos atípicos, descarta um maior número de mulheres, assim como penaliza os homens que tiveram percursos menos lineares, principalmente os de origem popular.

Haveria então efeitos negativos, silenciosos, invisíveis, que atuariam de forma indireta e à revelia dos avaliadores e avaliadoras no processo de seleção de candidatos a DR ou professores.

O problema da produtividade: uma questão "encobridora"

As candidatas ao concurso de diretor de pesquisa da seção de biologia do CNRS ou do Inra teriam dossiês menos "bons" que os candidatos masculinos segundo os critérios privilegiados por essas instituições? Inversamente, as laureadas teriam dossiês melhores que os dos laureados?

A análise dos dossiês de candidatos e laureados no CNRS em quatro anos (2001-04) leva a relativizar bastante a importância da "produtividade" científica nas promoções. As candidatas têm uma produtividade científica um pouco inferior à dos candidatos, desenvolveram teses sozinhas com um pouco menos de freqüência e foram convidadas (ou puderam ir) menos vezes para conferências no exterior — o que advogaria em favor de uma "qualidade" um pouco inferior de seu dossiê.

Mas esses indicadores se revelam muito pouco discriminantes para o êxito no concurso: eles têm um valor menor para os laureados e laureadas, e observa-se principalmente uma dispersão muito forte dentro de cada sexo. Mais uma vez, a imposição do *impact factor* parece estar em questão.

O julgamento da seção é elaborado na verdade com base em considerações mais complexas e mais nuançadas, como evidenciaram as entrevistas com seus membros. Entre essas considerações, algumas apontam preferências subjetivas nem sempre explícitas que podem agir em detrimento das mulheres, como a capacidade de convencer de que será um futuro "bom" diretor de laboratório ou de unidade.

Essas "qualidades" são mais facilmente atribuídas aos homens que às mulheres, sobretudo no contexto de competição internacional extremamente acirrada como a das ciências da vida. Eles (e elas) aderem amplamente a essa visão de uma "ciência" que exige uma verdadeira devoção.

Ao recusarem a colocar (ou se colocar) questões sobre a vida privada, que eles atribuem a escolhas individuais, os avaliadores (e avaliadoras) ocultam o caráter muito masculino dessa representação e negam as responsabilidades da instituição sobre o impacto mais negativo da vida familiar sobre a vida profissional das mulheres.

A imposição da excelência pesa mais sobre as mulheres

Com base em um indicador discriminante para passar a DR2 — o número médio de publicações como último autor (posição indicativa de que se coordenou a pesquisa) — as laureadas teriam, inversamente, um escore mais elevado, o que subentenderia que elas devem fazer mais que os homens nesse âmbito para ser promovidas (ver tabela). Haveria, portanto, uma certa discriminação contra as mulheres nesse concurso. Mas a importância da dispersão interna a cada sexo requer um pouco de cautela no diagnóstico.

As publicações segundo o sexo dos candidatos e laureados

		Número	Número total médio de publicações	Número anual de publicações*	Número médio de publicações como último autor**
Candidaturas recusadas	Homens	54	38,6	2,9	2,2
	Mulheres	52	28,2	1,8	2,1
	Total	**106**	**33,5**	**2,3**	**2,2**
Laureados	Homens	17	31,4	2,5	3,1
	Mulheres	8	26,4	1,8	3,9
	Total	**25**	**29,8**	**2,3**	**3,4**

* Calculado sobre o número de anos transcorridos entre o ano da defesa de tese e a realização do concurso DR2.

** Entre as cinco publicações escolhidas pelos candidatos quando da preparação de seu dossiê de candidatura. Em ciências da vida, a ordem dos autores de publicações é inversa à das ciências humanas e sociais: o primeiro autor é o que realizou as manipulações; o último ajudou o primeiro a concebê-las e a analisá-las e geralmente é também quem redige o artigo. Quando há mais de dois autores, as posições intermediárias dependem das respectivas participações na experiência (técnicas particulares, tempo consagrado etc.).

No Inra, a abordagem econométrica deixa transparecer uma pista de reflexão muito interessante: a análise comparada dos "perfis" dos homens e das mulheres que se tornam diretores de pesquisa revela dois modelos de carreira.

O primeiro, "científico-empresarial", é mais masculino. Corresponde a uma trajetória profissional que mescla produção científica (medida em termos de publicações e de revistas onde aparecem) e atividades de coordenação de projetos e sobretudo de equipes. É defendido pela direção do Inra há alguns anos, mas já bem presente nos homens que se tornaram diretores no passado (Pigeyre e Valette, 2005).

O segundo, feminino, poderia ser qualificado de acadêmico ou profissional: trata-se de trajetórias caracterizadas por um forte investimento científico, por uma forte atividade de produção, mas, em contrapartida, menor participação em atividades de coordenação.

Como explicar essas diferenças no acesso ao reconhecimento de uma posição de diretor/diretora? As entrevistas biográficas realizadas tanto no CNRS como no Inra, mostram que as direções de laboratório privilegiam a nomeação de homens jovens, encarregados de pesquisa, a funções de chefes de equipe (de três a cinco pessoas), trampolins para conseguir uma promoção ao corpo de diretores.

De fato, essa função permite dirigir uma pesquisa e assinar como último autor as publicações tiradas ali. Ainda que o procedimento de passagem a um posto de DR funcione como um concurso, seus resultados são fortemente influenciados por opções feitas antes, e a decisão da promoção, na maioria das vezes, vem apenas coroar uma situação existente.

Além disso, essas nomeações para um posto de chefe de equipe intervêm em uma idade — em torno de 35 anos — que coincide com o período de maternidade para as mulheres jovens. Embora a maior parte das jovens pesquisadoras retarde a chegada do primeiro filho e uma proporção importante entre elas nem tenha filhos,[2] os diretores de laboratório (em geral homens, casados e pais) hesitam em lhes confiar a responsabilidade de uma equipe.

Para completar, as mulheres, desde o início da carreira, se atrasam mais do que os homens em razão de deslocamentos impostos pelas carreiras de seu cônjuge ou são entravadas em sua carreira pela impossibilidade de deixar um laboratório em crise ou cuja reputação está em declínio devido aos seus compromissos familiares.

Portanto, pode-se isolar a questão da produtividade científica individual do conjunto do processo de fabricação de um futuro diretor de pesquisa. Um momento decisivo desse processo é o do concurso, quando os critérios de avaliação e de seleção adotados pelos colegas (75% homens) desenham uma figura masculina, a de um futuro dirigente de unidade (um diretor de pesquisa de 1ª classe).

Mas essa figura foi detectada de forma precoce, desde o início da profissão. Ela se assemelha à dos executivos com forte potencial das grandes empresas privadas (Laufer e Fouquet, 2001; Guillaume e Pochic, 2007): percurso meteórico (geralmente iniciado em uma grande *école*), incursões no exterior, responsabilidades variadas (equipes, plataformas técnicas, comissões científicas diversas etc.) conduzindo a publicações como último autor, qualidades pessoais de dinamismo e entusiasmo etc.

Não é surpreendente constatar então que as mulheres têm menos chances que os homens de ter êxito. A barreira da idade é particularmente nefasta: vários pesquisadores e pesquisadoras que permaneceram CR depois dos 50 anos nos falaram do desprezo com que eram tratados, que se traduz concretamente por um afastamento dos meios de pesquisa — recursos humanos

[2] Essa renúncia é quase sempre imposta na medida em que o conflito entre o filho e a carreira é difícil nesse ofício. (cf. Marry e Jonas, 2005).

(doutorandos, técnicas, engenheiros) e financeiros (contratos, missões para participar de colóquios). Outros fizeram de tudo, às vezes com sucesso, para passar no concurso a DR e "não morrer CR".

Conclusão

Tudo leva a pensar que o teto de vidro, que rebatizamos de "céu de chumbo", pois é menos transparente, mas igualmente pesado (Marry, 2004), se forma pelo acúmulo de discriminações (Cole e Burton, 1992): pequenas diferenças iniciais se transformam em grandes defasagens ao final de vários anos de carreira. Esse processo se explica em parte pelas restrições interiorizadas ou sofridas contra sua vontade pelas mulheres na vida privada, e mais ainda pelas barreiras estruturais no mundo acadêmico, que Krais (2000) denomina "mecanismos ocultos da dominação masculina".

Referências bibliográficas

BEAUFAŸS, S.; KRAIS, B. Doing science. Doing gender. *Feministiche Studien*, Heft 1, 2005.

BOCHOW, M.; JOAS, H. *Wissenschaft une Karriere, Der berufliche Verbleib der akademischen Mittelbaus*. Frankfurt am Main: Campus, 1987.

CARRERE, M. et al. *Entre discrimination et auto-censure*: les carrières des femmes dans l'enseignement supérieur et la recherche. Contrat Inra/Menrt. Convention 02 R 4680 du 22/10/2002. 2006.

COLE, J. R.; BURTON, S. A theory of limited differences. explaining the productivity puzzles in sciences. In: ZUCKERMAN, H.; COLE, J. R.; BRUER, J. T. (Eds.). *The outer circle*. Women in scientific community. New Haven and London: Yale University Press, 1992. p. 277-310.

______; Cole, S. *Social stratification in science*. Chicago: University of Chicago Press, 1973.

CRANCE, M. La place des femmes au CNRS: ce qui a changé depuis 15 ans. CNRS, Campus Michel-Ange, déc. 2002.

DURU-BELLAT, M. *L'école des filles*. Paris: L'Harmattan, 1990.

FAVE-BONNET, M.-F. Les femmes universitaires en France: une féminisation, mais... différenciée. In: LE FEUVRE, N.; MEMBRADO, M.; RIEU, A. (Dirs.). *Les femmes et l'Université en Méditerranée*. Paris: Presses Universitaires du Mirail, 1999. p. 129-140.

FERRAND, M.; IMBERT, F.; MARRY, C. *L'excellence scolaire*: une affaire de famille, Le cas des normaliennes et normaliens scientifiques. Paris, L'Harmattan, Collection Bibliothèque de l'éducation, 1999. Préface de Christian Baudelot.

GADÉA, C.; MARRY, C. Les pères qui gagnent. Descendance et réussite professionnelle des ingénieurs. *Travail, Genre et Sociétés*, n. 3, p. 109-135, 2000.

GUILLAUME, C.; POCHIC, S. La fabrication organisationnelle des dirigeants. Un regard sur le plafond de verre. *Travail, Genre et Sociétés*, n. 17, p. 79-101, 2007.

KRAIS, B. (Hg). *Wissenschaftskultur und Geschlechterordnung*. Über die verborgenen Mechanismen männlicher Dominanz in der akademischen Welt. Frankfurt/ New-York: Campus, 2000.

LAPEYRE, N. *Les professions face aux enjeux de la féminisation*. Toulouse: Octarès, 2006.

LATOUR, E.; LE FEUVRE, N. Les carrières universitaires françaises à l'épreuve du genre. Communication au Symposium du REF, Genève, 18-19 sept. 2005.

LAUFER, J.; FOUQUET, A. Les cadres à l'épreuve de la féminisation. In: BOUFFARTIGUE, P. (Dir.). *Cadres, la grande rupture*. Paris: La Découverte, 2001. p. 249-267.

LAZEGA, E. et al. Discipline scientifique et discipline sociale: réseaux de conseil, apprentissage collectif et innovation dans la recherche française sur le cancer (1997-1999). *Recherches Sociologiques*, n. 3, p. 3-27, 2004.

LE FEUVRE, N.; MEMBRADO, M.; RIEU, A. (Dirs.). *Les femmes et l'Université en Méditerranée*. Paris: Presses Universitaires du Mirail, 1999.

LÖWY, I. Pourquoi si lentement? Les obstacles à l'égalité des sexes dans la recherche scientifique. In: *Les femmes dans l'histoire du CNRS*, Mission pour la place des femmes au CNRS, Comité pour l'histoire au CNRS, 2004.

______; MARRY, C. *Pour ne finir avec la domination masculine*. Paris: Les Empêcheurs de Penser en Rond/Seuil, 2007.

MARRY, C. *Les femmes ingénieurs*. Une révolution respectueuse. Paris: Belin, 2004.

______ (Dir.). Enquête sur les promotions CR-DR dans une section des sciences de la vie du CNRS. Rapport de recherche pour la direction générale du CNRS et la mission pour la place des femmes au CNRS, 2005.

______; JONAS, I. Chercheuses entre deux passions: l'exemple des biologistes. *Travail, Genre et Sociétés*, n. 14, p. 69-88, nov. 2005.

MERTON, R. K. The Matthew effect in science. *Science,* v. 159, p. 56-63, Jan. 1968.

MOLINIER, P. *L'énigme de la femme active*. Egoïsme, sexe et compassion. Paris: Payot-Rivages, 2003.

MUSSELIN, C. *Le marché des universitaires.* France, Allemagne, Etats-Unis. Les Presses de Sciences-Po, 2005.

PIGEYRE, F., VALETTE, A. Hybridation du métier de chercheur dans le secteur public: quel impact sur la carrière des femmes? Le cas de l'Inra. In: GUERARD, S. (Dir.). *GRH publique*. Paris: L'Harmattan, 2005.

PRUVOST, G. *Profession*: policier. Sexe: féminin. Paris: Editions de la MSH, 2007.

RESKIN, B. F. Scientific productivity, sex and location in the institution of science. *American Journal of Sociology*, v. 83, p. 1235-1243, 1978.

ROGERS, R. (Dir.). *La mixité dans l'éducation*. Enjeux passés et présents. ENS, 2004.

ROSSITER W. M. *Women scientist in Arica, struggles and strategies to 1940.* Baltimore/London: The Johns Hopkins University Press, 1982.

______. L'effet Matthieu/Matilda en sciences. *Cahiers du Cedref*. Publications de l'Université Paris VII Diderot, 2003.

SABATIER, M.; CARRÈRE, M.; MANGEMATIN, V. Profiles of academic activities and careers: Does gender matter? An analysis based on French life scientist CVs. *Journal of Technology Transfer*, v. 31, n. 3, p. 311-324, 2006. Disponível em: <www.mangematin.org/publication.html>.

SONNET, M. Combien de femmes au CNRS depuis 1939? In: *Les femmes dans l'histoire du CNRS,* Mission pour la place des femmes au CNRS, Comité pour l'histoire au CNRS, 2004.

TURNER, L. La recherche publique dans la production des connaissances, contributions en économie de la science. 2003. Thesis — Université de Paris I, Paris.

WENNERAS, C.; WOLD, A. Nepotism and sexism in peer-review. *Nature*, v. 387, p. 341-343, 1997.

XIE YU; SHAUMAN, K. A. *Women in science*. Career, process and outcomes. Cambridge, Massachussets, and London, England: Harvard University Press, 2004.

ZARCA, B. Mathématicien: une profession élitaire et masculine. *Sociétés Contemporaines*, n. 64, p. 41-65, 2006.

ZUCKERMAN, H.; COLE, J. R.; BRUER, J. T. (Eds.). *The outer circle*. Women in scientific community. New Haven and London: Yale University Press, 1992.

Esta obra foi Impressa pelo
Armazém das Letras Gráfica e Editora Ltda.
Rua Prefeito Olímpio de Melo, 1599 – CEP 20930-001
Rio de Janeiro – RJ – Tel. / Fax .: (21) 3860-1903
e.mail:aletras@veloxmail.com.br